MÉMOIRE

PITT DE L'HÉRAULT

AUX PUISSANCES ALLIÉES

publié

par la SOCIÉTÉ D'HISTOIRE CONTEMPORAINE

par

LÉON-G. PÉLISSIER

PORTRAIT EN HÉLIOGRAVURE

MÉMOIRE
DE
PONS DE L'HÉRAULT
AUX PUISSANCES ALLIÉES

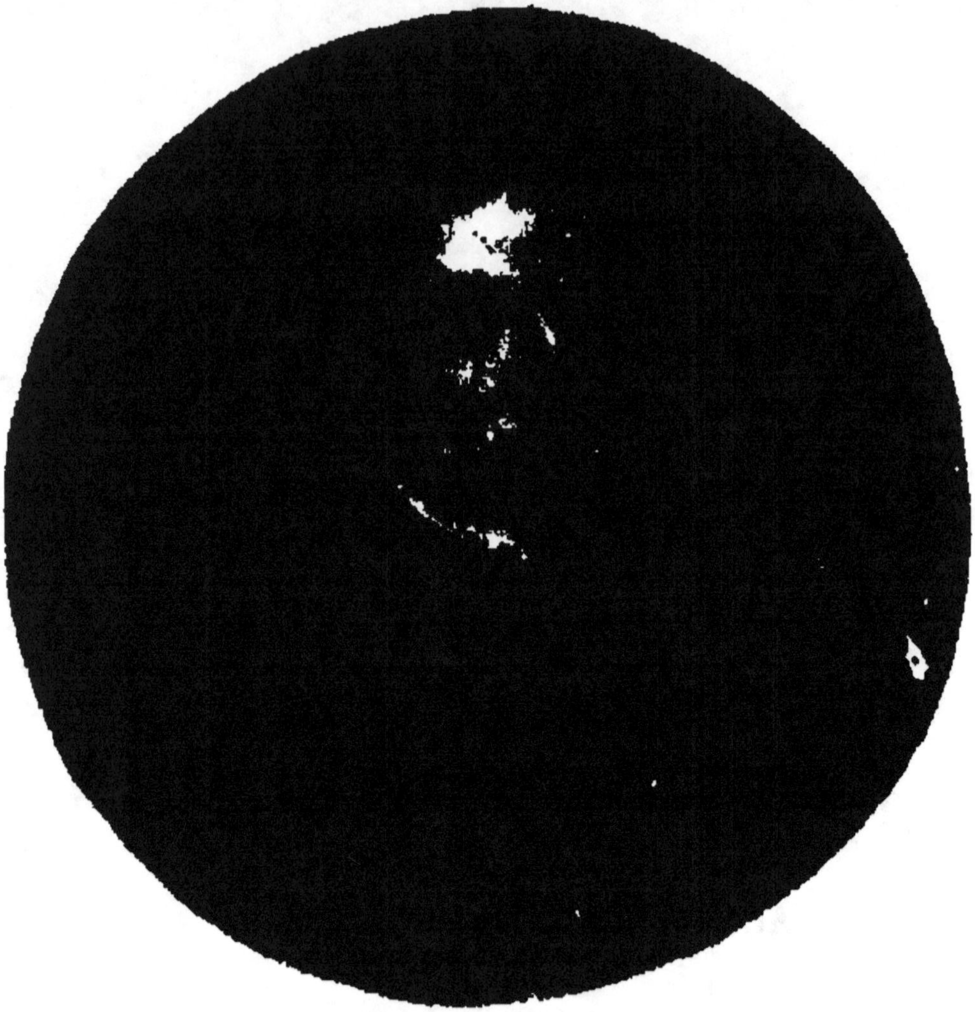

Pons de l'Hérault

Préfet du Rhône

1772-1858

ardin Imp Ch Wittm

MÉMOIRE

DE

PONS DE L'HÉRAULT

AUX PUISSANCES ALLIÉES

PUBLIÉ

POUR LA SOCIÉTÉ D'HISTOIRE CONTEMPORAINE

PAR

LÉON-G. PÉLISSIER

ANCIEN MEMBRE DE L'ÉCOLE FRANÇAISE DE ROME
PROFESSEUR D'HISTOIRE A L'UNIVERSITÉ DE MONTPELLIER

PORTRAIT EN HÉLIOGRAVURE

PARIS

ALPHONSE PICARD ET FILS

LIBRAIRES DE LA SOCIÉTÉ D'HISTOIRE CONTEMPORAINE

Rue Bonaparte, 82

1899

BESANÇON. — IMP. ET STÉRÉOT. DE PAUL JACQUIN.

EXTRAIT DU RÈGLEMENT

Art. 14. — Le Conseil désigne les ouvrages à publier et choisit les personnes auxquelles il en conflera le soin.

Il nomme pour chaque ouvrage un commissaire responsable, chargé de surveiller la publication.

Le nom de l'éditeur sera placé en tête de chaque volume.

Aucun volume ne pourra paraître sous le nom de la Société sans l'autorisation du Conseil et s'il n'est accompagné d'une déclaration du commissaire responsable, portant que le travail lui a paru digne d'être publié par la Société.

Le commissaire responsable soussigné déclare que l'ouvrage MÉMOIRE DE PONS DE L'HÉRAULT AUX PUISSANCES ALLIÉES *lui a paru digne d'être publié par la* SOCIÉTÉ D'HISTOIRE CONTEMPORAINE.

Fait à Paris, le 15 mai 1898.

Signé : L. DE LANZAC DE LABORIE.

Certifié :

Le Secrétaire de la Société d'histoire contemporaine,

Albert MALET.

de confiance et l'importance qu'il faut attribuer à ses informations.

I.

Pons ne semblait pas destiné par sa naissance et sa carrière, jusqu'en 1814, à devenir quelques années plus tard un historien. Il était avant tout un homme d'action, et peu d'existences, même pendant les troubles années de la Révolution, ont été plus tourmentées et plus aventureuses que la sienne. Sa littérature ne s'explique que par son caractère, et le détail seul de sa biographie agitée fait comprendre la formation de ce caractère très passionné et très loyal à la fois. Le récit de sa vie est donc nécessaire à montrer comment s'est trempée la fierté de notre auteur, à quelle école s'est formée sa foi politique, par quelles épreuves se développa en lui le sentiment de l'honneur qui a été la dominante de toute sa vie.

André Pons naquit à Cette en 1772[1]. Son père était un aubergiste espagnol, très pauvre, mais réputé pour sa probité.

---

[1]. Le principal document à consulter sur la vie de Pons est sa biographie, écrite par lui-même ou sous sa dictée, et en tous cas fondée sur des documents fournis par lui. Cette biographie a été insérée dans la *Biographie des Hommes du jour*, par Germain Sarrut et B. Saint-Edme [Paris, Henri Krabbe, rue de Seine, 48. Gr. in-8, 1836], et publiée à part, l'année suivante, sous le titre : *Pons de l'Hérault, nouvelle édition*, Paris, imprimerie de Béthune et Plon, rue de Vaugirard, n° 36, 1837 ; avec un portrait lithographié de Pons et une reproduction de médaille. Une troisième édition, «continuant jusqu'à ce jour la seconde édition de 1836,» a été publiée sous le même titre « *Biographie des Hommes du jour. Pons de l'Hérault*,» en 1862, à Paris (imprimerie d'Ad. Blondeau, rue du Petit-Carreau, n° 32 ; in-4, 108 p. ; couverture impr., portrait et reproduction de médaille) [Bibl. Arsenal, 22, 3o3]. La *Revue du Lyonnais* a donné en mars 1859 un article sur Pons, considéré surtout comme administrateur du Rhône. — Les articles des biographies et encyclopédies usuelles sont insignifiants ou erronés. — Quoique la biographie de Pons présente le double inconvénient d'être une autobiographie et une œuvre de vieillesse, bien postérieure aux événements qu'elle relate, elle mérite presque partout pleine confiance, comme le prouve la comparaison, quand elle peut être faite, avec les documents d'archives. Les archives municipales de Cette possèdent quelques volumes des registres de la Société populaire de cette ville, et d'autres pièces qui permettent sur quelques points ce contrôle. Les archives de l'Hérault ne possèdent rien sur notre personnage.

Il était le second de quatre frères; l'aîné vécut obscurément dans sa ville natale, occupé de constructions maritimes; un autre fut capitaine de navire; le plus jeune prit, au refus d'André, l'habit religieux en Espagne [1]. André Pons commença ses études primaires chez les piepusiens à Cette; il était laborieux et avait une mémoire excellente, mais il ne put développer longtemps ces qualités [2]; à dix ans, il fut embarqué comme mousse sur un bâtiment marchand. Le goût et l'aptitude maritimes étaient innés en lui ou s'éveillèrent de bonne heure; à dix-sept ans, il était « officier » — second probablement, — sur son navire. Il était une des fortes têtes de la marine cettoise : ayant eu à adresser des réclamations au gouverne-

[1]. De Pons, Sébastien, et Coudert, Françoise, aubergistes, acquirent quatre enfants : 1° le 15 juillet 1770, Joseph Pons, constructeur de navires, père de deux filles dont la trace est perdue; 2° le 11 juin 1772, André, plus tard marié à N. Bouillon, père de deux filles, Herminie et Pauline, toutes deux mortes sans enfants; celle-ci, la dernière, en 1870; 3° le....., Laurent, capitaine de navire, père de quatre filles dont deux seulement se sont mariées et par qui se perpétue la famille, aujourd'hui représentée par une arrière-petite-fille de Laurent, N....., veuve Bruel, épouse en secondes noces de M. Masson; 4° le....., Luc, « moine religieux, » de qui Pons écrivait en 1830 : « C'est maintenant un moine distingué. » Tels sont les renseignements, encore bien vagues et incomplets, que fournissent les actes de l'état civil de la commune de Cette et la tradition de la famille. C'est en exécution du testament de M⁽ˡˡᵉ⁾ Herminie Pons que les papiers napoléoniens de son père ont été remis, en 1874, par MM. Marbeau et Coste-Floret, à M. Cornet-Peyrusse, qui les a donnés ou légués lui-même à la bibliothèque de Carcassonne. La famille de Pons avait toujours désiré la publication de ces travaux historiques. M. Marbeau écrivait, le 30 juin 1874, à un ami : « J'ai l'honneur de vous envoyer, d'accord avec M. Paul Coste-Floret, exécuteur testamentaire avec moi de M⁽ˡˡᵉ⁾ Herminie Pons de l'Hérault, les pièces que désire M. Cornet-Peyrusse. Si je trouve encore dans les papiers de M. Pons d'autres documents se rapportant au séjour de l'Empereur à l'île d'Elbe, je m'empresserai de vous les transmettre également. L'un des vœux les plus chers de M⁽ˡˡᵉ⁾ Pons était que les travaux de son père ne fussent pas perdus. Nous ne pouvons donc qu'être reconnaissants à M. Cornet-Peyrusse de l'usage qu'il nous promet de faire de ses documents pour ses propres travaux. » et le 6 juillet il faisait à Cornet-Peyrusse lui-même un nouvel et dernier envoi de « documents très intéressants et dignes de prendre place dans la publication. » C'est donc, en quelque façon, avec l'approbation posthume de la famille de Pons que nous pouvons aujourd'hui éditer ce *Mémoire aux Puissances alliées*.

[2]. Il était destiné à s'instruire lui-même (*Biogr.*, 1849).

ment et mis au concours la rédaction d'un mémoire à présenter au roi Louis XVI, le corps de la marine marchande choisit, entre dix concurrents, le travail du jeune Pons [1]. Une supercherie commise avec la complicité de l'autorité municipale de Cette [2] lui permit de se présenter en 1790 à l'examen de capitaine au long cours, et il y fut reçu le 30 septembre, à Marseille, par Monge. Après quoi, il fut embarqué pour un voyage d'application sur la corvette *la Badine*, commandée par le capitaine de Montazet; le vaisseau était désigné pour les Indes Orientales, mais il ne partit pas [3]. C'est sous M. de Montazet que Pons exprima pour la première fois ses opinions politiques, — je ne sais quel propos contre la « tyrannie; » cette incartade lui valut ses premiers arrêts, sa première prison politique [4]. Aussi dut-il se trouver plus à l'aise sur la *Mignonne*, sur laquelle il fit, comme pilote et sous le commandement du capitaine de vaisseau Paquier, le voyage du Levant, faisant reconnaître la nouvelle constitution française dans les colonies des Échelles. Au désarmement, Paquier certifia Pons « capable de remplir honorablement tous les emplois auxquels il plaira à Sa Majesté de l'appeler. »

Cette carrière maritime qui s'annonçait si belle fut bien vite interrompue par les événements. Aussitôt débarqué de la *Mignonne*, Pons se fit inscrire à la Société, encore libérale et

---

[1] Je n'ai pu retrouver aucune trace du concours ni du mémoire.

[2] Sous le régime de l'ordonnance du 1er janvier 1786, il fallait, pour devenir capitaine, subir un examen d'astronomie et d'hydrographie « difficile pour l'époque, » auquel n'étaient admis que des candidats âgés de vingt ans. Quand son professeur d'hydrographie lui conseilla de se présenter, Pons n'avait que dix-huit ans; la mairie, par une confusion volontaire avec son frère aîné, lui délivra un acte d'état civil le faisant naître en 1770.

[3] C'est ce qu'on appela la « campagne du faux armement. »

[4] « .... Car telle est notre volonté, car tel est notre bon plaisir. Ces deux anciennes formules, dont les Bourbons faisaient plus particulièrement usage, m'ont été odieuses dès mon enfance; et plus tard, dans ma jeunesse, à la fin du règne de Louis XVI, je fus mis aux arrêts par M. le marquis de Montazet, commandant la frégate *la Badine*, pour avoir maudit celui qui, le premier, s'en était servi. Les arrêts ne me corrigèrent pas du tout de cette antipathie innée. » (Fragment inédit des notes de Pons. Bibl. de Carcassonne.)

monarchique, des « Amis de la constitution et de l'égalité à Cette, » le 4 août 1791 ; le choix de cette date, anniversaire de la plus noble journée de la Révolution, était sans doute intentionnel. Pons fut admis à l'unanimité et souscrivit pour trois ans, — sa cotisation annuelle fut fixée à six livres [1]. Il devint bien vite un des membres influents de ce club, dont l'opinion marcha dans un sens parallèle et synchronique aux événements. Quand à la monarchie constitutionnelle succède la République, Pons se réveille républicain, et d'André se change en Marat-Lepelletier, mais il reste homme d'action et ne veut pas être un patriote de club et un simple politicien. Le siège de Toulon ayant commencé, et les Cettois voulant être représentés dans l'armée assiégeante par un de leurs concitoyens, afin d'avoir des informations sincères et véridiques, Pons reçoit, avec le titre de commissaire [2], cette mission de surveillant et d'historiographe [3]. Bien accueilli par l'armée républicaine qu'il rejoint à Ollioules, promptement familier avec Robespierre le jeune et Gasparin [4], souvent désigné par eux comme orateur pour faire de la propagande patriotique dans

---

1. Cette, Arch. munic. « Registre d'inscription des membres de la Société des amis de la cons*** *ion. 1791, » contenant les « délibérations du conseil général du 18 janvi*** *u 22 septembre 1794, » page 49 : « L'an 1791, le 4 aoust, dans le loca*** *inaire des Amis de la constitution, etc., se sont assemblés les membres soussignés du comité d'admission.... » La formule employée est celle-ci : « M. A. P., demeurant à Cette, s'est présenté à notre admission ; il a été admis unanimement. » Le procès-verbal est signé : Pons cadet, Dutour, vice-président, Combes fils, S. Ferréol. Un des frères de Pons, qui plus tard prit le nom de Cassius, prenait part aussi au mouvement : le 6 pluviôse an II, il est épuré et admis.

2. Sa nomination fut faite, comme membre de la Société populaire, par le Comité de salut public départemental et approuvée par les représentants du peuple.

3. Il y eut une correspondance active entre Pons et la Société, club ou assemblée générale des Jacobins amis de la constitution. Celle-ci surveillait du reste son surveillant : le 17 ventôse an II, elle écrit au maire d'Ollioules, à Port-de-la-Montagne et à Bandol, de lui donner des nouvelles de son député ; le 2 pluviôse an II, lecture d'une lettre reçue de Bandol.

4. Pons assure (*Biogr.*, 1848) que dès ce moment Barras, jaloux de cette intimité, devint son ennemi. Ainsi s'expliquerait de loin la haine ou la rancune qu'il dégorgea dans son célèbre (et rarissime) pamphlet *Pons et Barras*.

les sociétés populaires du département, il ne se contente pas de ce rôle assez mal défini et peut-être peu délicat. Il demande du service, et, le 17 octobre 1793, Cartaux le nomme « commandant les canonniers et l'artillerie de la ville de Bandols, » le principal point à l'ouest de Toulon, que troublait fréquemment la crainte d'une descente des Anglais; bientôt après, malgré sa jeunesse, Bonaparte, alors commandant en second l'artillerie, le désigne à Dugommier pour prendre le commandement de l'infanterie [1], et Pons est nommé « commandant temporaire de Bandols et des troupes stationnées sur les côtes adjacentes. » Il a raconté lui-même comment il remercia son jeune général de cet avancement rapide [2]. Dans ce nouvel emploi, Pons ne paraît pas avoir joué un rôle militaire important [3]; mais il s'illustra, au péril de sa vie, par un acte d'héroïsme civique plus rare et plus remarquable en ce temps : il fit évader trente-deux citoyens de Bandol, paisibles bourgeois ou pères de famille, accusés de fédéralisme par la commission révolutionnaire, qui poussait les représentants aux mesures extrêmes, et que le tribunal révolutionnaire de Grasse devait condamner à mort sur la simple preuve de leur identité. C'était jouer sa tête; mais Robespierre jeune fut touché

---

[1]. Dugommier avait demandé « un officier d'*artillerie*, le plus propre à prendre le commandement de *l'infanterie*. » Cette permutation est assez bizarre : est-elle un symptôme caractéristique de l'incapacité ou du manque de discipline des officiers ordinaires de la ligne? Ou bien, en désignant *le plus propre* à commander l'infanterie, Dugommier entendait-il se débarrasser du *moins propre* à commander l'artillerie? Pons n'avait point passé par l'école de Metz, et devait, comme artilleur, remplacer souvent les connaissances techniques par « le flair » et la bonne volonté. Bonaparte sans doute trouvait cela insuffisant, et la nomination de Pons est peut-être moins flatteuse, — quoiqu'elle fût un avancement, — que celui-ci ne se l'imaginait.

[2]. *Souvenirs et anecdotes de l'île d'Elbe*, p. 6.

[3]. Le certificat de patriotisme que lui délivra à son départ la commune de Bandol parle cependant de « plusieurs attaques des rebelles toulonnais », où il « a affronté les périls les plus imminens et mérité le titre glorieux de vrai défenseur de la patrie. » Le général de division Garnier, qui a visé ce certificat, dit simplement que Pons a rempli ses fonctions avec zèle, courage et patriotisme. (*Biogr.*, 1848, p. 6-7.)

de ce courage [1] et fit rapporter cette mesure odieuse de proscription. Plus tard, Pons sauva de même la vie du capitaine Arnaud, de la marine marchande, qui s'était trouvé enfermé malgré lui dans Toulon lors de l'occupation de la place par les Anglais. Ici encore il fut soutenu et approuvé par Robespierre. Il montrait d'ailleurs que son humanité ne nuisait ni à son courage ni à son patriotisme : il entra le second dans Toulon par la porte de Marseille; vingt ans plus tard, il frémissait encore d'horreur et de pitié en songeant à l'effrayant spectacle qu'avait présenté alors la malheureuse cité [2].

Avec la prise de Toulon finissait la délégation civique de Pons. Il ne songea pas à poursuivre la carrière des armes, où la protection de Dugommier et de Bonaparte, la familiarité d'Augustin Robespierre, eussent pu lui assurer la possession de son grade temporaire et, grâce à ses très réelles qualités militaires, un avancement certain. Comme la marine, il abandonna l'armée : couvert des bénédictions de la population de Bandol, muni des plus honorables certificats de ses chefs [3],

---

[1]. Pons fait dire à Robespierre « qu'il n'y avait que l'amour de la patrie qui eût pu lui inspirer le mépris dont il avait fait preuve pour l'échafaud, quand tout devait lui faire penser qu'il y monterait. » Après l'affaire du capitaine Arnaud, R. lui dit *en riant* : « Nous n'en serons pas fâchés, car nous voyons bien que nous sommes débordés, et il faut que cela cesse. »

[2]. *L'île d'Elbe pendant la Révolution*, p. 9 : « J'étais avec l'armée. Nous entrâmes la nuit; j'entrai le second. Quelle nuit! Je frissonne en me la rappelant. Le ciel était bouleversé de fond en comble; le tonnerre et les éclairs semblaient le déchirer en lambeaux. L'arsenal était en flammes, les vaisseaux qu'on n'avait pas pu emmener brûlaient sans secours possible, l'explosion des poudrières ébranlait les montagnes, et, dans cet état d'épouvantable chaos, l'escadre anglaise s'éloignait à pleines voiles, sans s'inquiéter le moins du monde des victimes qu'elle abandonnait sur le rivage.

« Je vis les dernières embarcations chargées des malheureux qui fuyaient la colère nationale : deux d'entre elles chavirèrent en allant en rade !.... Nous n'étions pas à portée de leur tendre une main secourable. » Pour les preuves des imputations dirigées ici contre les Anglais et leur égoïsme, voir Paul Cottin, *L'Angleterre devant ses alliés*, et le *Siège de Toulon* (1793).

[3]. Voir dans la *Biographie* (1868, p. 6-7) le certificat délivré par la municipalité de Bandol et visé par le général P. Garnier. — Bien que Pons cite Bonaparte comme l'ayant aussi approuvé, le nom de celui-ci ne figure pas sur cet acte, et Pons n'a pas imprimé de certificat spécial de B., qui, postérieurement, aurait pris encore plus d'intérêt à ses yeux de fervent *napoléoniste*.

Pons regagna Cette, et tel qu'un ambassadeur vénitien revenant de mission rendait compte de sa légation au Sénat devant les Pregadi assemblés, et lisait sa *Relazione*, le 3 mars 1794 (13 ventôse an II), vers la fin de la séance des « Jacobins amis de la constitution, » Pons vient présenter son rapport :

« Le citoyen Marat-Lepelletier Pons, député à la cy-devant armée de Toulon, arrive, est applaudi et monte à la tribune : il rend un compte exact de sa mission, et demande que le bureau veuille bien donner connaissance à l'assemblée des divers certificats que lui a mérités son publicanisme (sic), ce qui a été exécuté. Le président a fait un discours énergique, lui a donné l'accolade fraternelle, qui a été vivement applaudie, et la séance a été levée [1]. »

Nous ne suivrons pas d'aussi près Pons dans les débats journaliers du club des *Jacobins amis de la constitution*, et dans les vicissitudes aussi banales qu'obscures de la vie de politicien de petite ville qu'il mène durant plusieurs années à Cette. L'intérêt en serait médiocre, et, au surplus, les documents nous manquent. Nous n'indiquerons que quelques faits importants.

A son retour de Toulon, Pons fut à Cette un homme populaire. En 1794, — an II, — la Société populaire l'élut son président [2]; à ce titre, il prononça un discours « pour la fête de

---

— Je ne reproduirai que la partie essentielle de la délibération de la Société populaire de Bandol (publiée, *ibid.*, p. 7). Elle délibère à l'unanimité « qu'en reconnaissance de tout ce qu'il avait fait pour le pays, il lui serait décerné une couronne civique, et que cette couronne civique lui serait présentée chez lui par deux membres du corps municipal réunis à deux membres de la Société les plus anciens d'âge. » Elle délibéra aussi, également à l'unanimité, « que le corps municipal serait prié de convoquer la garde nationale pour accompagner le citoyen Pons au moment de son départ. »

Il est aussi question au club de Cette, dans sa séance du 29 pluviôse an II, d'une lettre écrite par la Société de Bendole (sic) « au sujet de notre frère Marrat (sic)-Lepelletier Pons. »

1. Cette, Arch. municip., *Registre des délibérations de l'assemblée générale des Jacobins amis de la Constitution en 1793*, n° 5. — Le procès-verbal est signé de Fulvius Jourdan et de P.a [Publicola] Guillard, secrétaire.

2. Voici en quels termes cette élection est racontée dans les procès-ver-

l'abolition de l'esclavage¹; » le 21 mars 1794 (1ᵉʳ germinal an II), on le voit chargé d'écrire au ministre de la marine en faveur du citoyen Cincinnatus Jullian; le lendemain 2 germinal, il est délégué avec son collègue Pastre pour recevoir et haranguer les citoyens génois admis aux séances du club. Il était généralement choisi par ses collègues du club, parmi lesquels était plus d'un illettré, comme orateur et comme écrivain : il se chargea ou se laissa charger à ce titre de quelques rapports très violents et de dénonciations personnelles qui devaient répugner à ses sentiments intimes d'honneur et d'humanité. C'est ainsi, par exemple, que le 1ᵉʳ germinal, au cours de la discussion d'un projet que présentait Pons pour une lettre au Comité de salut public, « on demande que la rédaction présentée par Pons fasse mention des renseignements au sujet de Lachabossière, et qu'on *dise, en outre, qu'on est étonné que* Combe n'ait pas encore porté sa tête sur l'échafaud. » Pons ne combattit pas cette motion, et le procès-verbal porte simplement à la suite de cette odieuse invitation : *Adopté* ².

Ce fut encore à lui que la Société eut recours, en germinal an II, pour se réconcilier avec la Convention. — Suivant l'usage, la ville de Cette avait envoyé à la Convention une députation pour lui présenter une adresse conçue dans l'esprit le plus

---

baux de la séance du 4ᵉ jour des sans-culottides, 2ᵉ année (20 septembre 1794) républicaine : « Il a été procédé à la nomination d'un président et d'un secrétaire, et il en résulte que Pons a réuni la majorité des suffrages pour le président et Mimard pour le secrétaire. Se sont présentés pour demander des diplômes : Jean-Baptiste Soulier, masson (sic); Barthélemy Savatier, charpentier; Pons cadet, pour renouveler le sien. Le 19 juillet précédent (1ᵉʳ thermidor), il avait été nommé membre du Comité de surveillance de la Société populaire avec Carrière, Juge dit Perdigal, Dalaret et Forest (mêmes registres).

1. Un fragment est cité, *Biographie*, p. 10.
2. Cette, *ibid.*, *Registre des délibérations*. *Biographie*, 1848. Combe, Lachabossière et Cincinnatus Jullian me sont inconnus. Je ne trouve d'autres informations sur eux dans ce registre qu'une mention du 2 germinal. « Pons fait lecture d'une pétition au Comité de salut public pour le féliciter de ce qu'il a fait le nécessaire au sujet de Lachabossière et de Combe. » Cette pétition est adoptée.

violent contre le modérantisme. L'avocat Rodier [1], membre du club et rédacteur de ce factum, donnait ce conseil à la Montagne : « Mettez la mort à l'ordre du jour. » Cette adresse déplut à la partie modérée de la Convention, qui fit aux Cettois une réponse foudroyante et les éconduisit. Le club de Cette s'effraya de ce mauvais accueil, dont les conséquences pouvaient être funestes, et envoya une nouvelle députation pour expliquer le sens de son adresse et protester de la pureté de ses sentiments républicains. Ce fut Pons que la Société choisit, avec Rodier lui-même, pour cette délicate mission [2]. Ils furent nommés le 13 avril 1794 (24 germinal an II) et ne rentrèrent à Cette que vers le 20 floréal suivant; le 10 mai (21 floréal), en effet, ils rendaient compte au club de leur mission :

« Les citoyens Rodier et Marrat (sic)-Lepelletier Pons, nouveaux députés de la Société pour porter à la Convention l'expression de nos véritables sentiments, font leur rapport avec l'énergie qui les caractérise. Ils y développent les causes de la censure qu'avait éprouvée la première adresse de la Société. Ils font part que la seconde dont ils étaient porteurs a été vivement applaudie; que la Convention nationale y a reconnu la pureté de nos principes, qu'elle a consacrés par la mention honorable et l'insertion au bulletin, et qu'elle compte la Société populaire de Cette au nombre de celles qui sont les plus fortement prononcées en révolution [3]. Ce rapport est vivement applaudi et l'assemblée délibère qu'il sera inscrit au procès-verbal, avec les deux adresses à la Convention nationale. »

---

1. Dans sa *Biographie*, écrite sous la monarchie de juillet, Pons affirme que cet avocat devint *carliste*.

2. Les registres de la Société de Cette contiennent quelques traces des relations qu'elle entretint avec ses délégués à Paris : le 14 floréal (3 mai 1794), par exemple, elle leur écrit « pour les mettre au courant des nouvelles de l'armée des Pyrénées. »

3. Dans sa *Biographie*, Pons précise les détails ici donnés : les délégués cettois furent, selon l'usage, admis aux honneurs de la séance, et ce fut Vouland qui répondit à leur discours.

Ce séjour à Paris devint pour Pons, en attirant l'attention sur lui, une source abondante de désagréments et de périls. Il y était arrivé jacobin et robespierriste, mais la hauteur, — « l'affectation d'omnipotence » — de Maximilien Robespierre lui déplurent, il en vint « à une sorte de haine contre lui, » et il laissa paraître assez vivement ce sentiment nouveau pour que ses compatriotes Cambon et Bonnier d'Alco crussent prudent de lui faire quitter Paris. Mais, quoique devenu antirobespierriste, il restait jacobin [1], et ce fut en vain que la réaction thermidorienne essaya de le séduire; il répondit de très haut aux insinuations du représentant Boysset : « La proscription ne m'intimide pas, je suis résigné. » Considéré comme un dangereux jacobin [2], accusé d'être en guerre ouverte avec la Convention, d'avoir manqué de respect aux représentants du peuple, d'avoir signé une adresse liberticide [3], Pons fut destitué du comité de surveillance de la commune par arrêté de Perrin et Goupillau, puis fut dénoncé au représentant Perrin

---

[1]. Dans la séance du 13 prairial an II (1ᵉʳ juin 1794), Marat-Lepelletier Pons était désigné avec Barbaroux pour porter à la municipalité la lettre où l'on demandait que « la fête du 31 mai fût célébrée. » L'esprit de la Société, désormais appelée Club des Amis de la Constitution, demeurait au reste complètement jacobin; peu de jours avant l'arrestation de Pons, dans la séance du 15 brumaire an III, voici ce qui s'y disait (5 novembre 1794) :

« Le lecteur donne connaissance d'un discours prononcé dans une des séances des Jacobins de Paris par Charles Duval, député d'Ille-et-Vilaine, tendant à faire connaître le système encore suivi de l'établissement de deux Chambres et de celui encore plus horrible, celui (sic) de rétablir la tyrannie royale. L'orateur remonte au principe de la Révolution, et prouve et démontre que le premier acteur de la première Assemblée nationale n'avait d'autre but ; il démontre qu'après le 9 thermidor l'élargissement des détenus n'est que la marche d'une faction ; il fait connaître les calomnies lancées aujourd'hui contre les Sociétés populaires ; il établit le parallèle de ce sistème avec celui de Chapellier. Ce discours est souvent couvert d'applaudissements. »

[2]. L'âpreté de son caractère, dont le procès-verbal du 26 floréal an II (Pièces justificatives, n° 12) donne une idée, n'était sans doute pas étrangère à cette arrestation.

[3]. Pons dit que l'adresse inculpée, et qu'il avait lui-même rédigée, était une demande à la Convention de rappeler tous les commissaires en mission dans les départements.

(des Vosges) [1] et mis en état d'arrestation par ordre de celui-ci, le 7 novembre 1794 (17 brumaire an III [2]). Le mandat d'arrêt atteignit Pons à l'armée des Pyrénées-Orientales, où il venait de conduire un bâtiment de ravitaillement comme capitaine en second. Le représentant Delbrel voulut le mettre sous la protection de cette armée ; mais avec un respect stoïque de la légalité, Pons s'y refusa et, malgré les dangers qu'il courait, alla se constituer prisonnier à Montpellier. Dès le 16 novembre 1794 (26 brumaire), le club de Cette votait à l'unanimité une pétition pour son élargissement [3]; le club d'Agde s'y

---

1. Tous ces renseignements sont fournis par Pons lui-même. Il s'attache à mettre hors de cause la responsabilité de Perrin dans son arrestation.

2. Voici, d'après la *Biographie*, p. 10, le texte de cet arrêté :
Au nom de la République Française. Le représentant du peuple dans les départements de l'Hérault, du Gard, de l'Aveyron, de Vaucluse, sur la dénonciation à lui faite que le citoyen Pons, officier de marine, s'est permis de dire dans la Société populaire que l'opinion y avait été comprimée le jour que les représentants du peuple s'y sont présentés et ont développé les principes de justice, d'humanité et de fraternité qui les animaient, et que ce même citoyen Pons a beaucoup vanté une adresse liberticide émanée de la même Société, arrête que ledit citoyen Pons sera sur-le-champ mis en arrestation, les scellés mis sur ses papiers, à la diligence de l'agent national qui le fera traduire dans les prisons de Montpellier. Le 17 brumaire an III.

3. Voici, d'après le registre, la délibération en faveur de Pons prise par le conseil municipal de Cette : « Du 26 brumaire, 3ᵉ année de la fondation de la république française une et indivisible. Séance extraordinaire du conseil général de commune présidé par le citoyen Forest, officier municipal; présents, les citoyens Aubenque, Gaston, Roux et Bresson, officiers municipaux; Reboul, agent national, aussi présent, et les citoyens Roche, Cesari, Vezy, Peyronnet, Hilaire Maillé, Goudard père, David, Chanoine, Jausserand et Bousquet, notables. Le président a fait lecture d'une pétition des citoyens St. Ferréol, Guillaume Goudal et Cairol aîné, habitants de cette commune, en date d'aujourd'hui, dans laquelle ces citoyens demandent que le conseil général atteste une bonne conduite (sic) du citoyen André Pons, enseigne non entretenu, atteint en ce moment d'un mandat d'arrêt lancé contre lui par le représentant du peuple Perrin. Et comme ledit Pons a toujours donné des preuves non équivoques de son amour pour la Révolution et qu'il s'est conduit dans tous les temps en bon républicain, il invite le conseil de délibérer sur la pétition des susdits citoyens. Le conseil général, ayant égard aux réclamations faites en faveur du citoyen Pons et pleinement convaincu du civisme et du patriotisme de ce citoyen, ainsi que de la bonne conduite qu'il a toujours menée dans cette commune et qui lui a mérité l'estime et la confiance de ses concitoyens, l'agent national entendu,

associait ; le concierge de la prison avait refusé de l'écrouer sans un ordre positif du commissaire du pouvoir exécutif. Sa popularité était telle que les représentants le firent transférer au fort de Saint-Hippolyte du Gard [1], où il fut mis au cachot pendant quelque temps [2]. Cependant ils durent céder à la pression de l'opinion publique, aux énergiques réclamations de Pons, qui ne cessait pas de réclamer des juges et écrivait lettres sur lettres aux représentants Girot-Pouzol et Olivier Gérente [3]. Enfin, sur une pétition de sa mère adressée à Gé-

atteste à tous [ceux] qu'il appartiendra que le citoyen André Pons, enseigne non entretenu, habitant de cette commune, actuellement capitaine en second sur un brick armé par la République pour transporter les fourrages destinés pour l'armée des Pyrénées-Orientales, atteint d'un mandat d'arrêt, est un bon et honnête citoyen ; que depuis 1789, il a toujours donné des preuves non équivoques de son amour pour la Révolution ; qu'il a été membre du comité de surveillance de cette commune et qu'il s'y est conduit en bon et brave républicain ; qu'enfin nous l'avons toujours connu dans toutes les occasions pour un homme entièrement dévoué au service de la République. Le conseil a délibéré en outre qu'extrait du présent procès-verbal sera délivré de suite aux pétitionnaires pour servir et valoir en tant que de besoin et certifié à l'unanimité. » Après l'arrestation de Pons, ses papiers et la couronne civique que lui avait décernée la commune de Bandol furent déposés dans les archives de la Société populaire, qui l'en avertit par une adresse solennelle (« Jouis de l'agréable souvenir d'avoir fait le bien, enorgueillis-toi de ta captivité.... Les cachots qui resserrent les patriotes sont autant de temples de gloire ») en partie imprimée, *Biogr.*, p. 13. Ce dépôt fut du reste dispersé et perdu pendant les troubles qui se produisirent par la suite à Cette. Voir ci-dessous, Pièces justificatives, n° 12.

1. Ce voyage ne fut pas sans danger. On avait donné à Pons pour compagnons des prisonniers que le peuple croyait être les membres (alors détestés) du tribunal révolutionnaire de Paris, et qu'il accablait de menaces et parfois de projectiles. D'autre part, pour empêcher toute évasion, Pons était muni d'une escorte composée de deux bataillons d'infanterie, d'un escadron de cavalerie et d'un peloton de quarante gendarmes.

2. Pour avoir parodié *le Réveil du peuple*, célèbre chanson thermidorienne. Aussi Pons, qui en avait été victime, déclare-t-il que « la réaction thermidorienne fut plus cruelle et plus sanglante que l'action de la Terreur. »

3. Pons publie dans sa *Biographie*, p. 12, des fragments de ces lettres du 16 ventôse [6 mars] et du 21 prairial [3 juin 1797] an III, mais sans qu'on puisse discerner l'une de l'autre. On peut du reste se demander où il a pu retrouver le texte de ces lettres et si, malgré son excellente mémoire, il n'en donne pas ici le sens seulement et non le texte même.

rente [1], Pons fut relaxé et mis en résidence à Cette sous la surveillance de la municipalité; une rupture de ban lui valut une nouvelle condamnation à six mois de détention [2]. Enfin il fut compris dans le décret général d'amnistie pour les délits révolutionnaires que rendit la Convention avant de se séparer.

Plein de mépris pour le Directoire à cause de ses origines réactionnaires, Pons renonça alors à la vie politique et prit le commandement d'un navire marchand; après quelques mois

---

[1]. « L'an III de la R. F. et le 3 thermidor [21 juillet 1795], vu la pétition de la veuve Pons au représentant du peuple Olivier Gérente, tendante à demander la mise en liberté de son fils André Pons, détenu au fort de Saint-Hippolyte ; l'arrêté de renvoi ensuite de ce représentant du 17 messidor à la municipalité pour avoir son avis ; ouï l'agent national ; le conseil municipal déclare que s'il ne considérait que la conduite tenue par André Pons, fils de la pétitionnaire, il ne pourrait donner d'avis favorable; mais, guidé par un sentiment d'humanité que n'ont jamais éprouvé les détracteurs du système actuel ; vu l'état d'indigence de la veuve Pons et le besoin qu'elle a du travail de son fils, qu'une détention d'environ sept mois doit avoir ramené aux véritables principes, est d'avis qu'il soit mis en liberté, mais qu'il soit sous la surveillance immédiate des autorités constituées en la commune. (*Bureau de police et délibérations du conseil municipal de l'an III.*)

[2]. Il partit pour Mende, muni d'un passeport délivré par l'autorité maritime, qui n'avait évidemment pas qualité pour le lui donner, afin d'aller solliciter des représentants, alors occupés par les mouvements royalistes de la Lozère, la grâce d'un de ses amis. Le 3 fructidor an III [20 août 1795], le conseil municipal de Cette délibérait sur cette affaire : « Vu la lettre de la municipalité du 29 thermidor au procureur syndic du district de Montpellier relative à un individu mis sous la surveillance, qui s'en est soustrait en s'absentant de la commune, même du district ; vu l'arrêté du district du 1er de ce mois, ensuite de ladite lettre; le conseil municipal, ouï le suppléant de l'agent national, déclare que l'individu dont est question est Jean-André Pons cadet, qu'il était membre du comité de surveillance de la commune avant le 9 thermidor; qu'il fut remplacé par arrêté des représentants du peuple Perrin et Goupilleau; qu'il fut incarcéré par autre arrêté du représentant du peuple Perrin, du 17 brumaire, mis en liberté par celui du représentant Olivier Gérente, du 7 thermidor, sous la réserve de demeurer sous la surveillance expresse de la municipalité; que sur la demande qu'il en fit, le conseil ne crut pas devoir accorder audit Pons un passeport pour s'absenter de la commune, sa conduite depuis sa mise en liberté nécessitant une surveillance plus particulière; que malgré ce refus, il s'est absenté de la commune, et qu'à son retour il a distribué avec profusion une chanson imprimée dont il s'est déclaré l'auteur, tendante à justifier la conduite des comités révolutionnaires, et qu'il y a lieu d'appliquer audit Pons les dispositions de la loi du 5 ventôse dernier.... »

de navigation il fut saisi, dans une traversée de Gênes à Naples, par un bâtiment anglais qui l'emmena à Porto-Ferrajo [1]. Le gouvernement toscan, devant lequel il intenta un procès au capitaine anglais, refusa, « n'étant pas juge entre les puissances belligérantes, » d'ordonner la restitution de la prise. Pons n'obtint qu'une indemnité à titre personnel. Ayant, pour se venger, provoqué le commandant anglais, il faillit être massacré par la populace de Livourne. Le consul français Dequercy et le gouverneur, — un Lorrain de naissance, — M. de Vilette, lui sauvèrent la vie [2], mais il dut quitter la Toscane et rentra à Cette.

Une nouvelle tentative de vie politique ne fut pas plus heureuse. Nommé électeur aux deux conseils par ses compatriotes, et trop jeune pour être élu, Pons paraît s'être engagé à fond dans des marchandages électoraux avec un agent secret de Barras, nommé Bacon, pour faire élire des députés modérés. L'entente se fit entre la démocratie cettoise et le gouvernement sur le nom de Devals, qui fut élu. Mais cette élection aux Cinq-Cents fut annulée, Devals remplacé par un « réacteur thermidorien. » Barras violait complètement ses promesses. Pons, qui en 1797 avait écrit une brochure pour signaler « la décadence administrative et politique du Midi [3], » fut outré de cette trahison et lança, le 16 prairial an VI (4 juin 1798), le célèbre pamphlet, sous forme de lettre de *Pons à Barras*, qu'il fit distribuer aux deux assemblées et où il dénonçait avec virulence ces manœuvres et les illégalités électorales de Barras. Cette

---

1. Voir des renseignements inexacts fournis plus tard sur ce point par le commissaire de police de Béziers (App. n° 16). — Cf. aussi *L'Ile d'Elbe pendant la Révolution*, p. 17 : « Je me trouvai aussi au milieu de l'émigration toulonnaise. Elle dépassait ce que j'avais entendu dire de plus étonnant sur sa jactance et ses illusions. Tous les émigrés m'étaient parfaitement connus ; j'avais vécu de la vie d'intimité avec une grande partie de ceux qui étaient de mon âge. Mes camarades les plus camarades se trouvaient au milieu de ces victimes de nos dissensions intestines. Mais je ne les reconnaissais presque plus ; souvent leur morgue glaçait ma pitié, etc. »

2. *L'Ile d'Elbe pendant la Révolution*, p. 18.

3. Elle parut le 14 messidor an V (2 juillet 1797). Ce fut un des documents dont le Directoire s'autorisa pour exécuter le coup d'État de fructidor.

voix retentissante [1] inquiéta la corruption paisible du Directoire : on tenta de mettre à Pons un bâillon doré, mais il refusa toutes les offres de ce genre. Sa situation devint impossible à Paris; une fois de plus il regagna sa ville natale, ayant manifesté la noblesse de ses sentiments, l'indépendance de son caractère et son inaptitude à la vie publique.

Ce fut néanmoins alors qu'il sembla trouver sa voie. Il reçut le commandement d'un des vaisseaux armés à Cette pour grossir la flotte de Toulon, et fut attaché comme chef d'état-major à la division navale de l'armée d'Italie; il y reçut le meilleur accueil de Brune et de Championnet; celui-ci l'employa souvent comme secrétaire, et le chargea de prononcer l'éloge funèbre du général Guillaume [2]. Il organisa la division navale, puis créa et commanda la flottille française du lac de Garde. Il refusa à Brune de le suivre en Hollande, servit sous Joubert, sous Schérer, contribua sous celui-ci à la victoire du 6 germinal, se maintint sur le lac de Garde tandis que l'armée reculait jusqu'à la ligne de l'Adda, y protégea l'évacuation de la vallée de la Sabia, et fut envoyé par Moreau à Peschiera, où il organisa la défense d'un bastion [3] et conseilla de refuser toute offre de capitulation. La capitulation fut cependant acceptée par la majorité du conseil de guerre : la garnison devait être rendue aux avant-postes des lignes françaises; c'est à Grenoble que Pons aboutit avec sa colonne. Championnet s'y trouvait à la veille d'être mis en jugement : Pons s'était offert pour le défendre, quand la journée de prairial (30 prairial an VII, 18 juin 1799) rendit la liberté au général. Pons retourna à Gênes, de nouveau en qualité de chef d'état-major de la division navale; il s'y retrouva bientôt, après le brillant et court commandement de Joubert et l'intérim de Moreau,

---

1. Ce pamphlet eut presque aussitôt une deuxième édition qui fut payée, à en croire le bruit public, par les ambassadeurs de Russie et d'Espagne.

2. « L'éloge funèbre du général Guillaume, doyen des généraux de l'armée d'Italie, » fut imprimé par ordre de Championnet et traduit en italien. Pons en reproduit un court fragment, *Biographie*, p. 22. Il y a une apostrophe d'un bel effet oratoire à la justice de Dieu.

3. La garnison l'appela le bastion Pons.

sous les ordres de son ami Championnet [1] : ce ne fut que pour assister à la débâcle de cette armée d'Italie qu'abandonnait le Directoire. Le général, se voyant réduit à organiser la retraite, voulut du moins sauver le matériel de guerre : Pons organisa l'embarquement de l'artillerie à Gênes, et la ramena heureusement en deçà du Var. Cet exploit lui valut le grade de capitaine de frégate; peu de jours après, il assistait avec Richepanse aux derniers moments de son chef. Championnet mort, la retraite continua sous Suchet, tandis que Masséna s'immortalisait par la défense de Gênes. Pons fut chargé d'évacuer, en présence des croisières anglaises, le port de Nice ; il préféra la persuasion à la violence, et décida tous les capitaines des transports chargés du matériel de l'État à quitter Nice ; — il avait ordre, de l'adjudant général Préval, de brûler tout ce qui refuserait d'en sortir, pour ne rien laisser aux mains de l'ennemi. Un seul bâtiment, — un suédois chargé d'artillerie légère, par incapacité ou trahison, — étant allé se jeter dans la croisière anglaise, Pons alla le couler sous le canon de l'ennemi, dont il essuya avec une audace intrépide le feu à pleines bordées. En opérant avec succès le ravitaillement du fort de Villefranche tenté trois fois avant lui, il donna une nouvelle preuve de son héroïsme et de sa capacité. Suchet, qui faisait grand cas de Pons, renouvela ses demandes au ministère en faveur de son ami ; il réclama la confirmation de son grade [2]. A la rentrée des Français à Nice, Pons reprit son emploi dans la division navale [3].

1. Auprès duquel grande était son influence. Il cite un mot de son camarade Vignole : « Nous avons plus de grade que vous, vous avez plus d'influence que nous, et nous n'en sommes pas fâchés » (*Biogr.*, 1848). Voir aux Pièces justificatives (n° 15) l'arrêté de promotion de Pons par Championnet.

2. Pons écrivait au ministère de la marine pour lui recommander trois capitaines de ses amis : Tourroa, commandant la *Victoire*, J.-L. Tournaire, commandant le *Jean Bart*, et Jaumel, commandant la *Terreur*. Il devait plus tard retrouver ce Jaumel à Cette. L'exemplaire de la *Biographie des Hommes du jour* que possède la bibliothèque municipale de Cette est l'exemplaire offert par Pons « à Pierre Jaumel, en témoignage de ma bonne et vieille amitié. »

3. Pour tout ce récit, je suis la *Biographie* de 1848, qui donne un extrait

Son amitié avec Suchet faillit le brouiller avec Masséna. Celui-ci vit un acte d'hostilité personnelle dans un acte de sévérité commis par Pons à l'encontre d'un de ses parents, de la lettre de l'adjudant général Préval à Pons (p. 26) et le rapport de Suchet, demandant au ministre de la marine la confirmation de Pons dans son grade. Ce rapport est un document important pour la biographie de notre auteur et mérite d'être cité :

« Le général en chef Championnet éleva, par suite de ses excellents services, le lieutenant de vaisseau Pons au grade de capitaine de frégate, et l'arrêté de cette nomination vous fut envoyé pour en obtenir la confirmation du gouvernement.

« Je viens, citoyen ministre, solliciter en faveur de ce très brave officier la justice qu'il a méritée, et vous prier de vouloir bien ajouter au rapport que vous ferez sur son compte les traits suivants, dont tout le corps d'armée que je dirigeais a été témoin et que vous applaudirez avec nous :

« A l'époque où le centre de l'armée d'Italie défendait la tête du pont du Var, il importait extrêmement de ravitailler les forts de Villefranche et de Montauban, que l'ennemi bloquait avec soin. Je chargeai le commandant Pons de cette opération. Il parvint à pénétrer dans la rade et à transporter plusieurs bateaux de subsistances.

« Il enleva, sous le feu des batteries ennemies, un bâtiment chargé d'effets d'hôpital et du génie.

« Il rendit à cette époque un service signalé, en faisant armer et charger à Nice, dans l'espace de trois jours, cent vingt bâtiments marchands contenant des subsistances et des effets de l'armée, qu'il emmena à Antibes en présence et sous le feu de cinq bâtiments de guerre anglais.

« Il tint constamment la côte pendant la campagne du Var. Il eut l'audace de couler bas, en présence d'une frégate anglaise qui l'accablait de son feu, un bâtiment chargé d'artillerie et qu'il n'y avait plus possibilité de sauver.

« Il enleva un bâtiment chargé de farines pour l'armée, que les Anglais nous avaient pris et qu'il reprit avec des forces bien inférieures.

« A tous ces titres pour obtenir la confirmation de son grade le capitaine Pons unit le savoir et le dévouement.

« Je vous prie, citoyen ministre, de vous intéresser à lui, de mettre, s'il en est besoin, sous les yeux du premier consul, les témoignages que je donne à cet estimable officier, et d'obtenir pour lui la confirmation d'un grade dans lequel il servira toujours la République avec gloire et pureté. » (*Biographie*, p. 26.)

C'est pendant cette période que Pons fit modeler le portrait en cire polychrome, que nous reproduisons en tête de ce volume. Le médaillon, de forme ronde, porte en exergue les mots : *Ne' giorni tuoi felici recordati di me.* Ce médaillon fut envoyé à l'un des frères de Pons resté à Cette; il est aujourd'hui aux mains de son petit-neveu, M. Masson. Ce portrait est le seul qui nous conserve les traits de Pons dans sa jeunesse : il est curieux de le comparer avec le portrait de Pons en préfet de l'empire, peint par sa fille Herminie et aujourd'hui conservé à la préfecture du

officier insubordonné. Il y eut entre Pons et Masséna une scène violente, mais le général fut averti de son erreur et s'en excusa noblement [1]. C'est de ce jour que date entre eux l'étroite liaison qui devait survivre à l'éloignement, et dont Napoléon devait plus tard, comme on le verra dans le texte même de notre auteur, tirer si bon parti. Commandant de la marine à Gênes, Pons s'attacha à réprimer le caractère de piraterie qu'avaient pris les armements en course ; trois de ces corsaires furent condamnés aux galères. L'autorité personnelle de Pons, due à sa loyauté, à ses vertus morales et civiques, fut très grande à Gênes comme ailleurs ; homme modéré et impartial, plusieurs fois il intervint, pour les calmer, dans des querelles entre les aristocrates et les patriotes ; dans une émeute, il sauva la vie du général Dejean, ministre extraordinaire de France et président de la junte ligurienne [2], investi par la populace. Il semblait à ce moment n'avoir plus qu'à suivre dans sa carrière une marche régulière et ascendante. Il aurait pu aller très loin.

Masséna était son ami ; son ancien hôte de Bandol, Bonaparte, était Premier Consul. Pourquoi n'eût-il pas profité de son ancienne bienveillance, dont le réveil était aisé? C'est mal connaître Pons ; il n'avait pas pardonné au général du siège de Toulon le 18 brumaire ; il répétait que « cette journée avait été l'œuvre des soldats et non pas celle des citoyens ; » qu'il ne fallait pas souffrir que la force se mît à la place de la loi. Il gardait une attitude hostile au Consulat. Sa froideur à l'égard du nouveau régime rendit vraisemblable la perfidie

---

Rhône, et avec la lithographie publiée dans la *Biographie des Hommes du jour* et reproduite dans les *Souvenirs et anecdotes*, qui nous montre un Pons vieilli et solennel, engoncé dans un faux col de doctrinaire et plus prudhommesque encore d'apparence que de style. Je dois mes remerciements à M. Masson, de Cette, qui m'a gracieusement autorisé à reproduire ce médaillon.

[1]. Pons cite « textuellement » les paroles que Masséna lui aurait adressées à cette occasion. Moins encore que des documents écrits, il est vraisemblable qu'il ait pu se les rappeler *textuellement*.

[2]. Divers documents conservés à la bibliothèque de Carcassonne prouvent que le général Dejean resta l'ami de son sauveur.

on l'erreur qui fut commise à son égard, et qui brisa, malgré son innocence, son avenir de marin. Une pièce satirique contre le Premier Consul circula, et lui fut attribuée. Il dut aller à Paris se défendre devant le ministre de la marine ; son innocence, attestée par Oudinot, par Dejean, par le consul Bodard, par le préfet maritime Vence [1], lui fut aisée à démontrer. Loin d'avoir écrit cette satire, il en avait adouci divers passages. Le ministre lui demanda d'en dénoncer l'auteur. L'honnête Pons sursauta à cette proposition, se crut personnellement offensé, et, comme il le raconte lui-même avec des euphémismes naïfs et charmants, « sans faire attention où il était et avec qui il était, il répondit à un outrage par un autre outrage. » Cette gifle ministérielle n'eut pas de suites pour lui ; on le laissa rejoindre son corps ; on lui offrit le commandement en titre de la division navale qu'il avait souvent exercé par intérim. Mais sa mésaventure l'avait dégoûté du service : la demande odieuse du ministre lui fit craindre tous les dangers du despotisme ; son honnêteté, sa probité, la franchise de ses convictions lui parurent en danger. Il préféra quitter le service : pour se fermer tout retour sur cette détermination, il se maria et promit à sa femme et à sa nouvelle famille [2] de ne plus prendre d'emploi dans les armées de terre ou de mer.

Une autre carrière commença pour lui dans l'administration.

[1]. Voir *Biographie*, 1848, p. 31, 32, 33, les extraits des lettres d'Oudinot, de Dejean et de Vence au ministre de la marine. Aucun ne parle du crime alors reproché à Pons. Tous insistent sur ses services militaires et, au lieu de demander sa grâce, réclament son avancement. Les adieux de Pons à l'armée, à son départ de Gênes, furent mis à l'ordre du jour, et il les a reproduits dans sa biographie, p. 31. Sous la réserve que son texte n'est pas d'une authenticité absolue, ce document peut être reproduit ici : « Mes camarades, je vais à Paris, non pas pour justifier ma conduite, mais pour prouver au gouvernement qu'elle a toujours été honorable, et cette preuve, je la puiserai dans les nobles sentiments que j'ai inspirés à des hommes tels que vous. Je la puiserai aussi dans la bienveillance dont l'armée m'entoure. Ce sont, dit-on, mes principes que l'on accuse ; et mes principes, vous le savez, sont tous renfermés dans ma devise : *Honneur et Patrie*. N'ayez donc aucune inquiétude sur mon sort. »

[2]. La famille Bouillon, de Cette. Voir Pièces justificatives, 14.

Le naturaliste Lacépède était son ami. Devenu grand chancelier de la Légion d'honneur, il confia à Pons un emploi important dans ses bureaux ; il voulut le pousser, soit dans les préfectures (et il sollicita sans succès pour lui celle de l'Ombrone), soit dans les bureaux de la marine, et il lui fit écrire un *Mémoire sur les causes de la décadence de la marine militaire*, qu'il présenta à Napoléon ; mais l'empereur ne remarqua pas l'importance de ce travail. Enfin, Lacépède nomma Pons administrateur général des mines de l'île d'Elbe, quand ces mines de fer de Rio-Marina furent attribuées par l'empereur à la Légion d'honneur comme portion de son patrimoine. Ce fut à la fin de 1809 que Pons arriva à l'île d'Elbe : « Ce que je vis me charma ; il me sembla que je n'avais pas quitté la France [1]. »

Ces mines de fer étaient en pleine décadence, et n'avaient jamais été exploitées que de la façon la plus grossière et la plus primitive [2]. Pons se mit aussitôt en devoir de les améliorer et de les restaurer. Moins de six mois après son arrivée, il adressait au grand chancelier un rapport détaillé sur toutes ses opérations relatives à l'administration des mines de l'île d'Elbe, dont Lacépède lui accusait réception dans les termes les plus flatteurs [3]. Cette heureuse et habile gestion dura cinq ans, ponctuée par les éloges et les encouragements périodiques de la grande chancellerie, honorée par la reconnaissance des Elbois qui en dépendaient et qui appelaient

---

[1]. *L'île d'Elbe pendant la Révolution*, p. 102.

[2]. Voir ce qu'en dit Pons dans une autre partie de ses Mémoires : *L'île d'Elbe au commencement du XIX° siècle.*

[3]. *Biographie*, 1849, p. 45. Lacépède lui écrit, le 20 mars 1810 : « Je félicite en vous, Monsieur, l'administrateur éclairé et l'ami courageux de l'humanité. Votre conduite à l'égard des capitaines de marine, des employés et ouvriers des mines, ne peut qu'obtenir mon approbation, et je vois sans étonnement, mais avec beaucoup de plaisir, votre justice, votre fermeté et votre bonté vous concilier toutes les affections. » Et, le 1er février 1812 : « Aucun administrateur n'aurait pu élever avec plus de rapidité ni de succès que vous les produits des mines de l'île d'Elbe ; mais s'il vous est possible d'imaginer quelque nouveau moyen de multiplier les ventes, veuillez bien l'employer, et, s'il vous est nécessaire d'être secondé à ce sujet par quelque décision du grand chancelier, écrivez-moi à cet égard. »

Pons leur père, — *il nostro babbo*, — par l'estime des Porto-Ferrajais et des fonctionnaires français, les Dalesme, les Duval, les Vincent, les Galeazzini, plus honorée encore par les actes de courage personnel de Pons, qui tantôt se jette à l'eau pour entraîner ses hommes au sauvetage d'un bateau sur le point de sombrer, qui tantôt sauve un transport de la marine de Rio poursuivi par un corsaire. Pons pouvait se rendre cet hommage qu'il avait contribué pour sa part au bien-être général, qu'il avait donné aux mines de fer tout le développement qu'il était alors possible de leur donner [1], et Lacépède lui disait dans une lettre officielle et publique : « Vous avez particulièrement administré, d'une manière bien remarquable, les fameuses mines de l'île d'Elbe, qui appartenaient à notre ordre : vous y avez créé un grand et bel établissement, construit un grenier d'abondance, de grands magasins, des maisons d'habitation destinées aux employés, fait le bonheur des ouvriers et de leurs familles, qui vous regardent comme leur père, donné à la Légion d'honneur un revenu extrêmement supérieur à celui qu'on avait retiré auparavant de ces mines, et répandu dans Rio une telle activité que les habitants y ont élevé plus de soixante maisons et fait construire trente navires marchands [2]. »

Pons vécut ces quelques années dans cette activité laborieuse, féconde en satisfactions et en résultats utiles, réglée dans son ensemble et indépendante dans ses actes, qui est pour le sage la forme d'existence la plus voisine du bonheur. Heureux dans son foyer domestique, père de deux petites filles déjà spirituelles et éveillées, maître dans son administration et n'ayant point de chefs hiérarchiques autour de lui [3],

---

[1]. *L'île d'Elbe pendant la Révolution*, p. 102.

[2]. Cette lettre de Lacépède est postérieure de quelques années aux événements qui y sont résumés. Elle mérite cependant d'être citée comme présentant un tableau vigoureux et exact de l'administration de Pons dans l'île.

[3]. Il ne dépendait en somme que de la grande chancellerie; mais il opérait ses versements financiers entre les mains de M. de Scitivaux, trésorier-payeur général du département de l'Arno.

largement installé à Rio-Marina et à Porto-Ferrajo, il semblait que la fortune lui eût largement compensé les tracas et les incertitudes de sa jeunesse. La politique vint le reprendre dans cet asile où sa devise aurait pu être : *Labor cum dignitate.*

II.

Pons a raconté lui-même comment il fut ressaisi par l'histoire, et comment commença une période nouvelle de sa vie, la plus émouvante, la plus intéressante pour la postérité, mais pour lui la plus agitée. Dans ses mémoires, — soit dans la partie publiée sous le titre *L'île d'Elbe pendant la Révolution*, soit dans ses *Souvenirs et anecdotes de l'île d'Elbe*, — il a longuement narré les faits de guerre qui troublèrent l'île d'Elbe et l'isolèrent presque du continent en 1813 et 1814, et la crise nationale et sociale (car elle fut marquée par une émeute de caractère presque anarchique) qui précéda la cession faite à l'empereur Napoléon par les puissances alliées « de l'île d'Elbe et de ses dépendances en pleine souveraineté [1]. » Pendant cette période, Pons, qui n'était pas impérialiste, fit cause commune avec le gouvernement et les soldats français ; quand Dalesme, apprenant la restauration monarchique, voulut arborer le drapeau blanc, il fut un des plus vifs à demander le maintien du drapeau tricolore [2] ; il commença à confondre la cause de l'empereur et celle de la liberté et de l'indépendance ; premier pas vers une adhésion plus complète au parti napoléonien.

L'entente entre Napoléon et Pons ne se fit pas sans de violents heurts, où la raideur de l'ex-jacobin et l'orgueil aigri du souverain déchu purent se mesurer sans se vaincre. Dès les premières rencontres, Napoléon reconnut Pons, — mais il oublia son ancien compagnon d'armes de Toulon pour ne songer qu'au républicain pamphlétaire. Le discours prononcé

---

[1]. Voir notamment *L'île d'Elbe pendant la Révolution*, p. 158-210.
[2]. *Ibid.*, p. 214-217.

par Pons comme délégué des Français de l'île, dans la première audience que donna Napoléon, fut mal accueilli. La première visite de l'empereur à Rio-Marina produisit des froissements de part et d'autre; les innocents lis qui embaumaient le jardin directorial parurent séditieux à l'empereur; quand Pons accepta de conserver la direction des mines, il le fit en termes tels que Napoléon s'en blessa, tandis que lui-même s'offusquait de l'accueil froid fait à son acceptation. « Ils s'étaient mal emboîtés, » dit Pons. Il y eut trois terribles querelles, que l'écrivain indique rapidement, même ici, dans cette apologie toute pleine de dévouement, de dévotion impérialiste, — tant il en avait été impressionné, — et dont il fera dans ses mémoires un récit circonstancié et prolixe. Il suffira de les indiquer ici d'un mot; elles éclatèrent, l'une à propos d'une visite d'Anglais insolents aux mines de Rio, l'autre à propos du versement, dans la caisse impériale de Porto-Ferrajo, de certains fonds appartenant en bonne comptabilité à la Légion d'honneur; la troisième, — la dernière, la plus courte et la plus violente, — au sujet de l'emploi de farines avariées, que Napoléon voulait vendre à la mine et faire consommer par les ouvriers. Pons, à plusieurs reprises, offrit sa démission; plusieurs fois il crut qu'il serait brisé comme verre; il savait sa place convoitée, guettée, demandée au rabais, sollicitée pour un protégé par Madame mère. Néanmoins il tint bon. Sur la question des farines, après expérience faite, l'Empereur fut forcé de lui donner gain de cause; sur la question financière, il ne céda que sur l'avis conforme de son chef immédiat, le trésorier Scitivaux, sur les conseils désintéressés de Drouot et de Peyrusse : encore n'accepta-t-il qu'une solution de fait qui réservait à plus ample informé le point litigieux de droit, un versement provisoire; quant à l'affaire des Anglais, si l'Empereur s'était fâché, ce n'était que pour un motif diplomatique, et l'emportement cocardier de Pons n'avait pu, tout au fond, que l'enchanter. Napoléon se connaissait en hommes. Il comprit ce que la rude écorce de ce loyal et grincheux personnage couvrait de probité, de valeur morale, d'intelligence ; la conquête de Pons ne fut ni longue ni difficile [1]. Le républicain entêté se trouva un beau jour le plus dévoué des serviteurs de Napoléon, le plus *fidèle* des *fidèles*; chose remarquable toutefois, il ne se rallia jamais qu'à l'empereur républicain, il repoussa toujours la conception de l'empire aristocratique, et ne cessa pas de voir dans l'alliance de Napoléon avec la vieille noblesse à l'intérieur, avec la maison d'Autriche à l'extérieur [2], sa faute primordiale, la cause profonde et initiale de tous ses malheurs.

Napoléon ne tarda pas à employer Pons à tout autre chose qu'à l'administration des mines : « Vous avez, lui disait-il, une tête trop fortement organisée pour le cercle dans lequel vous vous trouvez. Aussi vous l'avez franchi dans tout ce que vous avez entrepris, et l'on voit facilement que vous appartenez naturellement à un plus grand théâtre [3]. »

Il pensa à l'utiliser comme agent en France [4]; il l'envoya

---

[1]. Je me borne à résumer ici ce que Pons a dit dans ses *Souvenirs et anecdotes*, où ces diverses questions sont assez dispersées.

[2]. Voici, par exemple, comment Pons s'exprimait sur le mariage autrichien : « L'empereur Napoléon épousa l'archiduchesse d'Autriche Marie-Louise. Ce fut un lien néfaste pour la France : il fit pâlir l'étoile de l'empire et, plus tard, celle de l'empereur. Néanmoins il y eut un enthousiasme universel pour la célébration de ce fatal hyménée. Les peuples ne savent jamais être dignement peuples : un éclair suffit pour les éblouir; ce n'est que lorsque le tonnerre gronde qu'ils s'aperçoivent que les éclairs ne sont pas la lumière. Il semblait qu'une princesse issue du sang des empereurs romains honorait les trônes de France et d'Italie, alors au-dessus de tous les trônes comme au-dessus de toutes les races » (*Ile d'Elbe pendant la Révolution*, p. 401). On voit que, d'indignation, Pons devenait oratoire, lyrique, et quelque peu pathétique. Et c'est un des passages les plus modérés !

[3]. Ces paroles, comme d'autres précédemment citées, ne sont connues que par la *Biographie* et appellent les mêmes observations. Pour celle-ci l'abondance des adverbes (*trop fortement, facilement, naturellement*), la lourdeur des périodes montre jusqu'à l'évidence qu'elle a été refaite par Pons. Ce n'est pas là le style impérial.

[4]. Mais il ne l'y envoya pas. Ceci a son importance pour la solution du petit problème historique qu'est *la trahison de Masséna*. Certains qui croient à la culpabilité du maréchal veulent qu'elle ait été préparée par des allées et venues de Pons entre l'île et le continent. On peut affirmer au contraire, à mon avis, qu'elle n'a été ni préméditée ni préparée par des faits de ce genre. Voir Pièces justificatives, n°ˢ 21 et 22.

deux fois en Toscane [1] : il voulut lui confier la mission à Vienne qu'il remit au capitaine Hurault de Sorbée ; la situation de Pons, plus indépendant que les compagnons immédiats de l'Empereur, en faisait un agent moins compromettant, dont les allées et venues excitaient moins l'attention, et les nécessités commerciales qui étaient censées les motifs de ses voyages y fournissaient d'excellents prétextes. La confiance de l'Empereur en Pons alla en grandissant tous les jours ; Pons devint l'organisateur des plaisirs impériaux dans l'île ; de même qu'avec lui Napoléon, en 1793, avait mangé sa première bouillabaisse à Bandol, de même ce fut lui encore qui lui offrit la dernière dans une partie de pêche au cap Stella ; l'Empereur le prenait parfois pour confident ; Pons fut l'organisateur de la flotte qui allait ramener en France Napoléon et sa fortune [2].

C'est dans le *Mémoire aux Puissances alliées* que je laisserai mes lecteurs suivre la biographie de Pons depuis le jour où l'Empereur lui demanda par lettre confidentielle un rapport sur l'armement et l'organisation d'une flottille expéditionnaire

---

1. *Souvenirs et anecdotes de l'île d'Elbe*, p. 175.
Il l'envoya aussi à Gênes pour diverses questions commerciales, et ce fut là que Pons apprit de l'ex-conventionnel Marée la très curieuse anecdote suivante, que je retrouve dans une note inédite :
« C'était en 1814. Le conventionnel Marée était commissaire français à Gênes. Ce thermidorien criait alors à tue-tête contre l'empereur Napoléon. Le duc d'Orléans vint à Gênes. On le logea au palais Durazzo, aujourd'hui palais du roi. Marée avait eu rendu (sic) des services à la famille d'Orléans. Il avait connu le duc. Il croyait l'occasion favorable de se rattacher à la Restauration. Il se faisait un titre de son anti-impérialisme. Il se présenta à Louis-Philippe pour lui demander sa protection. Le duc lui répondit : « Je vous reconnais très bien. Vous devez vous rappeler que j'étais républicain comme vous. Je vais à Paris. J'ignore encore si ces gens-là me recevront en prince. Ce n'est que comme prince que je pourrai vous obliger. Il faut donc propager l'opinion de la nécessité de me réintégrer dans tous mes droits. »
2. Voir ci-dessous. Le *Mémoire aux Puissances alliées* et la *Biographie*, écrite beaucoup plus tard, se complètent, s'éclairent et se justifient l'un par l'autre. Le hasard eut aussi sa part dans la formation de cette flottille. Voir *La polacre « le Saint-Esprit » et le retour de l'île d'Elbe* (*Annales du Midi*, X, p. 337, 1898).

jusqu'au jour où la corvette *l'Infernet*, l'ayant délivré de sa prison du château d'If, le ramena triomphalement à Toulon. Ce mois fut le plus rempli, le plus glorieux de toute la vie de Pons, c'en est aussi le seul qui soit vraiment historique.

A peine Pons est-il débarqué à Toulon [1], Masséna le charge de le précéder à Paris, pour expliquer sa conduite à l'Empereur et se faire pardonner ses atermoiements. Pons rejoint le souverain à l'Élysée : Napoléon, sur son refus [2] d'accepter le ministère de la marine, qu'il était décidé à lui offrir, veut le nommer au conseil d'État : « Vous me suivrez en service extraordinaire, et vous ne me quitterez plus. » Quelle raison vint modifier la décision impériale? Fut-ce, comme l'a cru Carnot et comme le dit Pons, une intervention intéressée du duc d'Otrante, désireux d'éloigner un témoin gênant? Fouché pouvait-il réellement craindre quelque chose de Pons [3], et Napoléon ne savait-il pas depuis longtemps tout ce qu'il pouvait attendre de perfidie de cette canaille? Toujours est-il que Pons fut nommé préfet du Rhône. Lyon était un des remparts de l'Empire, disait alors Napoléon, et il y fallait un homme vigoureux. Malgré les protestations de Pons, qui désirait ne point le quitter, l'Empereur, « avec une volubilité d'émotion, » lui déclara qu'il y avait besoin de lui et qu'il fallait partir. Carnot, ministre de l'intérieur, lui confirma ce qu'il sentait confusément : que l'Empereur, en le nommant à Lyon, cédait à la nécessité et n'agissait qu'à contre-cœur. Il pensait, du reste, que cette séparation ne serait que momentanée. Puis, comment résister à l'Empereur qui lui disait : « Allez faire le bien de mes bons Lyonnais [4]? »

---

1. Le *Mémoire aux Puissances alliées* ne raconte pas la suite de ces événements, pour lesquels il faut recourir à la *Biographie* et aux sources extérieures.

2. Refus motivé, dit Pons, *par des raisons de haute convenance* qu'il ne spécifie pas, mais que sa modestie, réelle malgré ses vantardises de méridional, permet de deviner.

3. Pons assure qu'il connaissait des « propos graves » tenus par Fouché sur le compte de Napoléon. Fouché aurait-il craint une révélation de ces propos à l'Empereur?

4. L'Empereur avait dit à la députation lyonnaise : « Je vous ai donné

La préfecture de Pons à Lyon fut éphémère. Il l'inaugura par une proclamation que Napoléon approuva de tout point [1] : « M. Pons est le seul préfet qui ait franchement dit ce qu'il fallait dire. » Il ne put que maintenir l'ordre dans les circonstances difficiles qu'il traversait ; comme jadis à Bandol, il sut concilier l'humanité et la discipline [2], et comme alors s'attira la faveur populaire : la ville le nomma colonel honoraire de la garde nationale [3]. Le dernier en France des fonctionnaires impériaux, il fit acte d'impérialisme ; dix jours après Waterloo, le 28 juin 1815, il fit proclamer et reconnaître à Lyon Napoléon II. Le *Journal du département du Rhône*, le 29 juin 1815, raconte ainsi ce fait historique :

« Hier, M. le préfet, accompagné de M. le maire, du corps municipal, de M. le colonel, de l'état-major de la garde nationale, a parcouru la ville en faisant proclamer l'avènement de Napoléon II au trône impérial de France. Les cris de *Vive l'Empereur!* ont accueilli et suivi ce cortège nombreux. Les plus grands souvenirs, les espérances les plus douces, semblaient se réunir pour enflammer toutes les pensées et ouvrir tous les cœurs à la joie.

« Au retour du cortège, M. le préfet, arrivé sur le perron de l'hôtel de ville, a adressé aux citoyens et à la garde nationale un discours vivement applaudi, dans lequel ce digne magistrat, en félicitant les Lyonnais de leur zèle et du bon esprit qui les animait, a laissé épancher tous les sentiments d'amour pour la patrie, et de tendre attachement pour ses

---

un de mes amis ; vous en serez contents. » Dans cette dernière entrevue, si rapide et si émouvante, l'Empereur créa Pons comte de l'empire, au titre de comte de Rio, et lui promit un cadeau de 50,000 fr., qui ne lui fut du reste jamais payé. Il se passa même, au sujet de ces 50,000 fr., un fait étrange et resté assez mystérieux. Voir Pièces justificatives, n° 16.

1. On en trouvera le texte en appendice (Pièces justificatives, n° 7).
2. Il réussit notamment à empêcher le massacre d'un certain nombre de prisonniers, officiers et soldats piémontais du régiment de Savoie. Plus tard, leur colonel, M. F.-N. de Maistre, en manifesta sa reconnaissance à Pons, malgré la police sarde. (V. *Biographie*, p. 59.)
3. L'arrêté signé par le maréchal [Suchet] duc d'Albuféra est rapporté par Pons (*Biographie*, p. 50).

administrés, dont son cœur était rempli. Ce discours, improvisé comme la fête, dicté par cette même inspiration qui avait réuni tant de citoyens, a été remarquable par l'énergie des idées et par une éloquence aussi pure qu'animée [1]. »

Ce fut le dernier beau jour de l'administration de Pons. Il n'eut plus ensuite qu'à présider à la convention qui régla l'entrée des Autrichiens dans Lyon; il rédigea une proclamation d'adieu aux Lyonnais [2], mais il continua à gérer la préfecture sur la demande de son ancien chef Suchet, généralissime de l'armée des Alpes; on lui offrit de le laisser en fonctions s'il voulait adhérer par une proclamation au gouvernement des Bourbons [3]. Bien qu'il n'eût été pour l'empire qu'un ouvrier de la dernière heure, et qu'il eût rendu à l'Empereur plus de services qu'il n'en avait reçu de bienfaits, — pour ce motif peut-être, pour empêcher qu'on ne crût à une secrète ambition déçue, par délicatesse, par honneur, Pons se crut lié à la cause vaincue et se retira. Il emporta les bénédictions et les éloges du peuple lyonnais, du maire Jars, du commissaire royal le comte de Chabrol, du général autrichien Bubna [4]; celui-ci lui donna une lettre de recommandation pour le comte de Vallaise, premier ministre du roi de Sardaigne.

Ici commence une nouvelle période de la vie politique de Pons, celle durant laquelle s'éveille en lui la vocation d'historien, sous l'impulsion des événements et du malheur. — Son premier mouvement, plus généreux et plus instinctif que réfléchi, après la capitulation de Lyon et la remise de ses fonctions au comte de Chabrol, fut de quitter la France. Son in-

---

1. Cité d'après la *Biographie*, p. 49. M. de Chabrol fit, par ordre, disparaître toutes les pièces officielles relatives à cette proclamation.

2. Le naïf et verbeux Pons éprouvait en effet (tout en disant : «Ma tâche est remplie, ma magistrature est terminée ») « le besoin d'un nouvel épanchement. » (*Biographie*, p. 52.) V. Pièces justificatives, n°s 8 et 9.

3. Masséna venait, parmi beaucoup d'autres, de lui donner le triste exemple de proclamations contradictoires rédigées à quelques jours d'intervalle. Il faut reconnaître la dignité politique de Pons.

4. La sympathie qu'il obtint du général Bubna ne s'éteignit pas avec ces circonstances. Le général lui en donna de nouvelles preuves à Milan, plusieurs années après (V. *Souvenirs et anecdotes*, p. 130).

tention semble bien à ce moment avoir été d'aller rejoindre son Empereur. Il le dit en propres termes dans sa pétition à l'impératrice Marie-Louise : « Tout entier à mes devoirs, constamment dévoué à l'illustre et infortuné Napoléon, j'ai quitté mes foyers dans l'espoir de le rejoindre, et j'ai l'honneur de supplier Votre Majesté Impériale de m'en procurer les moyens en obtenant du gouvernement anglais la permission de me rendre à Sainte-Hélène [1]. » Mais cette faveur ne lui fut pas accordée. Il ne voulut pas rentrer en France, et se considéra comme exilé, bien qu'aucune mesure n'eût été prise contre lui [2].

Il pouvait craindre, il est vrai, les représailles du gouvernement comme complice du débarquement de Napoléon et comme instigateur de la « trahison de Masséna. » Quand les habitants des Bouches-du-Rhône, après la seconde Restauration, signalèrent la conduite du maréchal à la justice du roi, « comme le plus coupable de tous les chefs, » et que M. Decazes ordonna une enquête, « le fait Pons » fut un des principaux griefs dont on incrimina le maréchal. Dans le rapport de Vincens, l'un des principaux documents dont se soit servi le commissaire enquêteur Caire, ce *fait* est exposé ainsi qu'il suit : « Arrivée du sieur Pons à Marseille venant de l'Ile d'Elbe porteur d'ordres de Bonaparte à Masséna. Masséna le fit arrêter à l'hôtel où il était descendu, l'y tint en surveillance, lui envoya la nuit un de ses aides de camp pour recevoir les instructions de l'Empereur, et le fit ensuite conduire au château d'If [3]. » On reprochait aussi à Pons d'avoir, au château d'If, donné un banquet à ses codétenus, avant l'entrée de Bonaparte à Paris, banquet auquel assistait le gouverneur de la prison, Traham : « Au dessert il fut servi une assiette de

---

1. *Biographie*, 1848, p. 68.
2. Lettre de Decazes à Richelieu, 18 sept. 1818. Voir ci-dessous. Pons n'est donc pas exact quand il dit : « *Waterloo*, malheur immense pour le monde social, courba de nouveau la France sous le joug de l'étranger et je dus *forcément* abandonner mon pays. Après un long exil, *il me fut enfin permis de fouler le sol sacré....* »
3. Voir les Pièces justificatives, n°° 21 et 22, déclaration de J.-B. Vincent, et rapport du substitut Laget de Podio.

cocardes tricolores et bu à la santé de l'Empereur ¹. » Comme Traham avait été destitué de ses fonctions et même emprisonné, en raison de son attitude trop bienveillante pour les prisonniers, Pons pouvait penser que lui-même, de témoin, ne tarderait pas à passer prévenu, et c'est sans doute cette perspective d'un conseil de guerre qui, malgré les déclarations de M. Decazes, le retint prudemment hors de France.

Cette situation d'émigré volontaire dura sept ans, non sans attirer sur Pons, par sa bizarrerie même, la surveillance de la police française et les tracasseries des gouvernements étrangers. A toutes ces misères, plus vexatoires que cruelles, Pons ne dut pas être, vu son caractère hautain et son attitude, je dirai presque affectée, d'incorruptible, sans trouver parfois une amère volupté, la jouissance supérieure de la persécution et du martyre.

De Lyon, qu'il quitta en poste et sans qu'aucun maître de poste voulût accepter de paiement, il gagna Chambéry, et par les Alpes arriva à Gênes ; le colonel du régiment de Savoie, M. F.-N. de Maistre ², en souvenir de la protection qu'il avait accordée aux prisonniers piémontais, le protégea contre les tracasseries de la police sarde, et il put retourner à l'île d'Elbe et s'y réunir à sa famille. L'île d'Elbe était retombée sous la domination toscane ; les mines avaient fait retour au domaine ducal et avaient reçu une organisation nouvelle. Pons n'était plus à Porto-Ferrajo qu'un simple particulier. Le souvenir de son rôle antérieur, ses relations personnelles et l'estime dont il jouissait, la bienfaisance que sa femme avait montrée pendant les Cent-Jours, tout contribuait à l'y rendre populaire, — et gênant. Le gouvernement toscan ne voulut pas l'y laisser séjourner et lui prescrivit de se rendre à Pise ³. L'ancien

---

1. Plusieurs interrogatoires recueillis par Caire, notamment ceux de Traham lui-même, du concierge Seren, du concierge Louis Vincent, du porte-clefs Lazare Mouren, attestent ce fait et donnent d'autres informations sur la vie de Pons au château d'If.

2. Voir ci-dessus, p. xxxiv, note 2.

3. Il y a, sur l'expulsion de Pons de l'île d'Elbe, de très importants documents à l'*Archivio di Stato* de Florence (section réservée), documents que

sous-préfet français et intendant napoléonien dans l'île, son ex-ami Balbiani, devenu fonctionnaire toscan, exécuta cette consigne avec une impitoyable rigueur. Pons obéit, et, après avoir réglé ses affaires domestiques, quitta Porto-Ferrajo. C'est de là, avant son départ, qu'il lança la triple pétition à Marie-Louise, à l'empereur d'Autriche et au régent d'Angleterre, à l'effet d'être envoyé à Sainte-Hélène.

Depuis ce moment jusqu'à sa rentrée en France et son retour définitif à la vie privée, c'est par des notes de police que nous pouvons suivre les pérégrinations incessantes de Pons [1] : « De Pise, il se retira à Gênes; il vint ici pour s'y établir. Il n'y fut pas plus heureux, et après beaucoup de contestations avec les autorités, dans lesquelles il ne réclame d'autre protection que celle de M. l'ambassadeur d'Autriche, il fut forcé de sortir des États de Sa Majesté le roi de Sardaigne, et se réfugia à Goritz [2]. » C'est là qu'il se lia avec un Français, exilé

---

je sais être connus de quelques personnes, mais dont je n'ai pu avoir pleine communication. M. B. C. m'écrit à ce propos (5 juin 1892, Florence) :

« S'il n'y a rien sur son affaire avant le retour de Napoléon en France, il y a quelque chose qui le regarde après sa chute, et c'est l'ordre donné par le président du Buon Governo, le 18 novembre 1815, de faire partir de l'île d'Elbe « il sign. Pons, ex prefetto di Lione » (*Arch. segreto*, 1814-1815, n° 386). Et à ce propos, il y a une lettre de sa main de Porto-Ferrajo, le 6 décembre 1815, où il proteste contre cet ordre, puisque « j'ai élu domicile à Porto-Ferrajo depuis près de sept ans, etc. Je suis un homme d'honneur, ajoute-t-il. La nature m'a fait pour tout ce qui est honnête, grand et généreux. J'ai offert mes services à S. A. I. et R. l'auguste Ferdinand, et tant que je serai dans ses États, S. A. n'aura pas de sujet plus fidèle, etc. » En réponse, il obtint un sursis de peu de jours, le 30 décembre. Il y était encore en avril 1816, et après bien de la peine, on réussit à le faire partir. Il y a, sous le n° 10 des aff. de l'*Archivio segreto* 1816-1818, un très long dossier relatif aux péripéties de son *sfratto*, et bien des lettres autographes de lui, de Pise, Parme, etc. Ses billets sont intéressants ; mais je ne puis vous les envoyer, car ces archives ne peuvent être communiquées que par ordre du gouvernement. »

1. Les Archives nationales, F⁷ 6641, possèdent sur Pons tout un dossier (5730), que M. de Vaissière a bien voulu dépouiller pour moi : je lui en exprime ici mes très vifs remerciements. C'est de cette source que, sauf indication contraire, proviennent toutes les informations que je donne ci-dessous sur Pons jusqu'à la révolution de 1830.

2. Lettre du consul de France à Gênes au préfet du Var, 4 octobre 1817.

comme lui, Maret, duc de Bassano ; la politique resta toujours en dehors de leurs entretiens, et leur intimité fut assez superficielle, en tout cas moins sincère que ne se l'imagina peut-être Pons. Mme Pons tomba gravement malade [1], et Pons, ayant obtenu par l'ambassadeur de France à Vienne le visa de son passeport, crut pouvoir rentrer à Gênes, mais la police sarde les arrêta à Novi.

« Alors ils recoururent à M. l'ambassadeur de France à Turin, qui obtint, pour Mme Pons et ses deux filles seulement, la permission de venir ici pour s'embarquer, suivant l'engagement qu'elle en avait pris [2]. » Mme Pons quitta aussitôt Gênes, et alla s'établir avec ses deux filles à Fayence, dans le département du Var [3].

Pons fut remis en liberté, sous condition d'aller résider à Goritz, puis à Fiume et à Trieste [4]. Ensuite, il est autorisé à se rendre à Genève avec le duc de Bassano : de ce moment date une liaison devenue rapidement très étroite avec le philosophe Eusèbe Salverte ; il passe quelque temps avec sa famille à Carouge, dans la banlieue de Genève [5]. A mesure que

---

1. Depuis le mois de juin 1817, Pons demandait pour sa femme un passeport pour rentrer en France. La demande, adressée à Vienne, était transmise par le chev. Artaud au duc de Richelieu. Artaud ne semble pas très au courant des personnes dont il s'occupe, quand il écrit : « Mme Pons, née Bouillhon, est femme du *maire* que Bonaparte avait placé à Lyon pendant les Cent-Jours ; il paraît qu'en cette qualité, il a rendu des services aux armées autrichiennes, ce qui l'a déterminé à venir chercher un asile dans les États de S. M. I. » (Artaud à Richelieu, 14 juin 1817. Arch. aff. étrang. Vienne, 398.) (Comm. de M. Madelin.)

2. Lettre citée ci-dessus, note 2.

3. Elle y est interrogée à son arrivée, le 15 octobre 1817, par le conseiller de préfecture faisant fonctions de préfet (*Ibid.*).

4. Il ne se hâta pas d'aller reprendre son ban : « Le sieur Pons devait retourner à Goritz, mais il était encore à Plaisance le 4 oct. 1817. » (Richelieu, min. des aff. étrang., à Decazes, min. de la police, 5 nov. 1817.) Les archives de Trieste, que M. Madelin a bien voulu fouiller pour moi à ce sujet, ne contiennent aucun renseignement sur le séjour de Pons. Mais on peut consulter, sur cet épisode de son exil, un interrogatoire intéressant d'un nommé Pradt par le commissaire de police de Marseille (Arch. nat., F 7 6697, doss. 6977) (Voir Pièces justificatives, n° 15).

5. Ces détails proviennent de la *Biographie*.

se prolongeait cette existence d'exilé volontaire, Pons faisait entendre de plus violentes récriminations qui attiraient mal à propos sur lui l'attention du pouvoir. Decazes écrivait à Richelieu : « Le sieur Pons, qui n'est compris dans aucune mesure d'exil, n'en a pas moins manifesté des dispositions très hostiles depuis qu'il a quitté la France [1]. » De Genève, Pons, on ne sait trop pourquoi, retourne en Autriche [2]; c'est de Fiume que le 18 octobre 1818 il demande au gouvernement français un passeport pour Gênes, pour lui et pour sa famille qui était retournée à Fayence; pour une fois, il fait fléchir sa rudesse républicaine, et c'est sur un ton plein de respect qu'il présente sa supplique à « Monseigneur » le duc de Richelieu. En voici le début : « Monseigneur, durant les Cent-Jours, j'étais préfet du département du Rhône. Dans cette magistrature, j'ai rendu des services éminents à l'humanité.

« Les Lyonnais conserveront toujours la reconnaissance du bien que vous leur avez fait et des maux que vous leur avez épargnés. » Ce sont les paroles écrites que m'adressa la première autorité royale au moment où je quittais la préfecture [3]. »

A la fin de 1818, il fut, ainsi que sa femme [4], autorisé à se rendre à Gênes, et, en janvier 1820, officiellement autorisé à y séjourner. Il y résida alors dans une complète tranquillité pendant près de vingt mois, jusqu'en septembre 1821. Pendant les troubles de Gênes [5], il rendit des services à la cause de

---

1. Lettre de Decazes à Richelieu, 18 sept. 1818.
2. « On croit Pons revenu en Autriche. » (Richelieu à Decazes, 12 septembre 1818.)
3. Copie du mémoire adressé à M. le duc de Richelieu par M. Pons. (Arch. nat., F 7 6641.)
4. Lettre de Decazes à Richelieu, 23 déc. 1818.
5. Dans ses études sur l'Italie, Pons voulut raconter ces événements de 1821 auxquels il avait assisté et même pris part. Mais il ne s'en fia pas à sa mémoire et institua à leur sujet, auprès de ses anciennes relations, une véritable enquête. Cette façon scientifique de procéder donne confiance dans son témoignage. Les documents recueillis par Pons dans cette enquête seront publiés par la *Rivista storica del risorgimento italiano*. Il commença dès lors à s'intéresser d'une façon générale à l'histoire de Gênes. On trouve

l'ordre et de l'humanité, et contribua à sauver « des fureurs de la populace » le gouverneur comte Desgeneys. Mais sa réputation de bonapartiste et de libéral était trop bien établie pour que le gouvernement sarde, après le rétablissement de l'ordre, ne voulût pas l'éloigner; malgré ses protestations, on lui signifia, en septembre 1821, un arrêté personnel d'expulsion [1]. Il demanda et obtint ses passeports pour Paris, et le 13 octobre 1821, il arrivait à Marseille. Il est à Béziers le 19 octobre [2]; il s'arrêta probablement à Cette, car on ne le signale à Paris qu'en janvier 1822, fort occupé à organiser une loterie artistique [3]. Son séjour y est de courte durée; en juin, il retourne à Gênes pour en ramener sa famille, qu'il conduit à Cette, et pour célébrer son retour définitif sur le sol natal, il s'abandonne à l'inspiration lyrique, qui lui dicte *Le retour d'un Cettois, chant d'affection* [4]. Il n'obtient un passeport pour Paris que le 20 janvier 1823, avec itinéraire forcé. Il ne fut autorisé à traverser Lyon, où le gouvernement craignait sa popularité, qu'à la condition « de ne pas laisser tomber les glaces de sa voiture [5]. »

Son existence à Paris pendant la Restauration fut celle de la plupart des impérialistes et des libéraux qui étaient restés des mécontents. Moralement, il était un demi-solde, et, comme tel, surveillé par la police. Installé rue de la Chaussée-d'An-

---

dans ses papiers des notes sur les fêtes religieuses à Gênes, les peintres génois, les conjurations contre la république, des extraits sur la situation sociale, politique ou commerciale de Gênes, tirés des mémoires de J. Witt, du *Morning Chronicle*, etc. Dans son voyage de 1828, il se fera donner par le négociant C. Gros des notes sur le commerce de Gênes et de Livourne, par d'autres des mémoires sur l'institut *sordo-muti*, et sur l'état de l'instruction publique. Sa curiosité, on le voit, était des plus étendues.

1. Lettre de l'ambassadeur de Sardaigne à Paris à M. Tranchet, directeur de la police au ministère de l'Intérieur, 1ᵉʳ juillet 1822.

2. Rapport du commissaire de police de Béziers au maire de cette ville, 14 janvier 1822. V *Pièces justificatives*, n° 14.

3. Loterie de sa collection de tableaux, qu'il estimait une quarantaine de mille francs.

4. Cette pièce de circonstance, sans mérite et sans intérêt, figure au dossier de Pons.

5. Détail donné par sa *Biographie*.

tin [1], il partage son temps entre la direction « d'une grande entreprise industrielle, » qui ne fut pas heureuse [2], et les travaux littéraires. Il avait renoncé à terminer ce *Mémoire aux Puissances alliées*, que son retour en France et la mort de Napoléon rendaient doublement inutile; mais il commençait à songer à réaliser la promesse qu'il avait faite à l'Empereur [3] « de rédiger son histoire à l'île d'Elbe, » et, comme il le disait dans son style quelque peu emphatique, « d'écrire les grandes choses de la liberté et de la gloire; » en octobre 1825, il fait paraître une brochure intitulée : *Essai historique sur le règne de Bonaparte* [4], « écrite, » disent naturellement les informateurs de la police, « dans un sens révolutionnaire. » Son attitude politique reste celle d'un libéral. Dès son arrivée à Paris, en 1823, il renoue ses relations avec le duc de Bassano [5]; il prend ses repas chez lui, il fréquente les députés de l'opposition, le général Foy, Cauchois, Dupont de l'Eure; il hante l'hôtel des Bains (rue de Richelieu), signalé comme un rendez-vous de conspirateurs; il suit le convoi de Lacépède, son ancien chef à la grande chancellerie de la Légion d'honneur; en mars 1828, il se rend à Moulins, chez son vieil ami Drouot [6]; de juin à septembre 1825, muni d'un passeport pour Cassel, il est absent de Paris pour des raisons inconnues et suspectes. Depuis la débâcle de son administration industrielle, sa situation de fortune était gênée; on le disait même endetté.

La Révolution de 1830, pendant laquelle il ne s'était mêlé

---

1. On l'y trouve dans la maison n° 17, le 3 mars 1823.
2. Il ne dit pas de quel genre d'entreprise il s'agissait.
3. Voir *Souvenirs et anecdotes de l'île d'Elbe*, p. 2.
4. C'est la première édition de l'Essai sur le congrès de Châtillon.
5. Le sous-préfet de Semur au directeur de la police, 1ᵉʳ février 1823. Ce personnage croyait encore à la légende de Pons émissaire de Napoléon : « C'est Pons que Bonaparte, quelques jours avant son départ de l'île d'Elbe, envoya à Marseille auprès de Masséna pour lui communiquer son plan d'invasion et ses instructions. » Les lecteurs du *Mémoire* verront quelle étrange erreur l'opinion commettait.
6. En juin 1830, un autre passeport lui est délivré pour Montluçon. Il y a quelques renseignements, assez suspects, vu leur origine, sur la vie de Pons à Paris pendant la Restauration, dans *la Police dévoilée*.

qu'aux masses, ne lui rendit ni sa fortune ni sa situation politique. Peut-être, bien qu'il eût refusé de fomenter un mouvement populaire en faveur du duc de Reichstadt, la monarchie de juillet se défiait-elle de ses attaches trop bonapartistes ; aussi n'obtint-il ni les préfectures du Rhône ou du Nord, où l'appelait, dit-il, le vœu des populations, ni « une grande préfecture dans le Midi » qu'on prétendait lui destiner, ni celle du Bas-Rhin que le ministre de l'intérieur l'avait laissé maître de choisir, ni même le titre de conseiller d'État en service extraordinaire qu'on lui avait promis : on le relégua dans la préfecture du Jura [1]. Ses qualités connues de franchise et d'humanité lui gagnèrent l'estime de ses administrés, mais sa raideur de principes, l'étroitesse de son intelligence à certains égards, et notamment en matière religieuse, son intransigeante probité, qui détonnait dans le personnel administratif de la monarchie de juillet, son incapacité à admettre les demi-mesures, les marchandages et les compromissions dont le régime parlementaire allait vivre pendant dix-huit ans, — tout cet ensemble de défauts et de qualités ne tardèrent pas à rendre sa situation impossible. Une attitude trop hostile contre l'évêque de Saint-Claude, une querelle avec le maréchal Soult, ses continuels tiraillements avec son ministre Montalivet, le firent destituer le 17 janvier 1831. Pendant quelque temps on parla de lui donner comme dédommagement la préfecture de police ou la direction de l'Imprimerie nationale. Mais on l'oublia bientôt. Il n'obtint de la monarchie de juillet que le règlement de ses appointements et frais d'installation comme préfet du Rhône en 1815; c'était un secours déguisé.

Ainsi dédaigné par la monarchie libérale, n'ayant pas reporté son dévouement à l'Empereur sur la famille Bonaparte, dans laquelle il voyait les pires ennemis de Napoléon [2], Pons

---

[1]. Nous n'avons pour cette période d'autre guide que la *Biographie*.
[2]. Bien qu'il eût conservé des relations avec Lucien et Louis Bonaparte, Pons s'exprimait à leur égard avec une terrible franchise. Il eut, à propos de son *Congrès de Châtillon* et de la « violente sortie » qu'il y fait contre « M. L. de Saint-Leu » (le roi Louis), une polémique dans le *Constitutionnel*

de l'Hérault accentua ses opinions démocratiques et sa philosophie humanitaire. Ami de Subervie, de Martin de Strasbourg [1], de Salverte, des Cormenin, il fut un des promoteurs de la souscription pour le rachat de l'hôtel Lafitte, « berceau de la Révolution »; il prit la parole à l'enterrement de Lamarque. A la mort de Salverte, les électeurs de son ami lui offrirent de l'envoyer à sa place à la Chambre (novembre 1839), mais il n'était pas éligible.

Ses travaux historiques, philosophiques et littéraires le consolaient de ses déboires politiques [2]. Il écrivit pendant ces dix années plusieurs volumes de théâtre [3], de poésie française et

---

avec lui et son fils aîné Napoléon-Louis (Voir cet ouvrage, 2ᵉ édit., p. 489). Quant au gouvernement de juillet, le passage suivant de ses *Souvenirs* donnera un aperçu de la façon dont il en parlait : « Il est entendu que je ne parle pas des hommes célèbres de la révolution de 1830. 1830 n'a pas produit une seule illustration noblement acquise. Louis-Philippe semble destiné à rapetisser les citoyens qu'il lui serait le plus facile de grandir. Il semblerait que sa parole a une puissance délétère qui éteint la vie morale. On ne trouve presque plus une personne dont on puisse se plaire à serrer la main. Nous sommes descendus aux jours néfastes du Directoire. »

1. Voici ce qu'il en dit en janvier 1841 au docteur Daniel :

« .... Mon pauvre Martin de Strasbourg.... cet excellent ami, m'inquiète beaucoup. Il veut aller à Portici, en Sicile, à Malthe ; il veut courir après la santé, et Dieu fasse que ses forces se prêtent à ses courses.... La perte de Martin serait une grande perte pour la patrie : je le regarde comme un des citoyens les plus purs et les plus utiles de notre époque.... » (Communication de M. Masson.)

2. On peut citer ici une lettre de Pons, bien qu'elle soit certainement, malgré l'absence de toute date, postérieure de quelques années ; à la fin d'une lettre de compliments de nouvel an écrite par Herminie Pons à son oncle, le frère aîné de son père, Pons ajoute ce *post-scriptum*, qui respire une belle vigueur d'esprit et un joyeux entrain au travail :

« Mon cher frère, lorsque comme moi on travaille avec acharnement par le froid comme par le chaud, c'est-à-dire tous les jours de la vie, pendant douze heures, quelquefois plus, l'on doit être dispensé de faire des lettres, et cette dispensation, je l'acquiers à la sueur de mon front. Si Dieu me continue la santé pendant encore six semaines, je n'aurai mis qu'une année pour écrire trois gros volumes d'histoire, ce que le monde aura peine à croire, et, sans les chagrins, je serais peut-être allé plus loin. Je ne me sens pas du tout fatigué ; j'ai la force que j'avais à trente ans ; peut-être encore plus d'activité. » (Communication de M. Masson.)

3. Ces compositions dramatiques et littéraires n'ont point d'intérêt réel.

provençale, d'essais de métaphysique politique [1]; il continuait à recueillir tous les matériaux qu'il jugeait nécessaires à la composition de sa grande œuvre historique [2]. — Un nouveau désastre vint l'obliger, à soixante-sept ans, à reprendre la vie active; l'infidélité d'un dépositaire le ruina; il dut aller reconquérir à Gênes et à Florence les débris de sa petite fortune; pendant six ans, de 1839 à 1845, il résida de nouveau à Gênes et à Florence [3], occupé à poursuivre son voleur devant les tribunaux. Il profita de ce séjour forcé pour accumuler les notes et les documents sur la statistique, l'économie politique et morale de l'Italie [4], surtout de Gênes et de la Toscane, pendant cette période. Sa curiosité était universelle, et sa sagacité incontestable, malgré des formes prudhommesques et enfantines. Le grand-duc Léopold II lui fit bon accueil [5], mais le ministre Corsini le pria officieusement de ne pas retourner dans l'île d'Elbe. Malgré ses soucis personnels, Pons de l'Hérault ne résista pas au désir, impérieux chez lui, de jouer encore un rôle public. Il fut chargé par Léopold II d'une inspection des maremmes, il rédigea une consultation en faveur des armateurs génois lésés par la suppression du *droit différentiel* [6] demandée par l'Autriche; il protesta avec éclat contre la donation

1. On en trouvera la liste (qu'il me paraît inutile de reproduire ici) dans le Catalogue des manuscrits des bibliothèques des départements, t. XVI. Bibliothèque de Carcassonne, par Cadier, p. 226 et suiv.
2. Voir mon introduction aux *Souvenirs et anecdotes de l'île d'Elbe* et *Revue rétrospective*.
3. Dès 1841, il croyait en avoir fini et annonçait son retour en France.
4. Il les rédigea en partie sous forme d'un voyage en Italie qui est resté inédit. V. *Rivista storica del risorgimento italiano*.
5. « Je crois que je resterai en Toscane jusqu'au mois de mars; je veux y terminer mes affaires. Mon séjour continue à y être extrêmement agréable. La considération la plus bienveillante n'a pas cessé de m'y entourer. Le grand-duc est toujours plein de bonté pour ma famille et pour moi. Mes enfants se font une belle réputation de talent. J'ai été nommé membre de l'académie des Georgofiles. Nous travaillons beaucoup. Je m'abstiens des salons tumultueux ou splendides.... Je vis philosophiquement. Les monuments, les galeries, les bibliothèques, les institutions, forment mon univers moral, et je ne cherche pas du tout à l'étendre. (Florence, ce .... janvier 1841 *(sic)*. » Pons à M. le docteur Daniel, ancien maire, à Cette (Hérault).
6. Cette brochure a été imprimée.

par le roi Jérôme, à la princesse Mathilde, de l'épée de François Ier (10 décembre 1840); il conseilla au grand-duc Léopold II l'abolition de la peine de mort, qui fut supprimée en effet en Toscane, et l'ancien jacobin, qui voulait que la Convention *mît la mort à l'ordre du jour*, s'enorgueillit et se réjouit d'avoir arraché quatre vies de soldats aux tribunaux militaires [1].

Après avoir très médiocrement terminé ses procès, Pons, pour la dernière fois, quitta sa chère Italie : il rentra en France par la côte de la Méditerranée. A Bandol, en 1846, on fit à l'ancien commandant d'artillerie une réception triomphale qui dura vingt-deux jours [2]. Ce fut encore une grande joie pour le vieillard désabusé et brisé par la vie. La république de 1848 lui en donna une autre en le nommant, le 26 avril 1848, conseiller d'État [3]. — Mais, à soixante-seize ans, la politique vint

---

1. « Je suis sûr que vous vous associerez de bien bon cœur à une douce jouissance que je viens d'éprouver et qui consacre un des plus beaux jours de ma vie. J'avais présenté au grand-duc de Toscane mon mémoire pour l'abolition de la peine de mort, et ce prince m'avait accueilli paternellement. Cependant, quelques jours après, la cour de cassation rejetait l'appel de quatre accusés condamnés à la peine capitale, et le ministère, dans le but de donner un exemple, raison sans raison, voulait que le souverain rejetât aussi le pourvoi en grâce. Alors je repris ma plume pour continuer ma mission d'humanité. J'adressai un mémoire au grand-duc; le grand-duc m'écouta, et l'exécution des condamnés fut renvoyée indéfiniment. Je ne vous dis pas mon bonheur. On ne peut que le comprendre. Voilà copie de mon mémoire. Ce travail m'a valu deux récompenses d'académie auxquelles j'étais bien loin d'avoir songé. » (Lettre de Pons à M. Daniel, Gênes, le 2 août 1846.) A cette lettre est jointe la copie de la pétition de Pons au grand-duc de Toscane, dont je reproduis le texte en appendice.

2. Pons en a fait le récit dans une brochure intitulée *M. Pons à Bandol*.

3. Sur l'initiative de Marie. Il écrivait alors à son frère aîné, « dont la vieillesse rappelait, dit-il, celle des patriarches » [Saint-Cloud, le 7 septembre 1851] :

« .... [Jac(?), qui te remettra ce billet].... te parlera longuement de ma vie de citoyen, de fonctionnaire public et de père de famille. Il te dira combien Dieu a récompensé mon existence d'homme de bien, en entourant mes vieux jours de l'estime générale. Il t'apprendra tout ce que tu voudras savoir.

« .... Je l'ai chargé de mon portrait lithographié, d'après celui peint en grand par Herminie. C'est une chose dont il me tardait de te faire l'hommage fraternel. »

de nouveau troubler ses derniers moments : l'ex-impérialiste [1] ne considérait Louis-Napoléon que comme un intrus dans la famille impériale [2], et ne vit dans le prince-président qu'un ennemi de la république. Il refusa d'échanger le ruban de la Légion d'honneur, — « le ruban du golfe Jouan, » — contre la rosette que lui offrait Louis-Napoléon [3]; le 2 décembre 1851, il protesta contre le coup d'État. Le texte de sa protestation, d'une énergie étonnante chez un octogénaire, mérite d'être reproduit :

Honneur et Patrie

Je soussigné, conseiller d'État nommé d'abord par le gouvernement provisoire de la république et ensuite élu par l'Assemblée nationale, averti que le président de la république Louis-Napoléon Bonaparte, violant la loi fondamentale de l'État à laquelle il avait solennellement juré fidélité, a par la force dissous l'Assemblée nationale et le conseil d'État, je me suis rendu à mon poste pour y faire la protestation suivante :

Je proteste contre la violation de la constitution, contre la dissolution de l'Assemblée nationale, contre la dissolution du conseil d'État, et contre l'érection de tout pouvoir illégal.

Fait au conseil d'État, le 2 décembre 1851.

Le conseiller d'État dans l'exercice de ses fonctions de droit et de devoir [4].

Napoléon III ne le rappela pas « à l'exercice de ses fonctions », ayant exigé qu'il fit une demande écrite, ou tout au moins une démarche d'adhésion au nouveau régime, pour le replacer au conseil d'État ou au Sénat [5].

---

1. Pons se défendait, dans l'histoire de Napoléon à laquelle il travaillait alors, d'être impérialiste : « Je ne suis, disait-il, d'aucun parti. »

2. Il cite un mot cruel du roi Joseph au sujet de Louis-Napoléon dans sa lettre du 20 janvier 1851 (Pièces justif., n° 5).

3. Lettre à Peyrusse, 10 septembre 1850 (Bibl. de Carcassonne (Pièces justif., n° 4).

4. Il envoie le texte de cette protestation à son ami Peyrusse en janvier 1852.

5. Lettre à Peyrusse. .... janvier 1852 (Pièces justif., n° 6).

La fin de la vie, si pleine et si honorable, de Pons de l'Hérault fut d'une noire tristesse. Sa femme, « que Dieu avait mise sur la terre comme une preuve de la perfection morale », mourut en 1850; sa démission en 1851 le priva de ses dernières ressources; ses deux filles ne s'étaient pas mariées et vivaient petitement de leur talent de miniaturistes; sa ville natale semblait l'oublier ou le traiter froidement; pour ses amis, il n'était plus que *le vieux père Pons* [1]; malgré son mépris pour le gouvernement impérial, il dut le solliciter pour tenter d'en obtenir le paiement des cinquante mille francs jadis promis par Napoléon Ier; il n'avait même pas la consolation de pouvoir terminer son histoire de l'Empereur à l'île d'Elbe. Il mourut en 1853.

III.

Tel fut l'auteur. Voici l'œuvre. C'est dans l'exil qu'il la composa. Il ne spécifie pas la date ni le lieu, mais, d'après certains passages de son texte, par les allusions qu'il fait aux événements contemporains, il n'est pas très difficile de les conjecturer : c'est en 1816, qu'après son expulsion de l'île d'Elbe, puis de Gênes, il fut *arraché de sa famille* (p. 1); il dit, au début de son mémoire, qu'il *erre de province en province depuis près d'une année* ou *depuis plus d'une année*, car il y a une variante dans ses rédactions successives; c'est donc dans les derniers mois de 1817, ou dans les premiers de 1818, qu'il écrit, après sa séparation avec sa famille, qui de Gênes alla s'installer à Florence, avant son séjour près de Genève, pendant sa résidence à Goritz et sur l'Adriatique; le mémoire est rédigé, dit-il, sans aucun secours de notes, avec le seul appui de ses souvenirs. Faut-il croire que ce soit après la saisie de ses papiers, qu'il dit ailleurs avoir eu lieu à Venise? Son départ pour Genève suivit de bien près cette persécution; il faut plutôt croire que Pons n'avait pas conservé avec lui tous les documents recueillis à l'île d'Elbe.

---

1. Lettre de Cormenin à Peyrusse (Pièces justif., n° 10).

La saisie de ses papiers explique mieux, probablement, pourquoi le mémoire est resté interrompu; il fut pris avec le reste, et fut restitué à l'auteur au moment où celui-ci ayant reçu d'autre part l'autorisation (qu'il demande et qu'on lui accorde sans qu'elle lui fût nécessaire) de rentrer en France, son mémoire n'avait plus d'objet. Quoi qu'il en soit de cette hypothèse, il est certain que c'est en 1817-1818 que le *Mémoire aux Puissances alliées* fut rédigé. Il en existe trois rédactions [1] sensiblement analogues, et qui ne diffèrent que par des variantes de pure forme, et par quelques additions, dont plusieurs sont, il est vrai, assez importantes. Cette multiplicité de manuscrits, tous interrompus à des points inégaux, n'a rien d'extraordinaire pour qui connaît les habitudes littéraires de Pons; il aimait à se copier, à se transcrire, à reprendre sans cesse ses brouillons avant de leur donner une forme définitive et même satisfaisante [2]. Ce qu'il faisait, en 1817, pour son mémoire, qui cependant avait pour lui une importance pratique, nous avons dit ailleurs qu'il le faisait, trente ans plus tard, pour son histoire de Napoléon. Il est arrivé à ces deux œuvres la même aventure : toutes deux sont inachevées.

1. Ces trois rédactions sont conservées à la bibliothèque municipale de Carcassonne; la plus importante forme le manuscrit 288 (11857 A 7); elle est cataloguée par Cadier (*Catalogue général des manuscrits des bibl. dép.*, t. XIII, p. 229) comme il suit : « Histoire de Napoléon à l'île d'Elbe par M. Pons de l'Hérault, sous le titre de : Mémoire aux puissances alliées, par Pons, ex-préfet du département du Rhône. » Ce manuscrit est autographe et se compose de vingt cahiers de 305mm sur 250, comptant 241 feuillets : il est le plus étendu de tous les manuscrits. Ce manuscrit a été recopié de la main de Pons lui-même; mais il ne reste de cette copie que treize cahiers sensiblement égaux à ceux de la précédente et numérotés 1, 3, 5, 6, 7, 9, 10, 11, 12, et 1 à 4, de 305mm sur 208. C'est le manuscrit 289 du catalogue de Cadier (*Ibid.*, p. 229). Enfin il existe dans la liasse de documents catalogués sous le n° 294 par Cadier (*Ibid.*, 230-231) une pièce cotée 4, qui forme un cahier de vingt feuillets, intitulée : « Mémoire aux Puissances alliées, contenant la vie de l'empereur Napoléon à l'île d'Elbe. » Ce cahier ne contient que le début de l'ouvrage et ne paraît pas être de la main de Pons : c'est une copie postérieure due peut-être à une de ses filles et beaucoup moins importante pour l'établissement du texte.

2. On en trouvera de nombreux exemples dans la liste de ses manuscrits donnée par Cadier, *loc. cit.*, p. 229-233.

En 1817, Pons commençait à sentir vivement la mélancolie de l'exil et l'inutilité du sacrifice chevaleresque qu'il avait fait spontanément à sa cause : la Restauration se consolidait en France, l'œuvre du congrès de Vienne se tassait et s'affermissait en Europe, le parti bonapartiste semblait désorganisé pour toujours et réduit au culte impuissant et grincheux de ses souvenirs. L'ancien préfet du Rhône, qui ne renonçait pas à une fidélité désormais platonique à son souverain, pouvait, sans apparence de trahison ou d'abandon, demander à rentrer en France. C'est pour expliquer sa demande, pour la motiver, pour l'excuser peut-être devant ses anciens compagnons d'armes ou devant sa conscience, d'une délicatesse farouche, qu'il compose son mémoire. Il veut démontrer, autant qu'il est possible de retrouver le plan de son argumentation, trop bien dissimulé sous une rhétorique abondante et sous de longs développements historiques, qu'on ne le persécute que pour son dévouement, et que son dévouement étant pur et désintéressé, cette persécution est injuste. Pour montrer l'honnêteté et la pureté de son dévouement, il raconte sa vie politique depuis 1814. Quelle aurait pu être la conclusion de cette partie de son argumentation, quels autres arguments aurait-il fait valoir ensuite ? Aurait-il comparé le traitement qu'on lui faisait subir à celui de tel autre ancien serviteur de l'Empire, rallié et resté en faveur ? Aurait-il multiplié, ce qui est à craindre, vu sa tournure d'esprit, les considérations purement philosophiques et les divagations de métaphysique sociale ? Autant de questions sans réponse, puisque son mémoire est interrompu au milieu environ de la relation historique de sa conduite.

Dans son état actuel, le *Mémoire aux Puissances alliées* dévie bientôt de son caractère de plaidoyer pour n'être qu'un tableau purement narratif. Après deux pages d'exposition assez confuse, Pons de l'Hérault aborde le récit des événements historiques depuis la retraite de Russie, et en quelques mots arrive à l'abdication de l'Empereur et à son débarquement dans l'île d'Elbe. Ce n'est que là que commence vraiment pour nous l'intérêt documentaire de son texte.

Ce document peut se diviser en trois parties : le tableau du règne de Napoléon dans son lilliputien État de l'île d'Elbe ; le récit des préparatifs et des épisodes du retour de Napoléon jusqu'au moment où Pons s'est détaché de la colonne expéditionnaire ; le récit des aventures personnelles de Pons depuis ce moment, qui reste interrompu, mais qui comprend son voyage à Marseille, ses relations avec Masséna, son emprisonnement et sa délivrance. Chacun de ces morceaux a son importance et présente un intérêt spécial.

Les cent premières pages donnent un tableau de l'île d'Elbe pendant le règne de Napoléon. Après la publication des *Souvenirs et anecdotes de l'île d'Elbe*, qui sont mieux ordonnés et plus complets, les détails que donne ici Pons, en se laissant aller à la verve et à l'abondance de sa mémoire, n'auront pas l'attrait de la nouveauté. L'auteur y insiste sur l'indépendance de ses relations avec l'Empereur, sur l'apparence de quasi-hostilité qu'elles gardèrent plusieurs mois durant ; cette indépendance rend d'autant plus saisissant, par contraste, le panégyrique qu'il fait de l'administration impériale. On trouvera donc ici les portraits, vus en beau, de Napoléon lui-même, de ses principaux compagnons, de sa famille, la description de ses occupations personnelles dans l'île, de ses travaux comme souverain. Tout cela a été redit par Pons dans ses *Souvenirs*. Mais à trente ans de distance, Pons ne s'est pas copié ; ce mémoire, s'il en est inspiré, ce qui est hors de doute, n'a même pas été pour lui une « matière » à amplifier, les deux documents se contrôlant l'un par l'autre ; et c'est cette indéniable valeur de contrôle qui m'a décidé à conserver ici ce tableau du règne elbois de Napoléon.

La portion la plus importante de ce mémoire est la suivante : ici Pons est original et nouveau, non seulement si on le rapproche des autres historiens, mais même si on le compare à lui-même. Ses *Souvenirs* se terminent sur quelques pages très fragmentaires consacrées à l'idée du retour en

France; dans ce mémoire, il était important pour lui d'indiquer son rôle dans l'expédition. Quoique son intérêt ait été alors évidemment de le réduire, sa parfaite sincérité l'a engagé à dire la vérité tout entière, et il se pourrait que ce qu'il y avait de tumultueusement méridional en lui l'ait contraint, par un besoin irrésistible, comme malgré lui, et au mépris de son intérêt, de grossir un peu son rôle, et de s'être fait une trop belle part. Tant il y a que, sur la préparation de la flottille expéditionnaire, sur l'impression produite en l'île par le départ de l'Empereur, sur les épisodes de la traversée, sur la question controversée de la rédaction des proclamations et sur les premières journées de débarquement et de marche, Pons apporte des informations, sinon toutes inconnues, du moins authentiques, intéressantes, et pour la plus grande partie nouvelles. Plus précieux encore par la citation des mots de l'Empereur, qu'il nous a conservés, que par le récit des faits, il rapporte surtout une inestimable appréciation de la politique impériale à l'égard de Marseille, et des révélations véritables sur l'histoire de Cette [1] pendant le Consulat et l'Empire.

D'une importance moins générale, mais peut-être d'un intérêt plus intense pour l'épisode qu'elle décrit avec une abondance minutieuse, et, il faut le dire, parfois fatigante, se présente à nous la troisième partie : c'est le pittoresque et amusant récit du voyage de Pons de Sisteron jusqu'à Marseille, et de ses multiples aventures après son entrevue avec son ancien général et ami Masséna. Cette mission de Pons auprès de Masséna est restée jusqu'ici une véritable énigme historique, tant pour les contemporains tels que Laget de Podio [2] ou le commissaire Caire, qui se sont heurtés vainement à ce mystère dans leurs enquêtes sur Masséna, que pour les érudits modernes,

---

1. Voir Pièces justificatives, n° 21.
2. Il ne m'a pas paru déplacé de donner comme contre-partie aux impressions de Pons sur la conduite de Masséna le réquisitoire du substitut Laget de Podio, qui l'apprécie, comme bien l'on pense, fort différemment. Voir Pièces justificatives, n° 22.

tels que M. J. Viguier [1]. Le mémoire de Pons rétablit la vérité, qui est moins romanesque, mais non moins intéressante, que les légendes nées de sa présence mal expliquée à Marseille. L'aspect de la Provence partagée entre royalistes et napoléonistes, le désordre des esprits à Marseille, le singulier tableau qu'il fait du château d'If, enfin sa captivité, tout cela y revit avec beaucoup de fidélité et de pittoresque.

On ne peut guère se poser ici, comme nous l'avons fait ailleurs pour ses *Souvenirs*, de questions sur les sources où Pons a pu puiser pour écrire ce mémoire. Il n'avait point ou presque point de livres, aucune communication avec ses anciens « compagnons d'infortune » de l'île d'Elbe : il cite cependant quelques documents qu'il a pu consulter, qui peut-être lui ont été fournis par le duc de Bassano, des journaux, l'*Itinéraire de Fontainebleau à Fréjus* de Waldbourg-Tuchsess; il ne paraît pas avoir connu les publications volantes et les injurieux pamphlets qui commençaient à enrichir ou plutôt à constituer la littérature napoléonienne. Ce sont des sources orales qu'il a surtout consultées : dans sa puissante mémoire grondait encore le retentissant écho du tonnerre impérial. Les conversations de Napoléon, les confidences qu'il lui a faites à l'île d'Elbe ou pendant les marches de nuit sur la route des Alpes, il les a retrouvées, non pas textuellement, mais avec une fidélité suffisante à en garantir l'authenticité essentielle. Telle causerie de l'Empereur avec Campbell, Koller, Drouot et lui sur ce qu'aurait pu être la campagne de France a creusé un profond sillon dans son esprit : il la raconte ici, trente ans plus tard il s'en souvient encore; de même, c'est dans sa mémoire qu'il a retrouvé les textes des lettres qu'il a écrites à l'Empereur ou le sens général des ordres qu'il a reçus de lui. Pour les deux derniers tiers de son *Mémoire*, Pons est d'ailleurs acteur autant que témoin des événements; ce sont de vrais mémoires originaux que ces pages, et l'on peut dire qu'aucune

---

[1]. VIGUIER, *Masséna et le retour de l'Ile d'Elbe*, dans *La Révolution française*, XXIV, p. 247.

onde étrangère n'a contaminé le flot pur et abondant de ses souvenirs.

Est-ce à dire que le *Mémoire aux Puissances alliées* mérite une aveugle confiance? Il est évident que non. Par son caractère même de mémoire justificatif, qui, quoique abandonné et presque absent de l'œuvre telle qu'elle est, se fait parfois sentir encore, nous sommes avertis qu'un certain optimisme se mêlera forcément, et quoi qu'en ait la franchise de l'auteur, à ses appréciations : pour démontrer l'innocence de son dévouement, il fut plus d'une fois entraîné à démontrer l'innocence de l'objet de son dévouement. Sur certains points, sa démonstration n'est pas convaincante. — Ses convictions napoléoniennes surexcitées l'empêchent, — rien n'est également plus certain, — je ne dirai pas de rendre justice au gouvernement de Louis XVIII, mais même de comprendre qu'il pût exister. Sans doute il peut dire, et il est vrai en quelque façon, que la France de 1814 ne connaissait plus les Bourbons et ne les réclamait pas; mais les invectives sont de trop, et l'empêchent d'apprécier les services rendus au pays de 1815 à 1817 : il oublie à qui revient la responsabilité des traités de 1815. Sa mémoire est puissante : cependant, à diverses reprises, il commet de petites erreurs matérielles; la plus importante porte sur la date où commencèrent les préparatifs du retour; j'en ai relevé d'autres moins graves dans mes notes. — Sa véracité est indéniable : mais il s'est laissé parfois égarer par le *genre littéraire* qu'il avait choisi; des dates, des noms, des faits sont tombés de ses phrases parfois trop oratoires; mais il s'est laissé aussi égarer par les récits de Napoléon ou les confidences de son entourage : il accepte sans contrôle ici une accusation d'assassinat commandé ou tenté contre l'Empereur par l'ancien chouan Brulart; mieux informé, plus réfléchi, il exprimera dans ses *Souvenirs* le doute le plus formel au sujet de cette accusation, et déclarera nettement alors qu'il refuse de l'admettre. Mais, en somme, ces chances d'erreur, assez nombreuses, n'ont pas produit autant d'erreurs matérielles qu'on pourrait le présumer. Il faut se tenir en garde en le lisant, comme je l'ai dit dès l'abord, contre les tendances générales à l'apologie et à la satire qui, du reste, éclatent à chaque page et qui sont trop visibles pour qu'il faille les signaler. C'est cette exaltation du style, tantôt emphatique, tantôt dénigrante, qui diminue peut-être le plus l'autorité de son mémoire.

Si donc la matière de ce mémoire, pour ces divers motifs, ne peut entrer sans réserves et sans précautions dans le domaine historique, le mémoire en devient, par là même et à un autre point de vue, un document d'un autre genre et non moins intéressant. Car, enfin, s'il est parfois indifférent de savoir avec précision le détail de tel ou tel fait, il est presque toujours nécessaire de connaître ce que, de ces faits mal connus, ont pensé les contemporains et la postérité immédiate, — puisque aussi bien les faits ne s'engendrent pas les uns les autres par une évolution mécanique, et que ce sont les volontés successives des générations et des individus qui les déterminent. Or ces volontés elles-mêmes, ne sont-ce pas, plus encore que la vérité historique, les passions, les opinions, les légendes qui les émeuvent? Peu importe que Pons se soit trompé sur les étapes de Napoléon, s'il reproduit avec vérité l'enthousiasme de cette armée en marche; peu importe, en un certain sens, qu'il calomnie un adversaire : le fait historique, intéressant et vrai, n'est-il pas que son entourage ait cru à la calomnie dont il est l'écho? A cet égard, comme expression de l'état d'esprit des fidèles de Napoléon, comme traduction des sentiments de son armée, comme écho des passions qui se sont réveillées au golfe Jouan, ce mémoire est incomparable. Écrit au lendemain des événements, par un homme qui en a subi les péripéties et couru les dangers, qui a contribué pour sa part à en précipiter le début et à en assurer le succès, il vibre encore du même enthousiasme, il frémit des mêmes rancœurs. Tombés pour la seconde fois du haut de leur rêve, tout est bon à ces vaincus pour soulager leur colère et tromper leurs désillusions. Dans l'hyperbolique admiration de l'Empereur comme dans l'aveugle dénigrement de la monarchie, —. par ses violences de langage comme par ses erreurs de jugement, Pons est bien le contemporain et le type de cette race de tard-venus dans l'épopée impériale, de cette opposition napoléonienne, qui a rempli de son mécontentement et de ses intrigues les premières années de la Restauration. Dans ce mémoire se dépeint au vif cette génération qui, formée dans l'anarchie et la licence politique du Directoire, revient sur le tard, après les avoir oubliés quinze ans durant, aux principes et aux idées de sa jeunesse, et aboutit à faire la révolution de 1830. Pons, comme ses contemporains, mêle au jacobinisme le plus exalté, aux principes de la foi républicaine, une quasi-adoration de Napoléon, en qui s'incarnaient pour lui la gloire et la patrie; il est le type de cette classe de demi-soldes qui avaient pour bréviaires le *Manuscrit de Sainte-Hélène* et les pamphlets de Paul-Louis Courier; son mémoire reflète ces deux courants d'idées. C'est une admirable « planche anatomique » du bonapartiste de 1817, de l'Épigone du premier Empire.

MÉMOIRE

AUX

PUISSANCES ALLIÉES

> Mais vous, qui me faites un crime de mon amour et de mon dévouement, donnez-moi donc la force et la volonté d'imposer silence à cette voix intérieure qui me crie sans cesse : « Tu ne fais que ton devoir ! »

Princes,

Si l'on m'avait permis d'aller à Sainte-Hélène [1], ou si l'on m'avait laissé vivre dans mon heureuse obscurité [2], je ne viendrais pas me plaindre au tribunal des rois.

Mais, n'ayant pu obtenir de me rendre auprès de l'infortuné Napoléon, et cruellement persécuté, j'élève ma voix jusqu'aux trônes aujourd'hui les plus puissants de la terre. Il m'est impossible de penser que cette lâche tyrannie dont je suis la victime puisse être l'ouvrage des monar-

---

[1]. Pons demanda réellement à aller à Sainte-Hélène; il adressa des pétitions en ce sens à Marie-Louise, à l'empereur d'Autriche, au prince régent d'Angleterre; aucune ne fut accueillie favorablement. On trouvera ces textes dans la *Biographie* (éd. 1848), p. 67 et 68.

[2]. Rien, en fait, n'empêchait Pons de recommencer à vivre dans son « heureuse obscurité, » puisque, comme Decazes le faisait justement remarquer à Richelieu en 1818, il n'était compris dans aucune mesure d'exil. Il n'était qu'une sorte d'émigré bonapartiste.

ques qui ont promis la paix et le bonheur au monde. Si je me trompe, si des têtes couronnées autorisent la bassesse despotique de quelques ministres [1], je dois gémir pour l'humanité, et m'attendre à être livré à des persécutions plus cruelles encore que celles que j'ai déjà éprouvées.

Quoi qu'il puisse arriver, je suis résigné à mon sort. L'homme qui raisonne froidement le danger auquel il s'expose est au-dessus des périls qui le menacent.

Arraché à ma famille et à mes foyers, j'erre depuis plus d'une année de province en province [2], sans avoir pu trouver un seul homme tout à la fois puissant et juste. Partout le peuple m'accueille avec une extrême bonté, et partout l'autorité me repousse avec une excessive rigueur. Pourquoi donc tant d'affection d'une part et tant d'acharnement de l'autre? Pourquoi?.... Osons le dire, parce que le peuple me juge d'après son cœur, et le pouvoir d'après ses passions. Par ce mot peuple, j'entends tout ce que la société a de plus honnête.

La cause de ce double effet est connue : *J'aime Napoléon!* et dire qu'on aime son prince, c'est faire l'aveu qu'on lui est dévoué : je confesse mon dévouement.

Sans doute, un dévouement manifesté par des actes nuisibles à la société donne à la société le droit de se plaindre de cette manifestation et de la réprimer; mais si ce dévouement ne porte aucune atteinte à l'ordre social, nul ne peut avoir le pouvoir légitime d'en faire un titre de proscription contre celui qui se dévoue. Cette maxime est celle de la justice éternelle, et s'en écarter, c'est fouler aux pieds le droit naturel des hommes et le droit public des nations.

[1]. Allusion au comte de Lodi, ministre de la police sarde, et aux ministres du grand-duc de Toscane.
[2]. Passage important pour fixer la date de composition de ce mémoire.

L'amitié, tout en approuvant mes principes, s'est souvent affligée de mon dévouement : témoin de mes maux et des chagrins de ma famille, elle a cherché à adoucir les uns et à faire cesser les autres, en m'engageant à courber la tête devant les idoles du jour. Des hommes qui partagent foncièrement mon opinion et qui trouvent leur tranquillité dans la faiblesse de leur caractère ont aussi voulu que, faible comme eux, je laissasse croire que je ne pensais plus à Napoléon. J'apprécie à leur juste valeur les conseils désintéressés de l'amitié et les conseils intéressés de ceux qui en empruntent le langage. L'on ne peut guère convaincre autrui de ce dont on n'est pas convaincu soi-même. La conviction n'est pas entrée dans mon âme.

Mon dévouement a-t-il une source pure ? Oui, et je le prouve. Et si ce dévouement est pur, si le sentiment qui l'a fait naître est honorable, comment peut-on m'en faire un délit ?

Je me trouve entraîné, et je dois, à peu de chose près, écrire ma vie politique pendant ces deux dernières années. Cette notice sera de quelque intérêt, en raison de la situation dans laquelle je me suis trouvé et des événements auxquels j'ai pris part. Mais, avant tout, je parlerai de Napoléon. Je dirai ses vertus, sa bonté, son génie : je le peindrai tel qu'il s'est présenté à moi. Lorsqu'il était au faîte de la gloire, je n'étais pas son ami, et dans mon erreur j'osai l'attaquer. Quand il a été frappé par le malheur et que, descendu de ce degré d'élévation dans lequel il ne pouvait ni bien voir ni être bien vu, il s'est rapproché de ma sphère, j'ai cherché à le mieux connaître, et, peut-être encore un peu prévenu, je l'ai examiné. Je ne l'ai pas trouvé un homme parfait, mais je l'ai trouvé le plus parfait des hommes. Que ceux qui l'ont tant de fois trompé, [qui ont] encensé et divinisé jusqu'à ses erreurs, crient maintenant *tolle* sur moi, cela doit être : ils feront leur métier et j'aurai rempli ma tâche. La conscience n'est pas un bouclier qui garantisse toujours des traits des méchants, mais elle rassure l'homme honnête contre les clameurs qui sont l'ouvrage de la méchanceté.

L'intempérie prématurée de la mauvaise saison, dans un climat naturellement rigoureux, avait détruit la plus belle armée de l'univers. Une nouvelle armée l'avait remplacée comme par enchantement. Mais des défections honteuses furent bientôt pour celle-ci ce que les froids de la Russie avaient été pour l'autre. Cependant les ressources du génie et les efforts de la valeur multipliaient une poignée de braves échappés à la destruction ; le malheur semblait avoir retrempé les âmes ; l'armée faisait des prodiges, et la France touchait peut-être au moment de revoir ses drapeaux triomphants, lorsque la capitale de l'empire fut livrée à l'ennemi ! Jour à jamais de deuil, qui couvrit la patrie d'un crêpe funèbre et qui inscrivit un guerrier sur les fastes des traîtres !

A cette époque, j'étais administrateur des mines à l'île d'Elbe.

L'île était bloquée par les Anglais [1], et nous étions privés de nouvelles. Notre anxiété était extrême, quand un officier, envoyé par le gouvernement provisoire établi à Paris, vint nous apprendre les infortunes de la France et nous apporta l'ordre de prêter serment de fidélité aux Bourbons. Je ne voulais pas être sujet d'un Bourbon, quel qu'il fût, et je ne prêtai point le serment qu'on demandait. Il n'est pas inutile d'observer ici que cet officier délégué, presque sans aucune connaissance des affaires militaires

---

1. Sur ce blocus et les faits suivants, voir Pons de l'Hérault dans la partie de ses *Souvenirs* publiée sous ce titre: *L'île d'Elbe pendant la Révolution et l'Empire.* (Lumbroso, *Miscellanea Napoleonica*, t. III, 1897.)

qui avaient eu lieu, était habillé et coiffé à l'anglaise, et qu'il ne savait pas même le nom du souverain que les armées ennemies plaçaient sur le trône des Français ; ce qui prouve et l'esprit national des hommes amis, auteurs ou partisans du changement qui venait de s'opérer, et l'importance qu'on attachait au choix du prince à qui l'on donne maintenant le surnom vraiment satirique de *Désiré*.

Le général Dalesme, mon vieil ami, commandant supérieur de l'île, commit alors une grande faute. L'officier qu'on lui envoyait n'était porteur que d'une simple lettre du ministre de la guerre, dont personne ne connaissait la signature. L'on eut même des doutes que ce ne fût un piège tendu. Dans cette perplexité, Dalesme, qui ne sait avoir du courage que dans les camps ou l'épée à la main, me demanda mon avis, et me témoigna l'intention de reconnaître et de faire reconnaître le gouvernement nouveau. Je lui conseillai de donner son adhésion particulière à ce gouvernement, puisqu'il croyait devoir le faire, et de garder vierge la place de Porto-Ferrajo, jusqu'à ce que, plus instruit, il sût positivement à quel souverain il devait légalement la rendre. Il adopta mon opinion, mais je le quittai ; un autre lui parla et il arbora le pavillon blanc. En reconnaissance de cet acte d'une si prompte obéissance, dès qu'il fut de retour en France, on le mit en retraite, et, quelques mois après, on le jeta dans une prison.

Nous sûmes en même temps que l'empereur Napoléon était souverain de l'île d'Elbe. C'est alors que je lus ses adieux à la garde impériale : monument impérissable de la beauté et de la grandeur de son âme.

L'Empereur arriva dans la rade de Porto-Ferrajo, et je fus l'un des membres de la députation qui alla le complimenter. Jamais le souvenir de cette soirée ne s'effacera de ma mémoire [1] !

Le vainqueur de tant de nations, le Roi de tant de rois, exilé sur un misérable rocher !.... et la France veuve de son héros !.... Que de réflexions tristes je fis ! Que d'émotions pénibles j'éprouvai ! J'étais dans une agitation extraordinaire quand nous montâmes à bord de la frégate anglaise sur laquelle Napoléon était.... Nous lui fûmes présentés par le général Bertrand. Oh ! comme je voudrais pouvoir rendre l'impression que sa vue fit sur moi ! Respect, attendrissement, peine, plaisir, crainte, espérance, tous les sentiments me maîtrisaient à la fois. Mon âme était tout entière dans mes yeux, et mes regards dévoraient le moindre de ses mouvements ! Sa figure était calme et presque riante ; il portait l'uniforme des chasseurs de la garde ; ses bras étaient croisés derrière le dos, et il tenait un petit chapeau rond à la main [2]. Dalesme, général commandant supérieur de l'île, le harangua. L'Empereur répondit avec beaucoup de bonté et d'affabilité que les Elbois allaient devenir l'objet constant de ses plus vifs intérêts. Il parla ensuite à chacun de nous et nous chargea ensemble d'assurer les Elbois de ses sentiments paternels. Le général autrichien Külher [3] et le colonel anglais Campbell étaient auprès de Sa Majesté dans l'attitude du plus profond respect.

Tel est l'effet de l'influence presque magique de ce

---

1. Voir Pons de l'Hérault, *Souvenirs et anecdotes de l'île d'Elbe*, p. 10.
2. Pons a reproduit dans ses *Souvenirs*, avec quelques légères modifications, cette description de la toilette de l'Empereur à cette première entrevue. Remarquons qu'il ne fait ici, dans cet écrit apologétique, aucune réflexion sur l'étonnement que leur causa, à lui et à ses compagnons, ce « petit chapeau rond de marin, » qui manquait évidemment du prestige impérial.
3 Pons défigure ici le nom du général Köller.

grand homme, qu'avant de l'avoir vu je croyais avoir à me plaindre de lui [1], et qu'après l'avoir quitté je me reprochais intérieurement d'avoir pu penser qu'il avait eu des torts à mon égard. Qu'on ne s'imagine pas que j'exagère.

Sa Majesté passa la nuit à bord, et, le lendemain, Elle débarqua, après avoir, dès le matin, arboré et fait reconnaître son pavillon.

Les Anglais avaient salué le nouveau drapeau impérial, ils saluèrent également l'Empereur lorsqu'il descendit à terre. Toute l'artillerie des ports annonça l'approche du monarque.

Son entrée à Porto-Ferrajo fut aussi brillante qu'elle pouvait l'être dans un pays privé de ressources, et où l'on n'avait pas même eu le temps de faire des préparatifs. Mais l'enthousiasme des habitants suppléa à tout ce que l'aisance et l'habitude du faste auraient pu produire de brillant, et Napoléon dut être satisfait de l'accueil qu'il trouvait [2]. La garde nationale fixa ses regards, et elle méritait cette honorable distinction.

---

[1]. Ces sujets de plainte étaient réels : l'empire n'avait-il pas brisé la carrière de marin de Pons, qui s'annonçait si brillante? Pons dit plus exactement la vérité à cet égard dans ses *Souvenirs*, et ici on peut répéter que qui veut trop prouver ne prouve rien.

[2]. Tout ce que l'île d'Elbe avait de personnes considérées avait été appelé pour assister au débarquement de Sa Majesté, et les personnes appelées avaient été suivies par la presque totalité de leurs concitoyens, sans aucune espèce d'amplification. Relativement parlant, le concours était immense. Les autorités civiles et militaires, ayant à leur tête le général Dalesme, et les prêtres, à la suite du vicaire général, attendaient Sa Majesté sur le pont impérial. Quand l'Empereur mit pied à terre, le clergé, suivant les cérémonies d'usage, le reçut sous le dais, et le maire lui présenta les clefs de la ville. Sa Majesté paraissait tout à la fois émue et étonnée de ce qu'elle voyait. Les députés qui l'avaient complimentée à bord de la frégate, sûrs des sentiments des Elbois, avaient pu lui prédire que le moment où elle paraîtrait au milieu d'eux serait un moment de jouissance pour son cœur, mais ces députés avaient faiblement rendu la manière dont ces sentiments seraient manifestés et l'Empereur fut agréablement trompé. Une double haie de troupes bordait les rues par où Sa Majesté devait passer. (*Note de Pons.*)

Sa Majesté se rendit d'abord à l'église, où l'on chanta le *Te Deum*, et cet hymne religieux, que depuis longtemps la politique a consacré à l'orgueil et à la faiblesse des rois, fut, ce jour-là, véritablement chanté en action de grâces.

Au sortir du temple, l'Empereur fut conduit à l'hôtel de ville, où il devait loger provisoirement, et là, après avoir pris quelques minutes de repos, il donna audience aux principaux habitants de ses petits États, et dans cette audience, il fut facile de s'apercevoir qu'il cherchait à paraître gai et qu'il étudiait des questions qui ne pussent embarrasser personne. Il plaisanta le curé qui lui prêchait misère : « Mais, lui dit-il, dans un pays de mer, vous devriez être riche, car ordinairement les marins font beaucoup de vœux à la Vierge et donnent beaucoup de messes aux prêtres. » Sa Majesté termina cette première journée par une promenade à cheval aux environs de la ville [1].

Le jour suivant, j'eus l'honneur de recevoir Sa Majesté chez moi, à Rio-de-Mer, où j'habitais, et dont nous parlerons dans la suite. L'Empereur visita la forêt de Jupiter et arriva jusqu'à la crête de la montagne, sur laquelle il y a un vieux château fort entièrement ruiné, mais d'où la vue plane sur toutes les côtes d'Étrurie et s'étend jusqu'à la Spezzia. Sa Majesté se décida à le rétablir pour en faire un lieu de retraite. Elle daigna m'entretenir en par-

---

[1]. Le même jour, la prise de possession de l'île et la reconnaissance du pavillon adopté par l'empereur Napoléon furent constatées par un procès-verbal de la teneur suivante : « Ce jourd'hui 4 mai 1814, Sa Majesté l'empereur Napoléon ayant pris possession de l'île d'Elbe, le général Drouot, gouverneur de l'île au nom de l'Empereur, a fait arborer sur les forts le pavillon de l'île, fond blanc, traversé diagonalement d'une bande rouge semée de trois abeilles fond d'or. Ce pavillon a été salué par les batteries des forts de la côte, de la frégate anglaise l'« Undaunted » (l'Indompté), et des bâtiments de guerre français qui se trouvaient dans le port. En foi de quoi, nous, commissaires des puissances alliées, avons signé le procès-verbal avec le général gouverneur de l'île et le général Dalesme, commandant supérieur de l'île. » (*Note de Pons.*)

ticulier, et dans cet entretien, je crus me pénétrer qu'on lui avait déjà demandé mon emploi. C'était l'emploi le plus avantageux de l'île, et il était dans l'ordre des choses naturelles, à une petite comme à une grande cour, qu'il se trouvât quelque intrigant qui, à l'affût des changements que le nouveau système de gouvernement pourrait produire, eût pensé que *pour le seul et unique intérêt du prince*, il convenait qu'on le mît à ma place. Cet classe d'hommes parle si parfaitement du bien public, elle proclame des intentions si pures, qu'il est presque impossible de lui refuser ce qu'elle sollicite. Le souverain le plus sage peut y être trompé. Je fis cette réflexion, et je m'imaginai que j'allais perdre ma place. Né loin du trône et de ses alentours, étranger à cette bassesse de sentiments qui est ordinairement la qualité première des courtisans, ne me souciant pas du tout de me trouver en butte à leurs intrigues, incapable de prier pour obtenir la conservation d'une place que j'occupais et dans laquelle j'avais rendu des services, je ne trouvai rien de mieux, pour éviter le coup qui semblait me menacer, que de prévenir Sa Majesté que je quittais son service. Je fis en effet cette démarche inconsidérée. L'Empereur la désapprouva et me dit que son intention positive était de ne déplacer personne. Bientôt l'on proposa à Sa Majesté de diriger l'établissement des mines, en n'exigeant que le cinquième du salaire dont je jouissais. J'ai vu et lu la proposition. L'intérêt est bien loin d'être mon dieu favori, mais dans cette occasion, je tins par amour-propre à celui que l'usage m'accordait, et Sa Majesté me le conserva. Quand ensuite, mieux connu de Sa Majesté et honoré de sa confiance, je fus sûr que l'intrigue ne pouvait plus me nuire, je m'empressai d'observer que ces appointements étaient trop forts et je priai plusieurs fois l'Empereur de les diminuer.

Sa Majesté ne voulut me faire éprouver aucune réduction.

Napoléon, comme César, a l'habitude d'employer indistinctement ses amis et ses ennemis, et quelquefois même de préférer ces derniers, afin de paralyser leur haine. Sans doute, je n'ai pas la prétention de blâmer ce que faisait le plus grand des Romains ni l'orgueil de vouloir donner des leçons au plus illustre des Français, mais il m'est permis d'avoir une opinion ; et mon opinion est que, s'il est sage pour les souverains d'employer ceux de leurs ennemis qui jouissent de l'estime publique, il est tout à fait impolitique d'appeler à des fonctions quelconques ceux que la voix commune flétrit de son mépris.

L'Empereur organisa sa maison. Il nomma quatre chambellans, et à trois d'entre eux qui faisaient honneur à son choix : MM. Lapi, Vantini et Traditi, il en associa un quatrième qui, peu de jours auparavant, avait été destitué pour avoir, en sa qualité de maire [1], soulevé les habitants de sa commune contre l'autorité légitime et, selon toutes les apparences, dans le seul but de profiter de l'anarchie pour dilapider les propriétés du gouvernement et payer à leurs dépens la foule de créanciers qui l'accablait. Sa Majesté laissa aussi trop approcher de son auguste personne, ou du moins elle ne connut pas assez, cette classe de caméléons politiques qui est la lèpre morale de la société : les flatteurs et les calomniateurs. Pourtant,

---

1. Il s'agit ici du maire de Rio-Montagne, Gualandi, ennemi acharné de Pons, qui s'exprime sur lui en termes plus que durs et qui, dans un fragment inédit, dit de lui : « …. Cet employé, faux brave, qui naguère me considérait comme sa providence, qui me devait d'être ce qu'il était, que j'avais comblé de bienfaits, voulut aller se plaindre à l'Empereur parce que, disait-il, mes pouvoirs n'étaient rien auprès des pouvoirs de l'archi-administrateur qui était à Porto-Ferrajo…. » C'est le même individu que le général Dalesme apostropha avec tant de véhémence en présence de l'Empereur, et auquel le commandant Tavella, affectant de le prendre pour un juif, fit l'avanie que raconte Pons, *Souvenirs*, chap. XI, p. 166.

qui mieux qu'Elle pouvait savoir que les courtisans n'adorent les princes qu'autant qu'ils ont part à leurs faveurs, et que la langue du détracteur flétrit jusqu'à l'action la plus innocente des véritables amis du monarque?

Parmi les méchants qui, dans les premiers moments, entourèrent l'Empereur, il y avait un officier supérieur du génie, ancien révolutionnaire de Saint-Domingue, homme que la nature a fait pour haïr les hommes et qui, tout en flattant bassement Sa Majesté, cherchait sourdement à lui nuire, comme il cherchait à nuire à tout le monde [1].

Je touche au moment d'une crise longue et terrible. Je me sens ému en la rappelant.

Napoléon me donna des ordres relatifs à mon ancienne administration [2]. Je crus qu'il n'avait pas ce droit-là; je fis des observations; il insista, et je refusai d'obéir. Mon refus aurait pu être fait dans des formes plus douces; mais il était question de conscience, et j'oubliai d'être poli. Mon intention étant d'être vrai, j'ai dû faire cet aveu.

Les hommes abrutis par l'esclavage pensent que le pouvoir des souverains ne doit avoir d'autres limites que l'immensité de leurs désirs. Je crois au contraire que mon obéissance ne doit pas aller au delà de l'autorité légitime

---

[1]. Que le lecteur ne pense pas que je ne veux parler (sic) du lieutenant-colonel du génie, M. Flandin, qui alors commandait le génie militaire à l'île d'Elbe, où il a laissé comme il laissera partout une réputation qui ferait honneur même aux personnes les plus distinguées par leurs vertus et par leurs talents. (Note de Pons.) Il s'agit ici du colonel Vincent.

[2]. Toute cette affaire, — le versement des revenus des mines, de l'exercice 1814, qui appartenaient à la Légion d'honneur, dans la caisse du gouvernement de l'île d'Elbe, — a été racontée en détail par Pons dans ses Souvenirs, chap. VII et VIII. Mais les faits sont présentés ici assez différemment, et le texte de la lettre de démission n'avait pas été reproduit ailleurs par Pons.

de celui qui me commande. J'exprimai cette opinion. L'on interpréta malignement ma franchise, et j'en vins à la raideur.

Quelques misérables cherchèrent à faire croire à Sa Majesté que je ne lui obéissais point, « parce qu'Elle avait été frappée par le malheur » : âmes viles qui jugeaient de mes sentiments par la bassesse des leurs! Mais Sa Majesté savait l'apprécier, et Elle mesurait mieux que personne toute l'étendue de mon respect.

Eh! comment l'Empereur aurait-il pu penser que je l'honorais moins au jour de son infortune que je ne l'aurais fait au temps de sa prospérité! Il est vrai que je m'étais oublié jusqu'au point de lui écrire « qu'avec cent mille baïonnettes il ne pourrait pas me faire faire ce qu'il voulait de moi. » Il est vrai aussi que j'avais répondu à quelqu'un qui me parlait en son nom et qui me menaçait de la force, que j'opposerais la force à la force. Mais en même temps, je lui écrivais aussi, et je lui disais et je lui répétais sans cesse :

« Sire! que Votre Majesté ne demande que mon sang,
« et je suis prêt à le verser pour Elle : Elle peut tout
« attendre de moi, excepté le sacrifice de mon honneur. »
Ces sentiments, ce langage, même avec une dureté apparente, ont-ils le caractère de l'irrévérence? L'auguste Napoléon respectait mes principes et aimait ma manière de les exprimer ; il trouvait seulement mauvais, et il avait raison, que je me fusse mis en tête qu'il exigeait quelque chose de plus que ce qu'il avait le droit d'exiger de mes devoirs.

Ma situation était pénible, je passais des moments d'amertume. L'homme triomphe difficilement de l'envie. L'envie avec son mauvais œil observe sans cesse, et tous les coups qu'elle peut frapper dans l'ombre, elle les frappe.

Animée contre moi, elle excitait encore la calomnie, sa digne compagne, et ensemble, elles me prêtaient des propos qui pouvaient offenser Sa Majesté. A chaque instant, on apprenait, particulièrement de l'intérieur de la maison de Madame mère, où était le foyer des intrigants, que j'étais destitué, que j'étais remplacé, que je devais partir et quelquefois que j'étais parti. Malgré tous ces bulletins de l'intrigue, maîtrisé par une puissance secrète, j'aimais bien sincèrement Napoléon, et malgré la pénible situation dans laquelle je me trouvais, je sentais que mon amour pour lui prenait chaque jour une nouvelle force : j'aurais donné la vie pour ne pas lui déplaire. C'est au moment où cet illustre proscrit est confiné aux limites du monde, que je dois faire et que je fais gloire de cette confession, qui serait restée à jamais ensevelie si quelques infâmes n'avaient, par leurs trahisons, coupé le fil des grandes destinées du héros qui en est l'objet. Cependant la ténacité de mes refus devait nécessairement aigrir l'Empereur, et, aigri moi-même par des tracasseries qui partaient moins de la volonté de Sa Majesté que de la mauvaise foi de quelques personnes qui l'entouraient et qui pensaient que ma disgrâce pourrait être utile à leurs intérêts, je voulus renoncer à ma place, et j'écrivis enfin à Napoléon :

« Sire,

« Je donne ma démission à Votre Majesté. Je quitte
« l'île d'Elbe, et je me retire en Toscane.

« Votre Majesté m'a mal connu ; Elle ne m'a pas traité
« comme je devais l'être. Mais je me plains de son erreur
« et non de son intention.

« Sire, tant que j'ai été employé par Votre Majesté, j'ai
« dû ne lui parler que de mon respect ; aujourd'hui que
« j'ai acquis mon indépendance et que Votre Majesté ne
« peut point voir un calcul d'intérêt dans l'expression de

« mes sentiments, je lui jure un dévouement sans bornes,
« et je la prie de compter sur ce serment : c'est celui d'un
« honnête homme.

« Que le Dieu qui veille sur les destinées des grands
« princes accorde des jours longs et heureux à Votre
« Majesté !

« J'ai l'honneur d'être, de Votre Majesté, » etc.

L'Empereur refusa d'accepter ma démission, et ma démarche produisit un effet contraire à celui que j'en attendais [1].

Par cela même que je n'avais pas voulu prêter serment de fidélité aux Bourbons, j'avais renoncé à la France, et maintenant je voulais me priver encore de la seule ressource qui me restait pour mon existence. Il n'y avait donc que le motif puissant de l'honneur qui pût me faire tenir si fermement à l'opinion que j'avais adoptée. Sa Majesté fit sans doute cette réflexion, et Elle me demanda un rapport particulier que j'écrivis sur-le-champ. L'Empereur étudia ce rapport, et il chargea le général Drouot de me faire savoir « qu'il avait une confiance entière « dans ce que je lui avais dit, et qu'il me reverrait avec « plaisir. » Tous mes préparatifs de départ étaient déjà faits, et je me trouvai heureux d'avoir pris une peine inutile [2].

---

[1]. Une seule fois, Sa Majesté m'avait elle-même entretenu en détail de cette affaire affligeante. J'avais la tête montée, et sans doute je ne répondis point à Sa Majesté avec toute la prudence possible. Le général Drouot m'en fit du moins l'observation. Il me reprocha d'avoir parlé avec trop de véhémence et de m'être oublié. Depuis lors je ne voyais plus Sa Majesté ; Sa Majesté pouvait avoir gardé une impression défavorable de cette dernière audience, et n'entendant plus que ce qu'on lui disait et ce qu'on me faisait dire, elle me donnait plus de torts que je n'en avais réellement. C'est dans cet état de choses que je lui adressai ma démission. (*Note de Pons.*)

[2]. C'est bien là le caractère honnête jusqu'à la rudesse de l'homme qui dira plus tard à un ami : « Il n'y a point de protection possible pour

Je revis Sa Majesté. Je m'attendais à des reproches : Elle ne m'en fit point. L'Empereur, au contraire, me parla avec toute la bonté d'un père. Il chercha à me convaincre, et il me convainquit. Je me décidai à obéir.

J'attendais des instructions de France que j'avais demandées et que j'aurais dû avoir reçues depuis longtemps. Je suppliai Sa Majesté de me permettre encore un retard de dix jours ; Elle y consentit : les dix jours s'écoulèrent, et ce terme expiré, je mis mon bonheur à faire tout ce que Sa Majesté désirait de moi.

Dans cette audience particulière, qui fut très longue, et dont je conserve un souvenir religieux, j'avais dit à Sa Majesté, et je le lui avais dit avec cette expression qui caractérise le langage de la vérité : « Sire, quand Votre « Majesté m'a comparé le général Drouot, Elle n'a plus « personne ici à me comparer. » Je parlais de dévouement et de désintéressement. Sa Majesté, qui se promenait, s'arrêta, me fixa attentivement et ne me répondit rien. En me congédiant, Elle m'adressa ces paroles avec une douceur remarquable : « Pons, vous avez eu d'abord « des torts à mon égard, et ensuite vous avez voulu me « quitter ; vous m'avez fait même des menaces. » A peine ce mot de *menaces* fut-il échappé à Sa Majesté que j'éprouvai un tremblement universel. L'idée que l'Empereur pouvait avoir pensé cela de moi me fut un coup de foudre : « Sire, m'écriai-je avec véhémence, comment « Votre Majesté a-t-Elle pu s'arrêter à une pareille opi- « nion ! Me croit-Elle donc assez insensé ou assez sot « pour m'être permis un oubli aussi ridicule qu'il serait « condamnable ? Sans doute, Sire, j'ai pu avoir des torts

---

l'exemption de la conscription militaire, et là où la loi commande tout le monde doit obéir. » (Pons à M. Bruel, de Cette. Paris, 1ᵉʳ avril 1847.)

« et en avoir eu beaucoup; mais la cause de ces torts
« prouve à Votre Majesté que je suis un homme d'hon-
« neur, et si j'avais fait ce que Votre Majesté me re-
« proche, je serais un homme méprisable. — Relisez votre
« correspondance, et rappelez-vous vos paroles, continua
« Sa Majesté avec un air tranquille et presque riant ; mais,
« du reste, ajouta-t-Elle, j'ai reconnu que vos intentions
« étaient pures, et elles vous ont mérité ma confiance : je
« vous l'accorde. » Il me fut impossible de répondre à Sa
Majesté ; je n'étais point intimidé, mais l'émotion m'ôtait
l'usage de la parole, et je me séparai d'Elle le cœur plein
d'amour et de reconnaissance.

Sans doute, en me parlant de menaces, Sa Majesté en-
tendait ce que j'avais écrit des *cent mille baïonnettes*, et
ce que j'avais dit, *que j'opposerais la force à la force!*

Peut-être aussi lui avait-on fait de faux rapports. Quoi
qu'il en soit, et de quelque manière qu'on veuille envisa-
ger la chose, il est impossible de ne pas admirer l'empereur Napoléon ne me parlant de mes torts que pour les
effacer en *reconnaissant que mes intentions étaient pures*.
Que ceux qui ont tant crié contre la violence habituelle
de ce grand prince mettent la main sur la conscience et
qu'ils disent s'ils seraient capables de cette modération
vraiment surprenante.

A l'île d'Elbe, il n'existait qu'un seul pair pour apprécier et juger ma conduite : c'était Peyrusse, trésorier impérial.

L'Empereur a l'habitude de se servir indistinctement
de la plume de toutes les personnes capables, qui se trouvent sous sa main, pour faire transmettre les ordres dont
il veut presser l'exécution. Quelquefois Peyrusse m'avait
écrit au nom de Sa Majesté. Cette marche ne flattait pas
mon amour-propre, et je ne savais pas me taire. Je ne

voulais pas travailler avec Peyrusse, non pas que je ne l'estimasse beaucoup, mais seulement parce que je pensais que mes services m'avaient acquis le droit de marcher son égal, et mérité l'honneur de travailler directement avec le souverain. L'on faisait observer à Sa Majesté « qu'à Paris je n'aurais pas eu la prétention de travailler avec Elle; » et de cette prétention on tirait la conséquence « que je la considérais moins qu'alors qu'Elle était sur le trône des Français. » Tous les hommes ont leur côté faible : l'Empereur lui-même n'est pas exempt des faiblesses humaines. Sa Majesté, influencée, regardait comme un orgueil déplacé de ma part ce que je considérais comme inhérent à la situation dans laquelle je me trouvais. A Paris, mon administration n'eût eu d'autre importance pour le gouvernement que celle que les gouvernements sages attachent à la prospérité des établissements utiles; à l'île d'Elbe, c'était la première et presque l'unique ressource de l'État [1].

Peyrusse m'avait souvent, par amitié, reproché le ton d'aigreur qui, sans m'en apercevoir, était devenu presque continuel dans ma correspondance, et il avait plusieurs fois cherché à faire fléchir mon opinion. Mais, en même temps, il défendait ma cause, et quand toutes les difficultés furent aplanies, il dit publiquement à Sa Majesté : « Sire, Pons a eu l'héroïsme de la délicatesse. » Je me suis plu à publier cette anecdote, parce que je mets du prix à l'éloge de Peyrusse et qu'elle le présente lui-même sous des rapports honorables. Peyrusse, bien né, bien élevé, avait non seulement dans son esprit et dans son éducation toutes les ressources nécessaires pour fixer les

---

[1]. Il y a ici, dans le texte, deux lignes recouvertes par une bande de papier et illisibles.

regards de l'Empereur, mais il avait encore dans son caractère tout ce qu'il fallait pour plaire à Sa Majesté. Sa Majesté en faisait un cas particulier, et Peyrusse n'employa jamais à un mauvais usage la faveur dont il jouissait. Je connais des traits de lui qui font un éloge complet de son humanité. Il ne faudrait pas s'imaginer pourtant que Peyrusse fût le plus dévoué des fidèles de l'Île d'Elbe [1].

Pendant la durée de ces malheureuses discussions, et particulièrement à l'époque où j'avais donné ma démission, Madame mère sollicita plusieurs fois ma place pour un de ses protégés, et l'Empereur, comme si je ne lui avais jamais déplu, la refusa constamment à cette princesse. Je le demande à tous les hommes qui n'ont pas une conscience de fabrique : quel est le prince qui, à la place de Napoléon, ne m'aurait pas cent fois brisé comme un verre fragile qu'un bras vigoureux jette avec force sur un rocher, si, durant trois mois, j'avais osé résister à sa volonté et lutter contre son pouvoir?.... Ah ! s'il est vrai, et ce ne l'est que trop, que celui qui a le courage de ne pas sacrifier sa conscience aux caprices de son souverain doive s'attendre à être persécuté, s'armer de patience ou se décider à la fuite, que ne dois-je pas à Napoléon, moi qui lui ai si longtemps et avec tant d'opiniâtreté refusé une chose que mon erreur me faisait regarder comme injuste et qui ne l'était pas ! moi qui, au lieu d'être obligé à

---

[1]. Aux témoignages sur Peyrusse que j'ai cités dans mon édition de ses Lettres, — et ses lettres mêmes sont encore les plus probants, — on peut ajouter le fragment suivant d'une lettre que lui écrivait de Paris, le 16 décembre 1813, Caulaincourt, duc de Vicence et grand écuyer : « Vous ne pouvez douter de l'intérêt que je vous porte. Ce sera toujours avec beaucoup d'empressement que je saisirai les occasions de rendre justice à l'intégrité et au zèle pour le service de Sa Majesté dont je vous ai vu constamment donner des preuves. » (Carcassonne, Bibl. munic., collection d'autographes.)

prendre la fuite, ai été retenu honorablement auprès de lui! moi qui, loin d'être persécuté, ai conservé mon emploi, sans aucune réduction dans les appointements, et malgré tout ce que devait avoir d'influence le personnage respectable qui l'avait demandé! Et je n'aimerais pas Napoléon!.... et je ne lui serais pas dévoué!.... Mais, vous qui me faites un crime de mon amour et de mon dévouement, donnez-moi donc la force et la volonté d'imposer silence à cette voix intérieure qui me crie sans cesse : *Tu ne fais que ton devoir!*

Je respirais, ou plutôt je jouissais : l'Empereur avait repris avec moi le ton de la bienveillance, et je pouvais croire que j'avais une place marquée dans son estime.

Je m'étais vivement attaché au général Drouot [1], et je passais auprès de lui bien des moments de bonheur. Le savoir le plus profond, les sentiments les plus nobles, les vertus les plus douces, le caractère le plus aimable, voilà l'homme, voilà le Français qu'on a traduit au tribunal et qu'une voix de plus enlevait au monde! O mon respectable ami, si cet écrit parvient jusqu'à votre retraite, payez de quelques larmes d'affection celles de douleur que j'ai versées pour vous!

En partant de Fontainebleau pour suivre l'Empereur, le général Drouot avait dit à Sa Majesté : « Sire, je vous accompagne, à la condition expresse que je n'occuperai aucun emploi et que je ne recevrai aucun salaire. » Arrivée dans l'île, Sa Majesté avait bien pu obliger l'estimable Drouot à en être le gouverneur, mais Elle n'avait jamais

---

1. La biographie de Drouot a été écrite par Girod de l'Ain. Son procès a été publié. Pons parle longuement de lui dans ses mémoires (*Souvenirs et anecdotes de l'île d'Elbe*) ; il était devenu son confident et son ami (*ibid.*, p. 87 à 105). Voir son portrait, p. 73, ce que dit Pons de son dévouement à Napoléon, p. 119, 137, 142, etc., de son opinion sur les colères, superficielles selon lui, de l'Empereur, p. 111.

pu le contraindre à recevoir ses appointements. Un jour que l'Empereur lui observait « qu'il était singulier qu'il « voulût être plus généreux que lui, » le général lui répondit : « Que Votre Majesté soit tranquille ! Si jamais Elle « devient riche, je ne la servirai plus gratis, et alors Elle « me paiera tout à la fois. »

Je parlerai encore de ce bon Drouot.

En vertu du traité qui donnait la souveraineté de l'île d'Elbe à l'empereur Napoléon, la France devait aussi lui céder, en toute propriété, une corvette bien armée et bien équipée. Sa Majesté, ayant besoin d'un bâtiment de guerre, avait provisoirement gardé la goélette *la Bacchante*, commandée par le capitaine Salvi [1]. Bientôt M. de Moncabrié, capitaine de vaisseau commandant la frégate *la Dryade* [2], conduisit sous son escorte, à Porto-Ferrajo, le brick *l'Inconstant*, que Sa Majesté agréa. Pendant tout

---

[1]. Qu'il ne faut pas confondre avec l'enseigne Sarri.
[2]. *Souvenirs et anecdotes*, p. 121, 132, 135. Ajoutez le témoignage de M. de Moncabrié, dans une lettre du baron de Sivray au lieutenant général comte Gouvion (Toulon, 2 juin 1814), conservée aujourd'hui aux archives des affaires étrangères, 675, fol. 40 : « M. de Moncabrié est reparti pour l'île d'Elbe, où il doit laisser la corvette que le gouvernement donne à l'Empereur. Vous me demandez des détails sur ce trop fameux personnage. Voici ce que nous en disent les officiers de marine qui en sont revenus. Il a été fort bien reçu par les habitants, et, dès son entrée dans l'île, il a commencé par abolir les douanes. Il a déclaré ensuite qu'il voulait vivre en bon seigneur de village et ne s'occuper que du bonheur de ses vassaux. Mais ces idées saines se sont bientôt évanouies, et il a créé un conseil d'État, des chambellans, etc., comme il a pensé que l'exigeait un empire de dix mille habitants. Il monte beaucoup à cheval, pour parcourir les frontières de sa souveraineté, qu'il trouve un peu circonscrites. Son pavillon a été arboré sur tous les bateaux formant la marine de l'île, mais les Toscans ses voisins n'ont pas encore voulu le reconnaître. Ils ont houspillé les premières barques qui sont venues à Livourne et les ont obligées à remettre le pavillon dans le sac. Le nouveau souverain a pris en outre certaines dispositions qui n'ont pas satisfait ses sujets, telles que d'augmenter les contributions et de priver de leurs places beaucoup d'individus nés dans le pays et qui y ont une certaine influence. Il s'occupe à présent à se faire construire un palais et en attendant il est logé, un peu étroitement, dans la maison de la direction du génie. »

le temps que M. de Moncabrié resta dans l'île, il fit très assidûment la cour à l'Empereur. L'on a prétendu ensuite qu'après son retour en France, cet officier avait écrit contre Sa Majesté. Depuis lors j'ai vu M. de Moncabrié à Paris : il m'a donné sa parole d'honneur que cela était faux, et je me suis plu à le croire [1]. Sa Majesté acheta un chebec marchand qu'Elle arma en aviso et qu'Elle nomma *l'Étoile* [2]. La goélette fut rendue.

Déjà le chebec marchand *la Sainte-Rosalie*, commandé par le capitaine Carotti, de Rio-de-Mer, avait conduit en France l'infanterie qui était en garnison dans l'île. La *Dryade* et la *Bacchante* furent destinées à embarquer l'état-major général, l'état-major des différentes armes, la compagnie de canonniers, les personnes attachées au génie et à l'administration militaire, qui avaient dû rester pour consigner tout ce qui avait rapport à leur service respectif [3].

Le général Dalesme [4] monta sur la frégate *la Dryade*. Son départ fut remarquable par l'affection et les regrets

---

1. Il est étonnant que Pons n'ait pas répété cette affirmation si nette et si honorable pour M. de Moncabrié dans ses *Souvenirs et anecdotes*, où il reproduit la mention des prétendues perfidies de cet officier (p. 131, 132, 138, 249, 250.)

2. V. *Le registre de l'île d'Elbe*, p. 3, 71, 74, 75, etc.

3. Voir sur ce point le témoignage de M. de Moncabrié, dans la lettre de M. de Sivray (2 juin 1814) citée plus haut : « M. de Moncabrié n'a pas eu besoin d'emmener avec luy des batiments de transport pour apporter (*sic*) en France la garnison de l'isle. Elle était composée presque en totalité d'Italiens qui ont pris leur congé sans cérémonie. Il ne reste que les canonniers, qui ne sont pas bien nombreux. La garde nationale, forte de 200 hommes environ, tient garnison dans les forts. Une frégate anglaise reste toujours mouillée à l'entrée du port, soit comme protectrice, soit comme surveillante, et un colonel anglais ne quitte pas l'Empereur. En voilà assés sur luy. J'ajoute seulement que ce qui l'entoure n'est pas content. »

4. Pons porte les mêmes témoignages sur Dalesme dans ses *Souvenirs*, où il parle de lui à maintes reprises ; il cite de lui (p. 136) un mot sur Napoléon et dit que sa franchise effrayait l'Empereur (p. 58, 64).

que lui témoignèrent unanimement tous les Elbois. Heureux Dalesme, s'il n'avait jamais perdu ses droits aux sentiments qui honorèrent ce beau moment de sa vie !....
L'Empereur lui avait témoigné beaucoup d'égards, et quand Dalesme fut, en particulier, prendre congé de Sa Majesté, Sa Majesté lui répéta avec bonté ce qu'Elle lui avait dit plusieurs fois, « qu'Elle s'intéressait toujours « à son sort, et que si on ne le plaçait pas en France, Elle « le placerait auprès de l'impératrice Marie-Louise. »

Sa Majesté avait pu garder à son service la presque totalité de la garnison et des états-majors de l'île. Il y avait peu, très peu d'individus, qui n'eussent demandé avec empressement de rester auprès d'Elle.

Le jour du départ de la *Dryade* et de la *Bacchante*, l'Empereur avait l'air plus pensif qu'à son ordinaire. J'étais auprès de Sa Majesté quand Dalesme lui fit demander la permission de lui présenter l'état-major, qui voulait avoir l'honneur de lui faire une visite d'adieu. Sa Majesté reçut sur-le-champ cette visite; mais j'observai qu'Elle avait composé son visage et qu'Elle affectait un calme qui n'était pas dans son cœur. Ce jour-là, je vis encore deux fois Sa Majesté et je lui retrouvai la tristesse que j'avais déjà remarquée.

En arrivant dans l'île, le premier soin de l'Empereur fut de reconnaître, en masse, l'état militaire de la place de Porto-Ferrajo, et ce premier aperçu fut suivi d'une inspection journalière de toutes les fortifications, de toute l'artillerie, de tous les magasins, de manière qu'en bien peu de temps l'on aurait pu croire que Sa Majesté habitait cette forteresse depuis de longues années.

La supériorité de l'esprit cache ou excuse presque toujours la sécheresse du cœur : c'est une vieille vérité connue, et j'avoue que je m'attachais à étudier si le génie de l'Empereur n'en imposait point à ma faiblesse ou à mon affection, et ne m'empêchait pas de distinguer en lui ce manque absolu de sensibilité que ses ennemis lui reprochaient. Je voulais être sûr de ses qualités morales.

Ce n'est point à l'île d'Elbe que l'homme peut se montrer aux hommes différent de ce qu'il est en effet. Plus le cercle dans lequel on vit est resserré, plus on est rapproché de ses semblables, et dans ce rapprochement journalier, il est impossible de garder longtemps un masque imposteur : c'est là le creuset épuratoire des qualités factices. Il est bien plus facile d'être un grand homme dans un vaste empire que dans un petit État, et il est également bien plus aisé de se faire une réputation de vertu dans le tourbillon d'une grande société, où les visages changent à chaque instant, que dans une petite assemblée où les figures sont toujours les mêmes. Si Napoléon n'avait eu qu'un faux génie ou de fausses vertus, c'en était fait de sa grandeur ; tout petits que nous étions, et en raison de ce que nous étions petits, nous aurions déchiré le voile et détruit l'illusion. Là, il pouvait encore être trompé, mais il ne pouvait tromper.

Deux traits nous le peindront sous le rapport de la sensibilité et de la bonté.

Quelqu'un [1], venu de Rome, avait apporté de belles gravures, et on les avait présentées à Sa Majesté. Sa Majesté les examinait. Elle voit la gravure de l'impératrice, et ce cri de tendresse part de son âme : « *Bonne Marie-Louise!* » L'attendrissement de Sa Majesté était visible ; ses regards s'imprimaient sur l'image d'une épouse chérie, et cette expression *bonne Marie-Louise* revenait

---

1. C'est l'inspecteur général des eaux et forêts, Bertrand, frère du général. Pons a reproduit ce fait presque dans les mêmes termes dans les *Anecdotes de l'île d'Elbe*, p. 216, 217.

sans cesse sur ses lèvres. L'Empereur avait remis lentement la gravure à sa place, et Sa Majesté continuait son examen, quand tout à coup Elle prononça avec l'expression de la douleur la plus vive : « *O mon fils!* » Aussitôt sa figure se décompose, ses yeux se gonflent, et emportant la feuille qui était la cause de cette impression d'amour et de peine, il s'enferme dans son cabinet. Cette dernière gravure était celle du prince impérial, représenté à genoux, invoquant le ciel pour son père et pour la France. Sa Majesté resta une demi-heure renfermée, et Elle était mal remise de son trouble quand Elle reparut.

Trois avis, venus de différents endroits, avaient donné l'assurance qu'un officier général, ancien vendéen ou chouan [1], s'était chargé de faire assassiner l'Empereur ; que les assassins étaient déjà dans l'île et que parmi eux il y en avait un qui se vantait de trente-trois assassinats [2].

Sa Majesté avait voulu faire un secret de cet avertissement, mais quelque chose en avait transpiré, et les *fidèles*, exaspérés, ne voyant que des poignards levés sur leur monarque bien-aimé, étaient prêts à se livrer à des impru-

---

[1]. Il s'agit ici du général Bruslart de Sillery, qui commandait en Corse. Pons, dans ses *Souvenirs et anecdotes* (v. Introduction, p. xv), rapporte la même anecdote, mais dit expressément qu'il se refuse à croire à un pareil projet d'attentat de la part d'un officier français. Il dit encore : « J'ai tant de respect pour l'habit militaire, que j'ai toujours répugné à croire que le général Bruslart aurait taché celui qu'il portait en consentant à exécuter des projets d'assassinat. J'en suis encore là. Sans doute les généraux des chouans ne s'élèvent pas à la hauteur des généraux de la Vendée.... mais cette infériorité ne veut pas dire que ce soient des chefs de séides, et pourtant ils ne seraient que cela s'ils commandaient à des hommes soldés pour tuer et tuer encore. » Il demeure cependant avéré qu'il y eut des projets d'assassiner ou de faire disparaître l'Empereur à l'île d'Elbe (voir la très curieuse lettre adressée au comte d'Artois, qu'a publiée dans ses *Miscellanea Napoleonica*, tome II, le baron Lumbroso; voir aussi H. Houssaye, *1815*, I, p. 170).

[2]. Dans ses *Souvenirs et anecdotes*, Pons a dit trente-deux, puis a supprimé ce chiffre, précis autant qu'invraisemblable. V. Introd., p. xv.

dences qui auraient pu avoir des suites fâcheuses, si l'Empereur ne les eût arrêtés en les menaçant de sa colère et s'il n'eût profité de la nuit pour faire partir les personnes devenues justement suspectes, et parmi lesquelles se trouvait le brigand principalement désigné. Ce n'est qu'après le départ de l'île d'Elbe que ce fait a été bien connu. Jusqu'alors, quand on en parlait à Sa Majesté, Elle répondait avec une espèce d'humeur : « Vous êtes de mauvais visionnaires. » Peu après cet événement, l'on fut encore averti qu'un juif de Berlin, libraire ou marchand de livres, petit et borgne, était parti de la capitale de la Prusse dans l'intention de venir à l'île d'Elbe poignarder ou empoisonner l'Empereur. L'on ne connaissait pas les moyens que cet israélite pouvait avoir pour parvenir à son but sans s'exposer à une mort certaine.

Je pourrais citer d'autres faits de cette nature [1] et prouver plus particulièrement encore combien l'Empereur est réellement bon, véritablement sensible, mais il me semble que ces deux-là suffisent pour faire juger l'homme. Une autre circonstance nous fera aussi apprécier sa délicatesse :

Sa Majesté admettait à sa table tous les officiers licenciés du service d'Italie ; il était donc naturel de penser qu'Elle aurait au moins la même complaisance pour les officiers licenciés du service de France. Un Français d'un grade supérieur se présente ; sa famille est avec lui [2]. Des dehors aimables préviennent en faveur du nouvel hôte : chacun s'attend à le voir employer. Cependant, l'Empe-

---

[1]. Pons en cite en effet plusieurs dans ses *Souvenirs*, ch. xi, p. 159-175.

[2]. Il s'agit de l'adjudant général Lebel. Pons maintient cette appréciation dans ses *Souvenirs et anecdotes* (p. 154) ; la fille de cet officier fut placée comme demoiselle de compagnie chez Pauline Borghèse ; ce n'était pas une très bonne école pour une jeune fille (*Ibid.*, p. 154).

reur, après avoir assez différé pour le recevoir, l'accueille froidement, et Sa Majesté ne l'associe point à ses braves. Cette conduite de Sa Majesté étonne ; on se demande quelle peut en être la cause. Le temps s'écoule, l'expérience arrive : l'homme est connu. Tout le monde loue la prudence de l'Empereur. Sa Majesté ne voulait reconnaître pour compagnons d'infortune que des hommes qu'Elle pût absolument estimer.

Mais avec quel plaisir Sa Majesté n'accueillit-Elle pas le vertueux Bonnaud [1], inspecteur général aux revues ! Ce vieillard, qu'une probité à toute épreuve a rendu cher à l'armée française, et qui, par amour pour Napoléon, renonçait à un grand emploi [2], abandonnait sa patrie et s'éloignait de sa femme et de ses enfants, fut reçu à bras ouverts par l'Empereur. Sa Majesté le plaça tout de suite.

L'arrivée de M. Bonnaud me fournit matière à des réflexions bien avantageuses pour Napoléon : « Comment, me disais-je, serait-il possible que l'Empereur ne fût pas essentiellement l'ami de la vertu, quand je vois que les généraux les plus respectables l'ont accompagné et que des hommes non moins respectables viennent le joindre ! » Je me plaisais dans cette idée : elle servait d'aliment à mon amour. L'on ne peut point s'égarer quand on marche sur les traces des gens de bien.

S'il était possible de recueillir beaucoup des traits de la vie privée d'un homme public, l'on ne se tromperait ja-

---

1. Boinod. Pons reparle de lui, *Souvenirs et anecdotes*, p. 6 et 157, où il raconte l'amusant épisode de son arrivée et de sa rencontre avec M. Rebuffat, de Longone. Napoléon modifia pour lui, et sans utilité pratique réelle, l'organisation de l'intendance (cf. *Registre de l'île d'Elbe*, p. XVI-XVIII, 153, 245, 271).

2. Il ne le retrouva pas, même sous la monarchie de Juillet, qui se montra en général si accueillante pour les vieux serviteurs de l'Empire ; Pons s'en indigne vigoureusement dans un fragment cité plus haut.

mais sur la juste opinion qu'on doit avoir de son caractère. Chaque trait particulier, quelque petit qu'il soit, dès qu'il peut fixer l'attention, fournit l'histoire complète d'un défaut ou d'une qualité, d'un vice ou d'une vertu ; et cette histoire est d'autant plus vraie qu'elle n'est pour ainsi dire que la description matérielle d'un fait, et la connaissance des faits est le seul fil qui puisse nous conduire dans les détours de ce labyrinthe qu'on appelle le cœur humain.

Nous avons pu nous convaincre de la sensibilité, de la bonté, de la délicatesse de l'Empereur ; examinons encore son désintéressement personnel, et n'oublions pas que nous sommes sur un petit théâtre.

Sa Majesté avait trouvé une sous-préfecture à l'île d'Elbe, et avec la sous-préfecture, un sous-préfet qui ne connaissait de l'administration que ce que le secrétaire voulait bien lui enseigner : c'était d'ailleurs un homme sans aucune espèce de caractère [1]. Mais il était Toscan, et il craignait infiniment, disait-il, de retourner dans son pays. L'Empereur, bien convaincu que ce magistrat ne pouvait lui être de la moindre utilité, voulut néanmoins ne voir en lui que le père malheureux d'une nombreuse famille, et faisant le sacrifice de son propre intérêt, Sa Majesté le nomma à l'intendance de l'île. Et tandis que Sa Majesté conservait ainsi un étranger dont Elle pouvait plus que facilement se passer, toujours par le

---

1. Balbiani, de Pontedera. Voici ce qu'en dit ailleurs Pons, dans un fragment resté inédit : « Balbiani n'est pas un méchant homme, c'est un homme faible. La faiblesse est au moins aussi dangereuse que la méchanceté, surtout dans les fonctions publiques. Ce bon Balbiani est Toscan. Sous l'empire il fut sous-préfet de l'île d'Elbe, et, lorsque le grand homme vint s'abriter sur ce rocher, il donna au sous-préfet le titre d'intendant. Après les Cent-Jours, je revins à Rio, où ma famille était restée ; et je trouvai que Balbi... n'était plus Balbiani. Balbiani était fonctionnaire toscan. Il me signifia d'avoir à quitter le pays dans les vingt-quatre heures. Je voulus représenter ; mes paroles ne furent pas entendues. Je fus banni. »

même principe d'un désintéressement personnel, Elle renvoyait un Français qui pouvait la servir. Ce Français, depuis longtemps attaché au tribunal de Porto-Ferrajo en qualité de greffier en chef, était généralement accusé d'avoir allumé le brandon de la discorde parmi les autorités, de les avoir dénoncées les unes après les autres, et d'avoir ainsi porté le trouble dans plusieurs familles. Ce n'était pas un homme sans mérite, et son remplacement pouvait être momentanément nuisible. Sa Majesté, qui n'avait voulu voir qu'un père de famille dans le sous-préfet, ne voulut voir dans le greffier qu'un dangereux perturbateur du repos public, et quoiqu'Elle fût bien convaincue qu'Elle allait augmenter le nombre de ses calomniateurs, Elle le congédia.

L'Empereur, toujours lui-même, avait pris son parti ; il se pliait aux circonstances, ou plutôt il s'élevait au-dessus d'elles, et maîtrisant ce génie fécond dont la pâture naturelle semblait être de régler les destinées du monde, il se livrait à des occupations du moment.

Sa Majesté avait voulu habiter l'ancien local du génie, et comme il fallait l'agrandir, Elle en dirigeait elle-même le nouvel arrangement. Elle dirigeait également les changements qu'Elle faisait faire à l'ancienne maison du gouverneur de Longone et à celle que j'occupais à Rio. Elle avait acheté une campagne appelée Saint-Martin, et son plaisir favori était de présider aux embellissements assez nombreux dont ce petit lieu de plaisance était devenu l'objet. Sa Majesté avait aussi voulu avoir un réduit à l'ermitage de Marciana [1].

---

[1]. Il y a dans le *Registre de l'île d'Elbe* un très grand nombre de lettres et d'ordres relatifs aux réparations et à l'aménagement de cette campagne de San-Martino. Pons en parle aussi, en maint endroit de ses *Souvenirs* ; voir surtout p. 138, 139, 196, 211, 218, 221, 273, 295, 309, 346.

C'est dans cet ermitage de Marciana que Sa Majesté eut la visite d'une dame dont on a beaucoup parlé dans le temps et qu'on crut être l'impératrice Marie-Louise. Cette dame était Polonaise [1]. L'Empereur la reçut et la fit repartir immédiatement avec un temps qui aurait pu intimider les marins les plus courageux [2]. Pendant le peu de jours que Sa Majesté habita l'ermitage de Marciana, Elle n'eut presque point de militaires pour la garder ; Elle admit aussi très peu de personnes à sa société.

En même temps que Sa Majesté s'occupait de l'agrément des demeures qu'Elle voulait habiter tour à tour, Elle faisait ouvrir des routes [3], afin de rendre les communications de l'île plus faciles, et, ce qui était plus essentiel, Elle formait une colonie à la Pianosa [4], petite île voisine très productive, qu'Elle voulait restituer à l'agriculture et sur laquelle déjà l'on élevait des forts pour s'opposer aux tentatives des Turcs, qui en ont plusieurs fois détruit la population. L'Empereur fit diverses visites à la colonie naissante, et toujours il les fit accompagné de quelques familles recommandables de l'île, aux amusements desquelles Sa Majesté ne dédaignait pas de se mêler durant le voyage.

Madame mère [5] était fixée à l'île d'Elbe. Tout le monde avait remarqué avec attendrissement l'empressement que

---

1. C'était M⁻ᵉ Walewska, venue avec son fils, lequel avait quelque ressemblance avec le Roi de Rome, ce qui contribua à augmenter la confusion.

2. Pons raconte en détail dans ses *Souvenirs* ce dangereux voyage et les efforts faits par Napoléon, trop tard, pour empêcher M⁻ᵉ Walewska de s'embarquer.

3. Voir un grand nombre de lettres et d'ordres relatifs aux communications dans le *Registre de l'île d'Elbe*.

4. Tout un chapitre (VI, p. 302-311) des *Souvenirs* de Pons est consacré à cette colonisation, qui fut trop vite interrompue pour donner aucun résultat.

5. Voir baron LARREY, *Madame Mère, Napoleonis mater*.

l'Empereur avait eu pour elle en la recevant et les soins respectueux et tendres qu'il lui avait prodigués [1].

En partant de Livourne, la princesse Letizia [2] avait été in.....ée par quelques marins attachés à l'administration sanitaire et excités, assurait-on, par les lieutenants du port, qui, sans délicatesse, trouvaient une jouissance digne d'eux dans des outrages dont tous les gens de bien devaient gémir. Cette princesse ne voyait presque personne.

La princesse Pauline [3], qui avait déjà fait une visite à

---

1. *Souvenirs et anecdotes*, p. 205.

2. Ces insultes « au ventre le plus coupable qui ait jamais existé, » disait élégamment le chevalier François de Sobiratz, faisaient à Florence la joie de la comtesse d'Albany et de ses amis.

3. Citons sur les princesses un autre fragment inédit de Pons. Il parle aussi d'elles dans ses *Souvenirs et anecdotes*, p. 22 :

« L'affabilité enchanteresse de la princesse Pauline avait enthousiasmé les Elbois qui avaient eu l'honneur de l'approcher, et tous les vœux se réunissaient pour qu'elle revînt partager l'exil de Napoléon.

« Deux mois après, Madame, mère de l'Empereur, arriva aussi à Porto-Ferrajo, sur une frégate anglaise, et tout le monde fut profondément ému du zèle ardent et de l'amour filial dont l'Empereur fit preuve dans cette circonstance. Le respect, la tendresse, le dévouement, toutes les grandes émotions de l'âme se peignaient tour à tour dans les traits de Sa Majesté, et jamais scène d'affection n'eut rien de plus touchant. Les Anglais semblaient stupéfaits du tableau qui s'offrait à leurs regards; ils avaient peine à croire que ce fût là l'homme auquel le délire des passions attribuait tant de mauvaises qualités. L'accueil qu'on fit à Madame mère eut encore quelque chose de plus solennel que celui que la princesse avait reçu.

« L'Empereur organisa une maison à part pour Madame mère. La présence de cette princesse produisit un excellent effet dans l'île; c'est que sa présence était considérée comme un gage de la prolongation du séjour de l'Empereur. Ce sentiment de sécurité s'accrut par le retour de la princesse Pauline.

« La princesse Pauline logea au palais impérial, que l'Empereur partagea avec elle. La princesse prit deux dames de compagnie qui faisaient les honneurs de sa maison. L'une de ces dames était Corse, nouvellement mariée à un officier son compatriote, et elle intéressait infiniment par sa figure comme par sa conduite. L'autre était la demoiselle du général que l'Empereur n'avait pas voulu employer. L'Empereur ne semblait pas la voir avec plaisir.

« Alors l'intérieur de la cour impériale éprouva quelques changements de vie privée. Les amusements furent plus vifs et plus fréquents. Il y avait

son auguste frère, était de retour auprès de lui et ne devait plus le quitter. Sa Majesté jouissait du dévouement de sa sœur bien-aimée, et les amis de Sa Majesté trouvaient dans ce dévouement une source intarissable de bonté et de bienveillance. Les cercles de la princesse se distinguaient par une joie pure, par une liberté décente. Son Altesse en faisait les honneurs avec un charme qui n'appartient qu'à Elle. Toujours Elle avait quelque chose de joli et de flatteur à dire, et jusque dans les plus petits riens, Elle trouvait le moyen de se faire admirer. La princesse Pauline était adorée, et ce n'était pas par des flatteurs.

Les voyageurs abondaient dans l'île, et la foule des curieux était vraiment devenue elle-même un objet de curiosité d'autant plus amusant qu'elle se renouvelait

des banquets et des bals. On jouait la comédie, la petite et la grande. L'Empereur n'avait point d'ordonnateur pour ses fêtes ; il était forcé d'en faire le plan ; quelquefois même d'en diriger l'exécution. Cela faisait croire aux gens de peu de portée que le génie de l'Empereur s'assoupissait. On écrivait dans ce sens sur le continent. C'était principalement le colonel Campbell que l'on accusait de répandre ces bruits ridicules auxquels l'opinion publique ne prêtait aucune foi.

« La princesse Pauline s'attachait à rendre la vie douce aux compagnons de l'Empereur. Elle allait au-devant de tout ce qui pouvait être utile ou agréable à la garde impériale.

« Madame mère était pleine de majesté. On aurait cru que le sang de vingt rois coulait dans ses veines. Elle avait ses levers comme l'Empereur ; du moins, en sortant du lever de l'Empereur, l'on allait au lever de Madame mère. On allait bien aussi chez la princesse Pauline, mais cette visite, toute consacrée qu'elle était, avait un autre caractère et elle portait plutôt l'empreinte de l'affection que celle du devoir.

« Cette différence des sentiments qu'on éprouvait pour les deux princesses avait un motif grave et nous l'expliquons. Madame mère était Corse par-dessus tout. Son intérieur était le foyer de toutes les intrigues qui avaient pour but de favoriser les Corses. C'est là qu'on avait imaginé de faire remplacer la garde impériale par des gardes du corps corses, idée extravagante que l'Empereur repoussa vivement.

« Les deux princesses se visitaient peu avec Mᵐᵉ la comtesse Bertrand. Il n'y avait pas entre ces dames les habitudes d'intimité qui sont le soulagement des vicissitudes humaines. Cela se conçoit. »

d'un instant à l'autre. Sa Majesté recevait facilement. Les Anglais, surtout, apportaient chaque jour leur tribut d'admiration. Le colonel Campbell [1] demandait la permission de les présenter. J'ai vu de ces messieurs, et j'en ai vu beaucoup, qui m'humiliaient par leur enthousiasme pour celui qu'ils appelaient communément *le grand homme*; il me semblait qu'ils l'aimaient mieux ou plus vivement que moi, et j'en étais tout honteux.

Obligé d'accueillir aux mines et à ma table tous les personnages marquants qui avaient eu l'honneur d'être reçus par Sa Majesté, il en était très peu dont il ne me fût facile de connaître l'opinion. Une seule fois j'ai eu à me plaindre de ces visites, et cette fois aussi a été la seule où l'on ne m'ait pas trouvé tout complaisant. Un officier anglais, d'un grade supérieur, à la tête d'une assez grande quantité d'officiers de sa nation, venus pour visiter les mines, me manqua d'égards. Je n'étais pas un homme à me laisser manquer impunément : je fis ce que je devais faire. L'officier menaça de porter sa plainte à l'Empereur. C'était dans le fort moment de mes discussions avec Sa Majesté ; cela ne m'empêcha pas de compter sur sa justice. J'écrivis sur-le-champ à Sa Majesté :

« Sire,

« Plusieurs officiers anglais viennent d'arriver à Rio.
« Celui d'entre eux qui paraît être le chef de la compa-
« gnie, arrêté à deux cents pas de chez moi, s'est permis
« de m'envoyer quelqu'un pour me faire dire *d'aller l'ac-*
« *compagner aux mines.* Je devais à Votre Majesté, je
« me devais à moi-même de punir cet oubli des conve-
« nances. J'ai fait répondre à cet officier *que je ne l'ac-*

---

[1]. Les souvenirs de Neil Campbell sur l'île d'Elbe ont été traduits et publiés dans la *Revue britannique* et à part.

« compagnerais point, que je ne le ferais point accompa-
« gner. Il s'en est retourné sans rien voir. Sire, voilà la
« vérité de (sic) cette affaire. »

L'Empereur, que je n'avais pas l'honneur de visiter à cette époque, approuva ma conduite et dit hautement dans son cercle que j'avais parfaitement bien fait.

Le colonel Campbell, instruit et affligé de la conduite de son compatriote, eut la bonté de m'écrire une lettre très honnête, pour me prier de vouloir bien excuser ce qui s'était passé. Dans mes rapports assez fréquents avec le colonel Campbell, j'ai toujours eu à me louer de lui.

Le colonel Campbell n'était point accrédité auprès de l'empereur Napoléon.

Néanmoins, sans prendre aucun titre, il agissait publiquement comme s'il était revêtu d'un caractère diplomatique, et il interposait l'autorité de son gouvernement partout et chaque fois qu'il le croyait nécessaire. Les Anglais s'adressaient à lui comme au ministre de leur nation.

Les Anglais donnèrent une fête à l'occasion du jour anniversaire de la naissance du roi Georges [1] ; cette fête eut lieu à bord d'une frégate britannique mouillée dans la rade de Porto-Ferrajo, et l'on observa que c'était seulement au nom du commandant de cette frégate, le capitaine Towers, homme très aimable, que les invitations étaient faites.

L'Empereur honora la fête de sa présence, et il y fut très gai. Le colonel Campbell était très assidu et très empressé auprès de Sa Majesté. D'ailleurs il vivait simplement et même avec économie. Les Elbois n'aimaient pas beaucoup à le voir; cela venait, sans doute, de ce qu'ils le

---

1. Pons la raconte dans ses *Souvenirs et anecdotes*, p. 233.

regardaient comme le gardien de leur souverain bien-aimé [1]. Quand l'Empereur décida, dans sa sage prévoyance, de faire cultiver l'île de la Pianosa, il paraît que le colonel ne vit pas cela avec plaisir ; mais son opinion ne changea rien à la pensée bienfaisante de Sa Majesté [2].

Un bâtiment barbaresque, armé en guerre, vint relâcher à Porto-Ferrajo. Le bey fit demander « *si le Dieu de la terre était encore là ?* » L'on interpréta ces expressions orientales, et l'on répondit que l'Empereur était en effet au milieu des Elbois. Aussitôt le Turc salua plusieurs fois de toute son artillerie : Sa Majesté fit rendre le salut [3].

---

1. Sur la « séduction » du colonel Campbell par Napoléon, comparer l'appréciation que porte un duc et pair, dans une lettre adressée d'Aix-les-Bains (Mont-Blanc), le 17 août 1814, à Mme d'Arbouville, place de la Madeleine, à Paris (Aff. étrang., 675, n. 119) :

« ....Pendant cette attaque, Bonaparte a toujours été entouré d'une foule d'étrangers, qui abordent à l'île d'Elbe de tous les ports de l'Italie. Les Anglais surtout sont à cet égard de la curiosité la plus stupide ; aussi on n'a pas d'idée des frais qu'il fait pour eux. Cet imbécile de colonel Campbell qui l'a accompagné depuis Fontainebleau est tout à fait captivé. Les capitaines de la flottille qui croise dans la Méditerranée sont tous en relation avec lui. On m'a même assuré que, sous la protection de l'un d'entre eux, il a été dernièrement passer deux jours à Livourne. Vous vous moquerez encore de moi, mais je ne serai tranquille que lorsque je lui verrai vingt pieds de terre par-dessus la tête. »

Sous cette apparente séduction, qu'y avait-il, et que déguisait cette sympathie ? Une vive curiosité sans doute, une indifférence parfaite et un profond égoïsme. On peut en juger par un court extrait d'une lettre de Campbell adressée à un Anglais de ses amis, M. Bailler, qui se trouvait alors à Vienne. Il lui écrit de Porto-Ferrajo, le 24 octobre 1814 (Aff. étrang., 675) :

« Continuez à me donner des nouvelles ; vous me mettez à même de divertir Napoléon beaucoup plus que vous ne pensez. Il paraît que Naples, la Pologne, la Saxe, Bernadotte et Corfu sont les points principaux. Faites-moi savoir de temps à autre des nouvelles de Marie-Louise et du jeune Napoléon, et les anecdotes qui doivent transpirer sur le compte de ces personnages. Je reçois ici de fréquentes visites de Bertrand et de Drouot. J'ai profité plusieurs fois de l'offre que Napoléon m'a faite de ses chevaux. Je suis assez bien logé, mais nous éprouvons des difficultés pour les subsistances, car cette île ne produit que des végétaux et du vin. »

2. *Souvenirs et anecdotes*, p. 305.
3. Pons a raconté cette anecdote avec beaucoup de curieux détails dans

C'est ici le cas d'observer que peu après l'arrivée de l'Empereur dans l'île, on eut des craintes pour la sûreté de son pavillon ; mais ces craintes furent bientôt dissipées : les musulmans témoignèrent toujours le plus grand égard pour la bannière de Napoléon. Des personnes soupçonneuses accusaient le colonel Campbell d'avoir lui-même fait naître et accrédité les doutes sur l'indépendance du nouveau drapeau impérial : je crois que les soupçons n'étaient pas fondés.

Ce que je viens de rapporter est directement lié aux motifs qui me font écrire ce mémoire. Car, si les hommes les plus civilisés, comme les hommes les plus privés de lumières, ont également rendu un hommage presque superstitieux à Napoléon, l'on a nécessairement tort de vouloir me punir des sentiments que je lui ai voués, et que tant d'autres partagent. Eh ! n'ai-je pas vu à Paris, au Théâtre-Français et dans la loge des princes, une foule de têtes couronnées fixées sur le héros, et invoquer ou craindre de perdre un de ses regards !

Les bons Français chérissaient la bienfaisante Joséphine, mais ils chérissaient encore plus la patrie ; et tout

---

ses *Souvenirs*, p. 311-313. Des bruits tout à fait contradictoires arrivaient à ce propos en France. Voici ce que le duc et pair déjà cité écrivait à Mme d'Arbouville, le 17 août 1814 (*Ibid.*) :

« Vous savez sûrement à présent la très singulière nouvelle de l'attaque faite sur l'île d'Elbe par les Barbaresques : malheureusement leurs mesures n'étaient pas bien prises, et Bonaparte les a repoussés avec perte. Il faut espérer qu'ils y reviendront et réussiront mieux : l'entreprise est fort difficile, les forts étant bien munis. Mais les millions du grand homme sont une grande amorce. » Ces bruits persistèrent pendant toute la durée du règne de Napoléon à l'île d'Elbe, et les Elbois ne furent pas toujours sans inquiétude à cet égard. Dans la même lettre, citée plus haut, Campbell dit ceci :

« Au moment où je vous écris, un petit bâtiment portant pavillon rouge, armé de 16 ou 18 canons, vient de jeter l'ancre et de saluer de cinq coups. On le dit de Tunis, et que les Algériens ont déclaré la guerre à Napoléon. »

en admirant le sacrifice immense que cette princesse avait fait à la France, ils louaient Napoléon de s'être soumis lui-même à la nécessité impérieuse de consolider son trône en assurant la tranquillité de l'Empire.

Ainsi, l'amour de la patrie avait disposé les cœurs en faveur de Marie-Louise ; aussi fut-elle aimée dès qu'elle témoigna l'intention de se faire aimer [1].

Cependant un souvenir d'attendrissement reportait souvent la pensée sur Malmaison ; à l'île d'Elbe surtout, nous aimions à savoir si cette retraite était respectée ; et nous apprîmes avec beaucoup d'intérêt que l'empereur Alexandre avait visité l'illustre infortunée qui l'habitait. Mais cette satisfaction fut de courte durée. La visite du czar devait être le dernier hommage public rendu aux belles qualités de Joséphine ; bientôt après, cette princesse cessa d'être, et nous donnâmes des larmes sincères à sa mémoire.

---

1. La brièveté et la froideur que Pons met à parler de Marie-Louise s'expliquent par l'indignation sincère qu'avait dû lui causer la conduite de l'impératrice en 1814-1815. Napoléon l'avait vainement attendue à l'île d'Elbe, ayant porté l'illusion à cet égard jusqu'à faire préparer non seulement son logement, mais encore une selle de dame par l'ouvrier Vincent. Les anecdotes rapportées par Pons lui-même sont nombreuses sur ce point, et tous les Franco-Elbois témoignent de cet empressement impérial suivi d'une si cruelle déception. Les serviteurs de Napoléon attendaient Marie-Louise avec plus de calme, à en juger par cette lettre du valet de chambre Marchand à sa sœur, M⁻ᵉ Génie (Porto-Ferrajo, 3 juillet 1814. Aff. étrang., 675, fol. 88) :

« Le bruit s'était répandu que l'impératrice allait arriver à l'île d'Elbe, mais ce bruit est resté sans fondement. Je ne serais cependant pas étonné que, sur la fin de la saison, elle vînt nous voir. J'ai toute la dépense de la garde-robe entre les mains. J'espère mettre mes 4,000 francs de côté. » Pendant qu'on l'attendait ainsi, avec plus ou moins d'empressement, à l'île d'Elbe, Marie-Louise voyageait en Europe, et faisait une saison à Aix-les-Bains, que prolongeaient des excursions et des « parties » sur les bords du lac de Genève. Nous sommes fort bien renseignés sur ses faits et gestes, et aussi sur ses sentiments, par les lettres recueillies dans le volume 675 des Affaires étrangères, que le cabinet noir de 1814 semble avoir préparé tout exprès pour les historiens et qui paraîtront dans les *Miscellanea Napoleonica* (série V).

Il était naturel que nous cherchassions à connaître quelle impression cette nouvelle ferait sur Napoléon. Nous l'observâmes. L'Empereur resta deux jours sans voir personne, et, pendant quelque temps, tout [en] lui annonçait une tristesse qu'il cherchait en vain à cacher. Cette douleur silencieuse, qui n'altérait en rien l'amour de Sa Majesté pour « sa bonne Marie-Louise, » ajouta à nos sentiments d'amour et de respect.

Nous aimions Joséphine ; mais nous éprouvions un sentiment tout opposé pour Murat. Sa conduite envers l'Empereur était constamment peinte avec les couleurs les plus noires, et chacun aimait à donner un coup de pinceau à ce tableau d'ingratitude qu'offrait la conduite du roi de Naples. Nous étions fâchés que la reine Caroline fût toujours auprès de lui. Dans cette situation un peu effervescente des esprits, un vaisseau de guerre napolitain, qui était dans le voisinage de l'île, envoya des officiers à terre pour saluer l'Empereur et pour demander ses ordres ; ce vaisseau allait à Naples. Le général Cambronne, ce bravo qui est le modèle de l'honneur et de la fidélité, et dont nos derniers neveux conserveront encore le souvenir des paroles qui consacrent l'un des plus mémorables traits de la bataille de Waterloo : « *La garde meurt et ne se rend pas ;* » le général Cambronne, qui ne peut point supporter même l'idée d'une trahison [1], reçut assez mal ces envoyés et les fit repartir de suite [2]. Sa Majesté blâma la vivacité du général, et voulut réparer son peu

1. Cambronne reprit et même redemanda du service à Louis XVIII, aussitôt après la seconde Restauration et pendant qu'il était encore prisonnier en Angleterre. Pons ignorait ces faits en écrivant ce mémoire, car il s'exprime fort différemment sur Cambronne dans ses *Souvenirs*, p. 184, 328.

2. La scène fut beaucoup plus vive que ne le dit ici Pons. Comparer ce récit avec celui de ses *Souvenirs et anecdotes*, p. 168.

de courtoisie en envoyant à bord du vaisseau; mais il n'était plus temps et il fut impossible de l'atteindre.

Tout ce qui se rapportait à Sa Majesté devait nécessairement être d'un grand intérêt pour les fidèles. Nous répondions par les mêmes sentiments aux sentiments qu'on éprouvait ou qu'on témoignait pour l'Empereur. Par exemple, nous savions qu'à Rome, dans le palais du prince Louis, l'on respectait le nom de Napoléon, et nous respections le prince Louis; nous savions que dans le palais du prince Lucien, l'on ne respectait pas le nom de Napoléon, et nous ne respections pas le prince Lucien[1]. Sa Majesté était instruite que c'était particulièrement Mme de Canino qui se permettait des propos, et que ces propos avaient plusieurs fois indigné l'ex-roi de Hollande.

[1]. Les familles de Louis et de Lucien Bonaparte avaient trouvé à Rome, auprès du pape Pie VII, asile et protection. Cette magnanimité du souverain pontife fut admirée, mais trouvée excessive par les contemporains. Plusieurs des correspondants de la comtesse d'Albany, notamment, ont à ce sujet des paroles amères. On trouva surtout inopportune la concession d'un titre de prince à Lucien par le souverain pontife. Charles de Vaux, chancelier de l'ambassade de France à Rome, donne de Rome, le 29 octobre 1814, au bailli de Crussol, des nouvelles de la vie que menaient les Bonaparte. Le reste de la lettre contient d'intéressants détails sur l'île d'Elbe; on me permettra de la citer tout entière (Aff. étrang., 675, p. 308).

« Le courrier d'aujourd'huy ne vous donnera guère de nouvelles de ce païs, parce que je ne veux vous en donner que d'authentiques et que je n'ai pas eu le tems d'en recueillir. Ce qu'il y a de certain, c'est que Madame Letizia, pour ne pas me donner la satisfaction de faire son inventaire, s'est retirée à l'isle d'Elbe, sans me laisser l'espoir d'un prompt retour; que MM. Lucien, que l'on nomme prince de Canino, et Louis, sont ici en parfaite tranquillité; que même le cardinal Maury, quoique exilé de la cour, se promène par les rues, et que le cardinal Fesch jouit de quelque considération; que des gens qui ont vu l'usurpateur dans son isle prétendent qu'il se porte fort bien et n'abandonne point l'espoir d'un retour plus ou moins lointain. On ajoute même qu'il est en assez bonne intelligence avec son beau-frère de Naples et qu'il s'en vante. On fait monter ses fidèles compagnons de la vieille garde à 1,800 hommes. Ce rapport me paraît exagéré et aussi faux que le bruit qui court qu'il recrute en Corse, et que naguère, le préfet de cette isle a fait arrêter en mer et rentrer à Bastia deux navires chargés de cette espèce de canaille. Vous aurez sur tout cela des détails plus sûrs et plus circonstanciés par la suite.... »

Dans toute autre dame que Mme de Canino, ce langage aurait pu ne paraître que l'effet de l'inconséquence naturelle à ces femmes parvenues qui aiment à se faire remarquer n'importe comment ; mais dans la bouche de cette dame, il prenait un caractère de gravité qui frappait péniblement l'attention des personnes honnêtes. Certainement, quelque chose que Mme de Canino ait pu penser alors, ce n'était pas par des diatribes inconsidérées qu'elle pouvait arriver à l'estime des Français et à la bienveillance de l'Empereur, dont elle avait essentiellement besoin [1].

Le nom du prince Eugène était un nom chéri à l'île d'Elbe. Nous répétions avec plaisir la devise qu'il avait adoptée à l'époque de la défection de Murat : *honneur, fidélité*.

Après l'empereur Napoléon et le prince son fils, le prince Eugène était celui de tous les princes français qui avait le plus d'influence parmi les fidèles. Cependant un nuage s'éleva contre lui ; et ce furent ses adieux à l'armée française sous ses ordres qui le firent naître. La proclamation d'adieu, dans laquelle il exprimait ses regrets et ses espérances, commençait ainsi : « De grands malheurs « ont longtemps pesé sur notre patrie ; » et, dans son cours, il disait encore : « Je me dois à un peuple auquel, « depuis dix ans, j'ai consacré mon existence. » Les chagrins aigrissent, et quelquefois jettent dans une présomption qui, n'écoutant rien, se fortifie même de ce qui devrait la détruire. Les adieux du prince Eugène ne contenaient que des choses dignes d'une âme belle et généreuse ; mais ces mots : *ont longtemps pesé*, semblèrent

---

[1]. Ici finit le troisième manuscrit utilisé pour cette édition. Bibl. Carcassonne, 11854-4.

une censure du gouvernement de l'Empereur, et on lui en fit un tort envers son bienfaiteur. Le même esprit jugea encore cette expression : *je me dois au peuple*; l'on craignit qu'il n'eût voulu dire : je ne me dois plus à la France, je ne me dois plus à Napoléon. Néanmoins, le prince Eugène fut bien loin d'être accusé d'aucune espèce de trahison : on l'accusait seulement de s'être oublié. C'était une erreur. Le prince n'avait pas eu un seul moment d'oubli. Il avait toujours été, il était toujours le même. Des mots échappent à une rédaction rapide qui doit exprimer des sentiments d'une douleur profonde ; et le prince Eugène, en parlant des désastres de sa patrie, n'avait certainement pas, dans le déchirement de son cœur, eu la pensée qu'on pourrait donner une fausse interprétation à ses paroles. Ce qu'il annonçait de sa future destinée n'était que ce qu'il croyait devoir être indépendamment de sa volonté. Le prince ne connut que fort tard les événements de Paris. Un envoyé de Joséphine lui en apporta la nouvelle. Il apprit à la fois l'acte de déchéance, l'installation d'un gouvernement provisoire, l'entrée des coalisés dans la capitale de l'Empire, l'abdication de l'Empereur et le retour des Bourbons. Sa mère lui donna également connaissance du traité de Fontainebleau, dans lequel Napoléon avait stipulé pour son fils adoptif *un établissement hors de France*. Elle l'informait aussi que l'empereur Alexandre avait assuré positivement que son intention personnelle était qu'on consultât le vœu des peuples pour le choix des princes, alors même que ce vœu pourrait être favorable à quelqu'un de la famille de Napoléon, et elle l'assurait enfin de l'intérêt et de la protection de l'empereur de toutes les Russies. En même temps, le général comte de Bellegarde lui faisait communiquer, par le général baron de Frimont, *qu'il avait des instructions de sa cour qui coïncidaient parfaitement avec l'opinion manifestée par le czar.* Dès lors, et dans des circonstances si extraordinaires, le plan de conduite à tenir par le prince Eugène se trouvait tout naturellement tracé, et il pouvait en parler à l'armée française, comme un ami parle à ses amis des causes qui le forcent à s'éloigner d'eux. Ce plan eut un mauvais succès; mais les choses les plus justes et les plus sagement combinées ne réussissent pas toujours. Paris avait vu un grand traître vendre honteusement la patrie. Milan eut également un perfide, et le sort de l'Italie fut changé. Ces explications données, ces détails connus, la confiance la plus absolue, l'affection la plus tendre, reprirent leur empire, et le prince Eugène resta parmi nous ce qu'il devait être partout, *un bel exemple de vertu et de loyauté.*

La princesse Hortense, quoique dévouée à l'Empereur, écoutant les conseils de la faiblesse, s'était laissée aller à une démarche qui n'était ni dans la noblesse de son caractère ni dans la dignité de sa situation, et qui affecta vivement Sa Majesté et les fidèles qui en furent instruits. Faite pour porter la couronne, digne du trône où, dans les jours de sa prospérité, Napoléon l'avait élevée et sur lequel elle avait brillé de tout l'éclat des qualités qui distinguent les grandes reines, elle devait trouver dans le souvenir de sa grandeur, dans la gloire de son nom, un titre des plus honorables pour sa famille. Cependant elle avait accepté ceux que Louis XVIII lui avait donnés, de *duchesse* pour elle, de *duc* pour son fils!.... Un souverain qui ennoblit une famille parce que le chef a été condamné à mort pour cause d'assassinat, et qui récompense de la même manière les hommes qui ont donné à l'ennemi les moyens de venir dans le cœur de l'État, ne peut point dispenser des titres honorables; ses bienfaits sont une flétrissure. La princesse Hortense ne devait rien recevoir des Bourbons. Les Bourbons craignaient alors, et ils la flattaient : quand ils ont cru n'avoir plus rien à redouter, ils l'ont maltraitée : c'est la politique ordinaire de cette famille. Nonobstant ce sujet de mécontentement, l'Empereur affectionnait toujours la princesse Hortense, et les fidèles s'intéressaient vivement à son sort.

Une chose assez singulière, c'est que nous étions beaucoup plus sévères que Sa Majesté. Sa Majesté trouvait toujours un côté pour pallier la conduite ou les injustices qui nous révoltaient parce qu'Elle en était la victime principale. Il n'y avait pas même jusqu'à Bernadotte que l'Empereur ne cherchât à excuser. Marmont était le seul dont Sa Majesté ne prononçait le nom qu'avec l'expression du plus profond mépris. Elle disait de lui : « Ce « misérable que j'avais associé à mon sort dès l'âge de « seize ans, et que j'avais élevé comme mon fils! le voilà « devenu la honte et l'opprobre du nom français ! » Elle disait aussi de Talleyrand : « C'est une girouette; il n'a « jamais dit la vérité, et certainement ce n'est pas en par« lant de moi qu'il commencera à être vrai. » Sa Majesté comptait sur la fidélité de Fouché !....

Je presse la marche des événements, et je ne me suis pas arrêté à l'un de ceux qui peuvent inspirer le plus d'intérêt. Reportons-nous pour un instant à la première époque de la venue de l'Empereur dans l'île.

Sa Majesté était impatiente de revoir les braves de sa garde [1] : sans cesse Elle s'informait du temps qu'il faisait

---

[1]. Voici ce que dit Pons, dans un fragment inédit, au sujet de l'arrivée de la garde et de la réception qui lui fut faite à l'île d'Elbe :

« La garde impériale qui devait venir de France, impatiemment attendue par l'Empereur, arriva à Porto-Ferrajo, et il nous faudrait remplir bien des colonnes pour seulement esquisser tout ce que cette arrivée eut d'extraordinairement remarquable. L'Empereur semblait reprendre une autre vie,

et des voiles qui étaient en vue. Enfin ses vieux compagnons de gloire arrivèrent ; et cette arrivée fut un jour de jouissance pour Sa Majesté, et un jour de fête pour nous. L'Empereur assista à leur débarquement et resta toute la journée au milieu d'eux : Sa Majesté les connaissait presque tous et parlait à tous.

Vous qui voulez savoir si Napoléon était aimé vraiment aimé, faites le voyage de l'île d'Elbe, et demandez aux Elbois quel fut l'enthousiasme de ces six cents grenadiers dès qu'ils aperçurent le héros qui les avait tant de fois conduits à la victoire ! Faites-vous répéter ces cris de joie et d'attendrissement qui s'élevaient jusqu'au ciel ! Qu'ils vous redisent ces paroles touchantes, que chaque soldat prononçait et qu'il semblait avoir étudiées pour faire son compliment à l'Empereur ! Qu'ils vous peignent Cambronne voulant parler à Sa Majesté, et ne pouvant s'exprimer que par des larmes ! Enfin qu'ils vous représentent Napoléon lui-même profondément ému de ce spectacle majestueux et dont il ne s'était peut-être pas fait une juste idée ! Avec une imagination ardente, l'on peut se retracer les détails d'un pareil tableau ; mais la plume ne peut qu'en rendre l'ensemble, et c'est à quoi je me suis attaché.

la joie avait envahi son cœur ; il ne maîtrisait point sa figure ; tout en lui était resplendissant de plaisir.

« Les grognards de la garde étaient ivres de joie : il semblait qu'ils voyaient Napoléon pour la première fois. L'Empereur parlait à tous ; il y en avait peu dont Sa Majesté ne sût pas le nom.

« Le général Cambronne voulut haranguer l'empereur Napoléon au nom des braves qu'il lui conduisait ; l'émotion lui ôta la parole. Il était tremblant. L'Empereur le tira d'embarras en l'embrassant, mais si le général Cambronne avait pu parler, nous sommes convaincus que l'Empereur n'aurait pas été à même de répondre, tellement Sa Majesté était dominée par les émotions profondes dont elle était l'objet. Cette éloquence muette était sublime.

« L'Empereur reçut les officiers à sa table ; les Elbois traitèrent ensemble toute la garde. La garde rendit noblement la politesse qu'elle avait reçue. »

Les Elbois saluèrent ces braves du titre de fidèles, et dès lors le titre de fidèle fut celui que tous les amis de Napoléon adoptèrent. La garde nationale donna un repas splendide à la garde impériale, et celle-ci le lui rendit avec une somptuosité extraordinaire. Dans l'un de ces deux repas, l'on porta cette santé : « A Napoléon le Grand! Puisse-t-il devenir au monde moral ce que le soleil est à l'univers physique [1]. »

Quelque temps après l'arrivée des fidèles, un fat, sans titres pour porter aucune espèce de décoration politique, quelque peu honorable qu'elle pût être, vint à Porto-Ferrajo se promener insolemment avec *le Lis* à la boutonnière. L'insolence est rarement accompagnée de la bravoure. Le premier officier de la garde qui rencontra le chevalier du Lis regarda sa décoration *comme une insulte faite au malheur*, et le pria, un peu rudement peut-être, de l'ôter de suite. M. le chevalier trouvait mauvais qu'on voulût l'obliger à se dégrader lui-même. Il prétendait que cela n'était pas décent. Aux prières succédèrent les menaces. L'épée allait décider la question. Le Lis fut honteusement sacrifié. Je parle de cette petite anecdote, parce que l'Empereur blâma sévèrement l'officier. Sans doute, Sa Majesté faisait bien, mais l'officier avait rempli la tâche qui lui était imposée par l'honneur [2].

Je reprends le fil régulier de mon mémoire. La voix commune accusait la princesse Élisa de s'être associée à la défection de Murat. Les militaires, surtout, prétendaient que l'évacuation de la Toscane s'était faite d'une manière

---

1. Ce toast fut porté par Pons lui-même. Dans ses *Souvenirs* il le cite différemment en lui donnant une intention républicaine : *Napoléon a fait place à la liberté.* Le véritable texte est vraisemblablement celui-ci.

2. Pons a été vivement frappé par cet incident, qu'il apprécie sévèrement : il y revient dans ses *Souvenirs et anecdotes*, XI, p. 459.

peu honorable. L'Empereur dut croire que la grande-duchesse avait réellement des torts ; car il refusa de recevoir un jeune homme qui se disait l'envoyé de cette princesse.

Ce qu'il y a de très certain, c'est que la cour de Florence était absolument mal composée et qu'il n'y avait guère que la grande-duchesse qui pût et sût traiter les affaires. Mais cette princesse avait un défaut qui nuit toujours, principalement alors qu'on tient les rênes de l'État : elle changeait trop facilement d'opinion.

La princesse Élisa manqua la plus belle occasion de se couvrir de gloire. L'île d'Elbe faisant partie du grand-duché, elle pouvait se jeter dans Porto-Ferrajo, y conduire des renforts, et faire survivre son gouvernement aux malheurs de la patrie.

Il paraît qu'elle avait d'abord été de ce sentiment, puisque dès nos premiers revers, elle avait envoyé son trésor particulier dans l'île, d'où elle le fit ensuite retirer, et d'où le général Dalesme eut la faiblesse de le laisser partir. A cette époque désastreuse, je me permis d'écrire à Son Altesse [1] :

« Princesse !

« Au nom de Dieu, ne quittez le grand-duché de Tos-
« cane qu'alors que l'Empereur n'y aura plus une seule
« pierre sur laquelle vous puissiez poser vos pieds : ils
« ne sont pas vos amis, ceux qui vous donnent d'autres
« conseils.

« Votre Altesse tient le second rang du génie dans la
« famille impériale ; qu'elle sache aussi y tenir le second
« rang du courage moral, et qu'elle vienne au milieu de
« nous partager nos dangers et augmenter sa gloire. »

---

1. Voir Pons de l'Hérault : *L'Ile d'Elbe pendant la Révolution*, p. 158 et suiv. (*Miscellanea Napoleonica*, t. III, 1897.)

Si Son Altesse avait suivi cet avis d'un Français toujours fidèle à son pays et à son prince, elle se serait montrée digne de son auguste frère, et elle aurait eu l'honneur insigne de recevoir Sa Majesté dans la plus forte place que Sa Majesté avait laissée à sa garde. Que pouvait-il lui arriver de plus beau et de plus flatteur?

Cependant, si, dans le gouvernement de la Toscane, la princesse Élisa n'a pas fait tout le bien qu'elle pouvait faire, il est juste d'en attribuer la cause, du moins en grande partie, et à ses alentours et aux circonstances. Les principautés de Lucques et de Piombino attesteront sans cesse qu'elle désirait le bonheur des peuples confiés à ses soins.

Quelqu'un, qui était dans les secrets de la grande-duchesse [1], m'a assuré que, dans la circonstance extraordinaire dont je viens de parler, elle s'était laissé conduire par le duc d'Otrante. Le duc d'Otrante préludait donc, dès lors, à la conduite qu'il a tenue depuis [2]!....

Dans les rangs des grenadiers, il s'était glissé quelques mauvaises têtes. L'Empereur ordonna l'épuration du corps, et fit renvoyer tous ceux qui étaient mal notés. Ce sont ces messieurs à *cartouche jaune* qui avaient fait courir le bruit que les braves abandonnaient Napoléon. Il serait curieux de savoir si le militaire qui, à Grenoble, s'est distingué par son dévouement à la cause des Bourbons, et qui, pour prix de ses services, a obtenu la croix de la Légion d'honneur qu'il avait eu tant d'occasions de gagner à l'armée, n'est pas précisément un de ces mêmes

---

1. Vraisemblablement le mari d'Élisa, prince Félix Baciocchi, dont Pons reçut les confidences pendant son exil. Cf. *op. sup. cit.*, p. 160.

2. Pons, dans la première rédaction, cite, à propos de Fouché, le vers de Voltaire : « Les prêtres ne sont pas ce qu'un vain peuple pense! » Dans l'ouvrage cité ci-dessus, il l'appelle « un de ces génies infernaux qui se trouvent toujours à point nommé où il y a du mal à produire. »

individus qu'on n'avait pas trouvés dignes de rester plus longtemps sous les drapeaux de la garde.

Peu de personnes d'ailleurs ont quitté l'île d'Elbe, et Sa Majesté ne faisait aucune observation pour retenir celles qui voulaient s'en aller. Elle laissait un champ libre à tout le monde, et on ne lui demandait pas deux fois à partir. Heureusement, l'Empereur daigna faire en ma faveur une exception à cette règle générale qu'il avait adoptée, et, dans ce moment encore, j'en bénis le ciel.

La prospérité ou l'adversité change les affaires d'un grand homme sans altérer le caractère de son âme.

Napoléon conservait cette infatigable activité qui a tant et tant de fois étonné l'Europe. Les premiers rayons de l'aurore le trouvaient souvent occupé à parcourir les hôpitaux, et les officiers de santé étaient obligés de se tenir sur leurs gardes pour ne point arriver auprès des malades plus tard que Sa Majesté. L'Empereur aimait à connaître le caractère des maladies, et s'informait soigneusement du traitement qu'on suivait pour chacune d'elles. Les médicaments les plus simples étaient ceux que Sa Majesté se plaisait à voir employer. Il semble que Sa Majesté n'a pas eu une grande confiance dans les médecins; pourtant Elle paraissait accorder son estime au médecin de l'hôpital, M. Monaco; mais Elle ne paraissait pas avoir une grande considération pour son médecin particulier [1], et

---

[1]. Foureau de Beauregard. Napoléon semble en effet, à en juger par certaines anecdotes rapportées par Pons, l'avoir tenu en petite estime. Cependant Foureau croyait posséder la « confiance flatteuse » de l'Empereur et écrivait en juillet qu'il recevait des marques quotidiennes de la bonté impériale. Ce précieux recueil 625 des Affaires étrangères contient une intéressante lettre de Foureau adressée à son ami Lanlaud, juge de paix à Loudun (Vienne), le 5 juillet 1814. Elle contient, outre ces informations précieuses sur son état d'esprit, d'utiles renseignements d'ensemble sur la situation de l'île :

« Je suis toujours content de mon sort et de l'état de ma santé, et je

cela venait peut-être de ce que ce docteur s'occupait beaucoup moins à faire des ordonnances de médecine que des

souhaite que tous nos amis soient aussi heureux que moi sous ces deux rapports.

« J'ignore si l'on a publié en France le traité du 11 avril, relatif à l'abdication de l'empereur Napoléon. Ce traité, outre qu'il conserve le titre d'empereur à Sa Majesté, celui de princes et princesses aux personnes de sa famille, autorise à suivre Sa Majesté dans l'isle d'Elbe, les Français à qui ce voyage conviendra, et nous conserve tous nos droits civils et politiques comme citoyens français, à la charge pour nous de rentrer en France dans le délai de trois ans, à moins que, sur notre demande, le gouvernement français ne nous accorde la permission de prolonger notre séjour dans cette isle. C'est sur la foi de ce traité que j'ai suivi Sa Majesté. Pour rien au monde, je n'aurois voulu renoncer au titre de Français. Je me suis réjoui de ce qu'un traité solennel, garanti par les quatre grandes puissances alliées, m'ait permis de répondre à la confiance flatteuse dont l'Empereur m'a honoré à Fontainebleau, en me choisissant pour son premier médecin, et qu'il me continue ici, où je reçois chaque jour des preuves de sa bonté. Je n'ai donc rien à désirer ici, si ce n'est la continuation de la tranquillité dont je jouis, et que l'Empereur répand sur tout ce qui l'environne. Ceux qui s'acharnent à dénigrer un prince d'un si beau caractère sont bien coupables. Il eût été bien plus noble de leur part de garder le silence à son égard. Ils ont une assez ample matière de louanges dans les vertus du nouveau souverain de la France.

« Les gazettes ne se bornent pas à déchirer un grand homme qui a couvert la France de gloire et de monuments; elles nous envient jusqu'à la satisfaction de savoir nos familles tranquilles sur notre compte : tantôt elles parlent d'un tremblement de terre, tantôt d'une maladie pestilentielle, qui, selon elles, détruit la population. Tout cela est d'une insigne fausseté. Jamais cette isle n'a ressenti de secousses de tremblement de terre, et jamais il n'y a eu moins de malades dans l'hospital, qui est à la fois celui de la garnison et des bourgeois de toute l'isle. Cet hospital est sous mon inspection : ainsy il est bon que tu saches que nous nous portons parfaitement et que l'Empereur surtout ne s'est jamais aussi bien porté. Tu sais que Sa Majesté avait un teint basané en France; eh bien, à présent, il a un teint riche de fraîcheur et de santé. L'Empereur fait partout bénir son gouvernement; il embellit la ville, remplace des escaliers par des rues praticables aux voitures, fait exécuter partout au dehors des routes dont l'isle manquait entièrement, car tous les transports s'y faisoient à dos d'ânes et de petits chevaux. Dès ce moment, on peut se promener en calèche. A notre arrivée, il fallait faire le sacrifice de sa vie ou du moins de quelques membres quand nous montions à cheval pour suivre Sa Majesté dans ses courses.

« A la vérité, nous manquons de presque tous les agréments que la société offre à Paris, où les femmes sont si aimables, mais, avec le temps, les Italiennes nous dédommageront en partie. Bonjour, mon ami; communique ma lettre à mon frère. »

plans d'administration, et qu'il entretenait plus Sa Majesté des propos tenus dans la ville que du régime qu'Elle devait garder pour la conservation de sa santé. Les rapporteurs sont comme les espions : on s'en sert et on les méprise. Parmi les perso...s venues dans l'île et consacrées au soulagement de l'humanité souffrante, l'on distinguait honorablement M. Émery, chirurgien de la garde.

Cette visite philanthropique était ordinairement suivie d'une promenade à pied, que Sa Majesté faisait dans une espèce d'incognito, et pendant la durée de laquelle Elle parlait facilement aux personnes qu'elle rencontrait, et, de préférence, à celles qui avaient un air étranger.

Rentrée chez Elle, Sa Majesté se livrait au travail de cabinet jusqu'à l'heure du déjeuner, et l'on croyait généralement que c'était la partie de la journée qu'Elle employait à écrire l'histoire de sa vie.

L'Empereur fixait ensuite l'emploi de chaque heure du jour. Tous ses moments étaient remplis par la réception des étrangers qui avaient obtenu la permission de lui être présentés, ou par l'examen des comptes qu'il se faisait rendre des diverses branches de l'administration générale de l'île, et l'après-dîner Elle montait en voiture jusqu'à la nuit.

Les officiers de la garde observèrent que Sa Majesté ne se faisait accompagner que par les officiers de sa maison, et cela les affligea. Le général Drouot fut instruit de leur peine, et dut en parler à l'Empereur, car immédiatement après, Sa Majesté prit dans son carrosse et continua à prendre le capitaine qui se trouvait de garde au palais. Le premier de cette élite des braves qui eut l'honneur d'aller à la promenade avec Sa Majesté fut M. Mompey, militaire aussi distingué pour son courage que pour sa bonne éducation [1]. L'attention de Sa Majesté ne fut pas perdue : toute la garde lui en sut un gré infini.

Les soirées de Sa Majesté étaient très courtes. Elle faisait ordinairement une partie de reversi avec Madame mère, ou d'échecs avec le général Bertrand, et Elle se retirait ensuite. L'Empereur s'amusait à tricher Madame mère, et lorsque cette princesse s'en plaignait, Sa Majesté lui disait en riant : « Madame, vous êtes plus riche que moi; ainsi c'est à vous à perdre. »

Tous les dimanches, il y avait lever. Immédiatement après la messe, à laquelle toutes les autorités assistaient, Sa Majesté recevait. Elle paraissait à l'audience, toujours en uniforme des grenadiers ou des chasseurs de la garde, et avec les décorations de la Légion d'honneur et de la Couronne de fer. Une grande tenue était de rigueur, et des officiers s'étant une fois présentés en bottes, quoique parfaitement propres, furent réprimandés par leur général.

Il est inutile de faire remarquer que cet emploi régulier du temps éprouvait des variations durant les voyages que Sa Majesté faisait dans l'île.

Je viens de dire que Napoléon se faisait journellement rendre compte de l'administration générale. Cette administration était divisée en deux parties : la partie civile et la partie militaire. La première était dirigée par le général Bertrand; la seconde, par le général Drouot.

En outre du tribunal civil et criminel déjà existant dans l'île, Sa Majesté avait créé encore un tribunal d'appel et un tribunal de cassation; mais ces deux derniers tribunaux, d'une espèce toute particulière, n'étaient guère

---

[1]. Pons parle de lui dans ses *Souvenirs et anecdotes*, p. 360, 331.

que pour la forme, et semblaient n'avoir été imaginés par l'Empereur qu'afin de donner une considération politique à quelques personnes riches qui ne remplissaient point de fonctions publiques. Jamais l'on n'a eu recours à cette réunion de magistrats, dont plusieurs membres étaient étrangers à la magistrature.

Un juge au tribunal criminel, ancien prêtre [1], et un lieutenant de gendarmerie, que Sa Majesté fit ensuite capitaine, étaient chargés de la police [2], si on peut maintenant appeler ainsi un emploi qui, dégénéré de son institution primitive, a fini par ne devenir qu'un vil métier de délation officielle. Ces deux messieurs n'étaient pas foncièrement de méchantes gens, mais ils avaient leurs petites passions, et comme ils étaient d'un très faible talent, du moins le gendarme, il était facile de les faire servir d'instrument aux passions des autres, de manière que leur charge secrète n'était à peu près qu'une agence de commérage qui cependant a quelquefois eu assez d'influence pour tromper Sa Majesté.

Le général Drouot, naturellement actif, aimait à expédier promptement les affaires : avec lui, rien ne traînait en longueur. Il était visible à toutes les heures du jour ; et dans un petit gouvernement où les plus grandes opérations ne sont que des opérations presque minutieuses, cette facilité de pouvoir faire des observations ou des réclamations verbales est le meilleur moyen pour faire vite et pour faire bien.

Le général Drouot avait d'ailleurs des habitudes simples ; son rang, sa réputation, ne lui faisaient jamais prendre le ton de la supériorité, surtout avec ses compagnons, les

---

[1]. Poggi. Pons l'appelle ailleurs : « Un moine défroqué, juge au tribunal. »
[2]. Le lieutenant Paoli.

fidèles et il avait raison, car cette manière lui gagnait les cœurs. Ce « sage, » comme l'appelait l'Empereur, avait fort bien pensé qu'il y aurait eu un peu de folie à vouloir afficher à Porto-Ferrajo l'air prétentieux qu'on croit souvent et toujours mal à propos devoir afficher à Paris. Nous vivons dans un siècle et à une époque où les grands emplois ne font plus les grands personnages, et le titre de grand a beaucoup perdu de sa grandeur, parce que nos oreilles s'y sont familiarisées et que l'habitude a détruit le prestige. Ce que je dis là est si vrai que, malgré [que] depuis vingt-cinq ans la France puisse enrichir ses fastes d'une immensité de grandes actions, il n'y a pas de pays au monde où il y ait moins de grands noms. L'on ne trouve point de Français qui ne connaisse et n'apprécie les hommes puissants du jour, et qui ne se dise : *Hier, j'étais son égal, demain peut-être je le serai encore. Il a fait cela, mais je puis le faire aussi;* et il résulte de cette espérance ou de cet amour-propre que, chacun croyant mériter de la considération, juge vivement celui qui profite de sa situation du moment pour la lui refuser. Je pourrais citer plusieurs personnes qui, depuis longtemps, remplissent des emplois éminents et qui, malgré des talents réels, n'ont jamais pu parvenir à commander ni l'amour ni le respect, et cela, parce qu'elles n'ont pas eu le bon sens de se défaire de cette morgue qui a toujours été un défaut ridicule, et qui maintenant est un vice nuisible. Cette espèce de majesté, qu'on veut faire paraître nécessaire à la place qu'on occupe, n'est qu'un masque favorable à l'orgueil, quand elle exclut les regards et les prévenances; il n'y a que la majesté que donnent le mérite et les vertus qui puisse être utile aux fonctions qui nous sont confiées, et cette majesté se montre toujours sans vanité et sans pédanterie.

Le général Bertrand est un homme de bien[1] ; il est impossible d'être meilleur mari et meilleur père : je le crois sujet plus fidèle qu'ami dévoué. Mais soit qu'à l'île d'Elbe il ne fût point dans son assiette ordinaire ou que son génie ne pût point se plier aux petites choses, il est de fait que jamais apathie ne fut égale à celle qu'il montra durant les dix mois qu'il a passés dans l'île. Malheur à celui qui était pressé et qui avait affaire au grand maréchal! La patience et l'impatience, tout s'épuisait avant d'avoir obtenu une décision qu'il devait provoquer. Son manque de mémoire était surtout une chose extrêmement remarquable.

Cette situation morale du général Bertrand a porté du préjudice aux intérêts de beaucoup d'individus, et malgré toutes les belles qualités dont il est orné, malgré qu'il soit essentiellement bon et essentiellement juste, il ne s'est pas fait aimer des Elbois. Les militaires eux-mêmes se plaignaient de lui; il ne les recevait point, ou plutôt il ne recevait personne; et tout le monde convenait qu'on avait plus de peine à le voir qu'à voir l'Empereur. L'on se plaignait particulièrement qu'il faisait faire antichambre d'une manière tout à la fois ridicule et humiliante : les hommes en général, et les Français en particulier, ne pardonnent pas ces sortes de choses. L'intérieur de la maison du général avait aussi un grand tort : l'on y faisait trop connaître le désir de quitter l'île et de retourner en France. Les propos échappés à Mme la comtesse Bertrand[2] ou à

---

1. Pons parle longuement du général Bertrand dans ses *Souvenirs*, et les traits qu'il y cite de lui concordent avec le portrait plus synthétique qu'il trace ici.
2. Mme Bertrand était Anglaise et s'entourait volontiers d'Anglais. Voici ce que Pons dit d'elle dans un fragment inédit de ses *Souvenirs* : « Mme la comtesse Bertrand aimait à vivre et vivait au milieu de ses enfants. Ses enfants étaient tout pour elle. Elle connaissait peu les Elbois, elle en était

ses alentours étaient répétés et commentés, et l'opinion s'était enfin établie que cette famille abandonnerait l'Empereur. Il est facile de penser que dans un pays et parmi des hommes qui ne respiraient que par et pour Napoléon, l'idée de cet éloignement volontaire ne pouvait pas être avantageuse pour le général Bertrand.

J'ai dit que le général Bertrand était l'homme de la vertu, et je n'ai rien dit de trop : sa réputation est faite. Cependant un assassinat juridique vient de le tuer civilement, et son nom a été ajouté à celui des victimes que la hache révolutionnaire a frappées depuis environ un an [1]. Malheureuse France ! Des terroristes à bonnet rouge ont ensanglanté les plus belles pages de ton histoire, et des terroristes à bonnet blanc les ensanglantent encore ! Les assassins n'auraient-ils changé que de livrée ? Et serait-il donc vrai que les bourreaux de 1793 et les bourreaux de 1815 et 1816 n'ont pas cessé d'être secrètement dirigés par le même génie ? Grand Dieu ! si cela est, si ce qu'on a écrit à cet égard ne sont pas des mensonges atroces, que t'a donc fait ma patrie pour la soumettre au joug de tout ce que le crime peut imaginer de plus affreux (*sic*) !!!

Détournons nos idées noires.

Pour porter un jugement solide sur l'état de force ou de faiblesse dans lequel se trouve le caractère d'un homme véritablement grand, il faut être vraiment grand soi-même, et je ne crois pas faire tort à M. le colonel Campbell, qui peut d'ailleurs être un officier de mérite, en ne

---

peu connue. Chez elle l'on s'entretenait de l'urgente nécessité de retourner prochainement en France. L'envoyé anglais affectait de reproduire cette opinion de famille ; il la répétait souvent, et le général Bertrand ne cherchait pas à démentir ce que l'on disait, de manière que le public était persuadé de son départ plus ou moins prochain. » Complétez ce que dit ici Pons par ses *Souvenirs et anecdotes*, p. 214-215.

1. *Sic.* Il y a ici une erreur évidente.

le plaçant pas à côté de ces êtres privilégiés que la nature ne montre que rarement au monde, et qui, régulateurs du siècle qui les a vus naître, changent ou consolident les destinées des peuples et des empires.

Napoléon donnait des fêtes, et il aimait que ces fêtes fussent brillantes [1]. Sa Majesté pensait Elle-même à tout ce qui pouvait les embellir. Rien n'était plus naturel, ce me semble, que de voir dans ces soins de l'Empereur un amusement agréable pour Sa Majesté ou une attention aimable pour les personnes qui avaient l'honneur d'être invitées ; mais M. le colonel y vit autre chose. L'occupation de l'Empereur lui avait paru puérile, et il trouva que le héros qui avait été au moment de renverser le colosse de l'Angleterre ne pouvait pas se mêler de l'arrangement d'une fête ou d'un repas sans que son âme eût perdu de son énergie ; et de cette opinion il tira la conséquence que le moral de Sa Majesté était affaibli. Peut-être que M. Campbell aurait mieux fait en gardant le secret ou en ne le faisant connaître qu'à son gouvernement ; mais il voulut jouir de sa découverte, et il en instruisait les Livournais, qui bientôt crurent en savoir plus que lui, de manière qu'on disait très sérieusement dans la Toscane que Napoléon tombait dans un état d'imbécillité. J'étais présent quand l'Empereur apprit cela ; Sa Majesté se mit à rire, et Elle observa gaiement « que Campbell faisait son mé- « tier ; qu'Elle ne pouvait pas lui en savoir mauvais gré,

---

[1]. Le colonel Germanovski au baron Girardot à Paris, de Porto-Ferrajo, ce 23 août 1814 : « Nous avons eu des fêtes brillantes le 15 août. Toute l'île était illuminée pendant deux jours. On avait construit une salle où étaient réunies toutes les dames de l'île. Entre beaucoup de transparents et allégories, on a remarqué Jupiter dans l'île de Crète. » Cette lettre est conservée maintenant aux Affaires étrangères, rec. 675. Le scribe du cabinet noir qui a déchiffré et transcrit cette lettre appelle son auteur baron Jestamanont, mais ce nom étrange ne se retrouve nulle part dans les documents elbois et l'identification est incontestable.

« et que d'ailleurs l'opinion de Campbell ne faisait pas
« loi¹. »

L'on a assuré que le général Köller avait aussi porté la
même nouvelle en Allemagne. La chose me paraît difficile
à croire.

Il est vrai que, dans un supplément à une petite brochure intitulée : *Relation de l'itinéraire de Napoléon de Fontainebleau à l'île d'Elbe*, par le comte de Waldbourg-Truchsess, l'on fait dire beaucoup de choses au général Köller, après son arrivée dans l'île. Mais les propos qu'on prête à ce général sont si plats, si bêtes, contiennent des choses si ridiculement fausses, qu'il est de l'impossibilité la plus absolue qu'ils aient été tenus par lui². Le général Köller est reconnu pour un officier d'un grand mérite et d'une grande honnêteté ; et s'il avait dû parler contre Napoléon, il n'aurait pas dit des mensonges, et ce qu'il en aurait dit, il l'aurait exprimé d'une manière noble. M. Waldbourg est Prussien ; cela seul nous apprend que, dans son écrit, il n'a pas cherché à être favorable à l'Empereur. Mais tel est le désordre des passions qu'elles ne peuvent rien faire sans que leur ouvrage porte l'empreinte d'une contradiction continuelle. Dans cet *Itinéraire*, par exemple, à côté d'un passage où l'on peint Napoléon comme un homme étonnant de génie et de grandeur d'âme, l'on en parle comme d'un homme également étonnant et par sa faiblesse et par sa pusillanimité. Heureusement, alors même que de pareils livres devraient servir

---

1. Il était certainement ridicule et exagéré de dire que Napoléon tombait dans l'imbécillité, mais malgré toutes les protestations de Pons, certains faits qu'il rapporte lui-même dans ses *Souvenirs et anecdotes* montrent un certain affaissement de son génie.
2. Pons exprime la même opinion sur le général Köller dans ses *Souvenirs et anecdotes*, notamment p. 127.

de matériaux pour l'histoire, l'histoire saurait faire la part de la vérité et la part du mensonge.

Tandis que les passions ou la bizarrerie des hommes jugeaient ridiculement le moral de l'Empereur, Sa Majesté pesait dans sa sagesse tout ce que devait avoir d'influence, sur la tranquillité publique et sur sa situation particulière, cette inaction entière dans laquelle étaient tout à coup tombés des hommes qui, depuis plus de vingt années, étaient habitués à une vie si extraordinairement active qu'on pouvait regarder comme certain qu'il serait très difficile, pour ne pas dire impossible, de les accoutumer aux douceurs du repos. Les fêtes que Sa Majesté donnait avaient donc un but, et ce but, marqué par un génie familier à l'étude du cœur humain, était de distraire. Mais les fêtes ne pouvaient pas être journalières, et la distraction allait devenir le besoin de chaque jour.

Les Elbois, ou plutôt les Porto-Ferrajais, ont un caractère particulier [1]. Ils accueillent l'étranger, ils se lient facilement avec lui, ils en viennent même à l'intimité ; mais ils ne l'admettent point dans leur intérieur. Les familles indigènes n'en agissent guère autrement entre elles ; elles ne se voient qu'à la promenade ou dans les réunions générales, et leurs visites mutuelles sont toujours des visites d'étiquette. La famille Vantini, la plus ancienne de l'île, fait exception à cet usage. Elle reçoit, et elle reçoit bien, sans cependant avoir des assemblées. L'avocat Bigeschi reçoit aussi.

Les officiers et beaucoup d'autres personnes venues à la suite de Sa Majesté n'avaient par conséquent que le café pour tuer le temps des soirées, et le temps passé le verre

---

[1]. Sur les mœurs des Elbois, voir la partie des souvenirs de Pons que j'ai publiée sous le titre : *L'Ile d'Elbe au commencement du XIXe siècle*, dans le *Bulletin de la Société languedocienne de géographie*, 1897.

à la main ou à des jeux d'intérêt, qui accoutument à la cupidité et conduisent peu à peu à la bassesse, finit toujours par être long et nuisible. L'Empereur voulut parer à cet inconvénient. Il ordonna la construction d'un théâtre public, et fit présent du local le plus convenable pour cet objet. La dépense présumée pour le perfectionnement de l'édifice fut de suite couverte par des actionnaires que Sa Majesté autorisa à se réunir en société sous le titre d'*Accademia dei fortunati*. Le théâtre s'éleva comme par enchantement. Les sociétaires voulurent mettre l'inscription suivante sur le frontispice du bâtiment : *A noi la sorte*, et afin de mieux exprimer publiquement leur pensée, un bon artiste fut chargé de peindre sur la toile d'avant-scène *Apollon au moment de quitter les troupeaux d'Admète et fixant ses regards sur l'Olympe où les dieux le rappellent*.

Seul avec ma mémoire, sans cesse errant [1], sans livres, presque sans notes, je suis obligé d'écrire par sauts et par bonds, et de parler indistinctement de tout ce qui, ayant donné du développement à mes sentiments pour l'Empereur, a laissé dans mon souvenir une impression plus profonde. Je tâcherai d'omettre peu de chose, et ce que je dirai sera toujours vrai.

Peut-être, de tous les fidèles de l'île, suis-je celui qui a mis le plus d'attention à l'examen du héros dont tout le monde parle et que si peu de personnes connaissent. Oh! si je pouvais le faire connaître comme il me semble que je le connais bien moi-même!

L'Empereur est un grand homme, mais c'est un homme, et l'on avait voulu lui faire croire qu'il était un dieu.

---

1. Passage important pour fixer la date à laquelle fut rédigé ce *Mémoire* et la manière dont Pons l'écrivit.

C'est dans cette basse adulation des courtisans que nous devons chercher la source des torts que Napoléon peut avoir eus, car mon admiration pour lui ne va pas jusqu'à lui supposer la perfection.

Accoutumée à n'être jamais contrariée, Sa Majesté avait dû finir par penser qu'Elle était infaillible, ou du moins qu'Elle devait nécessairement mieux juger qu'un autre, et cela lui faisait attacher de l'importance à sa pensée. Aussi, dès qu'on n'était pas de son avis, son premier mouvement était un mouvement d'impatience ; mais si l'on résistait à ce mouvement subit et qu'on tînt à l'opinion qui avait d'abord déplu, Sa Majesté revenait facilement ; Elle discutait, et cédait si ses raisons n'étaient pas les meilleures. J'en appelle à tous ceux qui ont travaillé avec l'Empereur, et qui ont eu le courage ou le bon sens de ne pas s'avilir : qu'ils disent si j'en impose.

Certainement, d'après ce qui s'était déjà passé, personne ne devait être plus réservé que moi quand il était question d'exécuter ou de ne pas exécuter des ordres directement donnés par Sa Majesté. Ne pas obéir aveuglément, c'était rappeler ma vieille opiniâtreté, et obéir aveuglément n'est pas dans mon caractère. J'aime à me rendre compte de ce que je fais.

Une nouvelle circonstance me jeta dans de nouveaux embarras ; mais cette fois ils durèrent peu, et ce devaient être les derniers [1].

Il y avait à Porto-Ferrajo, dans les magasins militaires, des farines vieilles, et échauffées au point qu'il ne me paraissait pas possible de les conserver plus longtemps. Les complaisants conseillèrent à Sa Majesté de m'obliger à

---

1. Cette affaire est racontée avec beaucoup plus de détails et avec de grandes différences dans les *Souvenirs* de Pons, chap. VII. Les textes cités ici sont très différents de ceux que Pons donne là.

les faire prendre par les ouvriers des mines, dont le salaire est ordinairement payé en blé. Je reçus cet ordre de l'Empereur, et je commençai par l'exécuter avant de faire aucune observation; mais la farine ayant fait du mal aux mineurs, j'en arrêtai sur-le-champ la distribution, et j'écrivis à Sa Majesté :

« Sire,

« Mon devoir est d'obéir à Votre Majesté et de me faire
« obéir par ceux qui me sont subordonnés, mais mon
« devoir est aussi de représenter à Votre Majesté qu'il
« serait injuste que des malheureux qui, chaque jour et
« tout le jour, arrosent de leur sueur les entrailles de la
« terre, fussent forcés à manger du mauvais pain, pres-
« que la seule nourriture qu'ils prennent. La farine a fait
« mal aux ouvriers, et j'ai l'honneur de rendre compte à
« Votre Majesté que j'ai fait suspendre la distribution.
« Je prie Votre Majesté de vouloir bien m'autoriser à ne
« plus en faire distribution. »

Sa Majesté m'approuva, mais on lui fit de nouvelles observations : on l'assura que cette farine, mêlée par moitié avec du bon blé, ferait un pain qui ne nuirait à la santé de personne. L'essai de ce mélange me fut prescrit. Le pain, ainsi mélangé, continua à faire du mal, et alors je me décidai à ne plus donner de la farine, quelque chose qui pût m'en arriver.

Je demandai une audience à Sa Majesté pour lui faire connaître ce que ma conscience me prescrivait.

Je me présentai à l'Empereur, et avec tout le respect que je lui devais, je lui dis d'un ton pénétré « que, de-
« vant être le père de mes ouvriers, ainsi qu'il devait
« être et qu'il était lui-même le père de ses sujets, j'étais
« décidé à ne plus faire distribuer de mauvaises farines. »
Comme les princes sont trompés!.... L'on avait fait un

essai à mon insu, mais on l'avait fait de manière à ce que le résultat pût en être agréable à Sa Majesté, c'est-à-dire qu'au lieu de mêler la farine défectueuse avec de la farine bonne, l'on avait mêlé de la farine de munition avec de la farine fine. L'on fit goûter à Sa Majesté le pain de cet essai trompeur; Sa Majesté ne le trouva pas mauvais, et l'on profita de ce moment pour lui mettre dans l'idée que « c'était une cabale des mineurs, ou ma mauvaise volonté, « qui [me] faisait refuser la farine qu'on avait délivrée pour « mon administration. » Sa Majesté me répéta cela. Je ne cherchai point à disculper mon administration et encore moins à me justifier. Je méprisais toutes ces basses et petites intrigues, et je comptais sur la justice de Sa Majesté. Sa Majesté avait déjà pu me juger.

L'Empereur me fit quelques observations; je lui répondis avec ma franchise ordinaire, et Sa Majesté, convaincue que j'avais ses intérêts à cœur, daigna me laisser *le maître de faire ce que je jugerais le plus convenable*, et Elle ajouta : « Il vaut mieux que toute la farine se perde « que de perdre un seul homme : réglez-vous là-dessus. « Mon intention n'a jamais été de faire mal à personne. « Je loue votre conduite. »

Ainsi, en remplissant rigoureusement mes devoirs d'obéissance et de délicatesse, je faisais échouer les projets peu honorables de quelques personnages qui, toujours dans l'espérance de me remplacer, s'appliquaient beaucoup plus à me trouver des torts que je ne m'étudiais à ne pas en avoir. Quand on a véritablement l'intention de faire bien, l'on fait bien même sans y penser.

L'on donna également l'avis à Sa Majesté *qu'on volait du minerai à Longone*, et Sa Majesté me fit communiquer cet avertissement, qui semblait accuser mon peu de surveillance. J'écrivis directement encore à l'Empereur :

« Sire,

« Quelles que puissent être les intentions de ceux qui
« ont rapporté à Votre Majesté *qu'on volait du minerai
« à Longone*, ils ont trompé Votre Majesté, et j'ai l'hon-
« neur de supplier Votre Majesté d'exiger des preuves du
« vol ou seulement une apparence de preuve.

« Si je savais, Sire, qu'un employé négligeât volontai-
« rement ou involontairement les intérêts de Votre Ma-
« jesté, je croirais mon honneur engagé à le prévenir
« avant de soumettre mon opinion à Votre Majesté, et
« cependant je suis mille et mille fois plus dévoué à
« Votre Majesté que tous ces hommes dont le dévoue-
« ment date d'hier, et qui, parés d'un faux zèle, semblent
« aujourd'hui vouloir remplacer ceux de vos vieux ser-
« viteurs qui ont acquis le droit de compter parmi vos
« fils aînés.

« Il y a quelques années que l'on tenta de prendre du
« sable et du fer à Terra Nera : c'était M. F., alors maire
« de Longone, qui faisait faire cette opération clandestine
« et illicite ; mais il dut se repentir de sa tentative et
« perdre l'intention de recommencer. »

Ce M. F., homme méprisable et méprisé, que l'Empereur n'a jamais voulu employer et que j'avais dû humilier, avait auprès de lui un fils vraiment estimable et sous le rapport moral et sous le rapport militaire: mais il avait aussi quelqu'un qui lui tenait de très près, et qui, ayant la facilité de voir Sa Majesté, s'était chargé, pour son parent, d'exercer une petite vengeance, en faisant un faux rapport. Ce même individu, instruit par l'expérience et peut-être corrigé de sa légèreté, semble aujourd'hui m'être affectionné. Il lira ce mémoire, il rougira un peu, et voilà la seule peine que j'impose à son oubli. Règle générale : celui qui dénonce quand il peut l'éviter avec honneur, le fait bien plus particulièrement pour satisfaire à ses passions que pour être utile à sa patrie ou à son prince. Sa Majesté me donna, ici, une nouvelle preuve de sa bonté et de sa confiance. J'étais un peu atterré en lui parlant du système de calomnie qui commençait à s'établir dans l'île : « Je l'empêcherai bien de jeter des ra-« cines, me dit Sa Majesté en m'interrompant. Quant à « vous, les personnes honnêtes vous estiment, et moi, « j'aime à vous croire : ainsi, vous pouvez être tranquille. » Qu'on me permette un épanchement : comment n'aimerais-je pas Napoléon? Comment ne lui serais-je pas dévoué? Ou il faudrait que je fusse un monstre, ou il faut que je sois ce que je suis. Le sauvage chérit celui qui lui témoigne de l'attachement, il se sacrifie par reconnaissance. Et moi, moi Français, moi né avec un cœur sensible et une âme brûlante, moi que la nature a fait pour aimer, pour admirer tout ce qui est beau et généreux, je resterais insensible à l'estime, à l'affection, à la bienveillance, à la protection dont m'a entouré Napoléon, le grand Napoléon, mon prince, mon souverain, l'homme du monde! puissé-je périr, et ma mémoire descendre avec moi dans la tombe, si jamais l'ingratitude parvient à maîtriser les sentiments qui m'animent [1] !

Si nous examinons avec un esprit philosophique le sublime tableau que l'illustre Fénelon a tracé de la ville de Salente, nous trouverons dans la situation d'Idoménée et dans la sagesse de Mentor [2] tout ce qu'il nous faudra pour

---

[1]. Ce passage lyrique et débordant d'enthousiasme est à retenir. Il permet d'apprécier justement l'état d'esprit où se trouvait le rédacteur de ce mémoire. Le lecteur devra faire la part de cette aveuglante gratitude.

[2]. Cette comparaison inattendue ne doit pas nous surprendre. *Télémaque* était un des livres favoris de Pons de l'Hérault, qui, à l'île d'Elbe, le lisait en l'annotant et en vue d'un travail de philosophie politique. Il en parle avec Napoléon, *Souvenirs et anecdotes*, XXXVI, p. 29.

peindre à grands traits Napoléon dans l'île d'Elbe. Mais comment employer sagement les matériaux du génie? Heureusement, je n'ai besoin que de la simplicité nécessaire à un mémoire historique.

L'île d'Elbe avait pris une face nouvelle. Les habitants, heureux du présent, jouissaient encore par l'idée de leur bonheur à venir. Toutes les physionomies étaient riantes. Semblable à l'astre qui vivifie la terre, la présence de l'Empereur vivifiait les Elbois.

Cette île, avant sa prise de possession par les Français, était soumise à la domination de trois princes qui, n'ayant ni les mêmes intérêts, ni les mêmes habitudes, ni les mêmes lois, devaient nécessairement imprimer au caractère moral des Elbois toutes les nuances qu'on remarquait dans le caractère politique de leurs gouvernements respectifs. Ainsi, le Porto-Ferrajais était spirituel, envieux, censeur; le Longonais, faible, ignorant, superstitieux; le Riais, le Marcianais, prétentieux, actif, pétulant. Mais les défauts particuliers des Elbois, résultat obligé des principes qu'on leur inculquait dès l'enfance et des exemples qui les frappaient sans cesse, étaient, pour ainsi dire, effacés par leurs belles qualités innées : la bonté, l'humanité, la bravoure, l'amour de la gloire, les distinguaient éminemment. Ces petites portions de peuple qui, réunies entre elles, n'auraient encore fait qu'une petite famille, semblables à leurs souverains, se regardaient comme étrangères l'une à l'autre; de manière qu'il existait bien une île d'Elbe, mais qu'il n'y avait point d'Elbois, ou du moins qu'on n'en trouvait point dans l'île; car ce n'était que lorsqu'on les voyait ou qu'ils se rencontraient eux-mêmes éloignés de leurs pénates que, cessant d'être Porto-Ferrajais, Marcianais, Longonais, Riais, ils avaient une patrie commune. L'île d'Elbe était en petit ce que l'Italie était en grand. Et si nous ajoutons que les premiers emplois de l'île, ou même des emplois subalternes hors de l'île, n'étaient jamais, ou presque jamais, confiés à des insulaires, nous concevrons facilement que l'émulation, le commerce, l'industrie, les arts, eussent pénétré lentement parmi un peuple que la nature a cependant doué de tout l'esprit, de toutes les vertus qui font briller les hommes en société. En effet, la civilisation était un peu arriérée dans l'île, à l'époque où l'on y déploya l'étendard tricolore. Depuis lors, tout est changé. Les Elbois ont marché à pas de géant. L'ancienne empreinte a disparu, ou n'a laissé que peu de traces de son existence. Je crois que l'île d'Elbe a beaucoup d'obligation au baron Galeazzini, mon ami, qui en a longtemps été le magistrat supérieur.

Des noms elbois sont honorablement connus : Vantini père, l'abbé Bigeschi, l'abbé Sbare, l'avocat Bigeschi, l'abbé Bartolini, jouiraient partout de la réputation d'hommes instruits. Ange Vantini, Tortini, Nani, Manganari, Tisani, Fossi aîné, Zénon Vantini, comptent parmi les officiers distingués.

Rio et Marciana fournissent des marins aussi bons que les meilleurs marins de la Ligurie.

Tel était le peuple auquel Napoléon allait consacrer son repos. Le repos de Cyrus !

La récolte principale de l'île d'Elbe est celle du vin, qui est très bon, et qui serait encore meilleur si l'on soignait davantage la manière de le faire.

Cette île manque de blé : dans les années les plus abondantes, elle ne satisfait pas même pour deux mois aux besoins de ses habitants. Elle manque également d'huile, il n'y a des châtaigniers qu'à Marciana. L'on n'y trouve qu'une seule forêt, et peu de bois de haute futaie.

Ses mines de fer sont des plus belles et les plus riches de l'Europe. Le marbre de ses carrières est d'un grain très fin. Plusieurs salines bordent le golfe de Porto-Ferrajo. La pêche du thon s'y fait comme sur les côtes de la Sardaigne. L'on y fait également la pêche du corail et celle des anchois.

Porto-Ferrajo est une place de guerre extrêmement fortifiée. Sa rade est vaste, excellente et bien gardée. Son port, ou plutôt sa darse, peut recevoir des vaisseaux de ligne du premier rang.

Les fortifications de Longone sont loin de valoir celles de Porto-Ferrajo, mais Longone n'en est pas moins une place forte. La ville domine un golfe auquel elle donne son nom. Ce golfe est commode et bon, peut-être même meilleur que la rade de Porto-Ferrajo. L'entrée en est défendue, d'un côté par l'artillerie des remparts, et du côté opposé par un fort appelé Foccardo. Les boulets se croisent.

L'île d'Elbe, dans la plus heureuse situation de la Méditerranée, est aussi sous le plus beau ciel de l'Italie [1].

C'est sur cet ensemble d'hommes et de choses que l'Empereur devait exercer son génie tutélaire.

Continuons de le suivre dans cette période intéressante de sa vie.

Sa Majesté avait voulu connaître avec exactitude tous les besoins ; Elle avait étudié soigneusement toutes les ressources. Elle savait qu'avant sa réunion à la France l'île d'Elbe était tributaire du continent pour les choses les plus simples et les plus usuelles de la vie, et qu'elle n'était pas encore affranchie de cette contribution journa-

---

1. Cette description géographique de l'île d'Elbe a été longuement reprise et développée par Pons, dans la publication citée plus haut : *L'île d'Elbe au début du XIX° siècle.*

lière. Sa Majesté désirait que son petit empire pût s'assurer l'indépendance en se suffisant à lui-même. Quelques moments encore, et les Elbois n'avaient rien à envier aux peuples les plus heureux. Les dieux en ont ordonné autrement!

Les grands bâtiments améliorés, les routes ouvertes, la Pianosa sillonnée, avaient été les premiers essais de Sa Majesté. L'on voyait facilement que Sa Majesté jouissait de son ouvrage, et qu'Elle ambitionnait de le perfectionner [1].

[1]. Sur ces améliorations de l'île d'Elbe, la principale source à consulter est le registre des lettres de Napoléon (*Correspondance*, t. XXVII, et *Registre de l'île d'Elbe*, passim). Tous les visiteurs de l'île les ont constatées et admirées. Voici le témoignage d'un Anversois qui, comme étranger, ne doit pas être suspect de tendresse excessive pour Napoléon. Son récit, dont le ton est, du reste, visiblement hostile, fut transmis de Lyon, le 25 octobre 1814, par M. de Strybosch au baron de Luxheim à Paris :

« Il faut que je vous dise qu'un de mes amis d'Anvers qui a fait un voyage à Rome et à Naples et qui, à son retour, a passé à l'île d'Elbe, vient d'arriver ici, ayant vu Madame la mère du petit caporal à Rome, et qui se trouve aussi maintenant à l'île d'Elbe. Il a eu l'occasion, après avoir pris la soupe avec Madame mère, de boire le café avec Napoléon, qui lui a fait quelques questions, mais très réservées. Il paraissait très indifférent. Il se porte bien. Il est visité par beaucoup d'étrangers et surtout des Anglais, qu'il invite souvent à sa table et qu'il fête beaucoup. Il serait peut-être visité davantage s'il y avait de quoi se loger dans sa capitale, mais on est obligé d'aller coucher à bord. On y a établi quelques cafés pour servir de passe-temps aux officiers de la garnison qui s'ennuient à la mort, car tous les Polonais qui sont allés avec lui demandent leur démission (*sic*). Sa garnison consiste en huit cents hommes d'infanterie et environ cinquante de cavalerie. Il tient très peu de train et n'a que quarante chevaux, pour lesquels il a été obligé de faire bâtir une écurie hors de la ville. Il ne peut pas faire usage de quarante belles voitures qu'il a amenées avec lui et qui sont placées dans l'Arsenal. Comme il n'y a aucune route praticable dans son empire, il a fait paver un quart de lieue de chemin pour pouvoir aller à une petite campagne à une lieue de Porto-Ferrajo. Son palais n'a pas plus d'élégance qu'une maison de particulier dans le faubourg Saint-Martin. Il ne fait aucune dépense. De là on conclut qu'il espère ne pas être obligé de rester toujours là. Le peuple de son empire est très mécontent, parce qu'il a triplé les impôts sans leur procurer de nouvelles ressources. Voilà tout ce que je puis vous dire pour le moment qui puisse mériter votre attention. Aucun journal étranger n'y est permis; toutes les lettres y sont ouvertes, en entrant comme en sortant. Si jamais nous débarquons dans son empire, nous vous en dirons davantage. » [Aff. étrang., 675.]

Les mines étant, sans aucune comparaison, la branche la plus fructueuse des revenus de l'île, avaient d'abord fixé l'attention de Sa Majesté. L'Empereur m'ordonna de favoriser autant que possible les grandes usines de Naples, des États romains, de la Toscane, les petits fourneaux de la Ligurie et de la Corse : « Plus ces établis-« sements prospéreront, me disait Sa Majesté, et plus celui « que vous dirigez fleurira. » Sa Majesté avait raison. Chaque fois que l'administration des mines a été confiée à des hommes dont la vue mesquine ne leur permettait de voir que l'existence du moment, la consommation du minerai a éprouvé une diminution sensible.

Les mines de l'île d'Elbe sont répandues depuis Terra-Nera, anse près de Longone, jusqu'au cap de Perre, voisin du canal de Piombino. La mine principale, la seule qu'on exploite, est celle située dans le territoire des communes de Rio-de-Terre et de Rio-de-Mer, où je faisais ma résidence ordinaire. L'Empereur, à qui rien n'échappe, avait vu, en venant sur les travaux, que l'exécution des ordres qu'il m'avait donnés n'était pas le seul moyen de prospérité.

Rio-de-Mer, où l'on embarque le minerai, n'a qu'une plage découverte. Les bâtiments destinés au transport sont obligés de tirer à terre ou d'aller à Longone. De là beaucoup de danger pour les navires, beaucoup de dépense pour les chargements, beaucoup de retard pour les expéditions. Un port remédiait à tout cela. Il y avait possibilité de le faire, l'Empereur voulut qu'il fût fait. Aussitôt le plan fut levé, le fond sondé, la carrière désignée, le devis arrêté. Les travaux devaient commencer dès que les pilotis, les ancres de bois, les allèges et les apparaux nécessaires seraient réunis.

Ce pays, presque entièrement bâti dans le temps de

mon administration, n'a qu'une seule chapelle, desservie par un seul prêtre, dom Louis Alexandre, homme infiniment respectable et généralement respecté. Je suppliai Sa Majesté de m'accorder des fonds pour faire élever une église. Sa Majesté eut la bonté de me répondre : « La « religion bien entendue est le premier besoin moral des « peuples, surtout d'un peuple naissant. J'obtempère avec « plaisir à votre prière. » Déjà les fondements étaient creusés et les matériaux ramassés.

Les Riais, particulièrement ceux de Rio-de-Mer, ont toujours été attachés à la France, et on les appelle *les colombes des Français*.

Il n'y avait que deux madragues pour la pêche du thon. M. Seno, Génois d'origine, qui depuis de longues années en est le fermier, a acquis une grande fortune dans cette entreprise [1]. Jamais homme ne mérita mieux d'être riche : ses richesses sont sans cesse employées à occuper utilement les bras des pauvres. Bon père et bon citoyen, M. Seno est précieux pour l'île. Il était naturel que l'Empereur en fît cas : aussi Sa Majesté l'honorait d'une estime particulière. Sa Majesté assista plusieurs fois à la pêche. Elle autorisa M. Seno à établir une troisième madrague. Le souverain et les sujets gagnaient à cet accroissement.

La pêche du corail et celle des anchois, jusqu'alors négligées, pouvaient devenir une branche importante de commerce ; cela suffisait pour que Sa Majesté s'y intéressât vivement. Toutes les mesures de sagesse et de faveur furent prises, afin que les négociants et les pêcheurs, encouragés par des avantages qu'ils n'avaient jamais eus, se livrassent activement à cette opération qui, en devenant

---

[1]. Ce nom est écrit très diversement : Seno, Senno, Cenno.

plus lucrative pour eux, serait aussi devenue plus utile pour l'État.

Le coup d'œil observateur et réparateur de Sa Majesté était nécessaire aux salines : elles avaient été extrêmement négligées. Sa Majesté les fit restaurer, et Elle ordonna que cet établissement serait désormais mis en régie.

Le nouveau rapport des salines, calculé au minimum d'après toutes les probabilités, devait doubler, si ce n'est tripler, le prix auquel les anciens agents du gouvernement français avaient affermé. Nonobstant, le fermier semblait, avec une apparence de raison, n'avoir tiré que très peu d'avantage de sa ferme ; mais cela provenait, disait-on communément, de l'incurie, et peut-être même de la mauvaise foi de son agent. Je n'ai point d'opinion à cet égard. Ce dont je suis sûr, et sur quoi la voix publique ne peut rien, c'est que le fermier, M. Rossetti, de Milan, est un bien parfait honnête homme. La justice ou l'injustice de quelques magistrats toscans a fini par faire éprouver des pertes considérables à cet estimable entrepreneur.

J'ai parlé des carrières de marbre. L'Empereur ne se contenta pas de les faire exploiter pour vendre le marbre brut. Sa Majesté appela des sculpteurs italiens, auxquels Elle confia la surveillance de l'exploitation de la carrière attaquée et la direction de divers ateliers de sculpture qu'Elle fit établir à ses frais. L'atelier principal était à Rio-de-Mer. Les premiers travaux furent offerts à Sa Majesté. Mais bientôt une foule d'objets d'utilité ou d'embellissement sortirent de ces laboratoires, et les Anglais, particulièrement, cherchèrent à en faire l'acquisition.

Napoléon a toujours aimé et protégé les beaux-arts : il a, comparativement, plus fait pour eux que la dynastie entière des Bourbons ; et il n'avait pas à sa disposition les grands hommes qui illustrèrent le règne de Louis XIV. Dans ses triomphes, les beaux-arts l'avaient souvent soulagé du fardeau de sa gloire ; dans ses revers, les beaux-arts devaient encore charmer ses loisirs.

Avec les sculpteurs arrivèrent des architectes, des peintres. Des professeurs de l'école de Carrare étaient de ce nombre. Sa Majesté employa définitivement les uns et occupa provisoirement les autres. Tous éprouvèrent les effets de sa bienfaisance.

M. T., Turc de naissance [1], et le fils du célèbre M. de Klaproth, de Berlin, célèbre lui-même par son voyage à la Chine et par des ouvrages du plus grand mérite, vinrent offrir leurs services littéraires à l'Empereur.

L'Empereur accueillit M. Jules de Klaproth fils avec distinction marquée, et n'ayant pu occuper M. T., qui peut-être ne se trouvait pas dans l'aisance, Sa Majesté le dédommagea de son voyage et de ses dépenses en lui accordant une indemnité qui le mit à même d'aller s'établir à Naples [2].

Rien de ce qu'on avait fait ou de ce qu'on faisait pour l'Empereur n'était perdu. Pauvre, comme il le disait gaiement lui-même, sa bourse n'en était pas moins toujours ouverte au savoir malheureux. Il fallait souvent que le général Bertrand arrêtât les effets de sa générosité. L'on a observé plusieurs fois que Sa Majesté semblait ne pas oser refuser les services des personnes qui avaient un nom connu et estimé.

---

1. l'on n'est pas très sûr de la nationalité de ce personnage ; ailleurs il en fait un « Grec d'origine. »

2. C'était l'usage de l'Empereur, quand il ne pouvait pas employer ses visiteurs. Cf. Germanovski (lettre citée plus haut) :

« Le pays est rempli de voyageurs. Beaucoup de personnes viennent s'établir. Il nous arrive tous les jours beaucoup d'officiers italiens et étrangers sans emploi auxquels l'Empereur fait des petites pensions. »

Les arts et les métiers utiles reçurent également la protection spéciale de Sa Majesté. Sa Majesté voulut que tout ce qui était nécessaire à son gouvernement et à sa maison fût absolument travaillé dans l'île. Elle témoigna le désir que tous les Elbois imitassent son exemple, et son désir, connu, fut une loi sacrée pour les insulaires. Un peu moins de goût, un peu moins de fini, n'étaient point les motifs de rebuter un travail d'ailleurs solide. L'Empereur disait : « Prenons patience; tout a eu un commencement [1]. Déjà « l'on fait passablement, bientôt l'on fera bien : encou- « rageons. »

L'Empereur parlait lui-même aux bons chefs, aux bons maîtres, aux bons ouvriers; il leur adressait des paroles agréables; il leur donnait de sages conseils; et ces artistes, ces artisans, charmés d'avoir fixé un moment les regards du héros, allaient, joyeux, porter au sein de leurs familles, et les expressions de leur souverain qui devenaient un titre honorable pour eux, et l'intention de mieux faire à l'avenir. C'est ainsi que l'Empereur, en excitant l'émulation, faisait éclore ou développait le talent.

L'amélioration des revenus de l'État, l'existence donnée aux beaux-arts, aux arts, aux métiers, n'avaient point absorbé tous les moments de Sa Majesté.

L'agriculture et le commerce avaient aussi employé une partie de son temps.

La Pianosa [2], dont nous avons parlé, offrait une grande

---

1. Dans une autre rédaction, Pons cite ce mot avec une variante : « Je prends patience. Il faut un commencement à tout. »

2. A propos de la Pianosa, sur laquelle j'ai publié déjà nombre de documents, je citerai aussi le baron Germanovski (lettre indiquée plus haut) : « On forme ici une nouvelle colonie à l'île de Pianosa, dépendante de l'île d'Elbe. Cette île, quoique fertile, n'avait point d'habitants. Les pirates les en avaient chassés depuis longtemps. On y construit un fort, et beaucoup de familles veulent s'y établir. Cette île, jadis florissante, servait d'exil à un empereur romain (je crois Agrippa). On y voit quelques ruines

ressource à l'île d'Elbe ; mais il fallait des bras pour la cultiver, et l'île d'Elbe en manquait pour la culture de ses propres terres. Il était donc nécessaire que des étrangers vinssent peupler la Pianosa. Un négociant génois se présenta pour remplir ce but que Sa Majesté se proposait et qu'Elle avait fait connaître. Ce monsieur avait déjà traité de grandes affaires avec le gouvernement impérial de France, et convenait parfaitement aux vues de l'Empereur. Sa Majesté, qui a une prédilection particulière pour les Liguriens [1], entra avec celui-ci dans tous les détails qui pouvaient le mettre à même de découvrir la route la plus courte et la plus sûre pour atteindre au bien qu'Elle voulait répandre sur ses sujets. Sa Majesté lui accorda plusieurs audiences, à la suite desquelles il fut convenu en principe que l'Empereur céderait au négociant génois deux mille journaux de terre labourable, à la condition expresse : 1° que le concessionnaire ferait venir de suite à la Pianosa et y entretiendrait sans cesse au moins cent familles étrangères à l'île d'Elbe ; 2° que le blé qu'il récolterait ne pourrait, dans aucun cas, être vendu hors de l'île d'Elbe, qu'alors que l'autorité locale aurait déclaré officiellement que les Elbois n'en avaient pas besoin ; 3° que le prix du grain serait fixé chaque année à une époque déterminée, d'après les mercuriales de la Romagne et de la Toscane ; 4° que le concessionnaire aurait constamment à la Pianosa un nombre de troupeaux proportionné à la grandeur des terres concédées et que les ventes provenant de ces troupeaux seraient également et aux mêmes conditions que le blé, absolument faites dans l'île d'Elbe. Ce qui restait de terres

de l'antiquité. L'Empereur s'occupe beaucoup de cette île. Il y passe quelquefois quelques jours à la chasse. »

1. « C'étaient, dit ailleurs l'on, ses Lyonnais de l'Italie. »

labourables à la Pianosa était destiné à la récompense des services rendus à la patrie et au prince.

La Pianosa devait provisoirement avoir un gouvernement militaire. Le premier choix de l'Empereur, pour le commandement de cette petite île, fut bien loin d'être un choix heureux. Tourmenter et dénoncer semblaient être la seule occupation de l'officier qui avait usurpé la confiance de Sa Majesté et dont Sa Majesté apprécia bientôt le caractère.

Le traité de concession assurait aux habitants de l'île d'Elbe un approvisionnement en blé d'environ cinq mois par an. Nous avons dit que l'île d'Elbe en récoltait pour ses besoins de deux mois. Nous avons dit aussi que la récolte principale de l'île était celle du vin. Sa Majesté ordonna un relevé exact des liquides exportés pendant l'espace de dix années, et de ce relevé il lui fut facile de juger que, par les ressources de leur sol, les Elbois pouvaient faire des échanges avantageux avec le continent, et se pourvoir annuellement pour trois autres mois. Il fallait encore penser à deux mois de l'année. L'Empereur trouva de suite dans son affection paternelle le moyen de remplir ce vide. Sa Majesté acheta le vaste terrain inculte de la Bena, et Elle fit aussitôt chercher dans la principauté de Lucques les bras nécessaires pour le cultiver.

Une guerre qui aurait dérangé cette marche régulière, une fois établie, aurait donné, dans les droits malheureux qu'elle reconnaît, des ressources indépendantes de l'agriculture et du commerce. Les droits dont je parle sont ceux que s'arroge cette piraterie moderne, toujours impunie et souvent encouragée, et qui, sous le titre patriotique *d'armement en course contre l'ennemi de l'État*, semble ne trouver rien de sacré pour elle chaque fois qu'elle peut dépouiller impunément.

La Bona est dans la partie sud-est de l'île. Le territoire qui porte ce nom, et qui le donne à une anse propre à faciliter les descentes dans l'île, commence au cap Stella et se prolonge, en suivant la côte, jusqu'aux limites de la commune de Longone. Le cap Stella est une péninsule assez étroite, qui s'avance plus de deux milles en mer. L'Empereur destina cet endroit pour un lieu de chasse, ne voulut le peupler que d'animaux qui ne fussent point nuisibles et ordonna de l'isoler entièrement par un large fossé.

Il est, même au sein des nations les plus éclairées, des anciennes habitudes, des anciennes croyances, presque toujours ridicules et quelquefois barbares, mais tellement enracinées parmi le peuple de la campagne, que la raison humaine a besoin de tous ses efforts et du secours des siècles pour parvenir à les détruire. Si c'est ainsi là où les lumières ont tant de moyens de se propager, nous devons penser que ce ne peut guère être autrement dans une petite portion de peuple éparse sur un rocher au milieu des mers.

Quoique le climat de l'île d'Elbe soit extrêmement doux, le paysan elbois, en général, croit que cette île n'est pas propre à la culture de l'olivier. En vain les hommes les plus instruits, les propriétaires les plus riches, ont-ils fait des plantations qui ont parfaitement réussi : ce fait matériel, du ressort de tous les yeux, n'a pas tout à fait convaincu la masse. Il est certain que l'île d'Elbe n'a pas la cinquantième partie des oliviers qu'elle pourrait avoir. L'on encombre les vignes de figuiers; ces figuiers, nombreux, nuisent à la vigne, parce qu'ils dévorent la substance dont elle a besoin, et que, d'ailleurs, ils couvrent d'ombre les plantes qui les entourent; mais c'est l'antique usage, et tous les raisonnements échouent devant cette misérable objection. L'autorité imposante de l'opinion de l'Empereur et le respect qu'on avait pour ses conseils étaient seuls capables de faire cesser cet état de choses. Mais Sa Majesté ne se contenta pas de faire connaître sa pensée et de donner son avis : Elle offrit de faire venir, à ses frais, tous les pieds d'oliviers que les propriétaires voudraient planter.

Sa Majesté introduisit une autre culture dans l'île : celle du mûrier. Elle en fit d'abord orner les promenades et border les routes, et elle commanda en Corse et dans les pays lucquois des pépinières considérables pour les distribuer dans les différentes communes de l'île. Il n'y a pas de doute que l'introduction du mûrier aurait fini par être d'un très grand avantage pour les Elbois.

Dans un voyage que je fis sur le continent, l'Empereur me chargea de passer expressément à Lucques, d'y traiter pour un certain nombre de pépinières d'oliviers et de mûriers, et de chercher des familles qui voulussent venir se fixer à la Bona. « L'île d'Elbe a en elle-même tout ce
« qu'il faut pour le bien-être de ses habitants ; je profite-
« rai des avantages qu'elle présente, et, sans même que
« les Elbois s'en aperçoivent, je les conduirai au bonheur
« possible. » C'est ainsi que Napoléon me parla quand j'eus l'honneur d'aller prendre congé de lui.

La forêt qu'on appelle la forêt de Jupiter[1], unique dans l'île, et les quelques bois qu'il y a du côté du nord, avaient été absolument négligés par l'autorité chargée d'en surveiller l'entretien et la coupe ; et de cette négligence était résulté le gaspillage des arbres de service. Sa Majesté donna des ordres très précis pour que les lois sur les eaux et forêts fussent strictement exécutées. La forêt fut réunie à mon administration.

1. La forêt de Monte-Giove.

On aurait dit que l'Empereur avait constamment vécu à la campagne, et que la principale étude de sa vie avait été celle de l'agriculture. Il tenait beaucoup à la culture de l'olivier et du mûrier, mais ces arbres ne pouvaient pas venir sur la cime des montagnes [ni sur leur côté septentrional] [1], et Sa Majesté fit consacrer à la culture des châtaigniers tout le terrain qu'on ne pouvait consacrer à la récolte de l'huile et à la nourriture des vers à soie.

Heureux le peuple qui est gouverné par un bon prince ! Heureux et plus heureux encore le prince qui trouve sa félicité dans la félicité du peuple dont le gouvernement est confié à sa sagesse ! Les Elbois étaient satisfaits, mais Napoléon devait l'être encore davantage. Jamais il n'avait été mieux connu. Jamais il n'avait été mieux aimé. C'est là que la postérité apprendra à juger les sentiments que Napoléon pouvait inspirer. C'est là qu'elle pourra étudier et la sensibilité de son cœur, et la noblesse de son âme, et la force de son caractère. C'est là qu'elle le trouvera tel qu'il est et non pas tel que les passions veulent le faire paraître. Le commerce a besoin d'être libre. Ne pas l'entraver dans son essor, voilà tout ce qu'il demande et tout ce qui lui convient. C'était particulièrement à l'île d'Elbe que l'on pouvait lui donner une liberté pleine et entière.

L'île d'Elbe est tout à fait bien placée pour un commerce d'échange ou pour un lieu d'entrepôt. Ses rades sont vastes, sûres, et en temps de guerre, à l'abri d'un coup de main de la part de l'ennemi.

Porto-Ferrajo surtout, victime malheureuse de la jalousie de Livourne et qui, depuis des siècles, semble n'attendre qu'une main puissante pour se placer au rang que la nature lui a assigné, offre au commerce maritime infini-

---

1. Il y a ici une petite lacune dans le manuscrit.

ment plus d'avantages que la Toscane continentale ne peut en offrir dans son port principal.

Les Porto-Ferrajais croyaient que l'heure du bonheur avait sonné. Un rêve flatteur les berçait de douces illusions, et leur imagination exaltée a rendu encore plus affligeant tout ce que le réveil devait avoir de pénible pour eux!.... Ils avaient de grandes espérances, et comment ne les auraient-ils pas eues? L'empereur Napoléon était le souverain de l'île d'Elbe!

L'Empereur avait de suite souri à l'idée de faire de l'île d'Elbe en général un endroit de franchise absolue, et de Porto-Ferrajo en particulier un établissement de commerce tel qu'il ne laissât rien à désirer, spécialement pour le commerce du Levant.

Le professeur Bargigli, Toscan, et l'excellent dessinateur Nicolas Rossi, Génois, sous la direction du commandant du génie Raoul, furent chargés de lever, dans le fond du golfe de Porto-Ferrajo, le plan d'un lazaret spacieux, bien distribué et tel que l'agréable pût toujours s'y trouver à côté de l'utile. Ces messieurs furent également chargés de lever le plan d'un port qu'on devait construire à l'endroit qu'on appelle les Fosses, où les bâtiments font actuellement quarantaine, et qui aurait eu communication avec la darse existante. Sa Majesté se faisait rendre le compte le plus exact de ce travail qu'Elle-même perfectionnait.

Porto-Ferrajo manque d'eau. Sa Majesté tenait particulièrement à pourvoir à ce besoin, l'un des premiers de la vie, surtout dans une place de guerre. Elle visita Elle-même et avec soin tous les lieux qui lui étaient indiqués par les vieillards ou par les traditions comme pouvant en donner. Après beaucoup de recherches infructueuses, Elle crut avoir trouvé une source sur le penchant de la montagne appelée Montalbero. Elle fit faire des excavations coûteuses sous la conduite de M. Nicolas Rossi; mais, après des dépenses assez considérables, l'on dut abandonner ce travail, sans qu'il eût produit aucun résultat avantageux. Porto-Ferrajo et ses ports restèrent donc soumis à la seule ressource des puits et des citernes.

La rade a une aiguade excellente dans l'anse de la Concia.

Sa Majesté organisa une administration sanitaire et la composa de personnes expérimentées. Elle régla les droits que cette administration devait percevoir, et fixa également ceux d'ancrage. Elle supprima les douanes.

Sa Majesté consulta les négociants les mieux famés sur tout ce qui pouvait être avantageux au commerce de l'île : Elle voulut avoir l'avis particulier de M. Candide Bigeschi, le plus ancien et le plus riche d'entre eux. M. Bigeschi, respecté pour sa moralité, a toujours obtenu la confiance publique et l'a toujours méritée. Avant l'arrivée de Napoléon à l'île d'Elbe, M. Bigeschi n'avait jamais rien aimé que l'or; il vit l'Empereur, et il l'aima presque autant que sa cassette chérie, ce qui n'est pas l'un des plus petits miracles que Sa Majesté ait faits.

L'intendant de l'île, aussi étranger à l'île qu'il était étranger aux devoirs de sa place, crut faire la cour à l'Empereur en lui proposant d'établir un droit de sortie sur le vin indigène qui serait exporté. Projet inconsidéré, qui fut combattu par un bon citoyen, M. Vantini père, dont Sa Majesté approuva publiquement l'opinion et loua le civisme.

L'intendant proposait de nouveaux droits, et un coin de l'île avait été troublé pour le non-paiement des impositions ordinaires. Les habitants de Capoliveri, dont la masse a, dans tous les temps, été et mérité d'être considérée comme le rebut des Elbois, s'imaginèrent de ne vouloir payer aucune espèce de contribution, et, excités par des prêtres et par quelques mauvais sujets faciles à trouver parmi eux, ils maltraitèrent le percepteur. L'Empereur envoya un commissaire sur les lieux, l'avocat Bigeschi, secrétaire général de l'intendance, homme d'un caractère doux et conciliateur, et qui, Elbois et bon Elbois, était autant attaché aux intérêts de ses compatriotes qu'aux intérêts de son prince. Le brave colonel polonais Germanovski, suivi lui-même de quelques soldats, accompagna l'envoyé de Sa Majesté, et tout rentra facilement dans l'ordre. Il serait injuste de ne pas reconnaître que, lors de ce mouvement, le mauvais village de Capoliveri avait le meilleur maire de l'île, et qu'une de ses premières familles fournissait un excellent juge de paix au canton de Longone.

Déjà le petit empire de l'île d'Elbe était à même d'accorder la protection de sa bannière : des Napolitains, des Romains, des Toscans, des Génois, venaient demander le pavillon elbois. Sa Majesté accueillit d'abord les demandes qui lui furent faites. Mais les croisières turques, qui, à cette époque, étaient nombreuses et fortes, ayant eu quelques soupçons à cet égard, et les ayant manifestés à des bâtiments de l'île qu'ils avaient rencontrés en mer, les marins elbois se réunirent pour représenter à Sa Majesté que son pavillon impérial finirait peut-être par n'être plus respecté des Turcs, si Elle permettait qu'il fût communément arboré par les nations avec lesquelles les Turcs étaient en guerre, et finirent par la supplier de ne pas s'exposer et de vouloir bien ne pas les exposer eux-mêmes à ce malheur. Sa Majesté, appréciant la sagesse de leur représentation et la justice de leur demande, ordonna de suite « que le pavillon elbois ne serait désormais ac-

« cordé qu'aux bâtiments dont les capitaines, d'une mora-
« lité reconnue, s'établiraient dans l'île, y achèteraient
« une propriété, et seraient par un décret spécial recon-
« nus citoyens elbois. »

Tout prenait un caractère de stabilité qui ne permettait plus de douter que l'Empereur ne fût résigné à son sort. Sa Majesté avait diminué les dépenses intérieures de sa maison ; Elle avait supprimé la table de cour et établi des règles plus économiques pour tout ce qui avait un rapport direct à son service personnel. Et tandis que Sa Majesté se soumettait à des réductions dans les besoins ou dans les habitudes de sa vie privée, Elle se montrait toujours grande et généreuse dans les actes de la vie publique : Sa Majesté dota, sur les revenus de ses domaines particuliers en France, les braves qui l'avaient suivie dans son exil à l'île d'Elbe, et Elle fit continuer la pension de retraite à ceux qui l'avaient obtenue pour cause d'invalidité.

Le temple de Janus était fermé. La Gloire, n'entendant plus le cliquetis des armes, se reposait à l'ombre des lauriers. L'Amour profita du moment [1] ; ses premiers traits frappèrent un jeune officier d'infanterie de la garde ; mais la blessure fut légère, et les convenances militaires la guérirent facilement. De nouvelles flèches furent lancées ; elles réussirent mieux, et l'hymen couronna l'adresse de l'Amour. Mais ce n'étaient là que des essais, et l'Amour aime les coups de maître. Une occasion extraordinaire vint mettre en jeu tous les ressorts de sa puissance, et jamais il ne fit une plus belle épreuve de son pouvoir.

Jeune, jolie, aimable, vertueuse, Mlle Henriette V. avait tout ce qu'il fallait pour plaire, pour charmer, et née avec un cœur sensible, elle pouvait facilement partager

---

[1]. Quelle délicieuse pendule empire on ferait avec ces allégories !

les sentiments délicats et tendres qu'elle inspirait[1]. Un guerrier philosophe, que la puissance souveraine avait en vain tenté de soumettre au joug du mariage, et qui, déjà éloigné de cet âge où l'homme est souvent l'esclave des passions, se croyait à l'abri des dangers de la jeunesse, vit Mlle Henriette et l'aima : d'abord il éprouva du plaisir, bientôt de l'attachement, ensuite de l'affection et enfin de l'amour. La philosophie ne doute de rien. Le héros dont nous parlons ici, souvent victorieux sous les drapeaux de Mars, était bien loin de penser que c'était à l'île d'Elbe qu'il serait vaincu sous l'étendard de Cupidon.

Cela arriva cependant, et la sagesse philosophique et militaire déposa son hommage aux pieds de la beauté. C'était une chose vraiment curieuse de voir un philosophe soldat enchaîné comme on se laisse enchaîner à vingt ans, et ne voulant pas avouer sa défaite. Ce sage aimait; il était aimé et bientôt il allait faire fumer l'encens sur l'autel de l'hymen, quand il reçut de sa mère, sur les

---

1. Pons ne s'est pas lassé de raconter cette anecdote, qu'il replace dans ses *Souvenirs* (p. 172) et dont il raconte l'épilogue dans son voyage (inédit) en Italie : « Le commandant de la province grossetane m'avait dit : Il y a quelqu'un à Sienne que vous verrez avec beaucoup de plaisir, Mme Henriette Vantini, devenue Mme Patriacchi, et ce commandant avait raison. M. Patriacchi a le commandement de la place de Sienne.

« Vantini, le père de Mlle Henriette, était à l'île d'Elbe, chambellan de Napoléon; Mme Vantini était dame d'honneur de Madame mère; Zénon Vantini, leur fils, était officier d'ordonnance de l'Empereur, et Mlle Henriette Vantini, leur fille, était admise dans l'intimité de la famille impériale. » Suit, avec quelques variantes, le récit qu'on lira ci-dessus, puis Pons ajoute : « Je suis allé chez Mme Patriacchi.... Mme Vantini était aux anges de pouvoir parler à son aise de l'empereur Napoléon. Henriette est douce comme un agneau, son air d'aujourd'hui me plaît autant que celui qu'elle avait à l'île d'Elbe. Il n'y a pas vingt-six ans de ravage sur sa figure. Cependant, nous ne nous étions pas vus depuis 1815.... Henriette avait touché à ce qu'on appelle faussement les grandeurs, qui l'auraient peut-être rapidement dévorée; elle a trouvé, en épousant un officier supérieur extrêmement honorable, M. le major Patriacchi, une vie de tranquillité et de considération.... Je l'en ai beaucoup et sincèrement félicitée. »

bords de la tombe, l'ordre impératif de ne point contracter des liens hors de sa patrie. Le consentement maternel avait été la première condition qu'il avait mise lui-même à l'exécution des engagements qu'il avait pris. Fils respectueux, ami tendre, son âme fut alors déchirée, et par l'idée de ce qu'il devait à sa mère, et par l'idée de ce qu'il devait à son amante. Il est douteux que le respect filial l'eût emporté, si les événements qui succédèrent n'étaient venus à son secours. Quoi qu'il en soit, il aurait mieux valu, et pour cette intéressante demoiselle, et pour cet homme respectable, qu'il n'eût jamais été question de ce mariage, ou que les espérances que le mariage avait données n'eussent point été déçues. Nous eûmes la visite d'une dame qui paraissait vouloir se fixer parmi nous, et qui affichait beaucoup de prétentions et de luxe. Ce nouvel hôte inspira quelques soupçons. Elle portait ou se donnait un grand nom : celui de comtesse de Rohan-Mignac. Quand on en fit le rapport à l'Empereur, Sa Majesté témoigna quelque surprise, et dit : « Là dedans il y a « du mic et du mac : voyons ce que cela sera. » Mme la comtesse fut pourtant reçue à la cour; mais il semble qu'on parvint à la bien connaître, et que cela ne lui ayant pas plu, elle se décida à nous quitter.

Les divertissements se multipliaient. La princesse Pauline, toujours aimante et toujours aimée, donnait et permettait qu'on lui donnât des fêtes. Celle que nous avions célébrée le 15 août en l'honneur de Sa Majesté n'avait rien laissé à désirer, et son souvenir se mêlait à toutes les choses agréables.

L'Empereur s'amusait quelquefois à la chasse. Il allait souvent à la campagne de Saint-Martin, qu'il appelait son Saint-Cloud. Les soldats de la garde avaient vendangé de très bonne heure les vignes de Sa Majesté. Quand ces braves voulaient entrer dans les propriétés impériales, ils avaient l'habitude de crier aux gardiens : « N'est-ce pas « à papa ? — C'est à l'Empereur, leur répondait-on. — Eh « bien, ajoutaient-ils, l'Empereur ou papa, c'est tout la « même chose : ce qui est à lui est à nous. »

L'Empereur riait lorsqu'on lui répétait cela, et il disait : « Ces grognards ont raison : ils me connaissent bien. » Une fois Sa Majesté rencontra un vieux grenadier dans ses vignes ; Sa Majesté lui dit en plaisantant : « Comment, « tu me voles mes raisins? — Non, Sire, répondit le gre- « nadier, je ne les volons pas, mais je les mangeons avec « plaisir, parce qu'ils vous appartiennent. » Un autre grenadier, que Sa Majesté trouva dans le même cas, et à qui Elle avait fait la même demande, lui répondit également : « Votre Majesté sait bien que nous lui donnerions notre « sang avec plaisir, et nous savons bien aussi qu'Elle « nous donne ses raisins de bon cœur [1]. »

Voilà bien le soldat français! C'était une bonne aubaine pour ceux de ces braves qui avaient l'heureuse occasion de parler à l'Empereur; ils étaient sûrs de retourner à la caserne avec la poche garnie.

C'est dans un heureux état de paix que les jours s'écoulaient à l'île d'Elbe, lorsque nous apprîmes par deux

---

[1]. Voici ce qu'écrivait à une Parisienne, Mme Génie, un de ces grognards de la garde, que le cabinet noir appelle Duguenot, mais en qui il faut reconnaître le lieutenant de chasseurs Daguenet, le 12 octobre 1814 :

« Je puis vous assurer que nous sommes heureux avec Sa Majesté l'Empereur. Il ne nous manque rien. Nous avons la satisfaction d'être toujours de la garde du grand homme qui nous conduisait à la victoire. Il a voulu finir les maux de la France en renonçant à la couronne. Son plus grand plaisir est d'apprendre que les Français sont heureux sous le souverain qui les gouverne.

« Il fait travailler plus de huit cents ouvriers. La ville de Porto-Ferrajo est remplie d'étrangers qui viennent voir l'Empereur. Beaucoup d'Anglais viennent passer quelques jours ici. Bientôt toute la famille de l'Empereur sera dans cette ville. »

Anglais, venus exprès dans l'île pour donner cet avis, qu'il avait été question au congrès de Vienne d'envoyer l'empereur Napoléon à Sainte-Hélène.

Napoléon à Sainte-Hélène !.... Mais ce prince n'était-il plus le même prince qui naguère, trahi, non par la France, non par l'armée, mais seulement par quelques prétendus grands de l'État et par quelques généraux, tous comblés de ses bienfaits, avait, seul et désarmé, traité encore d'égal à égal avec tous les souverains de l'Europe, à la tête de leurs phalanges réunies? L'empereur Napoléon à l'île d'Elbe avait-il cessé d'être cet empereur Napoléon avec qui les puissances alliées avaient signé le traité de Fontainebleau? Et ce traité était-il moins saint, moins sacré, parce que Napoléon, qui n'en avait consenti les conditions que pour ne pas livrer son pays aux horreurs d'une guerre civile, se trouvait, par suite de cette magnanimité patriotique, réduit à ne pouvoir pas défendre toujours le seul réduit qu'il s'était réservé?

Louis-Stanislas-Xavier craignait la proximité de Napoléon. C'était lui, nous assurait-on, qui, pour détruire ou pour calmer ses craintes, faisait solliciter du congrès un acte d'injustice dont l'exécution aurait principalement alors étonné et révolté le monde entier. L'appréhension de ce prince était sans doute la preuve démontrée, par lui et pour lui, qu'il reconnaissait qu'en France comme en Angleterre, il n'y avait plus de dynastie régnante que celle reconnue et établie par la nation, et que l'autorité légitime du souverain n'était uniquement que l'autorité que la nation accordait. C'est pourquoi aussi Louis-Stanislas-Xavier, que la nation française avait solennellement rejeté de son sein, et que la nation française, seule, avait le droit de rappeler, ayant opposé les baïonnettes ennemies à la volonté nationale, ne se croyait assuré sur le trône qu'autant que les mêmes baïonnettes qui l'y avaient conduit seraient là pour l'y maintenir, et contre les vœux du peuple, et contre les tentatives que ces vœux pourraient autoriser.

Pourquoi se faire illusion? Louis-Stanislas-Xavier était inconnu à la France. Une nouvelle génération avait succédé à la génération qui l'avait banni. D'autres lois, d'autres usages avaient changé tous les anciens rapports et établi d'autres intérêts et d'autres mœurs. Les quatre-vingt-dix-neuf centièmes des Français ne savaient ni son nom ni le lieu de sa résidence, et la plus grande partie de ceux qui étaient instruits qu'il existait encore, excités par la haine ou entraînés par la conviction, lui attribuaient publiquement des torts si grands, des crimes si affreux, qu'il était moralement impossible que, même en prévoyant les malheurs de la France, quelqu'un de raisonnable pût se mettre en tête que ce prince serait un jour choisi pour régner sur un peuple accoutumé depuis vingt-cinq ans à n'entendre parler que des désordres de la famille à laquelle il appartenait et dont il se disait l'héritier [1].

Ensuite, quand une nation tout entière a fait une grande révolution, elle ne peut mettre un terme à ses troubles qu'en ne revenant plus aux hommes et aux choses qui ont

---

[1]. Ce langage excessif est naturel dans la bouche du jacobin qu'avait été Pons; beaucoup de ses contemporains l'auraient volontiers tenu; on pourrait leur appliquer ce que M. le vicomte de Broc dit excellemment du comte Ferrand et de son groupe : « Une génération victime du présent devait, par un retour naturel, se rattacher au passé dont elle était l'image, à ce passé dans lequel on était trop disposé à voir une menace, un reproche perpétuel.... » Ces souvenirs et ces regrets étaient légitimes de part et d'autre. Écoutons un étranger, témoin moins suspect de partialité, apprécier la situation que la monarchie restaurée s'était faite, dès les premiers mois, dans l'opinion publique. (Voir pièces justificatives, n° 19, la lettre de M. Babey à M. Ch. Cornwall, Aff. étrang., France, 675, n° 13.)

été la première cause ou le premier prétexte de son changement. Cette opinion des personnes sages se mêlait à l'opinion générale contre les Bourbons et ne contribuait pas peu à faire repousser toute idée qui aurait pu les favoriser. L'épée, en tranchant le nœud gordien, prouva que la raison avait tort.

L'idée que l'empereur Napoléon était menacé de nouveaux malheurs produisit un bouleversement général dans l'île d'Elbe. Quelqu'un qui se serait emparé de notre folie nous aurait fait partir à l'instant même pour aller combattre tous les rois de la terre. C'était à qui ferait les projets les plus extravagants. Napoléon seul resta calme; mais ce calme n'était qu'apparent, et dès lors l'œil observateur put remarquer qu'il s'était opéré un changement dans les idées de Sa Majesté.

J'étais à Rio quand cette nouvelle arriva à Porto-Ferrajo. Dès que je l'eus apprise, je me rendis auprès de Sa Majesté. L'altération de ma figure disait à l'Empereur ce qui se passait dans mon âme. Je me permis de lui demander s'il était vrai qu'on voulait l'envoyer à Sainte-Hélène. « On ne le fera pas, me dit froidement Sa Majesté. Je « puis me défendre ici pendant deux ans, et dans ce temps « il se passera bien des choses. »

Jusqu'alors, l'Empereur paraissait ne pas aimer qu'on lui parlât guerre ou politique, et l'on se gardait bien d'en dire mot. Une seule fois, Sa Majesté avait rappelé les événements qui l'avaient conduite à l'île : c'était avant le départ du général Köller, et dans une réunion de soirée à laquelle assistaient ce général autrichien, le colonel anglais Campbell, et un officier que je crois Bavarois. C'est une anecdote qui mérite de trouver sa place dans ce mémoire.

Sa Majesté avait paru triste durant le dîner; Elle disait

peu de chose, et tout le monde imitait son silence. Les journaux apportèrent quelque diversion dans le cercle ; ils parlaient d'un mouvement des troupes alliées, et cela amena une discussion militaire. Peu à peu, l'Empereur se dérida, la conversation devint vive, et Sa Majesté, animée, raconta la campagne en deçà du Rhin. Elle se rappelait toutes les positions, tous les mouvements, toutes les affaires, tous les combats, toutes les batailles du jour et du moment, tous les événements. Chaque fois qu'Elle faisait le récit de quelque action où, avec une poignée de braves de sa garde et quelque corps de conscrits, Elle avait vaincu et dispersé des divisions entières, Elle s'adressait au général Köller et Elle lui disait : « Parlez, « Köller, reprenez-moi si je ne suis pas vrai. » Enfin, Sa Majesté en vint au moment où l'ennemi était sous les murs de Paris. « Votre armée, dit-Elle encore au général « Köller, était perdue, si ce polisson de Marmont n'avait « pas trahi. Par telle manœuvre, je vous avais séparé de « vos magasins, de vos parcs ; par telle autre manœuvre, « si Marmont fût resté fidèle, je paralysais vos opérations, « j'avais le temps de me rendre dans la capitale, d'en faire « barricader toutes les rues, d'y retremper l'esprit public, « d'opérer une levée en masse, de me faire joindre par « tel et tel corps, et alors, tout combiné, maître des hau- « teurs, libre de vous attaquer à ma volonté, je vous li- « vrais bataille dans tel endroit ; je vous écrasais et je « vous rejetais au delà de la Vistule. » L'Empereur prononça ces dernières paroles avec tant de feu, avec tant d'énergie, ses mouvements étaient si expressifs, que les commissaires des puissances alliées semblèrent pour un moment se croire transportés sur les bords du fleuve lointain [1].

---

[1]. Pons a reproduit presque mot pour mot ce récit curieux dans ses *Souvenirs et anecdotes*, p. 129.

Le lendemain de cette intéressante conversation, le général Köller m'ayant fait l'honneur de me visiter, je le trouvai pénétré des paroles de Sa Majesté, et ayant cherché à savoir ce qu'il en pensait, il m'avoua franchement que l'Empereur avait dit la vérité. Sa Majesté faisait cas de cet officier qui, dans le peu de temps qu'il passa dans l'île, se comporta de manière à acquérir l'estime générale. J'ai eu personnellement à me louer de son honnêteté, et je suis bien aise de trouver l'occasion de lui en témoigner ma reconnaissance.

Dans cette même soirée, l'Empereur avait dit aussi : « Si je n'avais été qu'un misérable aventurier, plus occupé « du soin de conserver ma couronne que de donner des « preuves de mon amour pour la patrie, malgré les trahi- « sons qui m'avaient tant fait de mal, il me restait assez « de forces et assez de moyens pour faire encore deux ans « la guerre intérieure : mes ennemis eux-mêmes ne peu- « vent point en disconvenir. Mais j'ai mieux aimé me sa- « crifier que d'ajouter aux malheurs de la France. La « France est tout pour moi. La postérité, qui seule pourra « me juger, dira que je n'ai rien fait que pour la gloire du « nom français. Que ce peuple, que ce bon peuple soit « heureux, voilà désormais le vœu le plus cher à mon « cœur. » Le général Köller convint que Sa Majesté aurait pu, en effet, faire longuement la guerre. Dans une autre circonstance, Sa Majesté émit également cette opinion remarquable : « Le gouvernement des Bourbons ne « convenait plus à la France : cette famille n'avait que « quelques vieilles perruques pour elle. Mais, puisque la « politique avait été déterrer Louis XVIII, ce prince « aurait dû se coucher dans mon lit tel qu'il le trouvait « fait ; il s'est conduit autrement, et il en résultera qu'il ne « vivra jamais en paix, et qu'au bout de vingt-cinq ans il

« ne sera pas plus assuré sur le trône qu'il ne l'est à pré-
« sent. »

Je ne puis m'empêcher de publier une autre anecdote très peu connue et qui mérite pourtant de l'être beaucoup. Le conseil de régence que l'Empereur avait donné à l'impératrice Marie-Louise, faible, indécis, par conséquent au-dessous des grandes circonstances dans lesquelles il se trouvait, faisait nécessairement partager sa versatilité à une jeune souveraine qui, particulièrement dans ce moment, aurait dû être entourée d'hommes d'un caractère assez fort pour l'engager, pour l'obliger à rester à Paris. Mais, au contraire, à chaque instant on changeait d'avis, et on la faisait changer de décision. Tantôt on lui disait de ne pas quitter les Tuileries, tantôt on lui disait d'aller sur-le-champ à Rambouillet : « Eh bien, je resterai aux « Tuileries! Eh bien, j'irai à Rambouillet; dites-moi ce « qu'il convient que je fasse, et je le ferai, » était toujours la réponse de l'impératrice. Un enfant, le prince impérial, digne fils de son auguste père, ne voulut jamais consentir à s'éloigner de la capitale : « Non, maman, criait-il sans « cesse avec véhémence, n'allons pas à Rambouillet ; « papa veut que nous restions ici, nous devons y rester. » Enfin, quand la décision du départ fut arrêtée, il fallut forcer le prince à s'en aller, et une dame, je crois Mme de Montesquieu, l'ayant pris dans ses bras pour le porter à la voiture, cet illustre enfant lui dit en se débattant : « Laissez-moi, Madame, je vous l'ordonne; je ne veux pas « partir; quand papa n'y est pas, c'est moi qui com-
« mande. » On l'entraîna malgré lui, et on fut à Rambouillet. Les personnes présentes à cette scène et aux inspirations du petit prince versaient des torrents de larmes. Lorsque l'empereur d'Autriche vit sa fille, il paraît certain qu'il lui adressa ce peu de mots : « Madame, si vous

« étiez restée à Paris, vous seriez régente de France [1]. »
Cependant il y aurait de l'injustice à vouloir inculper
l'impératrice Marie-Louise des torts de son conseil.

Jusqu'à l'événement de la nouvelle venue de Vienne,
nous ne savions presque rien de ce qui se passait en France :
alors nous pûmes satisfaire librement notre curiosité. Nous
apprîmes que, malgré la paix, la généralité des Français
étaient mécontents [2] ; que les nobles rentrés, toujours les
mêmes, du moins à peu d'exceptions près, sots, orgueil-
leux, impertinents, avaient rapporté leurs vieilles préten-

---

[1]. Il serait assez difficile de dire si ces paroles ont réellement été prononcées, et si le sentiment dont elles sont la traduction plus ou moins
exacte était réel. L'opinion en France s'est trouvée confuse, incertaine et
incohérente pour apprécier l'attitude de l'Autriche à l'égard de Napoléon :
on écrivait, par exemple, de Paris, le 1ᵉʳ octobre 1814, à la comtesse de Murat : « .... Je t'ai mandé qu'on parlait beaucoup de guerre avec l'Autriche,
et qu'elle mettait Napoléon en avant. Il paraît qu'elle propose de luy céder l'Italie et de soutenir les droits de son fils sur la France. On assure
qu'il a refusé cette proposition, il y a six semaines, en disant qu'il voulait
tout ou rien, mais qu'en dernier lieu il a été plus traitable et a fini par
accepter. Cette alliance serait combattue par la Russie, la Prusse et nous.
Quel parti prendrait l'Angleterre ? Et nous, quelle horrible guerre civile !
Le fait est qu'il y a beaucoup de mouvement. Le comte Bertrand est à
Rome. On dit que de là il va au congrès. J'ai bien peur que nos maux ne
soyent pas finis.... Mais comme on dirait que je suis un alarmiste, je te
prie de ne parler de ceci à personne, et même de brûler ma lettre. » Cette
opinion était partagée par beaucoup de gens. On croyait surtout volontiers que Napoléon serait autorisé par l'Autriche à se constituer un
royaume en Italie : quelques-uns de ses compagnons, Pons lui-même, lors
de ses préparatifs de retour, crurent que ces préparatifs étaient destinés à
une descente en Italie.

[2]. Ce qui suit est un résumé vigoureux des torts que la Restauration
eut à l'égard de l'opinion libérale (et qu'il était à peu près inévitable
qu'elle eût). On pourrait rapprocher de ce morceau oratoire un tableau
de la même époque, conçu dans le même esprit et adressé sous forme épis-
tolaire, par un bourgeois du centre, M. J.-P. Brès, à son frère, médecin à
Issoire. Ces deux textes se commentent l'un par l'autre ; les deux écri-
vains relèvent les mêmes traits, se blessent des mêmes offenses, ont les
mêmes craintes ; leur opposition est assez analogue à ce que sera plus
tard, et dans de plus petites choses, celle de Paul-Louis Courier. (Voir la
lettre de J.-P. Brès, conservée dans ce recueil 675, souvent cité ici, aux
pièces justificatives, n° 18.)

tions et voulaient faire rétrograder l'esprit libéral du siècle ; que l'intrigue sacerdotale reprenait sa pernicieuse influence ; qu'on menaçait d'attaquer la vente des biens nationaux ; que les militaires les plus distingués étaient traités sans aucun égard ; que le prince de Berry avait levé la main sur un officier respectable, et qu'en parlant à des généraux, il disait : *vous autres Français ;* que le duc d'Angoulême avait été à la parade avec le petit chapeau et le petit panache à l'anglaise, et que, quoique dévot, il travaillait sourdement à se faire un parti ; que le comte d'Artois ne voulait entendre parler que de ce qui était gouvernement absolu [1] ; que Louis XVIII, plus instruit et plus prudent que ses proches, se contentait de condamner en public ce qu'il autorisait ou commandait en secret, et qu'il semblait avoir pris pour règle de sa conduite cette maxime : *Celui qui ne sait point dissimuler ne sait point régner ;* que malgré les protestations d'oubli, d'union, les prisons n'étaient jamais vides ; que la croix de la Légion d'honneur était souvent donnée à des hommes sans honneur ; que pour avoir des titres à la bienveillance du gouvernement, il fallait avoir porté les armes contre la France ou n'avoir rien fait pour elle ; que, même dans la Chambre des pairs et dans la Chambre des députés, il y avait des personnages vendus qui soufflaient la discorde et prêchaient la vengeance. Tristes effets de l'aveuglement de cette prétendue restauration, qui n'a encore rien restauré et qui n'a pas même donné à la patrie un seul homme d'un mérite assez transcendant, d'un caractère

---

[1]. Ici encore il serait difficile de prouver l'exactitude de ces diverses assertions ; il est plus prudent de ne les retenir que comme symboles d'un état d'esprit général, — méconnaissance complète, d'une part, des idées et des passions de la France de 1814, crédulité excessive, d'autre part, à cette méconnaissance et tendance à l'exagérer encore.

assez fort, d'une vertu assez solide, d'un patriotisme assez pur pour maîtriser, par son influence et par son exemple, les passions criminelles de ces insensés qui semblent n'être rentrés en France que pour la déchirer plus cruellement encore qu'elle ne l'a jamais été !

Nous sûmes que le maréchal Masséna, dont le nom est si honorablement identifié avec la gloire nationale de la France, avait obtenu des lettres de naturalisation. Cet acte de démence indigna l'Empereur : « Quoi ! s'écria-t-il, « la bataille de Zurich et la défense de Gênes n'avaient « donc pas naturalisé le prince d'Essling ?.... » Durant plusieurs jours Sa Majesté parla de cette naturalisation avec un sentiment de peine, et souvent Elle répétait : « Mais ces gens-là ont vraiment perdu la tête. »

C'est à cette même époque que nous fûmes instruits que non seulement Louis XVIII ne payait rien des sommes annuelles que le traité de Fontainebleau avait fixées pour l'entretien de l'empereur Napoléon, mais encore que l'on faisait des tentatives pour le priver des propriétés particulières qu'il avait en France, et que plusieurs membres de sa famille avaient éprouvé beaucoup d'injustice de la part du gouvernement royal relativement à la possession de leurs domaines. Pour être exactement vrai, je dois avouer que jamais aucune plainte à cet égard ne sortit de la bouche de l'Empereur. Mais cette réserve de Sa Majesté ne nous empêchait pas de connaître ses affaires particulières d'intérêt.

La première marque que l'Empereur donna du changement qui s'était opéré dans ses idées de stabilité à l'île d'Elbe fut de témoigner du plaisir à la communication des nouvelles qui venaient de France, et qui étaient transmises par des personnes raisonnables, ou qui contenaient des choses remarquables. Parmi la foule de lettres plus ou moins curieuses que nous recevions, il y en eut une qui fit sensation, quoiqu'elle fût écrite d'un style entièrement populaire. J'en gardai copie ¹. Cette lettre, datée de Verdun, était la réponse d'une mère à son fils, grenadier de la garde, et elle contenait : « Je t'aimons bien plus « depuis que je te savons avec not' fidèle Empereur : c'est « comme ça que les honnêtes gens font. Je te croyons « bien qu'on vient des quatre coins du monde pour le voir; « car, ici, l'on est venu des quatre coins de la ville pour « lire ta lettre, et un chacun disions que t'es un homme « d'honneur. Les Bourbons ne sont pas au bout, et nous « n'aimons pas ces messieurs. Le Marmont a été tué en « duel par un des nôtres, et sa femme l'a divorcé. Je « n'avons rien à t'apprendre, sinon que je prions Dieu et « que je faisons aussi prier ta sœur pour l'Empereur et « Roi. » Sa Majesté lut et relut cette lettre : Elle riait de bien bon cœur en la parcourant. Elle voulut voir le grenadier à qui elle était adressée, et, comme on doit facilement le penser, le grognard s'en retourna doublement satisfait.

A cette habitude de se faire communiquer les nouvelles l'Empereur ajouta celle de faire des questions politiques. Souvent il me fit l'honneur de m'interroger; toujours il me trouva l'homme de la patrie.

Ce changement dans la manière d'être de Sa Majesté, le ralentissement dans les travaux commencés, la suspension dans l'exécution de ceux qui étaient ordonnés ², le départ d'un capitaine de la garde ³, des figures qui parais-

---

1. Pons a répété cette anecdote et cité de nouveau et presque textuellement cette lettre dans ses *Souvenirs et anecdotes*, p. 367.

2. Cependant jusqu'aux derniers jours de son séjour, Napoléon ordonna et fit mettre en train de nouveaux travaux (cf. *Registre de l'île d'Elbe*).

3. Le capitaine Hurault de Sorbée, dont la femme était auprès de Marie-Louise, ce qui fournissait un prétexte naturel à son envoi à Vienne. Cette

saient et disparaissaient, un rapprochement visible avec le roi de Naples, tout se réunissait pour ajouter du poids à mes conjectures sur les projets ultérieurs de Sa Majesté. Bientôt mon opinion fut fixée.

L'Empereur me donna directement un ordre confidentiel [1]. Sa Majesté me demandait un rapport sur les moyens d'organiser une flottille expéditionnaire. Dans cet ordre, dont l'objet était étranger aux devoirs de ma place, et qui n'aurait rien eu de bien important si Sa Majesté n'avait point exigé le secret, je crus voir la certitude de notre départ. J'étais tellement convaincu que, dans un passage du rapport que je dus faire à Sa Majesté, je m'exprimais ainsi : « Si le sort enfin plus juste conduisait Votre Ma-
« jesté à de nouvelles destinées et nous faisait avoir le
« bonheur de l'accompagner sur le continent, nous abor-
« derions sans doute dans un pays ami [2], mais s'il fallait
« combattre en débarquant, il est certain que la force qui
« pourrait empêcher des bâtiments légers d'accoster au

---

mission à Vienne se rattachait-elle à ces bruits d'alliance austro-napoléonienne qui circulaient ? Napoléon voulait-il s'assurer la neutralité de l'empereur François 1ᵉʳ ? S'agissait-il simplement de prévenir Marie-Louise et de lui donner rendez-vous aux Tuileries ?

1. Pour bien apprécier l'importance de tout ce qui suit et estimer à sa juste valeur, qui est considérable, le témoignage de Pons, il importe de se rappeler ce que dit Montholon, dans le *Récit de la captivité de Napoléon à Sainte-Hélène*, II, 105 : « L'Empereur a travaillé à extraire des notes de l'ouvrage de M. de Beauchamps, et m'a dicté sur le retour de l'île d'Elbe, en coordonnant ses souvenirs avec ceux du général Bertrand. Je remarquai qu'il y avait divergence sur plusieurs points, et j'en fis l'observation à l'Empereur, à quoi il me dit : « Il n'y a que Pons de l'Hérault qui sache bien ces choses-là. Ni Bertrand ni Drouot n'étaient dans le secret de mon retour. Je ne me suis confié qu'à Pons, parce que sa coopération m'était indispensable pour préparer les bâtiments de transport dont je ne pouvais me passer.... Drouot a reçu ma confidence la veille de mon départ. Bertrand ne l'a su que peu d'heures avant l'embarquement.... »

2. Pons pensait sans doute soit à Naples, soit à Gênes (se rappeler son mot sur les fidèles Liguriens). Le grand-duc de Toscane était aussi resté l'ami de son « neveu » Napoléon, mais Livourne étant un port tout anglais, Napoléon n'aurait pu y risquer un débarquement.

« rivage pourrait aussi rendre inutile la protection du
« brick¹. » Sa Majesté m'entretint verbalement de l'ensemble du rapport, mais Elle ne dit rien sur l'opinion particulière que j'y manifestais. Je savais que le rapport lui avait fait plaisir. J'observai que l'Empereur ne me parlait jamais de cet ordre ni devant le général Bertrand ni devant le général Drouot.

J'étais attentif à tout. La force armée reçut une nouvelle organisation. La garde impériale, d'abord composée de grenadiers et de chasseurs, ne forma plus qu'un corps de grenadiers. Le capitaine Combes, né pour ainsi dire sous la tente, et qui réunit tout ce qu'il est possible de bravoure et d'honneur; le capitaine Mompey, dont j'ai déjà parlé, et le capitaine Hulan se distinguaient parmi les officiers de la garde, déjà si distingués eux-mêmes.

Les bons Polonais formèrent aussi une compagnie à pied et une compagnie à cheval.

Ceux d'entre eux qui avaient la croix de la Légion d'honneur furent préférés pour la cavalerie. Ces compagnies étaient faibles par le nombre d'hommes qui les composaient, mais ces hommes étaient forts de courage et de dévouement, leurs officiers étaient tous des militaires estimables. Le colonel Germanovski, qui les commandait, connu par sa valeur, se distinguait surtout par la noblesse de son caractère.

Le chef d'escadron Roule n'était pas estimé par les officiers de la garde, et, dans une circonstance où le général Drouot faisait des observations à l'Empereur sur cet officier, Sa Majesté lui répondit brusquement : « On n'en veut à Roule que parce qu'il m'est attaché. »

---

1. Pons a reproduit d'une façon sensiblement identique tout ce passage dans sa *Biographie* : le texte de son rapport est le même, sauf une légère interversion (le déplacement de la phrase sur *les nouvelles destinées*).

L'artillerie de ligne fut réunie à l'artillerie de la garde. Cette petite réunion était tout ce qu'il est possible de beau et de bon. Le capitaine Cornuel et le lieutenant Lanoue, de la garde, étaient dignes d'être et étaient à la tête des braves de cette arme. Le génie était commandé par le capitaine Raoul, de l'artillerie de la garde. En amitié comme en amour, nous nous étudions à ne voir que les bonnes qualités de l'objet qui nous attache. Je suis l'ami de Raoul, et, pour ne pas être suspect en parlant de lui, je laisserai parler, pour le faire connaître, quelqu'un dont l'opinion a plus de poids que tous les volumes que je pourrais écrire : c'est l'Empereur ! Arrivée à Paris, Sa Majesté dit au général Raoul, père de l'ami à qui je consacre avec plaisir ce peu de mots : « Votre fils est un homme d'hon« neur et un excellent officier ; je suis on ne peut plus con« tent de lui : je l'emploie partout, au génie, à l'artillerie, « à la cavalerie, à l'infanterie, et partout il est bien à sa « place. Vous pouvez concevoir de belles espérances. » Raoul aussi avait eu la manie de vouloir se marier. Il avait fait choix d'une Française. L'Empereur lui refusa son consentement jusqu'à ce qu'il eût obtenu le consentement paternel. Sa Majesté savait bien ce qu'Elle faisait, mais mon ami ne savait pas ce qu'il voulait. Aujourd'hui, rendu à la raison, il bénit l'heureuse sagesse du prince dont le refus l'avait d'abord aigri. Raoul avait sous ses ordres un jeune officier du génie, M. Larabit, plein d'instruction et qui était entièrement dévoué à ses devoirs et à l'Empereur [1].

La gendarmerie était absolument mauvaise. Les gendarmes, presque tous envoyés dans l'île par punition, auraient eu besoin, pour parvenir à faire quelque chose

---

1. Je crois inutile de donner ici aucun renseignement biographique sur ces officiers, dont Pons a parlé avec d'abondants détails dans ses *Souvenirs*.

de passable, d'un bon capitaine, et le leur était sans savoir et sans énergie. Quelques sous-officiers, beaucoup plus instruits que le capitaine, empêchaient l'avilissement complet de ce corps.

Lorsque l'Empereur débarqua dans l'île, le 35ᵉ régiment d'infanterie légère s'y trouvait en garnison. Une petite partie de ce régiment demanda à ne point quitter Sa Majesté. Ce noyau servit à former le cadre d'un bataillon de chasseurs, pour le complément duquel on fut recruter en Corse, et qui prit ensuite le nom de *chasseurs Napoléon*. Ce bataillon avait très peu d'instruction et très peu de discipline. L'officier commandant n'était pas aimé, et ce qui est bien plus malheureux, il n'était pas estimé. Le corps avait cependant quelques bons officiers titulaires, parmi lesquels on peut nommer M. Arrighi et M. J. Gaëtan Moro, et il avait à la suite des officiers de mérite, tels que M. le colonel Ambrosi, MM. les chefs de bataillon Paccioni, Poli, Colombani. La majorité des officiers corses ou, pour mieux m'exprimer, la majorité des Corses venus à Porto-Ferrajo (et il en était d'abord venu beaucoup, soit par esprit national, soit par dévouement, soit aussi un peu par intérêt) s'était mis en tête que, parce que l'Empereur Napoléon était né en Corse, ce n'était que parmi les Corses qu'il devait choisir pour tous les grades militaires comme pour tous les emplois civils. Ces messieurs, protégés par Madame mère, avaient réellement formé une faction d'exclusifs qui eut peu d'influence, parce qu'elle était composé des Corses les moins instruits, et que Sa Majesté l'apprécia à sa juste valeur. Le baron Galéazzini, le plus distingué de tous les Corses qui étaient venus se réunir aux fidèles, différent de ses concitoyens, loin de faire valoir les justes raisons qu'il pouvait avoir pour obtenir une place, ne sollicita jamais rien auprès de l'Empereur.

Quelques Elbois avaient eu aussi la faiblesse de vouloir afficher les mêmes prétentions des Corses ; mais l'homme guérit facilement d'un ridicule quand il peut examiner, dans autrui, les effets d'un ridicule semblable [1].

L'île d'Elbe avait une milice, sans cesse en activité de service, et connue sous le nom de *bataillon franc de l'île d'Elbe*. Ce corps, comme tous les corps sédentaires, est loin d'avoir la discipline des troupes de ligne, mais, dans plusieurs occasions où l'apparence du danger a fait battre la générale, il s'est trouvé tout entier à son poste. L'Elbois est brave, ou par nature ou par amour-propre, et je suis certain que, pour la défense de l'île, le bataillon franc serait aussi utile que le bataillon le plus aguerri. Il serait difficile de deviner pourquoi l'Empereur donna à ce corps un commandant dont sans doute on ne peut méconnaître l'instruction, mais qui, ayant abandonné son général et ayant refusé de le rejoindre à l'armée dans un moment de guerre [2], semblait n'avoir aucune espèce de droit à la préférence dont il fut honoré au détriment d'autres Elbois, et particulièrement de M. Ange Vantini, qu'on attendait à chaque instant, et qui avait fourni une longue et honorable

---

1. Les Corses étaient détestés par les compagnons français de l'Empereur. Pons, on le voit ici comme dans ses *Souvenirs*, ne tarit pas d'injures contre eux. Voici ce qu'en dit un tapissier de Napoléon, d'autant plus digne de foi que sa lettre est d'un mécontent (Charvet à M. Saint-Nizier, Porto-Ferrajo, île d'Elbe, le 11 octobre 1814, Aff. étrang., 655) :

« L'Empereur m'a nommé chef de tout son mobilier. Nous venons de recevoir trois grands navires de meubles de Rome, de Naples, et tous les jours il nous en arrive de Gênes. Il meuble et fait bâtir en ce moment trois palais ; c'est lui qui préside à tout.

« Voulez-vous que je vous fasse ma profession de foi ? Je crois que nous aurons le sort de ceux qui sont allés en W...ph....(*sic*). Les fonds sont faits pour nous jusqu'au jour de l'an. Je crois qu'à cette époque la bombe éclatera. Tous les coquins de Corses et d'Italiens se présentent pour servir « *per l'honneure*, » et l'on en profitera. Ils sont bas, rampants. C'est ce qu'il faut à nos chefs. »

2. Pons le nomme quelques lignes plus loin.

carrière sous les drapeaux de Sa Majesté. Qui que ce puisse être qui ait conseillé à Sa Majesté de faire ce choix [1], il ne peut pas avoir eu des intentions pures pour le service de ce prince, à qui l'on a fait commettre une injustice. Outre les officiers elbois que j'ai déjà désignés à l'estime publique, M. Cerbone Fossi [2], major du bataillon, put, dans ce corps, marquer en première ligne parmi les officiers qui s'y distinguaient. M. Manganaro père s'y fait remarquer par son exactitude dans le service et par la noblesse de ses principes. Je dois un tribut d'affection à la mémoire d'un brave qui a longtemps marqué dans les rangs du bataillon franc, le capitaine Castelli, de Rio, mort au champ d'honneur dans la guerre d'Espagne : cet officier était fait pour honorer son nom et son pays. Un décret impérial avait supprimé le bataillon franc. Cependant ce corps, dans son inactivité, était obligé de se réunir chaque semaine, par compagnies, dans les arrondissements respectifs des capitaines.

Dès son arrivée, l'Empereur réorganisa ce bataillon, à l'état-major duquel il réunit les officiers gardes-côtes, et dont il donna le commandement à M. Rottigni, chef de bataillon et ancien aide de camp du général Duroc, que cet officier avait abandonné au moment de la guerre. Cette nomination fit de la peine aux Elbois. L'opinion publique désignait pour ce commandement M. Ange Vantini, qu'on attendait venant des prisons de la Russie, et qui avait la réputation d'un brave.

La marine de l'île d'Elbe n'était pas grand'chose. Une nouvelle organisation ne la rendit pas beaucoup meil-

1. Il y a ici une allusion assez dure au colonel Vincent, « cet homme ennemi des hommes, » dont Pons dit volontiers du mal.
2. Cette mention n'est pas absolument sûre. Pons a nommé ailleurs comme major Édouard Castelli.

leure. Le commandant de la flottille et le chef de l'administration étaient continuellement en guerre : l'un était plein de prétentions, et l'autre pétri de fausseté. Le brick, monté par le commandant, était mal armé en hommes, et manœuvrait difficilement. Cet officier fit plusieurs voyages à Gênes, à Livourne, à Civita-Vecchia, à Naples. Au retour du dernier de ces voyages, mouillé dans la rade de Porto-Ferrajo, il dérapa dans la nuit, et faillit se perdre sur la pointe Pina de l'anse de Bagnajo [1]. L'Empereur remplaça le commandant et ne gagna rien au remplacement. Le commandant, qui fut disgracié, n'est pas un officier sans mérite, mais il ferait presque croire qu'il n'en a point, par l'importance qu'il met à celui qu'il a. Il ne sait pas se faire aimer de ses camarades, et c'est toujours un grand tort : ses camarades lui reprochaient beaucoup de morgue, beaucoup d'égoïsme et surtout un manque absolu de franchise.

Sa Majesté, en lui ôtant le commandement du brick, lui donna celui des quelques marins qui faisaient partie de la garde. Mais les disgrâces aigrissent; celle qu'avait éprouvée le commandant de la marine lui avait monté la tête, et il tenait publiquement des propos imprudents. L'Empereur, instruit, ne voulut pas ajouter à la punition qu'il lui avait déjà infligée, et il se contenta de le faire prévenir par le respectable général Drouot d'être plus prudent à l'avenir. Depuis lors, cet officier est rentré en grâce, il a bien servi Sa Majesté, et il en a été généreusement récompensé. Errant ainsi que moi et pour la même cause, l'officier dont je viens de parler aurait pu s'attendre à des éloges de ma part; mais avant tout j'ai dû être juste, et s'il est juste lui-même, il ne se plaindra pas de mon impartialité.

1. Voir *Souvenirs et anecdotes de l'île d'Elbe*, p. 348-363.

Le commandant en second de la flottille, M. Richon, enseigne de vaisseau, bon officier pour la pratique, remplissait parfaitement sa tâche, et se faisait généralement estimer.

Un autre officier, jeune, mais instruit, plein d'émulation et d'énergie, M. Sarri [1], particulièrement connu de la famille de l'Empereur, avait aussi gagné l'estime et l'affection des fidèles. Il y avait également un aspirant, M. Morando, Génois, qui donnait l'assurance de devenir un très bon officier.

Les journaux d'Italie publièrent que le brick avait porté le général Bertrand à Civita-Vecchia ; que ce général était chargé d'une mission auprès du Saint-Père, et le firent arriver à Rome. De là mille conjectures sur l'objet de cette mission. Les journalistes avaient tort. Ce n'était pas le général Bertrand qui avait quitté l'île, mais bien son frère, le chevalier Bertrand, inspecteur général des eaux et forêts, qui était venu le voir et qui, en rentrant en France, visitait l'ancienne capitale du monde. L'occasion qui me conduit à la cité sainte me rappelle, et je veux le dire, que l'Empereur parlait avec plaisir, et toujours avec respect, des qualités personnelles du souverain pontife Pie VII. Dans une partie de chasse, un officier qui accompagnait Sa Majesté, mêlé à une conversation dont le Saint-Père était l'objet, ayant observé « *que cependant le* « *pape autorisait le mal que les prêtres faisaient à l'Em-* « *pereur,* » Sa Majesté l'interrompit avec vivacité. « Quand même cela serait, je serais fâché de vous l'en-« tendre répéter ; mais cela n'est pas, » lui dit-Elle. Une autre fois, à Rio, dans le jardin de la maison que j'habi-

---

[1]. Cet aspirant Sarri a plus tard fourni à Pons des notes sur la marine elboise et sur le voyage de l'*Inconstant*. La bienveillance de Pons à son égard est donc quelque peu suspecte.

tais, je parlais du Saint-Père, et je disais à la personne avec laquelle je m'entretenais : « Je vous laisse votre opi« nion, mais la mienne est que Pie VII est profondément « respectable. — Vous avez raison, » me dit Sa Majesté, que je n'avais pas vue et dont je ne croyais pas être entendu.

Active, pleine d'honneur et de dévouement, la garde nationale de Porto-Ferrajo, qui est la seule qu'on puisse citer dans l'île, parce que c'est la seule qui ait été réunie dans les circonstances difficiles, a souvent fait le service actif de la place conjointement avec les troupes de ligne, et elle s'est toujours fait remarquer par sa bonne tenue et par sa bonne conduite. Cette garde nationale a rendu des services éminents, et les Elbois doivent des actions de grâces aux bons citoyens qui la composent. Ses officiers méritaient d'être mieux récompensés qu'ils ne l'ont été. Je me prive du plaisir de nommer ceux de ces messieurs qui se sont le plus distingués, parce qu'il faudrait que je les nomme presque tous. Mais je dois à la vérité historique de ce mémoire de dire que cette garde nationale a été organisée par les soins particuliers de MM. Dominique Bigeschi, Sino Bigeschi, Gasparini, Foresi et Francesco Calderini.

Le présent et l'avenir avaient également occupé l'Empereur. Il n'avait pas pu former une école polytechnique telle que cette célèbre école de Paris, pépinière des hommes faits pour honorer la patrie, dont les élèves s'étaient montrés avec tant de grandeur et avec tant de bravoure, et qui ont été licenciés en punition de leur dévouement au héros qui leur avait si souvent donné des preuves d'amour et des leçons de gloire ; mais tout est relatif. Sa Majesté avait créé un corps de cadets pour toutes les armes. Ces jeunes gens, qui appartenaient aux meilleures familles, se faisaient déjà remarquer par leur tournure militaire et par le désir d'apprendre. Sans doute, ce n'était pas là encore ni une force de tête ni une force de bras dont on pût tirer parti, si nous ne considérons que ce que messieurs les cadets pouvaient par eux-mêmes ; mais si nous considérons ce que leur émulation et leur avancement pouvaient avoir d'influence dans les familles, nous conviendrons que cette institution ajoutait à la force morale et à la force physique pour la défense de Porto-Ferrajo, dans laquelle consiste toute la défense de l'île d'Elbe.

La suite militaire de Sa Majesté se composait en tout d'un écuyer [1], de deux fourriers de palais, de cinq officiers d'ordonnance. L'écuyer n'avait pas une éducation soignée, et cela le faisait quelquefois manquer aux convenances [2]. Il n'était lié avec aucun militaire de distinction : c'était cependant un brave homme. Je ne connaissais bien que l'un des deux fourriers, M. Baillon, officier de cavalerie, bon enfant, bon camarade [3], que tous les officiers de la garde aimaient beaucoup et que j'aimais de même. Le premier officier d'ordonnance était un sot accompli, qui cependant avait fasciné les yeux de l'Empereur et qui s'est ensuite déshonoré par un acte de lâcheté [4] ; les quatre autres étaient des jeunes gens estimables, parmi lesquels M. Zénon Vantini se faisait remarquer par son activité et

---

1. Pons ne nomme nulle part cet officier.
2. Ici se place cette note, écrite sur une feuille volante dans le cahier 8 : « Lorsque l'Empereur voulut avoir des chambellans, on présenta à Sa Majesté Lapi, Vantini, Traditi et Alietti ; mais de petites intrigues locales firent que l'Empereur rejeta Alietti, et le remplaça par Gualandi. Alietti, justement humilié de la préférence qu'on avait donnée à un homme qui était loin de pouvoir lui être comparé pour la naissance et pour la réputation, quitta l'île et fut s'établir à Pise. Ce fut la seule émigration occasionnée par le changement de gouvernement. »
3. L'autre se nommait Deschamps.
4. Sur cet officier, nommé Pérez, voir Souvenirs et anecdotes, p. 78 et 213.

par son dévouement, et M. Fortuné Seno, par son obéissance et par son attachement. Le jeune Zénon Vantini, affectionné par l'Empereur, aimé par le général Drouot, ayant déjà toutes les qualités qui font les bons militaires, promettait de relever sa maison, à laquelle les vicissitudes humaines ont fait perdre une grande fortune. Mais il a été arrêté dès ses premiers pas dans le sentier de la gloire !

L'hiver s'écoulait gaiement. Danser ou se masquer était la grande affaire. Les hommes s'accoutumaient à une augmentation dans leurs dépenses, et les dames à une plus grande recherche dans leur toilette. Le luxe, le plaisir, la folie, se tenaient par la main et formaient un trio inséparable : on les trouvait partout. Les braves ne parlaient presque plus de leurs anciennes victoires. Porto-Ferrajo semblait devoir devenir une autre Capoue. Cela servait les projets de l'Empereur. Tandis que tout le monde s'étourdissait, Sa Majesté préparait de grands moyens de défense pour l'île et les moyens nécessaires à une expédition militaire. Elle rejetait dans la place de Porto-Ferrajo toute l'artillerie de bronze et les meilleures munitions de guerre de la place de Longone ; Elle augmentait les approvisionnements de siège ; Elle concentrait ses troupes ; Elle faisait extraordinairement instruire les recrues. Toutes ces opérations, tous ces mouvements échappaient à la foule. L'esprit plein de l'idée que Sa Majesté ne resterait pas dans l'île, j'examinais avec beaucoup d'exactitude ce qui pouvait avoir rapport à mon opinion.

Les nouvelles de France, plus actives que jamais, continuaient à nous instruire du mécontentement des Français. Chaque courrier nous apportait quelque anecdote humiliante pour les princes de la famille royale. Toutes les lettres s'accordaient à dire que « cela ne pouvait pas durer. » On nous félicitait d'être auprès de l'empereur Napoléon. Les vœux pour le retour du *Père la Violette* étaient exprimés comme si l'on n'avait rien eu à craindre en les exprimant.

Le moment du départ approchait. Avant de parler de cet événement si extraordinaire, qu'il me soit permis de faire connaître ma pensée [1]. Napoléon arriva dans l'île d'Elbe avec la résolution d'y rester ou de n'en sortir que du consentement des puissances avec lesquelles il avait traité pour y venir. Ses paroles et ses actions étaient d'accord à cet égard. Mais dès que l'on crut être débarrassé de lui, l'on manqua aux promesses qu'on lui avait faites; l'on insulta à son malheur, à sa famille, à ses amis. Cela commença à l'aigrir. Cependant il ne formait encore aucun projet pour rentrer en France. Je défie qui que ce puisse être, passionné ou non passionné, juste ou injuste, de pouvoir prouver que dans les six ou sept premiers mois de son séjour parmi les Elbois, l'Empereur ait fait la moindre chose qui ait pu faire croire qu'il formait le plan qu'il a ensuite si noblement exécuté. C'est à la fatale nouvelle de la question agitée au congrès de Vienne pour faire aller Sa Majesté à Sainte-Hélène qu'il faut, non pas uniquement [2], mais particulièrement, attribuer l'illustre expédition qui nous avait reconduits dans notre belle et malheureuse patrie. Je ne veux pas assurer que Sa Ma-

---

[1]. Le passage suivant est fort important. Pons, qui écrit peu de temps après les événements, a ici des souvenirs précis, plus précis que ceux des *Souvenirs et anecdotes* : il affirme ici de la façon la plus nette les idées de « stabilité elboise » de Napoléon, et il paraît être dans le vrai.

[2]. Cette réserve est sagace : les obstacles mis à sa réunion avec Marie-Louise, l'indigne conduite de celle-ci, le non-paiement de la pension promise par le traité de Fontainebleau, furent autant de motifs du retour en France. On s'est demandé, il est vrai, si Louis XVIII, qui n'avait ni signé ni reconnu le traité de Fontainebleau, était tenu d'en observer les clauses à l'égard de l'Empereur.

jesté ne serait jamais plus rentrée en France : je crois même que la nouvelle de Vienne n'est pas la cause qu'Elle y soit rentrée aussi tôt. L'idée qu'un prince français pourrait profiter du mécontentement général [1] que le gouvernement de Louis XVIII excitait me semble avoir hâté le moment qu'Elle avait d'abord fixé pour l'exécution de ses desseins. Le fait est que nos préparatifs le départ se firent d'une manière précipitée. Le fait est aussi que, si l'expédition de l'Empereur avait été faite après la dissolution du congrès et la rentrée des troupes alliées dans leurs foyers, il serait resté tranquille possesseur du trône qu'il avait si glorieusement reconquis à la France et sur lequel la volonté du peuple français lui avait solennellement donné de nouveaux droits. Il n'est pas présumable que Sa Majesté n'eût pas calculé toutes les chances. Elle savait bien, pour me servir de sa propre expression, qu'Elle « s'embarquait dans une grande affaire. »

J'ai dit qu'un ordre confidentiel, qui m'avait été donné par l'Empereur, m'avait confirmé dans l'idée que je m'étais faite que Sa Majesté quitterait l'île d'Elbe. Cet ordre, qui, comme je l'ai observé, n'avait d'important que le secret qui devait couvrir son exécution, était relatif à l'achat de trois bâtiments de transport et à la manière de les employer. Je le reçus en même temps qu'il était question de Sainte-Hélène, et immédiatement après l'avoir reçu, Sa Majesté me fit d'abord sonder pour savoir, et Elle me fit ensuite demander, « *si je me chargerais d'une mission importante sur le continent.* » Je répondis « que « je pensais que Sa Majesté ne pouvait me confier qu'une « mission d'honneur, et qu'alors Elle devait aveuglément « compter sur moi. » Mais, ajouta-t-on, si cette mission

---

[1]. Le duc d'Orléans, qui est désigné plus loin.

est dangereuse ? « Qu'importe le danger, répondis-je en-
« core, si je fais quelque chose d'honorable !.... » Cette réponse m'amène à remarquer que, dans aucun cas, Sa Majesté ne m'a parlé qu'avec des sentiments d'une noble délicatesse.

Depuis cette époque, Sa Majesté me fit assez souvent l'honneur de m'admettre à des entretiens particuliers. Jamais il ne fut question de la mission qu'Elle avait voulu me confier. Cela me prouve plus particulièrement encore la justesse de l'opinion que j'ai émise sur l'époque à laquelle Sa Majesté s'est décidée à quitter l'île d'Elbe, et la justesse de l'opinion que j'ai que les événements ont pressé son départ.

Le 6 de février, c'était un dimanche, l'Empereur me dit : « On me reproche de sacrifier le bonheur et la gloire de
« la France pour rester tranquille à l'île d'Elbe. Les maux
« de notre pays me déchirent l'âme, j'en ai perdu le repos.
« Les vœux de l'armée me rappellent. L'immense majo-
« rité de la nation me désire. Ceux qui m'avaient accusé
« se taisent et rougissent. Les Bourbons ont commencé
« par se faire mépriser et finissent par se faire haïr. Que
« pensez-vous de cela, Pons ? — Sire, je pense, dis-je à Sa
« Majesté, que ce serait une grande félicité pour la France
« que le retour de Votre Majesté sur le trône des Fran-
« çais, si cela pouvait se faire sans verser du sang ; mais
« je crois aussi que Votre Majesté ne doit pas facilement
« s'exposer à perdre la gloire immense qu'Elle s'est ac-
« quise en descendant volontairement du trône pour assu-
« rer la paix de la patrie. Le retour de Votre Majesté en
« France pourrait occasionner une guerre civile et peut-
« être une guerre étrangère. — Ni l'une ni l'autre [1], » reprit

---

1. Il est important de noter que Pons avait d'abord écrit ici : « Peut-être aussi ni l'une, » et cette formule dubitative paraît plus vraisemblable que l'affirmation tranchante qu'il prête à Napoléon.

Sa Majesté, et Elle changea de conversation. Quelques moments après, Elle me demanda « quelle était ma ma-
« nière de voir sur l'attachement que les Piémontais et
« les Génois lui témoignaient. » Je lui donnai mon opinion. Sa Majesté ajouta : « Si je paraissais en Italie, il
« n'y aurait pas à craindre de guerre civile, car l'Italie
« est toute du même parti, et ce parti est pour moi [1].
« J'aime les Italiens, mais j'aime encore plus ma patrie. »
Qu'on se fasse une idée de ce que cette conversation dut produire sur un homme dont l'imagination naturellement ardente était déjà échauffée par tout ce qu'il s'était mis en tête. Adieu la quiétude !.... Dès ce jour-là elle a été perdue pour moi.

Le 16 de février, Sa Majesté me chargea d'une commission, et je crus que l'objet de cette commission était le signal de notre départ : je ne me trompais point. Le 20, je reçus les premiers ordres pour les préparatifs [2].

Tout était dans la tranquillité la plus profonde. Une chose qui n'était rien en elle-même, mais qui était beau-

[1]. Sur la popularité de Napoléon en Italie, voir surtout les documents réunis par Livi, *Napoleone all' Isola d'Elba*.

[2]. Dans la *Biographie*, Pons a raconté tout cet épisode avec plus de détails. Dans un premier entretien, dont il ne donne malheureusement pas la date, l'Empereur lui demanda « s'il ne lui serait pas possible d'avoir toujours, sans pourtant fixer en aucune manière l'attention des curieux, quatre bâtiments disponibles. » Pons répondit qu'il lui faudrait une semaine. Napoléon répliqua après réflexion : « Eh bien, une semaine, soit ! » et ajouta « avec une grande expression de bonté et de confiance » : « Ceci est grave, c'est pour vous, et pour vous seul. *C'est au républicain que je confie mon secret.* » (L'authenticité de ce dernier mot est-elle absolument indiscutable ?) Un entretien plus décisif a encore lieu le 18 février, raconté comme il suit dans la *Biographie* : « Avez-vous des bâtiments prêts ? — Oui, sire. — Pour quand ? — Pour le 20. — C'est bien, je compte sur vous. Je vous sais gré du silence que vous avez gardé. Vous n'avez rien dit, même à Drouot, qui est votre confident. — Je suis incapable de trahison. — Allez tout préparer, qu'on ne se doute de rien, et dans deux jours vous recevrez des ordres patents. Un jour vous direz aux républicains que je savais apprécier les républicains qui, comme vous, étaient gens de bien. »

coup en apparence, contribuait à ce calme des esprits. Il y avait un terrain inculte à côté de la caserne impériale de Porto-Ferrajo. L'Empereur donna ce terrain à la garde pour qu'elle en fît un jardin d'agrément. Ce jardin était divisé en plusieurs parties. Chaque partie était la propriété particulière d'une compagnie. Le tout devait former un ensemble régulier. Les officiers et les soldats rivalisaient pour avoir les plus beaux arbres, les plus belles fleurs. Jamais l'ambition n'avait été plus aimable. Jamais l'émulation n'avait été plus riante. L'Empereur s'amusait de ce zèle, de cette activité. Le jardin des Braves était devenu le rendez-vous des curieux. Il est certain qu'il était dirigé avec un goût exquis. L'on aurait dit qu'un nouveau Le Nôtre présidait à son arrangement. Tandis que la garde s'occupait à embellir sa demeure, je faisais préparer les bâtiments sur lesquels nous devions nous embarquer.

Pourtant l'opinion était sourdement travaillée. L'on se disait confidemment que le roi de Naples s'avançait à la tête de son armée. L'on assurait que l'Empereur avait pardonné à Murat et fait un traité avec lui [1]. L'on n'était pas inquiet, mais l'on était intrigué. [Dans cet état d'incertitude sur les rapports de l'île avec le continent, et tandis que l'imagination, se créant mille fantômes, préparait l'esprit à de grands événements, l'on donna tout à coup la nouvelle, qu'on disait avoir été apportée par un grand personnage [2] venu incognito à Porto-Ferrajo, d'où il était reparti immédiatement après une longue conférence qu'il avait eue avec Sa Majesté, « que l'Empereur « était rappelé en France, que les Français étaient exas-« pérés, que si Sa Majesté ne se rendait pas de suite aux

---

[1]. Le bruit courut qu'une division napolitaine était entrée en Toscane et que Napoléon allait la rejoindre.
[2]. L'auditeur Fleury de Chaboulon.

« vœu de la patrie, l'on finirait par mettre le duc d'Or-
« léans sur le trône; que le Roi avait manqué d'être en-
« levé dans son propre appartement. » Cette nouvelle fut
l'éclair précurseur de la foudre. Aussitôt la foudre éclata :
nous partîmes [1] !

Les 20, 21, 22 et 23, l'on travaillait activement et l'on
ne se doutait de rien.

Le 24, la corvette anglaise [2] qui était en station à l'île
d'Elbe, et qui depuis quelque temps avait été à Livourne,
reparut dans la rade de Porto-Ferrajo; heureusement, elle
repartit dans la journée : son apparition avait donné des
inquiétudes à Sa Majesté. Je reçus l'ordre de faire observer la direction que la corvette prenait, de faire rentrer
les bâtiments qui étaient partis de Longone, où je les avais
fait charger d'approvisionnements de bouche et de munitions de guerre, et de me rendre de ma personne auprès
de Sa Majesté. Le même jour, l'Empereur eut quelques
raisons de craindre que son départ ne fût déjà connu en
Toscane; on l'avait assuré que les Autrichiens venaient
de quitter Piombino. Sa Majesté voulut savoir avec certitude si cela était vrai : un nouveau rapport, plus exact,
la tranquillisa.

Ce fut aussi le 24 que les troupes passèrent la revue
d'inspection. Un ordre de l'Empereur ayant été mal compris, l'on distribua dans la nuit les effets de campement,
et dès lors il n'y eut plus de secret pour les hommes qui
voyaient avec les yeux de l'esprit. Cependant des personnes qui se croyaient instruites, trompées par le calme

---

1. On connaît assez bien les conversations de M. de Chaboulon avec
l'Empereur pour voir ce que l'imagination populaire avait ajouté à la réa-
lité des faits et au but véritable de son ambassade.
2. La frégate *la Perdrix*, commandée par le capitaine Aydie. Voir le
rapport de cet officier dans les *Mémoires de sir Neil Campbell*, p. 303-304.

imperturbable de Sa Majesté, s'obstinaient à douter de son départ. La foule n'y croyait pas ; elle s'apercevait bien que tout ce qui se passait était extraordinaire, mais les travaux pour l'achèvement du Jardin des Braves lui semblaient la preuve démontrée que l'Empereur ne devait pas s'éloigner. L'on s'accordait sur ce seul point, *que l'expédition qui se préparait allait joindre l'armée du roi de Naples*, et les faiseurs d'esprit indiquaient l'endroit où la descente aurait lieu.

Tout marchait avec rapidité, mais les moyens de transport manquaient. Un gros bâtiment qu'on attendait de Gênes n'arrivait point, et Sa Majesté était réellement en peine, lorsque, le 25, une polacre française vint relâcher à Longone[1]. L'Empereur donna ordre au commandant de cette place de mettre ce navire en réquisition, et, malgré cela, nous n'eûmes encore que bien strictement ce qui nous était nécessaire. Pourtant, dès que cette polacre fut requise, Sa Majesté fixa le moment de son départ.

Il y avait à Longone deux hommes qu'on regardait comme des espions anglais. En ordonnant qu'ils fussent surveillés, Sa Majesté avait expressément défendu « qu'il
« leur fût fait le moindre mal, alors même que leur con-
« duite obligerait l'autorité à s'assurer de leurs per-
« sonnes. »

Dans la journée du 25 et dans la nuit du 25 au 26, le convoi fut réuni à Porto-Ferrajo. Une petite portion de troupes était restée à Longone.

Enfin, le soleil vint éclairer ce jour à jamais mémorable dans les fastes de l'île d'Elbe, dans l'histoire du monde, le dimanche 26 février. Dès les premiers rayons de l'au-

---

1. La polacre *le Saint-Esprit*, commandée par le capitaine Galibert, d'Agde, relâcha à Porto-Ferrajo et non à Longone, comme le dit ici par erreur Pons (Cf. *Annales du Midi*, t. X, p. 337).

rore, tout le monde était debout. Un sentiment secret attirait la foule au palais impérial. On ne se demandait pas ce qu'on allait y faire. Verrons-nous l'Empereur? c'était la seule chose qu'on se disait. La foule était devenue considérable. Sa Majesté ne se montrait point : Elle igorait ce qui se passait autour d'Elle. Les cris de vive l'Empereur! le lui apprirent. Sa Majesté avait travaillé toute la nuit; Elle était encore extrêmement occupée, mais Elle suspendit de suite ses travaux. Elle parut, et, en paraissant, Elle dit : « Mes enfants, je vous remercie « de l'agréable bonjour que vous me donnez. Je vous « salue de bien bon cœur. » Beaucoup de ces braves gens s'avancèrent pour lui baiser la main ; Sa Majesté la leur tendit avec bonté, et ensuite Elle rentra dans son cabinet. Ce mouvement n'avait point été prémédité : il n'était pas même connu de la plupart des Porto-Ferrajais. Le cœur en avait fait tous les frais. Le jour était déjà grand quand la multitude se retira. Elle ne croyait pas avoir fait ses adieux.

Les mouvements étaient rapides. Les militaires étaient dans une occupation extraordinaire. Les embarcations se croisaient sur la rade et se croisaient encore dans le port. Tout le monde avait un air empressé. On allait, on venait, sans faire attention où l'on était allé et d'où l'on était venu. Jusqu'alors pourtant l'opinion n'était point fixée, et peu d'Elbois de famille avaient demandé à suivre l'expédition.

Il y eut lever à la cour; l'Empereur assista à la messe et donna son audience ordinaire. Nous fûmes peu de personnes à cette audience. On avait pensé que Sa Majesté ne pourrait pas recevoir. Jamais je ne vis à Sa Majesté un air plus imposant. Elle parla très peu, ne dit que des paroles d'affection, et se retira de suite. Cette audience et le silence de Sa Majesté déroutèrent tous les esprits, embarrassèrent tous les calculs. L'on ne savait plus à quoi s'arrêter.

Cependant l'astre qui vivifie la terre avait franchi une grande partie de sa carrière, et déjà il se rapprochait de l'horizon, quand, à deux heures après midi, un cri se fit entendre : « L'Empereur part ! » Ce cri devint général, et toutes les bouches répétèrent : « L'Empereur part ! » Un instant après, ces mots : « Je pars aussi, » venaient partout résonner à l'oreille : qu'on se représente un bouleversement général, et l'on aura l'image de ce que Porto-Ferrajo était en ce moment. Il semblait qu'on n'avait rien vu, qu'on n'avait rien su, et que ce qu'on venait d'apprendre était une nouvelle absolument inattendue. Tout était sens dessus dessous.

L'empereur Napoléon était adoré des Elbois : adoré, c'est le mot. Chaque famille s'empressait de lui offrir un gage précieux de son amour, une foule de jeunes gens bien nés s'associaient à la destinée de Sa Majesté. L'affection paternelle, la tendresse maternelle, prodiguaient leurs caresses, leurs soins, leurs conseils, à ces enfants qui allaient devenir plus particulièrement l'objet de leurs craintes, de leurs vœux, de leurs espérances. Les vieillards, attendris, étonnés de tout ce qu'ils voyaient, les yeux baignés de larmes, élevaient leurs bras tremblants vers le ciel; ils invoquaient la Divinité. Les aveux que naguère l'amour avait dû arracher à la beauté, la beauté les prodiguait alors à l'amour. L'amitié, la sainte amitié, ce grand bienfait des dieux, se livrait à tout ce que ses épanchements ont de douceur et de jouissance. Les nuages qui naissent de la différence des caractères dans la vie privée ou des rivalités dans la vie publique avaient entièrement disparu; chacun s'embrassait, se pressait de bon cœur; celui qui devait rester, celui qui devait partir, s'offraient mutuellement leurs services. C'était une famille qui, obligée de se séparer pour le bonheur de son chef chéri, ne se rappelait plus, en se séparant, que les beaux et heureux jours de sa réunion.

La nouvelle certaine du départ de Sa Majesté avait fixé le sort des personnes qui avaient l'honneur de l'approcher : le mien, seul, était encore indécis. Depuis huit jours je voyais fréquemment Sa Majesté; à chaque instant Elle me donnait des preuves d'une grande confiance; plusieurs fois Elle avait daigné m'assurer qu'Elle estimait la franchise de mon caractère ; mais Elle me parlait toujours comme si Elle devait me laisser dans l'île. Elle m'avait dit et répété : « *Après mon départ, il faudra faire telle chose,* » de manière que je m'étais persuadé que je ne l'accompagnerais point, et que, dans cette persuasion, je n'avais rien préparé pour partir. Je m'étais plaint de ce qu'on me séparait des Braves, et Sa Majesté continuait à me parler comme si cela devait être. J'avais l'orgueil de croire qu'en me laissant dans l'île, Sa Majesté ne m'y laisserait sous les ordres de personne [1]. Les généraux Bertrand et Drouot étaient les seuls qui avaient acquis le droit de me commander, et les seuls à qui j'aurais voulu obéir. J'exprimai fortement ma façon de penser au général Drouot, et je le priai de la faire connaître à Sa Majesté. Le général Drouot en parla à Sa Majesté, et bientôt il me répondit *que je pouvais être tranquille à cet égard.* A cinq heures du soir, l'Empereur me fit appeler. « Pons, « me dit Sa Majesté en me voyant, vous venez avec moi « et vous ne me quitterez plus ; » et se tournant de suite vers le général Drouot, Elle lui dit aussi : « Drouot, avez-

---

[1]. Plus tard, dans sa *Biographie*, Pons est plus affirmatif. Il assure que Napoléon eut un moment l'idée de le laisser dans l'île comme gouverneur.

vous pensé à Pons? je veux qu'il soit à bord du brick. »
Oui, certainement, le bon, l'estimable Drouot avait pensé
à moi. Il m'honorait de son amitié, et chez ce sage l'amitié ne peut pas être stérile. Je répondis à Sa Majesté :
« Sire, je viendrai avec Votre Majesté : c'est à présent
« qu'Elle pourra bien me connaître. Mais je n'ai pas vu
« ma famille depuis trois jours, et je prie Votre Majesté
« de me permettre d'aller lui faire mes adieux. » Ma
femme et mes enfants étaient à Rio ; il fallait au moins
quatre heures pour faire le voyage, et l'on devait partir
à l'entrée de la nuit ; il me manquait donc le temps matériellement nécessaire à cette course. Mais ce ne fut point
là l'observation que Sa Majesté eut la bonté de me faire ;
Elle m'observa seulement « que cette séparation imprévue
« rendrait les adieux pénibles, et qu'il serait beaucoup
mieux d'éviter une secousse à laquelle ma famille n'était
point préparée. » — « Allez à bord, ajouta-t-elle, occupez-
« vous activement de tout ce qui peut hâter le moment du
« départ, et cela distraira votre chagrin : vous viendrez
« ensuite me rendre compte. »

J'écoutai le conseil de l'Empereur et j'obéis à ses
ordres. Heureux époux et heureux père, les pères et
les époux qui jouissent du même bonheur peuvent seuls
juger de la grandeur du sacrifice que je faisais à Napoléon.
O Napoléon ! ô mon malheureux prince ! puisse le souvenir de tant d'amour, de tant de dévouement, adoucir
l'amertume dont t'abreuve l'injustice des hommes ! Des
hommes ?.... Non, des êtres que ton bras puissant avait
élevés ou maintenus au faîte de la grandeur !

Je m'éloignais de ma femme et de mes enfants ; je
n'avais mis aucun ordre à mes affaires ; j'ignorais ce que
j'allais devenir. Mais j'avais un ami !.... Plein d'honneur,
de générosité, de courage, de désintéressement, Xavier

Gardiol m'avait attaché à lui par les liens de la plus étroite amitié : en le laissant à la tête de ma famille, de mes affaires, je laissais un autre moi-même. Le ciel m'inspira dans ce choix : je dois à mon ami la conservation de ma petite fortune. Je l'affligerais en parlant de ma gratitude, et j'aime encore mieux m'imposer un silence pénible. Je laissais aussi à ma famille un homme estimable, Louis Bobillon, mon ancien employé, que j'avais pris l'habitude de considérer comme un de mes parents, et qui m'aimait de tout son cœur, mais qui, d'un caractère très faible, était, dans les moments difficiles, plus propre à être protégé qu'à être protecteur. Je lui laissais également la famille Passaglia, le bon prêtre Alexandre, l'avocat Bigeschi, l'abbé Anglioletti, et, ce qui était non moins précieux, je la laissais elle-même au milieu des bons Elbois. Quelle que fût ma destinée, j'étais sûr de la tranquillité de ma femme et de mes enfants.

Bons Elbois, que ma reconnaissance soit publique comme les bontés que vous avez eues pour les miens et pour moi! Bons Elbois, je vous porte dans mon cœur! Ah! si les sentiments que je vous ai voués pouvaient contribuer à votre bonheur, si mes vœux étaient exaucés, vous n'auriez plus à vous plaindre de ce que le sort a de rigoureux pour vous! Et vous particulièrement, Riais, braves Riais, au milieu desquels j'ai passé tant de jours de jouissance, et qui, dans mes malheurs, m'avez donné de nouvelles preuves de votre affection, que la félicité que je désire pour mes enfants soit aussi celle que le ciel vous réserve!

Il y avait, au moment de notre départ, six ans que j'habitais l'île d'Elbe. On trouve partout des jaloux et des envieux : peut-être en avais-je rencontré quelques-uns parmi les Elbois ; mais je n'y avais trouvé qu'un seul homme vraiment vil et méchant : le chambellan dont j'ai parlé. Le ciel a puni ce misérable, aussi ingrat envers Napoléon qu'il l'est envers tous ceux qui lui font du bien ; il a perdu la moitié des yeux, les trois quarts de sa fortune et la totalité de l'estime publique, et le plus vil de ses concitoyens ne voudrait pas s'avouer son ami. C'est ainsi que les mauvais sujets arrivent au terme de leur carrière. Exemple terrible pour les hommes qui s'éloignent du sentier de l'honneur !

J'ai dit combien la princesse Pauline était aimée, et je voudrais dire combien elle méritait de l'être ; mais si j'exprime toute ma pensée, on me prêtera le langage de l'adulation, et cette idée, je l'avoue, cette idée paralyse tout l'essor de mon faible génie. Que le cœur se taise donc : il le faut. Contentons-nous d'écrire ce que les fidèles ont éprouvé. Nous suivions l'Empereur : les arrêts du sort ne pouvaient point nous inquiéter ; cependant nous éprouvions une pénible agitation d'esprit. Nous nous éloignions de cette princesse qui, pendant plus de dix mois, avait été notre ange tutélaire, et à laquelle chacun de nous avait l'obligation de quelque bienfait. Nous laissions la princesse Pauline, presque seule, sur ce même rocher où elle avait embelli notre existence. Cette séparation avait quelque chose d'aussi remarquable que le départ de Sa Majesté. Tous les fidèles parlaient de la princesse avec l'expression de la plus vive tendresse ; et cette affection de l'âme n'ôtait rien au respect que Son Altesse inspirait. Nous avions conçu le dessein d'aller tous ensemble lui faire agréer nos adieux et lui offrir l'hommage de notre amour, de notre reconnaissance ; mais nos différentes occupations empêchèrent l'exécution de ce projet, et chacun de nous fut en particulier prendre congé d'elle. Quel changement !.... Ce n'était plus cette princesse si gaie, si aimable, et dont chaque parole était une expression de grâce et de plaisir! Ce n'était plus cette princesse dont la figure vive, les regards animés, le sourire enchanteur, donnaient la vie et l'âme à tous ceux qui l'approchaient! Pâle, les yeux baignés de larmes, les lèvres décolorées, la princesse Pauline avait pour ainsi dire cessé d'être elle-même. Quelques paroles d'affection arrachées par la tendresse souffrante et entrecoupées par des sanglots peignaient tous les sentiments qui la déchiraient! « Adieu, « mes amis! mes vœux vous accompagnent! Aimez tou- « jours mon frère! ayez soin de lui! Donnez-moi de vos « nouvelles! » C'était tout ce qu'elle pouvait dire, mais quelle éloquence aurait mieux exprimé la douleur?.... La princesse Pauline daigna embrasser tous les *fidèles* régulièrement admis à son cercle, et qu'elle savait être les plus dévoués à l'Empereur. Si tous les princes et les princesses de la famille de Napoléon avaient eu le désintéressement et le dévouement de la princesse Pauline, Napoléon serait peut-être encore sur le trône.

Madame mère, d'un âge avancé, presque entièrement consacrée à la religion, vivant d'une manière très retirée, ne recevait que des visites officielles, et on lui fit aussi des adieux officiels. Cette princesse a vraiment une âme forte : les vicissitudes qui la frappent, loin d'abattre son courage, ajoutent à l'énergie de son caractère.

L'Empereur donna une audience d'adieu. Toutes les autorités prirent congé de Sa Majesté. Sa Majesté adressa à toutes en général, à chacune en particulier, des paroles de satisfaction, de confiance, d'encouragement. L'esprit pénétré de l'idée que cette audience serait peut-être la dernière qu'on aurait eu le bonheur d'avoir de Sa Majesté, tout ce que disait Sa Majesté allait à l'âme. On l'écoutait avec une attention religieuse, on recueillait jusqu'à la moindre de ses expressions. Sa Majesté, dont l'abord est toujours imposant, avait à cette audience quelque chose qui était encore au-dessus de la majesté innée dans les grands rois, et que la foule des souverains ordinaires cherche vainement à imiter.

Sa Majesté annonça qu'Elle avait créé une junte de gouvernement; qu'Elle avait nommé son chambellan Lapi [1] général de brigade et gouverneur de l'île d'Elbe, et qu'Elle avait confié au général Bertholosi le commandement supérieur de Porto-Ferrajo; Sa Majesté créa également un gouvernement provisoire pour la Corse [2]. Toutes les actions de l'Empereur portent l'empreinte d'une réflexion profonde. Sa Majesté laissait l'île livrée à ses propres forces, et quoique pour quelque temps encore il ne parût guère possible que cette île pût être exposée à un danger réel, il aurait été impolitique de ne pas en confier le gouvernement à un insulaire. Le choix de Sa Majesté était le plus convenable qu'Elle pût faire. Je ne veux pas dire qu'il n'y eût des Elbois d'un talent égal et même supérieur à celui de M. Lapi : je suis loin d'avoir cette pensée ; mais M. Lapi était celui de tous les Elbois qui avait le plus d'influence et dont la conduite était la plus sagement mesurée. M. Lapi n'est pas un homme d'un génie infiniment distingué, mais c'est un homme de mérite, et il a cette souplesse d'esprit, ce savoir-faire qui,

---

1. Lapi était directeur des domaines. Général improvisé, il se conduisit avec honneur, et refusa avec fermeté à Campbell de livrer la place aux Anglais.

2. Napoléon rédigea, le 28 février, quatre décrets relatifs à la Corse (notamment la destitution de celui qu'il appelait *l'infâme Bruslart*, des nominations d'officiers généraux), et deux proclamations à l'armée et au peuple de Corse : « Arborez le pavillon tricolore, c'est celui de la nation, c'est celui de la victoire, » qui furent emportés et répandus en Corse, trois jours après le départ de l'Empereur, par ses émissaires. La Corse était depuis un an dans un état révolutionnaire.

dans les affaires publiques surtout, réussit presque toujours mieux que le savoir. Sans doute, M. Lapi n'est pas militaire, mais il a tout ce qu'il faut d'amour-propre et d'ambition pour aimer à se faire remarquer d'une manière honorable. Maire, sous-préfet, commandant de la garde nationale, il avait toujours montré un caractère ferme, et c'était principalement ce qu'il fallait dans la circonstance où il allait se trouver. Je le répète, le choix de Sa Majesté était le plus convenable qu'Elle pût faire.

M. Bigeschi fils, officier plein d'émulation, déjà capitaine des grenadiers de la garde nationale, avait remplacé M. Lapi dans le commandement de ce corps civique, dont il serait impossible de dire trop de bien et qui, toujours fidèle, toujours zélé, avait pris possession des forts et des postes militaires de la place de Porto-Ferrajo.

L'Empereur avait bien fait connaître toutes les mesures qu'il avait cru devoir prendre pour assurer la tranquillité de l'île d'Elbe; mais il avait caché les nouvelles preuves d'amour qu'il avait données aux Elbois. Par une délibération particulière, mais positive, qu'Elle avait confiée à M. Lapi, pour la publier et l'exécuter dès que M. Lapi jugerait cela nécessaire, Sa Majesté établissait « que dans « le cas où les circonstances l'empêcheraient de disposer « des propriétés particulières qu'Elle avait dans l'île, « Elle en faisait une donation pleine et entière à ceux des « Elbois qui lui avaient témoigné le plus d'attachement. » Je reviendrai sur cette donation, à laquelle les ministres toscans n'ont voulu avoir aucune espèce d'égard [1].

Immédiatement après son audience d'adieu aux autorités et aux personnes notables de l'île, Sa Majesté reçut les dames les plus distinguées, qui voulaient prendre

---

1. Pons n'en parle plus dans la suite de son Mémoire.

congé d'Elle. Les expressions douces, affectueuses, que Sa Majesté prodiguait à cette aimable assemblée, ajoutaient à la disposition qu'on y avait à l'attendrissement. Les pleurs de tendresse sont le plus beau langage de ce sexe sensible, qui généralement ne s'associe à notre destinée que pour en augmenter le charme ou en adoucir la rigueur. Les dames ne répondaient point à l'Empereur; elles versaient des larmes. Au milieu des grandes idées qui l'occupaient, Sa Majesté se montra pénétrée de ces sentiments d'amour, et Elle ne chercha point à cacher son émotion.

L'Empereur se retira. Personne ne fut au dernier moment de la séparation avec la princesse Letizia et avec la bonne princesse Pauline. En quittant sa mère et sa sœur, Sa Majesté sortit du palais pour se rendre à bord du brick.

Mais pourrai-je l'exprimer, ce que ce départ eut de remarquable? Dirai-je dignement à la postérité la séparation de Napoléon avec les Elbois? Témoin oculaire, toujours ému au souvenir de ce que je vis alors, je vais essayer d'en ébaucher le tableau. Le dimanche, la curiosité qu'excitaient les préparatifs de l'expédition avait attiré beaucoup d'insulaires à Porto-Ferrajo. Alors qu'on sut que l'Empereur quittait l'île, personne ne songea plus à retourner dans ses foyers. Tout fut sacrifié au plaisir de voir encore une fois Sa Majesté.

A deux heures de l'après-midi, l'on avait appris que l'Empereur partait. Dès ce moment, les maisons avaient été abandonnées, et les rues par où Sa Majesté devait aller au port [étaient] tellement pleines de monde qu'il était difficile d'y trouver un libre passage. Les dames, amoncelées aux croisées, dans l'espoir de saluer Sa Majesté et d'en être saluées, supportaient avec une patience extrême et même une espèce d'ostentation tout ce que l'encombrement pouvait avoir de gênant et de fatigant pour elles. Elles n'étaient point affligées. Elles ne songeaient qu'à la nouvelle gloire dont l'Empereur allait jouir. Leur pensée ne se reportait point sur le passé : l'avenir qui semblait sourire à Sa Majesté était la seule chose qui les occupait. D'une imagination plus vive et plus facile à subjuguer, les femmes, quand il faut faire un grand sacrifice, montrent en général plus de courage et de dévouement que les hommes.

Les Elbois avaient une physionomie toute particulière, mille et mille idées les maîtrisaient tour à tour ; chaque idée donnait une expression différente à leur figure, et cette expression ne durait qu'autant que l'idée rapide qui l'avait fait naître n'avait point cédé à une autre idée qui passait plus rapidement encore. Le sentiment de leur amour était indépendant de toute considération d'intérêt. Ils aimaient l'Empereur pour le seul plaisir de l'aimer : ils l'aimaient pour lui-même ; le bonheur de Sa Majesté était leur premier désir, leur premier besoin. Mais après avoir cédé à leur affection pour Napoléon, ils cédaient aussi au raisonnement naturel à tous les hommes. Ils perdaient immensément en perdant l'Empereur. Ils sentaient la grandeur de leur perte, et tout ce qui avait rapport à cette pensée jetait sur eux un voile de tristesse. Ils étaient certains de tout ce que le triomphe de Napoléon pourrait avoir d'influence sur la félicité de l'île, et cette réflexion, adoucissant l'amertume des regrets que le départ de Sa Majesté faisait éprouver, rendait à leurs traits la mobilité qui leur est ordinaire, et à leur langage cette vivacité d'expression qui est toujours remarquable et qui devient étonnante quand elle est excitée par une impression forte. Les Elbois étaient dans cette fluctuation d'esprit, étrangère à leur dévouement, quand l'Empereur vint enfin frapper leurs regards. A son aspect, il n'y eut plus qu'un seul intérêt, qu'une seule opinion, qu'un seul raisonnement, ou plutôt il n'y eut qu'un seul souhait, qu'une seule ambition, qu'un seul vœu : le bonheur et la gloire de Napoléon ! Toute autre faculté semblait interdite à ce bon peuple au milieu duquel Sa Majesté avait passé dix mois qui ont été peut-être les plus heureux de sa vie ! C'est du moins l'époque de son existence politique où il a joui d'une plus grande tranquillité. Cela devait être. L'Empereur n'avait jamais été entouré par de meilleurs amis. Point de sénat avili, point de corps législatif corrompu, point de ministres faux, point de conseil d'État faible, point de maréchaux traîtres, point de généraux infidèles, point de préfets esclaves, point de courtisans adulateurs : nous ne connaissions pas tout cela à l'île d'Elbe. Ces fléaux des peuples et des rois n'étendaient point leurs ravages dans notre empire en miniature. Là nous aimions notre souverain parce qu'il méritait notre amour ; nous le servions, parce que c'était notre devoir de le servir ; nous ne le trompions point, parce qu'on ne doit tromper personne ; nous nous gardions bien de le pousser à la guerre, de l'assurer que les conscriptions anticipées n'éprouvaient aucune difficulté, de lui dire que les exécuteurs des droits réunis n'excitaient point l'indignation publique. Simples comme de bonnes gens, nous parlions comme nous pensions, et nous ne prenions point de détours pour arriver plus sûrement à notre but. Aller droit, c'était tout notre secret.

Il était sept heures du soir quand Napoléon quitta le palais impérial de l'île d'Elbe. L'Empereur monta dans une calèche découverte, prit le général Bertrand à côté de lui, et vint descendre sur le même pont où, dix mois auparavant, il avait débarqué. Les autorités s'y étaient réunies pour l'attendre : la généralité des habitants l'y accompagna. La foule, qui se pressait autour de la voiture de Sa Majesté, avait souvent ralenti et plusieurs fois arrêté sa marche. Ce n'était pas auprès de Sa Majesté que le cri de Vive l'Empereur! faisait retentir les airs, ce cri était celui des personnes qui, trop éloignées, ne pouvaient pas lui adresser des paroles plus filiales. Mais auprès d'Elle, chacun croyait avoir acquis le droit de lui faire directement ses adieux. Riches, pauvres, hommes, femmes, vieillards, enfants, lui parlaient à la fois. C'était une famille brûlante d'amour qui s'épanchait dans le sein d'un père plein de tendresse. Point de phrases polies, point de mots recherchés : le cœur n'aime pas ce faste de l'esprit : « Sire, c'est un tel qui vous dit adieu : je donnerais ma vie pour Votre Majesté. » — « Sire, je vous salue : je n'ai pas pu venir moi-même, je vous ai donné mon fils. » — « Sire, que Votre Majesté fasse un bon voyage ; c'est à moi que Votre Majesté a dit telle chose. » — « Sire, soyez heureux ; comptez sur les Elbois. » — « Sire, nos vœux vous accompagnent : donnez-nous bientôt de vos nouvelles. » L'Empereur répondait avec la même affection, et à ce langage de la nature, et aux vivats animés que les voix argentines des dames répétaient quand Sa Majesté passait sous les fenêtres où elles l'avaient si longtemps attendue. Combien il était facile d'observer ce qu'un génie aimable faisait imaginer à ce beau sexe pour que l'expression de leurs regrets et de leur sensibilité n'échappât pas aux regards du héros ! Les mouchoirs, agités avec adresse et avec vivacité, étaient les innocents moyens qu'elles employaient avec plus d'avantage. L'Empereur se prêtait a.   ccès de cette petite coquetterie du cœur, et son coup d'œil rapide embrassait et récompensait à la fois tout ce que les soins attentifs de la beauté avaient de tendre et de charmant. Il faudrait que le sort reconduisît Napoléon à l'île d'Elbe pour que Porto-Ferrajo pût offrir un coup d'œil aussi intéressant que celui qu'il offrait dans cet instant. Quand l'Empereur fut descendu de voiture, il se tourna vers le peuple, et un chut ! prolongé, faisant pressentir que Sa Majesté allait parler, imposa un silence de curiosité et de respect. En effet, Sa Majesté dit d'une voix forte quoique émue : « Elbois ! je rends hommage à « votre conduite. Tandis qu'il était à l'ordre du jour de « m'abreuver d'amertume, vous m'avez entouré de votre « amour et de votre dévouement. Je vous en témoigne « ma gratitude. Elbois, je ne sais point être ingrat : « comptez sur ma reconnaissance. Je vous confie ma mère « et ma sœur. Votre souvenir me sera toujours cher. Adieu, « Elbois : je vous aime et vous êtes les braves de la Tos- « cane. » L'Empereur n'avait pas encore terminé ce discours qu'il entendit les sanglots du peuple auquel il s'adressait.

Quel moment !.... Eh ! qui aurait pu répondre à Sa Majesté autrement que par les larmes ! Qui aurait eu le courage, ou plutôt la bassesse, d'afficher l'insensibilité dans cet abandon entier, dans cet épanchement général des cœurs ! Plaignons celui qui, d'une aridité absolue d'émotions tendres et honorables, n'aurait pas éprouvé le besoin de pleurer ! Non, ce ne sont pas les braves qui alors auraient craint ou rougi de verser des pleurs dont la cause était si belle ! Les braves ne craignent et ne rougissent que pour ce qui peut déshonorer. Les lâches seuls se glorifient d'une sécheresse de sentiments délicats et généreux. Toutes les autorités avaient préparé quelques mots pour haranguer l'Empereur. Aucune d'elles ne prit la parole. Des larmes, des larmes, des larmes, furent la seule, l'unique réponse au discours de Sa Majesté.

Sa Majesté, déjà attendrie, parut frappée de l'expression sensible de cette nouvelle preuve d'amour, et parlant au général Bertrand : « Cela me fait mal au cœur : « embarquons-nous, » dit-Elle aussitôt. Elle se jeta dans le canot qui l'attendait et Elle se rendit à bord du brick, où Elle fut suivie par une grande quantité d'embarcations. On mit de suite à la voile. Il était neuf heures du soir. Cependant à peine le canot de Sa Majesté eut-il abandonné le rivage, que les cris de « Vive l'Empereur!» reprirent avec plus de force, avec plus d'énergie, et ces cris avaient alors quelque chose de déchirant. Les Elbois exprimaient si bien leur peine, leur chagrin, leur douleur! Nous étions à une grande distance de la côte, et nous les entendions encore. Bientôt leur voix n'arriva à notre oreille que comme un bourdonnement confus, qui diminua peu à peu, et qui finit par se perdre dans le lointain.

L'expédition était composée du brick *l'Inconstant*, commandé par le capitaine de frégate Chautard; de l'aviso *l'Étoile*, commandé par l'enseigne de vaisseau Richon ; de la mouche *la Carabine*, commandée par le capitaine Gualanti, et de quatre bâtiments de transport.

La garde impériale, tout compris, n'allait pas à six cents hommes, le bataillon de chasseurs Napoléon n'avait pas plus de trois cents soldats, il y avait à peu près cent personnes à la suite. Le colonel Germanovski, qui commandait la place de Longone, n'avait pas pu conduire les Polonais aussi vite que Sa Majesté l'aurait désiré. Ce retard inquiétait vivement l'Empereur. Le convoi avait appareillé quand la plus grande partie de ces braves joignit. Germanovski la conduisait. Nous dûmes laisser le restant dans l'île.

Débarrassée du soin et de l'embarras des derniers moments du départ, rendue à Elle-même, Sa Majesté voulut voir les fidèles qui étaient auprès d'Elle. C'est par cette occupation qu'Elle couronna cette journée célèbre. Exténuée de fatigue, Elle fut ensuite se livrer au repos.

Il y avait à bord de l'*Inconstant* trois et quatre fois plus de monde qu'il n'en aurait fallu pour y être passablement bien. Nous étions vraiment les uns sur les autres. Une petite place de repos était une chose précieuse. Si le beau temps ne nous eût favorisés, nous aurions extrêmement souffert. Pourtant nul ne songeait à se plaindre de son malaise.

Mais où allions-nous ? L'Empereur n'avait pas dit un seul mot qui pût donner la certitude que nous rentrions directement en France : il y avait même une présomption contraire. A la nouvelle *confidentielle* de la marche de Murat avait bientôt succédé une autre nouvelle également *confidentielle*, et qui nous instruisait que là où nous aborderions nous trouverions une armée amie qui nous recevrait à bras ouverts. Cette armée ne pouvait être que celle du roi de Naples ; et les Napolitains étaient encore en Italie. De là une foule de raisonnements opposés. Ceux-ci nous faisaient débarquer à Viareggio ; ceux-là à la Spezzia, les autres à Vado. Les grenadiers de la garde étaient les seuls qui eussent une opinion décidée : « Nous allons à Paris, disaient-ils, n'importe quel chemin que nous prenions. » C'est dans le développement plus ou moins sensé de cette masse d'idées erronées que la première nuit de la traversée s'écoula. La lune était claire ; le vent était faible, mais favorable ; la mer était calme. Tout présageait un heureux voyage.

Je me rappelle que, lorsque je lus le *Moniteur* qui rendait compte de cette traversée, je le trouvai inexact ; ainsi je ne serai pas d'accord avec lui ; mais je dis ce que j'ai vu et ce que j'ai entendu, sans me mettre en peine si d'autres ont dû voir et dû entendre d'une autre manière. Le 27, au lever de l'aurore, nous étions à vingt milles environ de l'île d'Elbe. Quand les premiers rayons du soleil dorèrent la cime des monts, nous nous plûmes à considérer notre rocher hospitalier; l'histoire des amours vint ensuite; celle des ennuis eut aussi son tour.

L'Empereur monta sur le tillac, et nous ne nous occupâmes plus que de Sa Majesté. Sa Majesté fut accueillie comme si Elle venait d'arriver parmi nous.

Les grenadiers étaient entassés dans la cale et au milieu des canons. Cette manière d'être était pénible : Sa Majesté mit plus d'ordre dans leur arrangement; Elle distribua les postes, Elle organisa le service de mer, et dès lors les Braves respirèrent plus commodément. Ce fut là, au milieu de la foule de ses *grognards*, que pour la première fois Sa Majesté parla clairement et précisément du but de son expédition. Un soldat, à qui Elle demandait « s'il était content de rentrer en France, » lui répondit : « Sire, il n'y a qu'une France dans le monde, » et un sergent ajouta de suite : « Et qu'un Empereur pour les Français. » Ce joli à-propos n'échappa point, et la garde y ajouta son cri chéri : « Vive l'Empereur ! Vive Napoléon ! »

Au même instant les hommes en vigie annoncèrent qu'une frégate, qu'on découvrait sur la côte orientale de Livourne, cinglait amures à bâbord, le vent au nord-nord-est, et semblait faire force de voiles. Il était dix heures du matin. Nous tardâmes peu à reconnaître que c'était la corvette stationnaire à l'île d'Elbe et sur laquelle le colonel Campbell était ordinairement embarqué [1]. Aus-

---

[1]. La *Perdrix*, qui revenait de Livourne, et qui arriva à Porto-Ferrajo dans la matinée du 28.

sitôt la figure de l'Empereur s'anima. Sa Majesté ordonna qu'on mit toutes voiles dehors. Le vent que le brick avait était plus à l'est que celui que la corvette trouvait près de terre. Les vigies examinaient attentivement la manœuvre des Anglais : bientôt elles crurent qu'ils faisaient route sur nous. « Qu'on se prépare au « combat ! » dit l'Empereur. — A l'abordage ! crièrent « unanimement tous les fidèles. — A l'abordage ! soit, » répéta froidement Sa Majesté. Sa Majesté commandait directement. Sa contenance était calme, mais fière ; et deux rayons de feu semblaient sortir de ses yeux. L'*Inconstant* avait trois embarcations à la remorque, sa chaloupe et les deux canots ordinaires de l'Empereur : cela ralentissait extrêmement la marche. La chaloupe fut laissée aux soins d'un bâtiment du convoi ; le canot le moins léger fut coulé bas et abandonné. Cependant la corvette cessa de nous donner des inquiétudes ; elle continua de pousser à l'est.

Dans le moment de la plus grande activité pour les préparatifs de combat, le chevalier Malet, commandant de la garde, m'engagea à prier Sa Majesté de descendre dans la chambre si nous nous battions. Je fis cette commission par complaisance : il me semblait que Sa Majesté trouverait ma prière déplacée, et je ne me trompais pas tout à fait : « Sire, dis-je à l'Empereur, les fidèles désirent que « Votre Majesté ne soit pas sur le tillac dans le cas où « nous devrions aller à l'abordage. » Sa Majesté me répondit vivement : « Quoi ! que je me cache tandis qu'on « se battra ? Je crois, Messieurs, que vous plaisantez. » Sa Majesté prononça ces derniers mots avec un sérieux qui n'était pas du tout plaisant, et je terminai là ma harangue.

En nous éloignant de la corvette anglaise nous nous

étions rapprochés de la croisière française, et, dans l'après-midi, nous fûmes en vue des deux frégates qui étaient en station en Corse [1]. Un nouveau péril semblait nous menacer. Pourtant Sa Majesté n'était point inquiète. « Ce sont de bons Français ; ils aiment la gloire de leur « patrie, répéta-t-Elle plusieurs fois. S'ils viennent à nous, « nous arborerons le pavillon tricolore, et ils imiteront « notre exemple. » L'apparition des frégates avait fait impression sur les esprits : le langage rassurant de Sa Majesté dissipa tout. Durant les quelques heures que le voisinage de cette croisière aurait pu être dangereux, l'Empereur ne témoigna pas la plus petite crainte. La sérénité était répandue sur sa figure et toutes les paroles de Sa Majesté étaient des paroles de confiance. Nous échappâmes à ce nouveau risque et nous continuâmes notre route.

J'ai dit que le brick *l'Inconstant* était mal armé en hommes. Ajoutons que, durant notre traversée, il n'y eut aucune harmonie entre les officiers de la marine. L'ancien commandant, celui qui avait été disgracié, était passager à bord, et, profitant de la faiblesse de caractère [2] de son successeur, il se permettait fréquemment des observations souvent injustes et toujours nuisibles. Quand l'un voyait blanc, l'autre voyait noir. Cela amenait des discussions indécentes qui faisaient gémir Sa Majesté, quoiqu'Elle parût ne pas s'en apercevoir. Le lieutenant du brick, M. Sarri, était le seul qui remplît bien sa tâche ; il est certain que, par le fait, c'est cet officier qui a eu le commandement de *l'Inconstant* depuis l'île d'Elbe jusqu'au golfe Jouan.

---

[1]. D'autres témoins n'ont vu qu'une frégate, la *Fleur de lis*.

[2]. Faiblesse de caractère très grande et qui touchait à la pusillanimité : Chautard, en rencontrant la *Perdrix* et les frégates françaises, conseilla de retourner à l'île d'Elbe.

Au coucher du soleil, nous découvrîmes un brick qui venait droit à nous : l'on crut d'abord qu'il était anglais. Les préparatifs de combat furent renouvelés, M. Sarri monta au haut des mâts, reconnut ce bâtiment, et assura Sa Majesté que c'était le brick français *le Zéphyr*, commandé par le capitaine Andrieux : M. Sarri ne s'était point trompé. Les deux bricks, allant en sens contraire, furent bientôt à portée de la voix. L'on héla le capitaine Andrieux, on lui parla comme à un ami : cet officier répondit avec la même affection. Le commandant lui offrit ses services à Gênes, M. Andrieux le pria d'agréer les siens à Livourne, et il s'informa de la santé du *papa* [1]. « Donnez-lui la certitude que je me porte très bien, » dit Sa Majesté en riant. Tout le monde fit l'éloge des talents et du patriotisme du commandant du *Zéphyr*. Sa Majesté me demanda si je connaissais M. Andrieux et ce que j'en pensais. Je répondis à Sa Majesté « que je le con-
« naissais beaucoup ; que c'était un homme d'honneur,
« bon Français, plein de savoir et de modestie. » Quelqu'un proposa à l'Empereur de faire arborer le pavillon tricolore à M. Andrieux, et de le conduire en France avec nous : Sa Majesté ne fut pas de cet avis. A l'approche du *Zéphyr*, Sa Majesté avait ordonné que les soldats ôtassent leurs bonnets et se couchassent sur le pont, afin qu'on ne se doutât de rien ; mais toute son autorité, quoique profondément respectée, n'empêcha pas les braves de chercher à voir les premiers Français qu'ils entendaient parler. Sa Majesté fit semblant de gronder. Les deux bricks se séparèrent.

L'estimable capitaine Andrieux était bien loin de pen-

---

1. Cette question en style familier est devenue sous la plume de l'histoire officielle : « Comment se porte le grand homme ? »

ser que l'*Inconstant* portait *César et sa fortune!* Cependant, parce que cet officier n'avait pas deviné ce qui se passait ; qu'il n'avait pas arrêté un bâtiment avec lequel il était en paix, et qui, dans tous les cas, pouvait faire verser du sang en opposant la force à la force, Louis XVIII l'a destitué du grade dont il jouissait, et qu'il avait acquis par de longues années d'un service honorable. Voilà la justice de la Restauration !

Les secousses de cette journée avaient été fortes ; mais le Français ne songe au péril que quand le péril le presse : celui que nous avions couru était loin de nous : le souvenir en était déjà effacé. D'ailleurs, malgré toutes nos agitations, nous avions éprouvé de grandes jouissances : l'Empereur avait traité les fidèles et mangé au milieu d'eux ! Qu'on se représente Sa Majesté assise, seule, à une très petite table, entourée de quarante à cinquante individus debout, l'assiette à la main, le pain sous le bras, et bien plus satisfaits de leur situation du moment que de la bonne chère qu'on leur offrait ; qu'on se représente aussi Sa Majesté attentive à ce qu'on songeât plus particulièrement aux personnes qui, ayant moins l'habitude de l'approcher, avaient aussi moins de liberté pour se faire servir ; qu'on se représente également un grand vase plein de vin où chacun venait puiser à son tour, portait à son tour la santé de l'Empereur, et l'on aura une idée des repas de famille que Sa Majesté donna à bord de l'*Inconstant*, et dont Elle fit les honneurs avec une bonté paternelle.

Dans la soirée du 27, vers les neuf heures, l'Empereur vint s'asseoir sur le couronnement du brick : nous l'entourâmes. Sa Majesté nous entretint très longuement des qualités physiques et morales dont la réunion dans la même personne pouvait seule constituer le grand capitaine. Nous fîmes vraiment un cours de science militaire. Sa Majesté parlait avec une facilité étonnante et un choix d'expressions plus étonnant encore. J'avais souvent entendu l'Empereur, mais j'avoue que j'étais loin de lui croire cette éloquence : j'en étais tout stupéfait. Les officiers de la garde se permettaient des observations, Sa Majesté leur répondait avec exactitude. Un capitaine lui dit : « Sire, Votre Majesté a mal connu les hommes : l'Europe « entière savait que Votre Majesté était trahie, et Votre « Majesté semblait ne se douter de rien. Si Votre Majesté « a vraiment connu les premiers traîtres, Elle aurait dû « les punir, et alors Marmont n'aurait peut-être pas si « lâchement livré Paris. Mais Votre Majesté n'a songé qu'à « enrichir les maréchaux, et ces messieurs, une fois riches, « n'ont pensé qu'à conserver leur fortune : la patrie et le « prince n'étaient plus rien pour eux. » Loin que cette boutade de franchise offensât Sa Majesté, Sa Majesté convint que le capitaine avait raison. L'Empereur ajouta : « Je n'ai « jamais pu prendre sur moi de punir rigoureusement les « hommes qui me trompaient après m'avoir rendu des « services. Le souvenir de ce qu'ils avaient fait de bien « eux dmait toujours ma colère. J'ai poussé loin ma fai- « blesse à cet égard. Un jour qu'un ministre me pressait « vivement de sévir contre un grand personnage dont « j'avais à me plaindre, l'impératrice Marie-Louise, té- « moin de mon refus, me disait : « Je ne puis pas com- « prendre pourquoi on vous fait passer pour méchant ; « depuis que je vous connais, je vous vois toujours prêt à « pardonner. Si les Français veulent être justes, ajouta « encore Sa Majesté, tous ceux qui m'ont approché et qui « m'ont étudié tiendront le langage de Marie-Louise. » En peignant le caractère et les talents des maréchaux, l'Empereur dit : « Ney n'aime personne ; mais la nature l'a fait

« pour être brave. Masséna est celui de tous les généraux
« français qui, sur le champ de bataille et quand le feu a
« commencé, a le jugement le plus sain, le coup d'œil le
« plus rapide. » Sa Majesté devina ce que ferait Augereau : on lui parlait de la proclamation *infâme* de ce maréchal : « Non pas *infâme*, interrompit l'Empereur ; elle
« était bête, et maintenant il en fera une autre qui ne
« vaudra guère mieux. D'ailleurs, et quoi qu'il fasse, je
« n'oublierai jamais son affaire de Castiglione. » Il était
minuit quand Sa Majesté se retira. Nous avions passé
trois heures dans une espèce d'enchantement. Puisque je
viens de parler du maréchal Augereau [1] et de cette proclamation qui lui fait si peu d'honneur, je dois relever les
erreurs de M. le comte de Waldbourg sur l'entrevue de
l'Empereur avec le duc de Castiglione. L'Empereur rencontra le maréchal Augereau entre Saint-Vallier et Valence. Sa Majesté et le maréchal descendirent de voiture
pour se parler. L'Empereur ôta son chapeau, le maréchal
porta la main à la casquette et resta couvert. Napoléon ne
parla point de la proclamation du maréchal, car, quoi
qu'en dise M. de Waldbourg, Sa Majesté ne la connaissait
point. Ce n'est qu'après cette entrevue que le colonel Germanovski, le trésorier Peyrusse et, je crois, le fourrier du
palais Baillon la communiquèrent à Sa Majesté. L'Empereur la lut rapidement, et, après l'avoir lue, il dit :
« C'est un homme bien vil que le maréchal Augereau ! »
L'Empereur ne parla à Augereau que de sa conduite militaire durant la dernière campagne. Il lui reprocha la manière dont il avait manœuvré dans telle et telle circonstance. Augereau se défendait ; personne n'a entendu qu'il

---

1. Cette anecdote est racontée aussi avec quelques modifications dans les *Souvenirs de l'île d'Elbe*.

tutoyât l'Empereur. Sa Majesté prit congé du maréchal avec beaucoup de politesse, et le maréchal, pour la seconde fois, se contenta de porter la main à la casquette. La dignité de l'Empereur faisait un contraste remarquable avec l'indécente indifférence du duc de Castiglione ; chacun d'eux se montrait dans le caractère qui lui était propre. Il est vrai que le maréchal salua très gracieusement les commissaires des puissances alliées, et cela devait être ; deux ans auparavant, il les aurait peut-être regardés d'un air insultant. Augereau n'eut pas pour l'Empereur tous les égards qu'il aurait dû avoir ; mais il serait ridicule de penser qu'en quittant Sa Majesté il lui fit un geste méprisant. Qui veut trop prouver ne prouve rien. Ce jour-là, un des commissaires dit à Sa Majesté : « Sire, il « y a déjà trois mois que nous étions sûrs du maréchal « Augereau. »

La nuit du 27 au 28 s'écoula fort tranquillement. Le vent était toujours favorable. Nous perdîmes de vue les bâtiments du convoi. Presque à la pointe du jour on reconnut un vaisseau de ligne qui venait des côtes de la Ligurie et semblait se diriger sur la Sardaigne. Ce vaisseau ne fit aucune manœuvre qui pût nous donner de nouveaux soucis. Le 28, au lever du soleil, nous distinguions bien les montagnes de la Rivière de Gênes ; deux heures après on découvrit le cap de Noli et le cap de Mello.

C'est dans le courant de cette matinée que l'Empereur dicta à son secrétaire particulier, M. Rathery, ses deux belles proclamations au peuple français et à l'armée. L'écoutille vitrée de la chambre du brick était entièrement ouverte. Il était facile de voir et d'entendre Sa Majesté. Nous l'examinions, et nous devinions sans peine quand Elle allait dicter quelque phrase vigoureuse. Sa figure exprimait tout ce qui se passait dans son âme : on y lisait tour à tour la dignité des sentiments, la profondeur des pensées, la noblesse des expressions. Les fidèles étaient impatients de savoir comment l'Empereur parlerait à la nation et à ses braves [1].

Quand les proclamations furent finies, Sa Majesté m'appela auprès d'Elle, et Elle daigna me les communiquer ; Elle daigna aussi m'engager à les lire attentivement, et à lui dire ensuite ce que j'en pensais. Il m'est impossible de rendre, même faiblement, quelle impression fit sur moi cette marque honorable de la confiance et de la bonté de mon auguste souverain. Ni l'amour-propre ni l'orgueil n'entraient pour rien dans le plaisir que j'éprouvais, et ce plaisir avait un caractère particulier : il ne m'excitait point à la gaieté. Il me semble que j'avais quelque chose du recueillement des âmes dévotes. Je lus, et j'apportai dans ma lecture tout ce dont je pouvais être capable de sagesse et de raisonnement. J'osai faire des observations à Sa Majesté, et Sa Majesté voulut bien les consacrer en adoptant quelques changement qu'elles indiquaient [2]. Alors même que l'Empereur pourrait redevenir aussi puissant que ce qu'il était lorsqu'à la tête de la Grande Armée il marchait sur Moscou, il lui serait im-

---

1. Ce témoignage de Pons est bien précis et bien affirmatif. Il se trouve en contradiction formelle avec ce que semble prouver l'existence des proclamations imprimées chez Broglia, imprimeur du gouvernement à l'île d'Elbe. Voir sur ce point, qui mérite d'être étudié à nouveau, la discussion de M. H. Houssaye, *1815*, p. 189 et 203. Au moment où Pons écrivait ces lignes, en exil, privé de ses livres et de ses papiers, il ne connaissait pas encore le *Mémorial*. Et, dans un mémoire apologétique, il aurait été bien maladroit de s'attribuer le rôle de reviseur et de conseiller des proclamations impériales. Napoléon vivait encore : en se l'attribuant à faux, il s'exposait à un démenti formel, au cas où la vanité, — la vantardise méridionale, si l'on veut, — aurait été chez lui plus forte que la prudence. Son témoignage est donc à tous égards digne d'être retenu, et il est important.

2. Il est regrettable d'ignorer quelles furent ces observations et quelles modifications Pons proposa au texte de l'Empereur.

possible de récompenser mon dévouement d'une manière plus chère à mon cœur. C'est là le plus beau moment de ma vie [1].

L'Empereur donna l'ordre que les proclamations fussent publiées sur le tillac. Elles excitèrent l'enthousiasme. Sa Majesté désira qu'on les copiât en assez grand nombre pour pouvoir en distribuer dans les premiers endroits par où nous passerions. Avant la nuit, il y en avait cent copies de faites.

Sa Majesté était occupée au travail de cabinet, lorsqu'on reconnut les montagnes qui dominent le cap de la Garoupe, première terre de France. Il était naturel que nous saluassions cette terre chérie. Nous lui payâmes notre premier tribut d'amour. L'Empereur monta avec empressement, et en montant, il répétait : « Voyons notre belle France ! voyons notre chère patrie ! » Dès qu'on lui eut indiqué où était la Garoupe, Sa Majesté leva son chapeau et, avec un accent qui allait droit à l'âme, Elle dit fortement : « Vive la patrie ! vive la France ! » Il fallait beaucoup moins que cela pour embraser des têtes aussi échauffées que les nôtres. Sa Majesté avait donné l'élan : nous ne suspendîmes nos cris que quand la voix fatiguée n'eut plus de force pour crier encore : « Vive la France ! vive la patrie ! vive Napoléon ! »

Cette journée et la soirée qui la suivit marchèrent gaiement. Il semblait que nous étions aux noces (sic). Rire, chanter, boire, manger, voilà tout le souci que la foule avait ; Sa Majesté seule était sérieusement occupée ; Elle passa une partie de la nuit à écrire.

Le 1ᵉʳ mars allait marquer une époque célèbre pour la

---

[1]. Il y a là un dernier cri de sincérité qui ne permet pas de croire à une supercherie de Pons.

France. Déjà la côte de Provence se déployait à nos regards. Le ciel était pur ; la mer était calme ; un vent favorable enflait doucement nos voiles ; notre navire sillonnait légèrement la surface unie des eaux : toute la nature était riante ! Quelques heures encore, et nous abordions la terre sacrée ! O France ! ô ma patrie ! c'est à toi que j'en appelle ! Dis quels étaient nos sentiments, nos vœux, nos espérances ! Enfants tendres et soumis, nous accourions aux cris douloureux d'une mère éplorée qui invoquait notre secours. Non, nous ne marchions point contre cette mère commune ; non, nous ne cherchions point à déchirer son sein, nous depuis vingt-cinq ans accoutumés à verser notre sang pour elle ! Parmi nous il n'y avait point de ces Français abâtardis qui, après avoir abandonné leur prince, caché leur honte chez l'étranger ou combattu dans les rangs ennemis, ne sont rentrés dans leurs foyers que pour y verser le fiel, pour y souffler la discorde, pour y exciter la vengeance, pour y étaler l'orgueil, pour y exercer le despotisme ! Parmi nous il n'y avait pas, comme parmi ces Français dégénérés, l'intention d'opprimer le peuple : nous n'avions pas, comme eux, une volontée opposée à la volonté nationale. Sous nos drapeaux on ne voyait que des enfants de la patrie ! L'indépendance, la gloire, l'honneur, la félicité de la patrie, étaient le seul, l'unique but de notre noble entreprise ! Nous ne l'avions pas bassement désertée, cette chère patrie ! Ce n'est pas nous qui, en lui refusant quelques méprisables secours, avions aggravé ses malheurs et provoqué son désespoir. Alors qu'un arrêt du sort nous éloigna momentanément d'elle, elle nous arrosait de ses larmes, elle nous appelait encore ses enfants de prédilection ! Le monarque que nous suivions, et qui nous donnait l'exemple de toutes les vertus civiques, n'avait point été rejeté par la nation, n'avait point été imposé aux Français ; il était toujours l'homme de leur choix ; il portait et nous portions aussi la cocarde tricolore. Vous qui avez le bonheur de l'habiter encore, cette terre chérie, cette belle France ; vous pour qui la patrie n'est pas un vain mot ; qui n'êtes point insensibles à la gloire nationale, à l'honneur du nom français, hommes justes! c'est pour vous que j'écris ceci. Que votre estime nous accompagne dans notre exil, et elle sera toujours témoin de mes vœux pour votre bonheur!

L'Empereur examinait le rivage avec beaucoup d'attention ; il semblait maîtrisé par un sentiment religieux. Il reconnaissait tous les endroits où, vingt-deux années auparavant, il avait, en sa qualité de général d'artil'rie, fait placer des batteries, élever des redoutes [1]. Au milieu de la narration que Sa Majesté nous faisait à cet égard, nous eûmes une scène d'attendrissement : Sa Majesté venait de nous dire : « Je dois tout à la Révolution; » tout à coup Elle paraît avoir une idée pénible; aussitôt ses traits s'altérèrent, et sa physionomie exprima la douleur : ce mouvement fut rapide. Elle resta quelques minutes absorbée dans ses réflexions [2]; nous souffrions pour Elle. Sa Majesté sortit de cette espèce d'anéantissement, et Elle nous dit avec amertume : « Ce que mes ennemis m'ont « fait de plus cruel, c'est d'avoir cherché à persuader que « je ne confondais point mes intérêts avec les intérêts de « la France, et que je ne portais point les Français dans « mon cœur. Il faut que ces malheureux aient une âme

---

1. Comment Napoléon, approchant du golfe Jouan, pouvait-il *reconnaître* la topographie des environs de Toulon ? L'expression trahit sans doute ici la pensée de Pons. Il est probable qu'en s'amusant à *reconnaître* la côte, l'Empereur la décrivait de mémoire plutôt que *de visu*.

2. Pons a noté ailleurs d'autres moments où l'Empereur s'absorba non moins profondément.

« bien corrompue pour avoir pu imaginer une calomnie
« pareille. Si je n'étais qu'un simple général, je devrais
« encore beaucoup de gratitude à la France; et elle m'a
« fait monter sur le premier trône du monde! » Sa Majesté nous quitta sans nous donner le temps de lui répondre. Une heure après, Elle reparut sur le tillac, et nous fûmes charmés de lui trouver l'air plus tranquille. Depuis le moment qu'on lui avait montré le cap de la Garoupe, l'Empereur ne montait plus de sa chambre sans répéter : « Voyons notre belle France! » Sa Majesté donna tout l'argent qu'Elle avait sur elle au matelot qui, le premier, avait découvert la terre de France.

A cette scène d'attendrissement en succéda bientôt une autre tout à la fois attendrissante et majestueuse. L'Empereur ordonna qu'on arborât la cocarde tricolore et dit au commandant du brick de distribuer pour cet objet toute l'étoffe étamine qu'il avait à bord. Sa Majesté voulut parler : pour la première fois Elle ne fut point écoutée. Les transports de l'esprit tenaient un peu de la folie; tous les vivats possibles étaient poussés à l'excès; le battement des mains n'était pas moins extraordinaire, et le trépignement des pieds avait quelque chose de si étonnant, qu'il faisait presque craindre que le brick ne s'enfonçât dans la mer. Sa Majesté dit : « Cela vaut mieux
« que le plus beau discours que j'aurais pu faire. Quel
« bonheur, si la France entière pouvait être témoin de cet
« enthousiasme patriotique! » Aucun soldat n'eut besoin qu'on lui donnât une nouvelle cocarde; tous, sans aucune exception, tous avaient conservé la vieille. Sa Majesté avait à peine ouvert la bouche que la cocarde tricolore était à sa place. Le chevalier Malet, au nom de la garde, vint prier Sa Majesté de vouloir bien en accepter une qu'il lui présenta. L'Empereur quitta celle qu'il

portait, et la remplaça par celle que l'on venait lui offrir.

Les fidèles auraient désiré qu'il leur fût permis d'ajouter à la cocarde tricolore les trois abeilles qu'il y avait à la cocarde de l'île d'Elbe. Une députation ou plutôt une réunion d'officiers en fit la demande à Sa Majesté. Sa Majesté répondit « que la volonté du peuple français ayant
« solennellement consacré la cocarde nationale aux trois
« couleurs, il n'était pas en son pouvoir d'y faire aucun
« changement. Messieurs, ajouta-t-Elle, sachons ne vou-
« loir que ce que la nation veut. »

L'on fêtait le rétablissement de la cocarde nationale. La garde avait épuisé ses approvisionnements particuliers ; mais l'Empereur vint à son secours. Sa Majesté ordonna à son maître d'hôtel, Toutain, d'étaler toutes les provisions de voyage, et Sa Majesté en fit Elle-même la distribution à ses braves. Sa Majesté n'avait pas déjeuné, nous n'avions pas déjeuné non plus ; pourtant Elle ne songeait ni à Elle ni à nous. Le preux Cambronne lui en fit l'observation. L'Empereur se mit à rire, et se tournant vers les grenadiers, il leur dit : « Messieurs les *gro-
« gnards*, le soleil luit également pour tout le monde ! Il
« faut que chacun mange et que chacun boive. » Il y eut un nouveau partage, et cette fois nous fûmes au nombre des élus. C'était une chose vraiment curieuse que de voir ces vieux soldats s'approcher en gambadant tant qu'ils croyaient n'être pas vus de l'Empereur, prendre de suite un grand sérieux quand Sa Majesté les appelait, recevoir vite leur contingent, s'en retourner plus vite encore, et recommencer à sauter dès qu'ils s'imaginaient avoir de nouveau échappé à l'œil perçant du héros qui les traitait avec tant de bienveillance. Le soin paternel de Napoléon ne diminuait en rien la grandeur du souverain : elle l'augmentait peut-être.

Le bordeaux, le bourgogne, le champagne, le tokay même, avaient disparu. On chantait. Un commissaire des guerres, M. Vautier, avait fait des couplets patriotiques. Sa Majesté daigna me demander « si ma Muse était muette. » J'improvisai sur-le-champ deux des trois strophes suivantes : la seconde appartenait à un hymne que j'avais publié depuis longtemps :

Chant des Fidèles.

1er couplet.

Toi qui du feu sacré sus conserver la flamme,
    Relève-toi, brave Français !
Le grand Napoléon a repris l'oriflamme
    Et les couleurs de tes succès.
    Entends la voix de la patrie :
    Elle rappelle son héros !
    Soumis à cette voix chérie,
    Viens te ranger sous nos drapeaux.

Refrain.

Déjà l'Aigle chère à la France,
Devant nous sillonnant les airs,
Revole aux lieux où sa présence
En imposait à l'univers.

2e couplet.

Il est temps de finir cette longue querelle
    Entre le vice et la vertu.
Que la vertu toujours nous trouve dignes d'elle,
    Et le vice sera vaincu.
    Si par nous le monstre succombe,
    Défenseurs de l'humanité,
    Nous aurons acquis sur la tombe
    Nos droits à l'immortalité.
    Déjà l'Aigle, etc.

3e couplet.

Fidèles à l'honneur, fidèles à la gloire,
　　Fidèles à notre pays,
Nous voulons ramener la paix et la victoire
　　Sous l'étendard vainqueur des Lis.
　　En vain l'on nous impose un maître,
　　Et l'on veut flétrir nos lauriers,
　　Notre sol n'a pas cessé d'être
　　Le sol classique des guerriers.
　　Déjà l'Aigle, etc.

Cependant nous approchions du rivage. L'Empereur ordonna que le plus ancien capitaine de la garde, M. Lamouret, nous précédât à la tête de trente hommes d'élite. Les embarcations portèrent de suite à terre ce petit corps détaché : le brick était encore à cinq milles au large. Le capitaine Lamouret devait s'assurer des batteries de la côte sur le point de la côte où nous devions débarquer, et rester là. Mais le vent ayant calmé, il nous fut impossible de suivre cet officier de près, et, impatienté de notre retard, il se mit en tête d'aller faire arborer la cocarde nationale à la garnison d'Antibes. Le capitaine Lamouret avait de bonnes intentions, mais il manqua de raisonnement, et il fut puni de son imprudence [1]. Sans ordres, sans instructions [2], à la tête d'un détachement armé, dans un moment aussi délicat, il ne pouvait entrer inopinément dans une

---

[1]. Le capitaine Lamouret, avec ses vingt-deux hommes, fut pris dans Antibes comme dans une souricière, ainsi que le capitaine Bertrand, envoyé isolément après lui pour porter des proclamations et tenter de soulever la garnison. Le colonel Cunéo d'Ornano empêcha la garnison de se soulever et désarma la petite troupe de Lamouret. Antibes gagna à sa fidélité à la monarchie le titre de *bonne ville*. Voir Cunéo d'Ornano, *Napoléon au golfe Jouan*, et Houssaye, *1815*, I, 208 et suiv., qui le cite.

[2]. On remarquera que Pons donne ici raison à Napoléon et au récit officiel du *Moniteur* contre Peyrusse, qui affirme que Lamouret avait reçu des instructions de Napoléon.

place de guerre sans que l'autorité prît des mesures contre lui. Le commandant d'Antibes, qui avait été disgracié par l'Empereur et remis en place par Stanislas-Xavier, ordonna qu'on levât les ponts-levis, qu'on fermât les portes, et que la troupe prît les armes ; les soldats de la garde furent faits prisonniers. La garnison les entoura d'amitié et presque de respect [1]. Quelques heures plus tard, et à la voix de Napoléon, tout ce qu'il y avait de militaire dans la place d'Antibes avait grossi les rangs des fidèles : cela est sûr [2]. Plusieurs soldats de cette garnison sautèrent du haut des remparts pour venir nous joindre.

Au moment d'arriver au mouillage, Sa Majesté fit plusieurs promotions militaires, et distribua beaucoup de croix de la Légion d'honneur [3]. Les Braves qui avaient quatre ans de service dans la garde étaient légionnaires de droit. Il était permis alors d'attacher du prix à cette distinction, parce qu'on était sûr qu'elle allait redevenir honorable.

A deux heures après midi [4], nous jetâmes l'ancre dans le golfe Jouan. Le convoi s'était heureusement réuni. Le débarquement commença de suite : à cinq heures il était achevé. On débarqua aux magasins de la commune de Valauro [5]. Le vent, qui avait été favorable pendant toute la traversée, changea tout à fait de direction dès que nous

---

[1]. Ceci est confirmé par les rapports de Cunéo d'Ornano à Soult et aux généraux Corsin et Abbé, et par le récit de Corsin rapporté par Campbell (*Napoleon at Elba*, p. 390).

[2]. Il y a ici de l'exagération. Pendant la nuit plusieurs grenadiers et Casablanca tentèrent de s'évader, mais les fuyards furent blessés, repris et envoyés aux casemates du fort Lamalgue. (*Ibid.*)

[3]. Ce *beaucoup* cache peut-être une intention ironique : parmi les nouveaux légionnaires figurent en effet Chautard et Taillade.

[4]. Le capitaine de la polacre *le Saint-Esprit*, M. Galibert, dit « à une heure. »

[5]. Près de la tour de la Gabelle, aujourd'hui détruite.

fûmes arrivés à notre première destination. Cela favorisait extrêmement l'Empereur, qui voulait faire repartir sur-le-champ les bâtiments qui nous avaient transportés. En effet, le convoi vint à la voile dans la soirée [1]. Le brick était à peine mouillé qu'on hissa le pavillon tricolore et qu'on le salua de vingt et un coups de canon [2]. Immédiatement après, Sa Majesté appela le général Cambronne. « Cambronne, lui dit-Elle, commandez l'avant-
« garde : elle sera composée de quarante hommes d'élite
« que vous choisirez vous-même. Organisez-la ; partez de
« suite, et allez prendre position sur la grande route en
« avant de Cannes, du côté de Fréjus. Vous ne permettrez
« à personne de passer au delà de votre ligne : vous laisserez libre tout ce qui viendra en deçà. Cambronne,
« nous sommes en France ; nous ne devons trouver que
« des amis. Je veux remonter sur le trône sans qu'il soit
« versé une goutte de sang. Dites-le à vos soldats : allez,
« je compte sur votre sagesse [3]. »

Dans cinq minutes, le brave général Cambronne était à même d'exécuter les ordres de Sa Majesté : il se rendit au poste qui lui était assigné. Le général Cambronne est d'un caractère extrêmement violent [4], et il y aurait eu à craindre que quelque contrariété n'excitât son emportement naturel ; mais telle est la force de son dévouement à l'Empereur, qu'il était devenu d'une douceur extraordinaire ; et ce n'est pas l'un des traits les moins remarquables de l'influence de Sa Majesté [5].

1. Témoignage conforme du capitaine Galibert.
2. Peyrusse, *Mémorial*, p. 279. Laborde, *Napoléon à l'Ile d'Elbe*, 76.
3. C'est à peu près le discours que l'on trouve cité dans l'interrogatoire de Cambronne (procès de Cambronne, p. 28). La violence de Cambronne ne rendait pas la dernière recommandation inutile.
4. Pons en avait eu la preuve lors de l'incident du vaisseau napolitain si mal accueilli par Cambronne.
5. Ceci est exagéré.

Je n'aime point le jeu de mots ni les rapprochements étudiés ; mais je pense qu'on ne me saura pas mauvais gré d'une observation dont je n'ai jamais entendu parler, et qui m'a frappé. L'Empereur avait quitté la France, monté sur l'*Indompté*, et il revenait porté sur l'*Inconstant*.

A quatre heures, Napoléon fut entièrement restitué à son pays. Sa Majesté descendit à terre au bruit de toute l'artillerie de la flottille. En mettant le pied sur le rivage, l'Empereur leva son chapeau, et dit avec majesté : « Puisse mon retour assurer la paix, le bonheur et la « gloire de ma patrie ! » J'ai été dans le plus grand étonnement de ce que ces paroles remarquables n'avaient pas été répétées par les journaux [1]. Au lieu du débarquement, il y avait un groupe assez nombreux de personnes que la curiosité avait réunies, et qui ne se doutaient pas encore que l'empereur Napoléon était là. Sa Majesté fut la première à témoigner des égards : « Salut aux bons « Français ! » dit-Elle. On établit un bivouac entre les magasins qui sont au bord de la mer, appelés cabanes de Valauris, et la grande route qui conduit d'Antibes à Cannes [2]. Sa Majesté recommanda vivement qu'on fît le moins de dégât possible, qu'on estimât et qu'on payât avec beaucoup d'exactitude celui qu'on ne pourrait point éviter.

Notre débarquement fut marqué par une défection, si l'on peut appeler ainsi la désertion d'un lâche qui abandonna nos drapeaux. Le premier officier d'ordonnance de Sa Majesté, Napolitain de Longone, se cacha honteuse-

---

1. Les historiens, eux non plus, ne répètent pas ces paroles.
2. Ce témoignage de Pons est plus précis que la tradition d'après laquelle Napoléon aurait installé son bivouac dans une olivette et se serait endormi sous un gros olivier.

ment à bord d'un bâtiment de transport, et retourna à l'île d'Elbe [1]. Ce misérable, indigne de porter l'épée, de la bêtise la plus amère, de l'ignorance la plus honteuse, et dont l'Empereur ne se servit sans doute que comme d'un imbécile, propre à courir sans savoir pourquoi il courait, a été employé par le gouvernement toscan, tandis que des officiers elbois, d'un mérite distingué, n'ont pas pu obtenir des services! Cependant, il est vrai de dire que le grand-duc de Toscane est un prince extrêmement juste [2], mais ce prince a des ministres, et ces ministres sont des hommes du jour.

Il y avait six ans que j'avais quitté la France [3]. Je la revoyais, cette patrie bien aimée! cette patrie que je portais dans mon cœur! cette patrie pour laquelle j'aurais mille et mille fois sacrifié la vie [4]! Je la revoyais, cette belle France! Mais j'étais dans un camp!.... Mais l'appareil militaire m'entourait! Je l'avoue, ce premier moment fut terrible pour moi. Amour sacré de la patrie, combien tu es puissant! C'est toi qui, embrasant mon âme, rendis à ma raison toute sa force, à mon caractère toute son énergie. Je craignais de n'être que l'homme d'un homme;

---

1. C'est l'officier d'ordonnance Perez, dont Pons parle toujours avec mépris ; il s'était conduit avec une rare lâcheté lors du départ de la princesse Walewska. Voir les *Souvenirs* de Pons, p. 78, 213.
2. Le grand-duc Ferdinand III ayant manifesté toujours de l'attachement et de l'estime pour « son neveu » Napoléon, le langage de Pons s'explique
3. Pour la direction des mines de l'île d'Elbe, place que lui avait fait obtenir son protecteur et ami Lacépède.
4. Ce patriotisme exalté a toujours été un des traits essentiels du caractère de Pons. En 1841, il écrivait au docteur Daniel, de Cette : « J'aime mon pays au delà de toute expression, je l'aime plus pour lui que pour moi, et c'est plus pour lui que pour moi que je désire de le revoir. Cependant je n'ai pris aucune décision à cet égard : je ne me déciderai qu'au dernier moment.... » Il était alors à Florence, retenu par les affaires d'intérêt signalées dans l'Introduction, d'après les documents communiqués par M. Masson, de Cette.

tu m'éclairas, et je sentis alors que j'étais l'homme de mon pays. J'avais besoin de cette conviction. Je descendis dans ma conscience : je scrutinai (sic) mes sentiments. Je me demandai si le génie de Napoléon ne m'avait pas séduit : si l'ambition ne m'avait pas entraîné. Amour sacré de la patrie, je te le jure, ma conscience était pure, mes sentiments honorables : je ne brûlais que de ton feu divin !

Ce combat intérieur avait altéré ma figure : l'Empereur dut s'en apercevoir : « Qu'avez-vous, Pons ? me dit Sa « Majesté d'un air d'intérêt : vous semblez bien agité. » Je me gardai bien de taire la vérité à mon auguste souverain. « Oui, Sire, lui répondis-je je suis extrêmement « ému. Après une longue absence, je rentre en France à « la suite d'une armée. Il m'est impossible de maîtriser « le sentiment pénible que cette idée me fait éprouver : « cependant je suis tout dévoué à Votre Majesté. — Où « voyez-vous donc une armée ? me répliqua l'Empereur « avec un ton de dignité. Il n'y a ici que des Français « fidèles à l'honneur, à la patrie, et au prince élu par la « nation. Je vous l'ai déjà assuré, et vous devez me croire : « nous irons à Paris sans tirer un coup de fusil. Le même « amour de la patrie qui me fit descendre du trône pour « ne point faire la guerre civile est le garant que je ne la « ferai point pour y remonter. » Ces paroles de Sa Majesté me firent un bien infini : elles me rendirent tout à fait la quiétude. Je ne songeais plus qu'à servir Napoléon ou plutôt la patrie.

Sa Majesté n'avait aucun rapport du général Cambronne. Ce général avait dû voir la municipalité de Cannes, et faire quelques dispositions pour les transports. L'Empereur m'ordonna de me rendre à Cannes, d'examiner ce qui s'y passait et de lui conduire les magistrats municipaux. J'arrivai à Cannes ; j'y trouvai la population en mouvement [1]. Cambronne ne s'y était point arrêté, il avait seulement traversé la ville pour aller droit au poste où il devait placer son avant-garde. Personne ne savait que l'empereur Napoléon était au golfe Jouan. Les habitants étaient tous étonnés, et de l'apparition des cocardes tricolores, et des coups de canon qu'ils avaient entendus dans leur voisinage [2]. C'est dans cet état d'étonnement que je les trouvai. Je me rendis à la maison commune.

Le général Cambronne y vint presque aussitôt, et j'en fus bien aise. Nous annonçâmes le retour de l'Empereur. Le peuple parut content. Mais les personnes influentes du pays prétendaient que si l'empereur Napoléon était en effet débarqué, il serait venu droit dans leur cité, et ces doutes se fortifiaient de l'arrestation du détachement envoyé à Antibes : de manière que les premiers élans furent comprimés. Voilà la vérité. Cette situation des esprits changea ensuite.

M. le maire, vieillard d'un aspect respectable, nous observa que Sa Majesté se trouvant sur le territoire de Valauris, ce n'était point la municipalité de Cannes qui devait aller à sa rencontre [3]. Nous nous contentâmes de cette raison, et je retournai auprès de l'Empereur.

L'Empereur se promenait sur le grand chemin, du côté d'Antibes, lorsque je l'abordai. Je lui rendis compte de ma mission. Sa Majesté me semblait inquiète. Accoutumé à son indulgence, je lui demandai la cause de son inquié-

---

1. On y avait cru d'abord à un débarquement de corsaires algériens.
2. Les bonnets à poil des grenadiers avaient déterminé un grand enthousiasme parmi les écoliers. M. Houssaye a recueilli du père de M. Sardou une amusante anecdote sur ce point.
3. Ce maire était un royaliste convaincu qui « aurait mieux aimé voir le dey d'Alger lui-même qu'un général de Buonaparte. » (Houssaye, 1815, p. 212.)

tude. Sa Majesté me répondit « que c'était l'affaire d'An-
« tibes qui l'affligeait. J'aurais bien mieux fait, ajouta-
« t-Elle, de vous envoyer là que de vous faire courir à
« Cannes. Allez-y maintenant, quoiqu'il soit un peu tard.
« Dites au commandant, et dites-le-lui avec énergie, qu'il
« rende la liberté au détachement qu'il a fait arrêter. Cet
« officier doit savoir que j'aurais pu le contraindre à cela,
« mais, fidèle à ma promesse, je n'ai pas voulu et je ne
« veux point user de la force. » Je partis. J'obéissais avec
zèle, sans cependant obéir de bon cœur. Je m'attendais à
grossir le nombre des prisonniers, et, dans cette idée, je
m'occupais déjà de mes moyens de défense, quand Sa
Majesté me fit rappeler. Je dois convenir que ce rappel
me fut bien agréable.

Sa Majesté parlait facilement aux personnes du pays,
et aux paysans de préférence. Elle entrait dans tous les
détails de leur situation actuelle. Je puis assurer qu'il n'y
avait qu'une seule opinion. Tout le monde se plaignait du
gouvernement royal et surtout de la noblesse; on se plaignait aussi des prêtres. Il semblait que chacun avait un
sujet particulier de mécontentement. Les princes de la
famille royale ne jouissaient d'aucune considération.

La nuit était arrivée. On se préparait activement pour
se mettre en marche. Entouré de ses fidèles et auprès d'un
feu de bivouac, l'Empereur faisait tranquillement ses dispositions. Majestueux, calme, réfléchi, attentif, tout annonçait que l'esprit de Sa Majesté était plein des destinées
du grand peuple.

Deux patrons des bâtiments de transport, Joseph
Tonietti et Sébastien Chioncini, de Rio-de-Mer, désiraient
ardemment baiser la main de l'Empereur. Ils me prièrent
si vivement de les présenter, que je pris cette liberté. Sa
Majesté m'en sut bon gré: Elle reçut avec bonté les adieux

et les vœux de ces braves marins. Tonietti et Chioncini étaient de mon pays d'affection. L'Empereur me dit en plaisantant : « Vous étiez le prince des Riais ! » Je lui répondis : « Non, Sire, mais j'en étais le père. — Cela vaut beaucoup mieux, » répliqua Sa Majesté [1].

Tous les chevaux qu'on trouvait étaient mis en réquisition : ceux de la poste n'avaient pas été épargnés. Le prince de Monaco, venant de Paris, se rendant dans sa principauté, et dans l'impossibilité de faire traîner sa voiture, avait été obligé de s'arrêter à Cannes. Il paraît que ce prince avait d'abord eu quelques inquiétudes. Sa Majesté, instruite, le fit rassurer et, en même temps, engager à se rendre auprès d'Elle. Ce prince avait été au service de l'Empereur : il était connu de beaucoup d'officiers de la garde. Il se présenta à Sa Majesté avec un air timide et respectueux ; Sa Majesté l'accueillit comme quelqu'un qu'on connaît et qu'on estime, leva son chapeau et le remit sur sa tête. Le prince resta découvert. La conversation dura une demi-heure. Sa Majesté parlait à haute voix. Les motifs qui ramenaient Sa Majesté en France furent l'objet principal de cet entretien. J'ai lu dans les journaux que l'empereur Napoléon sollicita vivement le prince de Monaco de le suivre à Paris : cela est faux. Sa Majesté congédia affectueusement le prince.

A onze heures du soir, l'Empereur, à la tête de ses braves, se mit en route pour Cannes. Nous fîmes halte hors des murs de cette cité ; là, Sa Majesté fut complimentée par les autorités. Les habitants de Cannes, enfin convaincus, témoignèrent vraiment leur joie du retour de leur légitime souverain. Beaucoup de maisons illuminè-

---

[1]. Ici se trouvent les mots : « L'estime du terrain foulé, » qui semblent annoncer quelques détails non rédigés sur l'exécution de l'ordre de Napoléon de payer les dégâts.

rent. Jusqu'au moment du départ, Sa Majesté fut sans cesse au milieu de son peuple. A deux heures du matin nous continuâmes notre marche du côté de Cannes.

Depuis le départ de l'île d'Elbe, je n'avais presque pas dormi. La journée du débarquement avait été une journée de fatigues pour moi : j'avais fait trois fois à pied le chemin sablonneux du golfe Jouan à Cannes. Je n'étais pas encore monté. Cependant je ne quittai pas un seul moment l'escorte de l'Empereur ; qu'il fût vite, qu'il fût doucement, je restais toujours auprès de lui. J'étais sans doute un faible bouclier ; mais ce bouclier, il aurait fallu le briser avant que quelque main sacrilège eût osé menacer ou frapper Sa Majesté! Heureusement, nous n'étions pas dans ce cas-là. Déjà les cris de : Vive l'Empereur! Vive Napoléon! retentissaient dans la campagne.

Sa Majesté avait pris un homme du pays pour indiquer la route. Ce guide, ancien militaire, était vraiment étonnant par sa sagacité. Il parla de l'esprit public, ou, pour mieux m'exprimer, de la versatilité politique des Provençaux, avec une rectitude de pensée qui aurait fait honneur à beaucoup de nos savants. L'Empereur lui demanda pourquoi les Marseillais, qui avaient tant contribué au renversement des Bourbons et à la mort de Louis XVI, se prononçaient aujourd'hui en faveur de cette dynastie. Ce vieux soldat, sans se faire prier, répondit à Sa Majesté : « Sire, c'est qu'ils veulent faire oublier leurs crimes. Les « enragés d'aujourd'hui sont les mêmes enragés qui ont « pendu à la lanterne, qui ont fait guillotiner, qui ont « égorgé dans les prisons. Ces gens-là doivent piller ou « assassiner : c'est leur métier. Si Votre Majesté les avait « laissés faire, ils seraient toujours restés de son parti. » Sa Majesté, s'adressant à moi, dit : « Voilà une réponse « claire et précise ; » et se tournant ensuite vers le guide,

Elle lui demanda encore si à Marseille il n'y avait pas assez de personnes honnêtes pour comprimer la canaille : « Pardonnez-moi, Sire, répondit ce brave homme, il y a « beaucoup de personnes honnêtes à Marseille, mais elles « craignent de se montrer dans les troubles publics, et la « canaille met cette crainte à profit. »

L'Empereur prêtait beaucoup d'attention aux réponses de notre guide. Sa Majesté continua à le questionner. « Parmi les perturbateurs, lui dit-Elle, remarque-t-on des « hommes distingués par leur naissance ou par leur ri- « chesse ? — Sire, répliqua-t-il, la tourbe perturbatrice « est principalement composée de ferrailleurs, de porte- « faix et de chevaliers d'industrie ; elle est également « influencée et par les anciens terroristes et par les an- « ciens nobles qui se sont réunis ; mais les honnêtes « gens ne s'en mêlent point. — Le commerce, comment se « comporte-t-il ? dit le monarque. — Le commerce, dit le « guide, a été content de la chute de Votre Majesté, parce « que la guerre l'avait ruiné. Il croyait que le roi le fe- « rait travailler, et il criait Vive le Roi ! Il s'est trompé, « et il ne crie plus rien. Si Votre Majesté le favorise, il « sera le premier à crier Vive l'Empereur ! Le commerce « n'aime que l'argent, et les Marseillais n'aiment que le « commerce, parce que c'est la seule chose qui les fasse « vivre. — Donc la stagnation du commerce est la seule « chose que les Marseillais me reprochent ? observa Sa « Majesté. — Sire, je vous dirai tout, moi, exclama notre « sage campagnard ; les Droits réunis nous ont autant fait « de mal et plus que les conscriptions les unes sur les « autres. Croyez-moi, Sire, ce sont là les deux grands « ennemis de Votre Majesté. Cette armée de rats de cave « que les Droits réunis entretenaient était une armée de « spoliateurs et la conscription ne touchait plus ceux qui

« avaient la bourse pleine [1]. A présent, on ne songeait
« point à se faire remplacer, on ne cherchait qu'à acheter
« les préfets et les personnes chargées des levées [2]. »
L'Empereur resta un gros moment silencieux. Sa Majesté, en rompant le silence, dit seulement : « Cet homme
« a un bon sens extraordinaire. » Sa Majesté voulut savoir son nom et dans quel régiment il avait servi ; j'en
pris note [3].

Le guide avait dit de grandes vérités à l'Empereur, et
je crois qu'elles n'avaient pas été perdues pour Sa Majesté. Mais je voulais connaître l'opinion de cet homme
sur le parti que Marseille allait prendre ; je la lui demandai ; il me répondit ces propres paroles : « Les Marseillais
« s'attendaient à l'abondance et ils meurent de faim. S'ils
« étaient sûrs que Napoléon oublierait leurs sottises, ils
« se rangeraient de son côté ; de quelque côté qu'ils tour-
« nent, il y aura du sang versé. Je n'ai pas voulu en
« parler à l'Empereur, mais si Sa Majesté veut une fois
« pour toutes assurer la tranquillité de Marseille, il faut
« qu'Elle en chasse rigoureusement une centaine de bri-
« gands en chef, qui ont commis ou fait commettre toutes
« les horreurs qui ont tant de fois ensanglanté cette ville.
« Ce sont toujours les mêmes hommes qu'on voit à la tête
« de tous les partis : ils n'ont ni patrie ni opinion ; le

---

1. L'Aixois Roux-Alphéran, dans une lettre privée, donne une très vivante impression de la haine que non seulement Marseille, mais toute la Provence avait contre les Droits réunis. Quand, le 14 avril 1814, la nouvelle de la chute de l'empire parvint en Provence, le peuple d'Aix, « dans sa joie turbulente, se porta aux hôtels des douanes et des Droits réunis, où tout fut mis en pièces en un instant. » (Lettre du 6 mai 1814. Arles, Bibl. munic., 342.)

2. Le préfet Thibaudeau, ancien régicide, s'était rendu odieusement impopulaire à Marseille par les rigueurs qu'il avait mises à lever les contributions et à faire des réquisitions supplémentaires : « Il nous a plus tyrannisés, dit un témoin oculaire, que Napoléon. »

3. Pons n'a malheureusement pas gardé cette note.

« trouble est leur élément naturel. Le pays ne cessera
« point d'être le théâtre de crimes, tant qu'il sera soumis
« à l'influence dévastatrice de ces monstres. Dites-le à Sa
« Majesté : vous lui rendrez service et vous rendrez ser-
« vice à Marseille. » Je répétai à l'Empereur l'opinion et
le conseil de ce digne citoyen : « Il faut bien vous rappeler
« cela, » me dit Sa Majesté.

La garde impériale avait donné à chacune de ses compagnies le nom de l'un des corps de la Grande Armée ; ainsi l'on disait : *le corps de Soult, le corps de Davoust.* Le bataillon corse était le corps auxiliaire. Une plaisanterie manqua de faire couler du sang : des soldats, riant, dirent à d'autres soldats : « Vous êtes du corps de Marmont. » Quoique dits sans malice, ces mots firent naître une querelle que le colonel Malet apaisa difficilement. Pleure, Marmont ! ces braves regardaient ton nom comme un nom d'opprobre et d'infamie. Le soir, l'Empereur voulut connaître les motifs de cette dispute, et alors qu'on l'eut instruit, il exprima sa pensée par ces paroles : « Quelle punition pour ce misérable duc de Raguse ! »

Nous fîmes une autre halte avant le jour. Sa Majesté en profita pour dormir quelques moments auprès du feu. On ne recommanda point le silence, et le silence n'en fut pas moins parfait. Il semblait qu'on avait peur que l'haleine fît du bruit, et l'on retenait le souffle. Quelle différence entre les attentions naturelles des fidèles et les soins étudiés des courtisans ! Les unes, dictées par l'amour, ne cherchent jamais à être distinguées ; les autres, suggérés par l'intérêt, étudient sans cesse tout ce qui peut les faire remarquer ; celles-là ne calculent rien, ceux-ci calculent tout. De là les erreurs et souvent les injustices des princes !

Dans la matinée, nous rencontrâmes le courrier qui

portait ses lettres à Antibes. L'Empereur parcourut un journal, et il défendit expressément qu'on touchât aux dépêches. Tout le monde fut étonné de cette réserve. On demanda à Sa Majesté s'il ne conviendrait pas de lire au moins la correspondance gouvernementale. Elle répondit que c'était inutile.

Une foule d'habitants de Grasse étaient venus à la rencontre de Sa Majesté. Sa Majesté n'entra point dans la ville. Elle traversa le faubourg, et continuant sa route, Elle s'arrêta sur un plateau qu'il y a au-dessus de la cité [1]. Durant le temps du repos, la presque totalité de la population se porta auprès de l'Empereur. On avait d'abord répandu la nouvelle que le débarquement qui avait eu lieu au golfe Jouan n'était composé que d'un ramassis d'étrangers qui venaient pour ravager le pays et se rembarquer ensuite avec leur proie. Le peuple croit facilement : cette nouvelle, tout absurde qu'elle était, avait jeté l'alarme dans les familles. L'arrivée de l'avant-garde dissipa les craintes; bientôt la confiance se rétablit; toutes les personnes qui entrèrent en ville furent parfaitement accueillies. Obligé de m'équiper, je dînai à Grasse, et, resté en arrière, quand je rejoignis Sa Majesté, je trouvai la route couverte de monde. Chacun me saluait avec bonté et avec affection. Quelque chose que les fabricateurs de faux rapports aient pu écrire, le passage de Sa Majesté à Grasse n'excita qu'une joie bien marquée. Nous couchâmes à Cérémon [2], où nous arrivâmes très tard. L'arrière-garde, qui escortait le trésor, ne nous joignit que bien avant dans la nuit. Les Alpes étaient encore couvertes de neige et les chemins très difficiles. Nous avions

---

1. Le plateau de Roccavignon, aujourd'hui dit Plateau Napoléon.
2. Sernon, petit village à 1,373 mètres d'altitude, au delà de Saint-Vallier, où le corps d'armée avait fait halte.

dû laisser à Grasse deux petits canons [1] qui étaient toute notre artillerie. Le 3, nous dormîmes à Barême [2]. Nous y trouvâmes l'hospitalité la plus fraternelle. C'est là que nous reçûmes les premiers compagnons qui s'associèrent à notre entreprise. La salle de la maison où l'on avait logé Sa Majesté était ornée de la collection de ses batailles. Dans la journée, en marchant dans un petit sentier très glissant et qui était sur le bord d'un précipice, l'Empereur fit un faux pas : il manqua de tomber. Un grenadier, qui s'était aperçu de ce mouvement, en passant à côté de Sa Majesté, lui dit avec un sérieux vraiment risible : « Sire, il faut être Jean de Paris, et non pas Jean sans Terre [3]. »

Un officier anglais, jeune, bel homme, très bien mis, vint nous joindre à Barême, et demanda à servir sous les ordres de l'empereur Napoléon. Cet officier était parti de Nice. Sa Majesté ne voulut pas l'associer à ses fidèles, et le fit remercier; mais, enthousiaste de l'Empereur, ce militaire insista. Je parlai en sa faveur à Sa Majesté ; Sa Majesté me répondit : « Cela ne se peut pas. C'est ici une « affaire de famille ; nous ne devons pas y mêler des « étrangers [4]. »

Le 4 [5], nous déjeunâmes à Castellane et nous dînâmes à Digne [6].

Durant notre repos à Castellane, une personne notable

---

1. Peyrusse et Laborde en comptent quatre.
2. Après une étape de quarante-six kilomètres.
3. Le mot a été cité autrement et sous une forme plus vraisemblable : Jean de l'Épée, surnom populaire du Petit Caporal, au lieu de Jean sans Terre.
4. C'aurait été une recrue à ajouter aux deux soldats de la garnison d'Antibes, au tanneur de Grasse et au gendarme qui, seuls, depuis le golfe Jouan, s'étaient joints à l'armée de l'Empereur. Mais la réponse de Napoléon ne manque pas de grandeur.
5. Erreur de Pons, pour le 3 mars. A Castellane, Pons fut nommé intendant général de la Grande Armée.
6. A l'auberge du *Petit Paris*. L'accueil fait à Napoléon fut assez froid.

de Digne vint trouver l'Empereur et assura Sa Majesté qu'Elle pouvait compter sur le dévouement du général Loverdo. Sa Majesté, sans rien dire, fit un mouvement de tête qui semblait laisser croire qu'Elle doutait de cela [1]. Pour la persuader, cette personne lui raconta que dans un dîner qui avait eu lieu chez une dame polonaise, deux jours avant qu'on sût le débarquement de Sa Majesté, le général Loverdo, après avoir parlé avec beaucoup de chaleur de la grandeur du gouvernement impérial et de l'avilissement dans lequel les Bourbons tombaient chaque jour davantage, avait porté cette santé : « A Napoléon le « Grand ! Puisse-t-il revenir faire briller encore les aigles « de la France ! » Sa Majesté garda le plus profond silence et j'en étais étonné. Un moment après, j'appris que l'Empereur n'aimait pas le général Loverdo. Je ne connais point cet officier général, et je ne me permettrai aucune réflexion sur son compte ; mais dépouillé de toute espèce de passion, j'écris pour mon pays, et je serais coupable si je lui taisais des vérités qui peuvent lui être utiles. Ce jour-là, notre marche fut vraiment une marche triomphale. Les paysans accouraient avec empressement pour voir l'Empereur ; toutes les physionomies étaient riantes; on se félicitait du retour de Sa Majesté; les témoignages d'amour n'avaient rien d'équivoque. Une foule d'habitants de Digne, de tout sexe et de tout âge, vint à la rencontre du héros, l'espoir de la patrie; elle criait et criait encore : « Vive l'Empereur ! Vive Napoléon ! » C'est ainsi que nous entrâmes dans le chef-lieu du département des Basses-Alpes [2].

---

[1]. La conduite du général Loverdo justifiait assez ces doutes de l'Empereur.
[2] Exagération évidente. Il fallut que Napoléon haranguât la population pour déterminer ce mouvement en sa faveur.

Le préfet, M. Duval, s'était retiré à une demi-lieue de la ville [1]. Le général Loverdo, qui commandait le département, avait porté son quartier général et conduit les caisses publiques à un village qu'on appelle, je crois, la Bégude [2]. Sa Majesté donna ordre à M. le préfet de continuer l'exercice de ses fonctions. L'Empereur fit quelques dispositions militaires, mais Sa Majesté ne prit aucune mesure d'administration civile. C'est là que les officiers commencèrent à se ranger sous nos drapeaux, et que Sa Majesté put connaître plus positivement la pensée du soldat français. Tout nous donnait de belles espérances de réussite ; la population entière de la ville et des environs se pressait autour du palais qu'habitait l'Empereur ; chaque fois que Sa Majesté paraissait à la croisée, les cris de joie reprenaient une nouvelle force ; la présence de Sa Majesté excitait vraiment l'enthousiasme. L'habitant de la campagne surtout exprimait ses sentiments avec une énergie extraordinaire. Sa haine pour la noblesse était quelque chose d'étonnant : « *Nous aurions fait une autre révolution*, disait le peuple, *si l'Empereur n'était pas revenu.* » Je le répète, je n'exagère rien, j'écris ce que j'ai vu et ce que j'ai entendu. Les hommes sans passions rendront justice à la véracité de mes récits.

Le trésor était resté très en arrière et n'avait qu'une faible escorte. Un mulet chargé d'or et d'argent tomba dans l'un des précipices de la montagne de Saint-Pierre [3].

---

1. Les habitants, qui craignaient pour leur sécurité, étant venus le supplier de ne pas donner suite à ses velléités de résistance et de ne pas convoquer la garde nationale, Duval s'était borné à mettre les caisses publiques en sûreté et à quitter Digne.

2. Loverdo retira ses troupes au delà de la Durance, sur la route d'Aix. Voir ses rapports à Masséna, Digne, 3 et 4 mars (Archives des Bouches-du-Rhône).

3. Un mulet du trésor porteur de 300,000 francs en or. Peyrusse organisa des recherches qui en firent retrouver 265,000. Le lieu de l'accident fut

Le trésor dut s'arrêter. Il fallut appeler du secours des hameaux voisins; on parvint à retirer les caisses, qu'on avait d'abord crues perdues. Le trésor resta toute la nuit sur la route ; ce n'est que dans la matinée qu'il parvint à Digne. Ce fait prouve que les paysans étaient dévoués à l'Empereur, car, s'il en avait été autrement, une réunion d'une centaine de personnes, profitant de la situation des lieux, aurait enlevé les fonds et le détachement qui les escortait.

A Digne, l'on imprima les proclamations de Sa Majesté. Chargé d'en surveiller l'impression, je lus pour la première fois l'adresse des officiers de la garde à l'armée. Sa Majesté ne me l'avait pas communiquée à bord du brick. Cependant, je crois que la rédaction en est de l'Empereur. C'est du moins son style [1]. Tout ce qui peut élever l'âme, l'amour de l'honneur, l'amour de la patrie, l'amour de la gloire, enflammait également les officiers de la garde ; mais pour s'exprimer avec cette noblesse qui distingue éminemment le langage qu'ils parlent à leurs frères d'armes, il fallait que Sa Majesté leur prêtât son génie ou que le général Drouot fût leur organe. Je suis sûr qu'aucun de ces messieurs ne me saura mauvais gré de cette opinion. Il est possible d'être en même temps un excellent militaire et un faible écrivain.

Je vais me séparer de l'Empereur. Avant de rendre compte des motifs et du résultat de cette séparation, je dois parler des nouveaux témoignages d'estime et de bonté dont Sa Majesté m'avait honoré depuis notre dé-

---

pendant longtemps l'objet des convoitises et des fouilles des montagnards de la région.

1. Cette question de la date et du lieu d'impression des proclamations reste bien obscure, et cette nouvelle affirmation de Pons n'est pas pour l'éclaircir.

barquement. Les courtisans et les ambitieux n'apprécient la faveur des princes qu'autant que cette faveur augmente leur fortune ou qu'elle ajoute à leurs titres. Cette manière de récompenser les services aurait été la plus mesquine que Sa Majesté eût pu employer à mon égard. Une parole d'affection, une marque de confiance valait mieux pour moi que tous les cordons, que tous les trésors de la terre : chaque homme a son genre particulier de jouissance. Sa Majesté est dans l'usage, quand Elle est en route, de se lever très matin et de prendre un potage avant de partir. Les personnes qu'Elle appelle au partage de ce restaurant peuvent s'honorer de cette distinction flatteuse, dont Sa Majesté me fit jouir jusqu'au moment où je la quittai.

J'avais fait un effort de marche depuis notre débarquement jusqu'à Grasse. Sa Majesté avait daigné plusieurs fois me témoigner de l'intérêt pour ma fatigue. En entrant à Grasse, Elle me dit : « Allez en ville ; achetez-vous de « suite un cheval, coûte que coûte ; il est temps que vous « cessiez de vous écraser : j'ai été peiné de vous voir souf- « frir. » De Sernon à Barême, à la descente d'une montagne, Sa Majesté s'appuyait sur mon bras et me parlait avec affabilité : « Je suis content de vous, me dit-Elle. J'é- « tais sûr de votre fidélité ; maintenant je compte aussi « sur votre dévouement. » Avant d'arriver à Castellane, j'eus l'honneur de lui présenter et de recommander à sa bienveillance un bon bourgeois de cette contrée, qui se décidait à nous suivre. Sa Majesté, s'adressant à mon recommandé, daigna lui dire : « Je fais cas des personnes « auxquelles Pons s'intéresse, parce que je sais qu'il ne « s'intéresse qu'à des personnes honnêtes. » En lui parlant d'un régiment qui était dans les places des environs, je demandais à Sa Majesté si Elle en était sûre : « Comme de vous, » me répondit-Elle. C'est ainsi que les souverains doivent principalement acquitter leur dette envers les citoyens qui, les confondant avec la patrie, leur consacrent l'existence tout entière et sont toujours prêts au sacrifice de la vie. C'est dans le souvenir des paroles honorables qui lui ont été adressées par le monarque qu'il chérit que l'homme de bien trouve sans cesse de nouveaux motifs de zèle, de courage, de dévouement. On s'accoutume à un habit plus ou moins brodé, à une fortune plus ou moins grande. Quelques mois écoulés au milieu du faste, et l'ambitieux, blasé, ne jouit plus de sa situation ; d'autres désirs le troublent, d'autres soucis le rongent. Mais il n'en est pas de même des jouissances qu'on éprouve chaque fois que la mémoire reporte les idées sur les bonnes actions qu'on a faites, sur les témoignages flatteurs que l'on en a reçus : ces jouissances-là ne s'épuisent jamais, leur force s'augmente en raison de ce que leur vieillesse s'accroît.

Dans la soirée, l'Empereur me fit appeler. Il m'annonça « qu'il avait l'intention de me nommer son commissaire, « et de m'envoyer, en cette qualité, dans les départements « méridionaux. » Sa Majesté m'observa que cette mission était très délicate, et qu'elle pouvait aussi être très dangereuse : « Réfléchissez bien toute la nuit, poursuivit Sa Ma- « jesté, et demain matin vous me direz si vous acceptez. » J'assurai l'Empereur que je n'avais pas besoin de faire réflexion ; que je n'étais pas dans l'habitude de céder à la crainte quand j'avais des devoirs à remplir. Sa Majesté me congédia en me disant : « Adieu, à demain. Songez « que vous êtes père de famille, et ne craignez pas de me « déplaire en refusant. » Décidé à obéir, je dormis fort tranquillement.

Dès le jour, je me rendis auprès de Sa Majesté : « Eh « bien, Pons, me dit Sa Majesté en me voyant, qu'avez- « vous décidé ? — Sire, de servir ma patrie et mon

« prince, lui répondis-je. Que Votre Majesté me donne ses
« ordres, je suis prêt à les exécuter. — Avez-vous bien
« réfléchi que vous allez courir un grand danger? me dit
« encore Sa Majesté. — Sire, lui répondis-je de nouveau,
« je n'ai pensé qu'à justifier la confiance dont Votre Ma-
« jesté m'honore. — Je vous sais gré de ces réponses,
« ajouta l'Empereur. Écoutez donc, » continua-t-il.

Français, qui n'êtes pas égarés par la passion ou abrutis par l'esclavage! Français, dignes de ce beau nom de Français! prêtez-moi votre attention comme je la prêtai moi-même alors aux paroles de mon auguste souverain. Lisons ensemble dans son âme, étudions sa pensée, pénétrons ses sentiments : jamais peut-être personne n'eut une occasion plus favorable pour connaître, pour juger Napoléon! Ce n'était point là une de ces audiences fastueuses dans lesquelles on voit, d'un côté, la dignité ou la réserve mesurer toutes les expressions, et, de l'autre, la crainte ou la bassesse prodiguer tous les éloges : ce n'était pas même une audience. Un grand homme, que des malheurs et la trahison avaient éloigné du trône d'un grand peuple, et qui marchait pour reconquérir les droits de la nation qui l'avait élu, conférait avec un citoyen qui lui était dévoué, mais qui, encore plus dévoué à l'honneur et à la patrie, se sacrifiait pour concourir au triomphe de l'honneur et à la félicité de la patrie ; le souverain venait après. Napoléon va se montrer à vous comme homme, comme citoyen, comme prince. Soyez sévères, mais soyez justes : que votre jugement soit celui de la postérité! Napoléon n'a pas besoin d'autre chose. Écoutons :

« Pons, vous vous rendrez directement à la campagne
« de Ganteaume : vous partirez ensemble pour Toulon.
« Les Toulonnais vous recevront avec joie. Vous ferez
« arborer le pavillon tricolore. Ganteaume prendra le com-

« mandement général de la marine; que les changements
« nécessaires soient dictés par la justice. Que ce que les
« individus ont fait contre moi ne soit point un motif
« d'exclusion des emplois. Pardon général pour tout ce
« qui m'a été personnel. Ne choisissez les magistrats que
« parmi les citoyens distingués par leur intégrité et par
« leurs idées libérales, empêchez toute espèce de mouve-
« ment populaire, ne souffrez aucun esprit de réaction. La
« paix, toute la paix, rien que la paix.

« — Sire, je donnerais des années de ma vie pour que
« les amis et même les ennemis de Votre Majesté eussent
« entendu ce qu'Elle vient de me dire. Que Votre Majesté
« soit bien sûre que partout où j'aurai du pouvoir, les
« passions n'auront point d'empire. Mais il me semblait,
« Sire, qu'il me convenait de voir le maréchal Masséna
« avant d'aller trouver l'amiral Ganteaume [1].

« — Cette nuit, j'ai appris que Masséna marchait pour
« nous poursuivre. Il sacrifie les intérêts de la patrie à
« quelques motifs qu'il croit avoir de se plaindre de mon
« gouvernement. Sa conduite n'influera en rien sur ma
« destinée; mais elle prolongera l'anarchie dans la Pro-
« vence, et voilà ce qui m'afflige : j'aurais voulu que mon
« retour n'eût occasionné aucune dissension. Cependant
« je ne puis pas imaginer que le maréchal soit sourd à la
« voix de l'honneur national. Voyez-le donc, si vous jugez
« utile de le voir de suite. Vous êtes son ami?

« — Oui, Sire ; j'ai déjà eu l'honneur de le dire à Votre
« Majesté. Le maréchal m'accorde sa confiance, et il le
« doit : j'ai souvent été son défenseur [2], même contre

---

1. Quelques lignes raturées et absolument illisibles.
2. A l'île d'Elbe, dans les conversations où Napoléon reprochait avec tant d'amertume au défenseur de Gênes d'avoir sollicité des lettres de naturalisation. (*Voir ci-dessus*.)

« Votre Majesté. Votre Majesté l'a peut-être trop mal-
« traité.

« — Masséna sait que je n'ai pas toujours eu tort. Du
« reste, nos brouilleries étaient des brouilleries d'amou-
« reux. Dites au maréchal qu'il peut compter sur mon atta-
« chement. Dites-lui bien aussi que, dans ce grand événe-
« ment, il ne doit voir que ce que l'intérêt et la gloire de
« la France exigent de lui. Je ne lui demande rien pour
« moi. Tout à la patrie, c'est ma devise : que ce soit aussi
« la sienne ! Quand vous lui aurez parlé le langage d'un bon
« citoyen, faites-lui entendre la voix de la franche amitié.
« Montrez-lui l'avenir ; s'il veut revivre glorieusement
« dans ses enfants, qu'il contribue aujourd'hui à l'affran-
« chissement de son pays, comme il a longtemps contribué
« à ses triomphes. Malheur à Masséna, malheur à tous les
« braves, si les Bourbons l'emportaient ! Cette famille ne
« peut plus rien par elle-même. En reparaissant sur la
« scène du monde politique, et par la manière dont elle y
« a reparu, elle a perdu toute espèce de considération,
« elle a détruit même l'intérêt que jusqu'alors ses mal-
« heurs avaient inspiré. Les puissances alliées la mépri-
« sent. Avilie et enchaînée, désormais, elle ne pourrait
« prolonger sa faible existence qu'en enchaînant et avilis-
« sant la nation avec elle. C'est là l'espoir de la Russie, de
« la Prusse, de l'Autriche, de l'Angleterre. Si cet espoir
« n'est pas déçu, que deviendraient pour Masséna ses
« campagnes d'Italie, sa victoire de Zurich, son siège de
« Gênes ? Qu'il ne s'y trompe pas ; ces beaux jours d'im-
« mortalité ne pourront répandre d'éclat sur les neveux
« qu'autant que les principes libéraux pour lesquels nous
« combattons depuis vingt-cinq années, et qui ont fait notre
« illustration, auront absolument et pour toujours prévalu
« sur les vieilles habitudes du despotisme et de la féodalité.

« — Sire, que Votre Majesté se repose sur le prince
« d'Essling. Il est impossible que le maréchal ne voie pas
« la cause de la France dans la cause de Votre Majesté.
« Cette idée le maîtrisera et deviendra la règle de sa con-
« duite : j'en réponds à Votre Majesté. Cependant, Sire,
« malgré la conviction où je suis à cet égard, il est pos-
« sible que je me trompe : avec des intentions également
« pures, les hommes les plus sages comme les plus ins-
« truits diffèrent souvent sur l'application des devoirs
« que l'honneur impose. Masséna peut se tromper, même
« en tenant une conduite honorable. Alors que dois-je
« faire?

« — Votre réflexion est juste ; mais elle nous ramène
« au danger que vous allez courir. Si le maréchal est
« sourd à la voix de la patrie et à la voix de l'amitié, votre
« position deviendra d'autant plus critique et embarras-
« sante que vous aurez confié votre secret. Je vous le ré-
« pète, Pons : quelque grande que soit l'utilité que je puis
« retirer de votre mission, ne craignez pas de me déplaire
« en la refusant : je n'ai pas besoin de cette nouvelle
« preuve de dévouement pour être sûr de votre fidélité.

« — Sire, Votre Majesté m'afflige en reportant sa pensée
« sur un péril que sa bonté pour moi lui fait paraître plus
« grand que ce qu'il est en effet. Dans tous les cas, Sire,
« il est question de la France et de Votre Majesté et non
« pas de moi. Que dois-je faire si le maréchal ne se range
« pas sous les drapeaux de Votre Majesté?

« — Vous ferez ce que vous jugerez le plus convenable
« à votre sûreté. Sauvez-vous avant tout. Du reste, quand
« même Masséna serait infidèle à la gloire, je ne crois pas
« qu'il vous sacrifie : il respectera l'amitié. Ne pouvant
« plus compter sur lui et si vous restez libre de votre
« personne, il faudra revenir à mon premier projet : aller

« trouver Ganteaume, et ensemble. avant que Masséna
« ait pris des mesures, vous jeter dans Toulon. Soldats et
« citoyens, à Toulon tout est vraiment patriote; vous y
« serez reçu avec des transports de joie. La garnison de
« Corse viendra vous joindre ; celle de Marseille s'em-
« pressera d'arborer l'étendard tricolore : cela est sûr. Le
« maréchal lui-même finira par être entraîné. Quoi qu'il
« fasse contre nous, l'attitude guerrière de Toulon para-
« lysera ses projets, en imposera à ces bandes qu'on ras-
« semble à la hâte pour désorganiser et dévaster le midi
« de la France, et mettra obstacle à la guerre civile dans
« cette contrée. Empêcher que les Français ne s'arment
« contre les Français, voilà où doit tendre tout notre
« génie. Si vous réussissez, vous aurez rendu un grand
« service à la patrie et à moi. Pons, je serai heureux si je
« remonte sur le trône sans qu'il en ait coulé une seule
« goutte de sang. Dites-vous souvent, nourrissez votre
« âme de cette pensée : l'Empereur veut que je fasse le
« bien.

« — Et Votre Majesté me parlait de dangers!.... Sire, je
« sens que les nobles sentiments que Votre Majesté vient
« d'exprimer, ajoutant encore à mon dévouement, ne me
« laissent que la faculté d'être glorieux de l'honorable
« mission qu'Elle me confie. Non, Sire, il n'y aura point
« de sang versé tant que le mien n'aura pas été répandu.
« Votre Majesté m'a bien jugé. Je suis digne d'être le dis-
« pensateur des bienfaits qui doivent résulter de ses inten-
« tions paternelles. Je réussirai. Le maréchal sera du parti
« des braves. Votre Majesté me donne-t-Elle des ordres
« pour ce prince?

« — Non, il n'en est pas besoin : vous lui redirez tout ce
« que je viens de vous dire. Il peut me joindre ou rester
« à la tête de l'armée impériale dans les départements mé-

« ridionaux. S'il vient auprès de moi, Miollis le rempla-
« cera. Miollis est un bon militaire et un honnête homme :
« je l'estime beaucoup. A peu de distance de Digne, vous
« allez trouver le général Loverdo. Ce maréchal de camp,
« que j'ai dans le temps destitué, m'aurait conduit les
« troupes qu'il a sous ses ordres, si j'avais voulu le nom-
« mer lieutenant général. Les troupes me seraient utiles,
« elles m'ont tenté. Cependant je n'ai pas pu prendre sur
« moi de marquer mon retour au milieu de mes compa-
« gnons d'armes par une espèce de capitulation avec quel-
« qu'un que je n'avais pas voulu laisser dans leurs rangs.
« Cet exemple pourrait avoir des suites désagréables en
« ce qu'il serait un titre favorable à beaucoup d'indi-
« vidus qui ont trahi leurs devoirs. Il n'y a aucune situa-
« tion qui puisse empêcher un prince d'être indulgent
« pour les fautes de l'esprit, comme il n'y en a point qui
« puisse le dispenser d'être sévère contre les vices du
« cœur. Dans le cas où vous ne pourriez pas éviter Lo-
« verdo, ne le craignez pas : garantissez-lui ce qu'il de-
« mande, et vous serez son maître. Il sera charmé d'être
« favorisé par les circonstances.

« — Sire, Votre Majesté a pu être trompée sur le compte
« de ce général. J'ai plusieurs fois entendu répéter à Votre
« Majesté, ce que l'expérience des siècles nous a appris,
« que la vérité est rarement connue des princes.

« — Cela est vrai en thèse générale; mais mon opinion
« sur Loverdo, et les mesures de rigueur que j'ai dû exer-
« cer à son égard, sont fondées sur des faits. Masséna vous
« en parlera plus particulièrement. Ne le fuyez pas, ne le
« cherchez pas : servez-vous-en si cela est nécessaire. Son
« pardon cesse d'avoir de l'importance dès qu'il n'est plus
« l'effet d'une condition directement et pour ainsi dire pu-
« bliquement imposée. Vous feriez peut-être bien de le

« prendre avec vous à Marseille ; sa présence pourrait
« vous mettre à l'abri d'une foule de dangers.

« — Sire, je ne vaux pas grand'chose pour voyager avec
« un général qui ne jouit pas de la confiance de Votre Ma-
« jesté. Je devrais nécessairement me contraindre avec
« lui, et la contrainte n'est pas dans mon caractère. A
« moins que Votre Majesté ne me prescrive de voir le
« général Loverdo, je tâcherai soigneusement de l'éviter
« et j'irai droit au maréchal Masséna.

« — Je ne vous prescris rien que de vous exposer le
« moins qu'il vous sera possible. Mais parlons encore du
« prince. Si, comme mon lieutenant, il prend le comman-
« dement de la force armée, votre tâche sera plus facile-
« ment et plus rapidement remplie, parce que le maréchal,
« qui connaît bien la Provence, se chargera de tout l'em-
« barras des organisations locales. D'ailleurs je lui enverrai
« bientôt quelqu'un. S'il vient me joindre, alors vous res-
« terez quelques moments de plus avec le général Miollis.
« Étudiez bien Marseille. Ne vous laissez pas prévenir par
« l'idée commune que cette ville est bien coupable : une
« grande population ne peut pas être responsable des
« crimes de quelques individus. Examinez avec soin ce
« qui peut convenir à ses intérêts et assurer sa tranquillité.
« Consultez des négociants honnêtes et instruits sur la
« franchise de leur port. Celle que Louis XVIII leur a
« donnée est une franchise illusoire : les Marseillais s'en
« plaignent et ils ont raison. Un entrepôt réel est ce qui
« leur convient le mieux. Il y a beaucoup de brouillons
« dans ce pays ; n'en placez aucun. Donnez l'élan aux
« idées libérales, prononcez-vous contre les opinions ré-
« volutionnaires. Que tout tende à la liberté : que rien ne
« soit favorable à la licence. Écoutez les hommes qui ont
« toujours eu la même opinion : méprisez ceux qui ont

« été de tous les partis. Marseille a de braves gens : déli-
« vrez-les du joug de la horde d'assassins qui a tant de
« fois ensanglanté cette ville : que les chefs ou les agents
« de cette horde fixent votre attention et excitent votre
« courroux ; que leur règne soit fini. Plus de meurtres. Le
« bon citoyen doit respirer en paix sous l'égide des lois.
« Je désire aussi que vous fassiez quelque chose d'agréable
« aux Toulonnais : assurez-les de mon affection. Dites-
« leur que quand nous serons tranquilles j'irai les visiter.
« Enfin, portez-vous partout où vous croirez que votre
« présence pourra être utile aux intérêts de la patrie et
« aux miens : et quand vous aurez prévenu ou fait cesser
« toute espèce de déchirement, accourez là où je serai : je
« vous reverrai avec plaisir. Pons, voilà vos instructions :
« pénétrez-vous-en : je n'ai plus rien à ajouter. Cepen-
« dant, avant de vous quitter, je veux vous répéter encore
« que la mort vous menace, et qu'il est permis à un père
« de famille de ne pas vouloir affronter de sang-froid un
« péril éminent. Vous êtes toujours le maître de ne pas
« partir.

« — Votre Majesté ne m'enverrait donc pas à l'assaut
« d'une redoute ?

« — Le courage de la guerre est au-dessous de celui
« dont vous allez avoir besoin.

« — Sire, j'ai tous les genres de courage. Que Votre
« Majesté se repose sur moi. Je justifierai sa confiance.
« Je brave le danger. Je sais que Votre Majesté aura soin
« de ma famille ; voilà tout ce qu'il me faut.

« — Votre famille ! me feriez-vous l'outrage d'être inquiet
« sur son sort ? Sans doute elle serait bien malheureuse
« de votre perte ; mais son existence n'en serait pas moins
« honorablement assurée. Songez à vous seulement. Avez-
« vous quelque chose à me dire, à me demander ?

« — Je n'ai rien à demander à Votre Majesté, mais j'ai
« en effet quelque chose à lui dire, et je la supplie de
« m'entendre. Votre Majesté vient de m'observer, pour
« la dixième fois, que la mort me menaçait : je suis donc
« sur les bords de la tombe !.... Sire, au moment de des-
« cendre dans sa demeure éternelle, l'homme ne sait plus,
« ne peut plus faire entendre aux hommes que le langage
« austère de la vérité. Que Votre Majesté daigne me prêter
« l'oreille.... »

J'ai laissé parler l'Empereur. J'ai voulu que dans cet épanchement, l'un des plus remarquables de sa vie, et que je reprendrai encore par rapport au lieu de ma naissance, j'ai voulu, dis-je, que Sa Majesté se montrât au monde telle qu'Elle est. J'ai beaucoup retranché, je n'ai rien ajouté. Tout ce que j'ai supprimé, étranger aux motifs qui me font écrire ce mémoire, était également honorable et pour l'esprit et pour le cœur de Sa Majesté. Quels sentiments, quelle grandeur d'âme! Plaignons le malheureux qui, en me lisant, n'éprouverait pas le besoin d'aimer, de respecter l'infortuné Napoléon !

J'allais cependant lui faire des observations qui pouvaient ressembler à des reproches, mais, dans ces observations ou dans ces reproches, Sa Majesté ne pouvait trouver qu'une nouvelle preuve de ma fidélité, de mon dévouement. Expliquons ici quels ont été, quels sont mes principes politiques ; disons la conduite que j'ai tenue depuis vingt-cinq ans [1]. L'aurore de la Révolution me trouva dans cet âge de la vie où les passions se développent dans le cœur de l'homme. Je n'avais encore rien aimé : j'aimai, j'adorai la liberté. Je partageai longtemps l'erreur, pres-

---

[1]. Ce mot, auquel il ne faut pas d'ailleurs attribuer une valeur absolue, peut aider à fixer la date de composition de ce mémoire.

que générale, sur la possibilité de la république. Entraîné par le char révolutionnaire, je n'en fus pas moins l'ennemi déclaré et de Robespierre [1] et des lâches persécuteurs qui succédèrent à ce monstre. Je méprisai et j'attaquai le Directoire, mélange ridicule d'orgueil et de bassesse. Je me prononçai contre le dix-huit brumaire. Je m'attachai sincèrement au gouvernement des consuls. Je votai contre l'érection du trône impérial. Depuis cette dernière époque, tranquille au sein de ma famille, je me bornais à faire des vœux pour la liberté, la gloire et le bonheur de ma patrie. La patrie!.... Elle a toujours été, elle est toujours tout pour moi. Soldat, je l'ai servie en homme d'honneur; citoyen, je lui ai consacré mes faibles lumières; citoyen ou soldat, homme privé ou homme public, il n'est pas une seule action de ma vie qui ne porte l'empreinte de mon amour brûlant pour la patrie.

De ces principes, de cette conduite, il est facile de tirer la conséquence que je n'ai pas été constamment favorable à l'empereur Napoléon : cette conséquence est juste. J'ai loué l'Empereur quand j'ai cru qu'il faisait bien ; je l'ai blâmé quand j'ai cru qu'il faisait mal. Comme tant et tant d'autres Français, j'ai eu le tort de me laisser maîtriser par des apparences trompeuses et de porter de faux jugements.

C'est précisément sur ce que je croyais que Sa Majesté avait fait de mal que j'allais me permettre de l'entretenir. Sa Majesté m'avait déjà deviné: « Pons, me dit-Elle, ex-« primez librement tout ce que vous pensez : je vous sau-« rai autant de gré de votre franchise que de votre dé-« vouement. J'ai besoin que mes amis me fassent con-« naître la vérité. »

1. Voir l'introduction à ce sujet, d'après la *Biographie*.

Les malheurs de la France et la cause de ces malheurs : quel tableau déchirant j'osais rappeler au souvenir de Sa Majesté! Mais aussi quel moment favorable pour reporter les regards de l'Empereur sur le passé, et le prier de s'en faire une leçon pour l'avenir!.... Sa Majesté aidait Elle-même au développement des raisons que le patriotisme fournissait à mon faible talent; Elle ne dédaignait pas de justi..er sa conduite, de combattre mon opinion, de convenir de ses torts. C'est dans cette audience, ou plutôt dans cet épanchement, que j'irai sans cesse puiser, comme dans une source intarissable, et pour avoir de nouveaux motifs de la chérir et de nouvelles armes pour la défendre.

J'avais terminé mes réflexions par *observer* (sic) à l'Empereur que je regardais comme le principe de ses infortunes le système qu'il avait adopté d'éloigner de son auguste personne les patriotes probes et éclairés dont la Révolution avait immortalisé les noms, pour ne s'entourer presque exclusivement que de cette ancienne noblesse qui n'avait absolument plus rien de noble, et qui, à bien peu d'exceptions près, sans talent, sans civisme, incapable d'amour et de reconnaissance, n'éprouvait d'autre sentiment que la haine pour les hommes et pour les choses qui l'avaient élevé lui-même à la puissance impériale. Sa Majesté parut réfléchir un moment, et Elle me répondit ensuite : « Cela est vrai, et je suis d'autant plus répréhen-
« sible que je savais bien que le parti de Sylla n'avait
« jamais pardonné. » Français, écoutez et retenez bien ces paroles : *le parti de Sylla n'a jamais pardonné*. C'est pourtant à ce parti, à cet affreux parti qu'on veut soumettre notre destinée, la destinée de nos enfants, la destinée de nos neveux! Les longs malheurs que le régime féodal a fait peser sur le monde; les lumières éclatantes du siècle; la terrible révolution que vous avez faite pour

reconquérir les droits imprescriptibles que vous tenez de la nature ; le désir de tous les peuples de faire cesser la condition humiliante à laquelle l'orgueil a réduit une partie de l'espèce humaine ; l'exemple que plusieurs nations nous ont donné et celui que vous avez donné vous-mêmes, rien n'a pu convaincre les princes que les baïonnettes ennemies vous ont imposés de la nécessité de se soumettre à la volonté nationale. Insensés, qui croient qu'une nation est une propriété légitime dont on peut disposer comme on dispose d'une ferme qu'on a achetée! Les nations n'appartiennent qu'à elles-mêmes, et la légitimité des princes, cette légitimité dont dans ces derniers temps on a tant parlé, ne devient un droit qu'alors qu'elle est reconnue ou sanctionnée par le peuple de qui elle émane, et ce droit, ne vous y trompez pas, toujours dépendant de l'autorité qui l'a institué, ne donne que la simple faculté d'être à la tête de l'État pour faire exécuter les lois légalement établies. L'on hérite d'un patrimoine qui avait un propriétaire, et l'on a un droit légitime à cette succession, mais un peuple n'est point, ne peut point être le patrimoine de personne, et où il n'y a pas patrimoine, où il ne peut pas même en exister, il n'y a point d'héritage, et de ce qu'il n'y a point d'héritage, il en résulte nécessairement qu'il est absurde de vouloir imaginer une légitimité à l'hérédité.

Le moment de me séparer de l'Empereur était arrivé [1]. L'émotion de Sa Majesté était visible : la mienne était extrême : « Adieu, Pons, me dit le grand Napoléon en me tendant la main. Adieu : je fais des vœux pour vous. » Le père le plus tendre n'aurait pas prononcé ces dernières

---

1. Le 4 mars, Napoléon s'était fait délivrer la veille des passeports pour le chirurgien Émery, envoyé à Grenoble, et pour Pons.

paroles avec plus d'affection que n'en mit Sa Majesté en me les adressant. Mon auguste souverain faisait des vœux pour moi!.... Que devais-je donc faire pour lui? Me dévouer. Napoléon! j'étais tout à la patrie et tout à toi. Je me devais et je me consacrais à l'un et à l'autre. Dans mon amour, je confondais l'Empereur avec la France et la France avec l'Empereur.

Je sentais tout ce que ma mission avait de dangereux. L'expérience m'avait mis à même d'apprécier le peuple dans ses premiers moments d'effervescence et d'égarement. J'avais été témoin[1] des horreurs dont les Marseillais étaient capables. D'un instant à l'autre, je pouvais être livré aux poignards des assassins ou tomber sous la hache des bourreaux. Cela était effrayant; nonobstant, j'étais tranquille. J'aimais à me dire : je suis utile à mon pays et à mon prince : peu d'hommes auraient fait ce que j'ai fait pour eux. Mais en me séparant de l'Empereur, je me séparais aussi du respectable Drouot, que je m'étais accoutumé à aimer comme un frère; je me séparais de ces braves officiers de la garde impériale qui m'avaient tous donné des preuves d'attachement; je me séparais d'une foule de bons Français chers à mon cœur, et parmi lesquels je distinguais éminemment Peyrusse et Galéazzini; cette séparation devait m'être et m'était pénible. Chers compagnons, alors de gloire et peut-être maintenant d'infortune, si de cette terre étrangère où l'hospitalité est loin d'être la vertu favorite des hommes qui y sont investis de l'autorité, mes accents peuvent parvenir jusqu'à vous, recevez avec intérêt le nouveau témoignage d'amitié que je me plais à vous donner. Aimez-moi comme je vous aime! Aimons ensemble l'auguste et infortuné Napoléon! Que le

---

[1]. Au siège et à la prise de Toulon.

souvenir des jours que nous avons passés auprès de lui ne s'efface jamais de notre mémoire! Redisons sans cesse quelle est la grandeur de son génie, la noblesse de son caractère, la beauté de son âme, les douces affections de son cœur. Que, forte de la vérité, notre voix détruise l'erreur commune des peuples et des rois; que dis-je? les peuples ne sont point trompés : l'erreur n'a d'empire que sur les trônes et autour des trônes; c'est là et de là que tour à tour, esclave ou tyran de l'imposture, du mensonge, de la jalousie et de l'envie, elle exerce ses ravages sur l'univers. Eh bien, osons parler aux rois! Disons-leur que l'erreur qui les égare aujourd'hui pourra demain, entraînée par d'autres passions également honteuses, ourdir contre eux un nouveau voile qui cache ce qu'il y a de bon dans leur vie, ne permettra de voir que ce qu'elle croira y trouver de mauvais. La loi du talion peut frapper également et celui qui commande et celui qui obéit. O mes chers compagnons! soyons fidèles : l'honneur nous en impose le devoir. C'est à nous qu'il appartient plus particulièrement de prouver, par un exemple soutenu, la pureté des sentiments que l'empereur Napoléon inspirait aux personnes honnêtes qui avaient le bonheur de l'approcher. Un jour viendra, et ce jour n'est peut-être pas bien éloigné, où la France recommandera honorablement à la postérité ceux de ses enfants qui ont su échapper à la contagion d'ingratitude qui a flétri la plupart des individus que Sa Majesté avait comblés de ses bienfaits.

Mais quel est donc le but du génie inflexible qui, pour l'infortune de la France, de l'humanité, s'acharne à égarer l'opinion sur les vertus du héros que ses malheurs avaient presque rendu l'homme de la perfection?.... Quelqu'un espère-t-il s'emparer de cette puissance morale que l'Empereur exerçait sur tous les esprits? L'Europe a-t-elle un digne rival de Napoléon? Qui peut s'élever ou veut s'élever à ce degré de gloire que le monarque français avait atteint? La nature, cette fois plus prodigue qu'elle n'a jamais été, nous a-t-elle donné tout à la fois deux êtres aussi extraordinaires? Non, je ne vois rien de cela [1].... : la nature suit sa marche ordinaire. Des siècles et des siècles séparent les époques où elle paraît s'éloigner de son cours habituel. Sans doute l'Europe a de grands hommes, mais Napoléon est pour eux ce qu'Alexandre, César, Charlemagne, ont été pour les hommes illustres de leur temps. Les revers que Sa Majesté a éprouvés ne détruisent pas cette vérité. Ces revers sont les effets d'une cause que la postérité connaîtra et jugera bien mieux que nous. Plût au Ciel que la génération actuelle fût aussi juste que les générations qui la suivront!

Me voilà enfin séparé et déjà loin de mon prince, de mes amis, de mes compagnons. Livré à un guide que tout troublait, même le silence qui régnait autour de nous, qui ne savait m'entretenir que des crimes qu'il avait vu commettre à Marseille, et qui croyait toujours voir les bandes marseillaises, j'avançais rapidement, aussi impatient de me débarrasser de mon pilote territorial que de me rendre à ma destination. Pourtant, et malgré sa peur, Antoine était un bon homme; son fils, sergent dans la garde, me garantissait que je pouvais avoir une entière confiance en lui; mais sa faiblesse me faisant craindre, j'avais dû lui prescrire de ne point se trouver à mes côtés en cas de rencontre de troupes, et, dans tous les cas, si nous étions arrêtés, de déclarer que je lui étais inconnu.

Au premier village que nous dûmes traverser, M. le maire, décoré du Lis, m'invita à me rendre à la commune.

---

[1]. Quatre lignes raturées et indéchiffrables.

Là, ce chevalier d'un ordre dont le rapide avilissement prouvait le vice de la création *(sic)* m'interrogea gravement et longuement. J'inventai ma fable, et le magistrat me permit de continuer ma route.

Je rejoignis mon guide Antoine, qui m'attendait sur le grand chemin ; il commençait à être inquiet. Dès qu'il me vit, il vint à ma rencontre, me toucha la main avec intérêt, et m'assura que c'était d'un bon augure que je me fusse tiré si facilement des mains « de cet aristocrate de maire » qui m'avait arrêté : « Oh ! continua-t-il, s'ils n'a-
« vaient été que deux dans le village, je ne serais pas tant
« resté ici. Je suis bon pour un. » Même dans les moments les plus difficiles de la vie, l'homme qui, avec des intentions pures, remplit une tâche honorable, a une tendance naturelle à la gaieté : le courage d'Antoine me fit rire. J'étais tout joyeux d'apprendre qu'ensemble nous étions bons pour deux ; car, comme lui, je croyais en valoir un autre. Je tournai l'endroit où le maréchal de camp Loverdo avait établi son quartier général. Avant d'arriver à ce poste, je m'étais croisé avec deux soldats qui avaient quitté leur corps pour aller joindre l'Empereur, et qui, en m'abordant, m'avaient rondement demandé : « Où est Napoléon ? » J'avais voulu faire quelques observations à ces braves sur le danger de leur isolement, mais ils les avaient mal reçues, et, les voyant décidés, je leur avais donné de l'argent pour continuer leur route. Celui qui reçut ce secours me dit, en me regardant fixement : « Je crois que vous êtes des nôtres. » Il me fut impossible de ne pas lui répondre d'un ton affirmatif : « Cela se pourrait bien. » Tous deux me comprirent et me souhaitèrent un heureux voyage. Ils indiquèrent à mon guide les points qu'il devait me faire éviter.

La journée s'écoula sans mésaventure. La nuit était

arrivée et nous n'avions pas encore fait halte. J'étais à jeun; les chevaux n'avaient rien mangé, et Antoine, qui était également pressé par la faim, parlait de trouver un gîte, quand nous entendîmes le tambour. Mon pauvre Antoine n'eut plus appétit (sic). Il me fit prendre un chemin de traverse, me conduisit au bord d'une rivière, et ne respira qu'alors que nous eûmes passé le bac. L'obscurité ou la peur le fit égarer, et ce n'est qu'après mille tours et mille détours, après avoir resté et resté encore (sic), que nous arrivâmes, à onze heures du soir, dans une auberge de campagne, où nous dévorâmes tout ce qu'on mit sur la table.

Quoique mon guide et moi eussions besoin de repos, nous aurions facilement continué notre marche nocturne; mais nos chevaux étaient encore plus fatigués que nous, et il n'y avait pas moyen de les remplacer : nous dûmes forcément nous arrêter.

Là, nous apprîmes que, trompant le peuple sur la véritable cause de la mesure qu'on prenait, dans la matinée on avait mis en réquisition l'élite de la garde nationale pour aller au-devant de Monsieur le comte d'Artois, qui arrivait[1] dans le département par la route des Alpes; mais que le bruit s'étant répandu que Napoléon avait débarqué au golfe Jouan, plusieurs cantons s'étaient refusés à donner leur contingent, et qu'on attendait à chaque instant de nouveaux ordres. Le narrateur de ce fait très curieux était un vélite de la garde : cela seul dit qu'il aimait l'Empereur. Peut-être laissai-je trop percer le plaisir que j'éprouvais à l'entendre parler de Sa Majesté. Nous étions dans le département du Var : on se plaignait du préfet[2] et

---

1. Cette nouvelle était absolument controuvée.
2. Le royaliste M. de Bouthillier.

l'on craignait son emportement. On tremblait de la seule idée des désordres que les Marseillais commettraient partout où ils passeraient. L'aubergiste, adjoint au maire, me jura qu'il aimerait mieux avoir dans la commune un bataillon de Russes qu'une des compagnies qu'on faisait partir de Marseille ; il n'y avait pas deux jours qu'il avait quitté cette ville.

Je m'étais mis en garde contre toute surprise, et ensuite livré au sommeil ; mais à peine avais-je clos la paupière, qu'Antoine vint m'éveiller : « Monsieur, me dit-il « tout effrayé, vous êtes découvert ; la femme de notre « hôte vient de me confier que vous êtes un général de « Napoléon ; de toutes parts l'on entend le tambour : par« tons, gagnons les champs. » Dans un clin d'œil je fus à cheval. En sortant de l'écurie, je rencontrai le vélite ; il venait me trouver, et il me pressa de m'éloigner très vite. Je lui demandai ce qu'il craignait pour moi et pourquoi il craignait ; il me répondit que, dans la nuit, le maire de la commune était venu trouver son adjoint et lui communiquer un arrêté qui mettait toute la garde nationale en réquisition, pour la faire partir dans la matinée ; que sur ce qu'on lui avait dit de moi, il s'était mis en tête que j'étais envoyé par l'Empereur, et qu'il fallait s'assurer de ma personne dès que la troupe civique serait réunie. Le point de réunion était précisément le hameau où je me trouvais. Le péril devenait pressant. Je témoignai ma gratitude au brave jeune homme, je lui donnai mon nom et je suivis son conseil.

A trois cents pas de là, nous trouvâmes le premier détachement qui se rendait au lieu indiqué ; il m'avait été impossible de l'éviter ; mais il était peu nombreux, et j'étais décidé à lui passer sur le corps s'il voulait m'empêcher d'aller en avant. Bientôt il nous cria : « Qui vive ? » Mon guide répondit en patois provençal, et nous avançâmes. J'avais mes pistolets montés. L'officier nous demanda s'il y avait déjà du monde au hameau; sur notre réponse négative, quelqu'un qui était à son côté lui dit de très mauvaise humeur : « Tu n'as pas voulu me croire; je savais « bien que les autres ne seraient pas si bêtes d'obéir aveu- « glément à MM. les nobles, qui nous font marcher, tandis « que pas un d'eux ne marche. » Je n'avais pas de temps à perdre; je saluai ces messieurs et je les quittai.

Avant le jour, nous rencontrâmes encore un autre petit peloton d'hommes armés; ils ne firent pas beaucoup d'attention à nous, et je leur en sus bon gré. J'avais entendu qu'ils prononçaient le nom de Sa Majesté et je n'avais pas pu comprendre dans quel sens on en parlait; mon guide, que j'avais laissé un peu en arrière, m'apprit, en me rejoignant, que ce détachement était tout composé de napoléonistes, et qu'il n'avait pas voulu marcher avec le détachement d'un autre village qui était du parti du roi.

Les premiers rayons de l'aurore commençaient à dissiper les ténèbres de la nuit, et partout autour de nous, le bruit du tambour semblait provoquer le retour de l'astre vivificateur dont la présence rend la clarté à la terre [1]; Antoine ne pensait pas de même; il aurait voulu, tel que Josué, avoir la puissance de commander au soleil de suspendre son cours; mais, insensible aux vœux de mon timide conducteur, Phébus eut bientôt franchi l'horizon, et un nouveau jour vint luire pour nous : il ne devait pas être le moins mémorable de ma vie.

Nous étions obligés de traverser un village où je savais qu'il y avait une brigade de gendarmerie; je n'étais pas sans inquiétude pour ce passage. Déjà nous approchions.

1. Pons, on le voit, tient à cette solennelle métaphore.

Un officier, portant l'étoile de la Légion d'honneur, venait de notre côté. Antoine, qui l'observait et qui avait de meilleurs yeux que moi, s'aperçut que ce militaire n'avait point de *lis*, et, fondant son opinion sur cette découverte, il m'assura que c'était un partisan de Napoléon. Antoine ne se trompait pas : dès que ce brave m'eut approché, il s'élança sur moi avec une démonstration de joie tellement marquée que mon guide sembla en être tout étourdi. C'était un capitaine qui avait été en garnison à l'île d'Elbe, et auquel j'avais eu le bonheur de rendre un service essentiel. Cette rencontre me fut tout à la fois agréable et utile ; le maréchal des logis qui commandait la gendarmerie que nous allions trouver me devait son avancement, et me conservait beaucoup de reconnaissance. Le capitaine retourna sur ses pas pour aller le prévenir, afin qu'il ne fût pas trop surpris en me voyant. Mes craintes du moment furent dissipées. Je passai dans le village sous la protection de ces messieurs, et personne ne se douta de rien, quoique tout fût en action de curiosité.

Je désirais de connaître la véritable situation morale des esprits à l'égard de l'Empereur, et un heureux hasard me faisait trouver deux personnes qui étaient parfaitement à même de me donner les détails les plus précis. Je voulus profiter de tout ce que cette circonstance avait de favorable pour ma mission. Il aurait été inutile de jouer au fin avec de vieux soldats de Napoléon : ceux-ci s'étaient montrés à moi dans la plus noble confiance, je leur devais une confiance égale. Le capitaine avait versé des larmes en me parlant du retour du héros, le maréchal des logis était enthousiasmé. Nous nous retirâmes dans une ferme écartée de la route.

Le maréchal des logis me prouva, par une foule de faits dont il avait été le témoin oculaire, que l'immense majo-

rité des habitants du Var était pour l'empereur Napoléon :
« Cela est si vrai, me dit-il avec l'accent de la conviction,
« que malgré tout ce qu'on a imaginé pour donner une
« impulsion royale à l'esprit public, on ne cite qu'un très
« petit nombre de communes qui, subjuguées par leurs
« maires, osent se montrer ouvertement pour les Bour-
« bons. » Il me répéta, et le capitaine me confirma aussi,
ce que, la nuit précédente, le vélite m'avait raconté de la
supercherie dont on avait dû user pour donner le premier
élan à la garde nationale ; et il ajouta que pour parvenir
à faire armer totalement les campagnes, on menaçait de
la vengeance des Marseillais tous les endroits qui étaient
encore en retard. J'examinai avec beaucoup de soin si
cette opinion n'était pas influencée par la haine de parti ;
mais le maréchal des logis opposa tant de raisons, et de si
bonnes raisons, à toutes les observations que je lui faisais, qu'il finit par me faire partager sa manière de penser.

Le capitaine était un homme d'un grand sens et d'une
longue expérience. Il connaissait bien le département [des
Bouches] du Rhône, où j'allais entrer : « Ce département,
« me dit ce brave, ne vaut pas celui du Var ; mais il n'est
« pas aussi mauvais qu'on affecte de le dire, afin de le faire
« croire. Il y a beaucoup de bons citoyens et beaucoup de
« militaires retirés ; cet ensemble forme une force impo-
« sante, qui se serait déjà montrée si elle avait su trouver
« un point d'appui dans quelque autorité. Marseille est en
« feu, moins parce qu'elle est prononcée contre l'Empereur
« que parce qu'on y a lâché la bride à tout ce qu'on peut,
« sans exagération, appeler la canaille. Vous aurez beau-
« coup à craindre aux approches de cette ville : ce serait
« un malheur si vous étiez reconnu ; on vous écharperait.
« Quoique Aix soit aussi dans un grand mouvement, la

« garde urbaine n'y est pas encore foulée par l'anarchie ;
« mais les Marseillais vont y arriver, et ils mettront cette
« cité au niveau de la leur ; ainsi, il faut éviter d'y passer
« ou n'y passer qu'avec précaution. En général, en par-
« tant d'ici, vous devez fuir toute force armée, à moins
« que ce ne soit de la troupe de ligne. Tous les régiments
« qui sont dans la Provence sont excellents, et Napoléon
« peut compter sur eux comme sur moi. Si l'esprit libéral
« reprend le dessus dans cette contrée, il n'y a pas de
« doute qu'on ne parviendra plus à l'enchaîner, car les
« royalistes ont si mal usé de la victoire qu'ils se sont
« aliéné même les partisans qu'ils avaient à l'époque pro-
« longée de leurs revers. »

Reconnaissant et de l'accueil qu'ils m'avaient fait et des renseignements qu'ils m'avaient donnés, je dis adieu à ces deux bons Français.

La vie de l'homme est un mélange continuel de peines et de plaisirs : heureux si la somme des plaisirs égalait celle des peines !..... Je venais d'éprouver un instant de jouissance, et je touchais à un moment de chagrin.

J'avais dû me déranger de ma route, et j'étais obligé à continuer encore les sentiers détournés. En passant devant une église isolée, une femme couverte de haillons me demanda l'aumône, et me la demanda d'une manière si touchante, que, n'ayant pas de monnaie à lui donner, je lui fis la charité d'une pièce d'argent. Cette infortunée, étonnée de ma bienfaisance, m'assurait qu'elle ne cesserait jamais de prier Dieu pour moi et pour ma famille : je lui dis de faire aussi des prières pour l'empereur Napoléon. Comme je ne voyais personne, je ne croyais pas avoir commis une imprudence ; j'étais dans l'erreur. A ce mot de Napoléon, la porte du temple s'ouvrit, et un prêtre qui se présenta parut parler avec empressement à la

malheureuse dont je m'étais plu à adoucir la misère. Un instant après ce prêtre marchait à pas redoublés vers le village. Antoine se fâcha tout de bon contre moi ; sa colère était ridicule, mais le motif de sa colère, la crainte, était fondé : il tremblait que M. l'abbé ne nous jouât quelque mauvais tour. Je le blâmais de cette idée, et intérieurement je pensais comme lui. Il y avait environ une heure que cet événement avait eu lieu, nous venions de reprendre le grand chemin. Mon guide voit s'avancer, du côté de Digne, un homme d'une hauteur démesurée, et qui paraissait extrêmement pressé. Aussitôt il devient pâle, et ses yeux s'enflamment de colère : « Monsieur, me crie-
« t-il, voyez-vous ce coquin ? eh bien, c'est lui qu'on a en-
« voyé pour vous faire arrêter. Cassons-lui bras et jambes
« et laissons-le là : il vaut mieux tuer le diable que si le
« diable vous tue. » Quelle affreuse opinion ! Quel monstrueux conseil ! Mes cheveux se hérissèrent et mon sang se bouleversa. Je ne crois pas que de ma vie aucune impression ait produit sur moi un effet plus terrible : assassiner un homme parce qu'il pouvait me nuire !.... Voilà bien le caractère des lâches ! Ils sont toujours cruels. Antoine se repentit bientôt de ce qu'il venait de me proposer ; mais il n'en était pas moins effrayé, et son effroi continuant à troubler sa raison, il voulait que nous liassions à un arbre l'individu qui lui inspirait cette terreur panique, et dont, malgré la lassitude de nos chevaux, il nous était facile de doubler la vitesse [1]. Ne pouvant me décider au mal, il imagina un expédient pour tromper le courrier piéton, et comme cet expédient n'avait rien de nuisible, je le laissai faire : « Ce courrier est un Avignon-

---

1. Cette phrase baroque et ambiguë veut dire que Pons et son guide pouvaient aller deux fois plus vite que l'inconnu.

« nais, me dit-il, nous nous connaissons : je vais l'atten-
« dre. Je lui demanderai de m'enseigner la traverse qu'on
« prend pour aller à Avignon sans passer à Aix. Je lui
« dirai confidentiellement que nous nous rendons à
« Nîmes; il fera ce rapport, et tandis qu'on vous cher-
« chera à droite, vous irez à gauche. Dès que je vous aurai
« rejoint, nous forcerons notre marche, et nous serons
« voisins de Marseille avant qu'on ait pensé à vous courir
« après. » L'arrangement n'était pas mauvais : je m'y con-
formai.

Antoine m'eut rejoint au bout d'un gros quart d'heure.
Je sus par lui que ses craintes étaient bien fondées ; que
le piéton qui en avait été la cause était parti du village
où j'avais fait l'aumône, et qu'il était porteur d'une lettre
du maire pour le président du tribunal ; que le maire lui
avait ordonné de faire vite, et que le prêtre, qui était un
méchant, lui avait recommandé de me dépasser, de m'examiner, et de me faire reconnaître ; qu'en nous voyant de
loin, il nous avait reconnus et avait eu peur; que d'ailleurs, pensant que j'étais un honnête homme parce que
j'étais généreux pour les pauvres, il ne se souciait pas de
me faire du mal; qu'il s'arrêterait au premier pays pour
nous laisser aller en avant; que lui ayant ajouté « Si
j'avais parlé à ce monsieur, peut-être m'aurait-il aussi
donné quelque chose, » il lui avait donné pour moi un écu
de cinq francs. Cela était fort bon, mais je ne devais pas
m'y fier, et nous continuâmes à aller comme si nous étions
réellement poursuivis.

Nous traversâmes heureusement la ville d'Aix. On y
attendait l'armée marseillaise, que nous rencontrâmes
bientôt. Le bouleversement était général; cela me favorisait.

Ce qu'on appelait l'armée marseillaise ne me sembla

qu'une réunion de cannibales altérés de sang humain. Je m'étais retiré dans un champ pour éviter le premier bataillon que nous trouvâmes, et malgré que je m'attendisse au débordement de toute la frénésie des passions, j'avoue que je fus ébahi des vociférations que les Lis pouvaient inspirer aux plus ardents défenseurs de leur cause. Deux traînards de ce bataillon, que le souffle d'un brave pouvait renverser, s'approchèrent de moi pour crier : « Vive le Roi! Mort à Napoléon! » Je dus les mépriser et me taire.... Dans un cabaret où la prudence nous fit entrer sous le prétexte de nous rafraîchir, nous entendîmes une de ces furies qui ont si horriblement souillé la Révolution parler du massacre des napoléonistes comme d'une chose qui était décidée, et à l'exécution de laquelle elle espérait bien prendre part. Je demandai à ce monstre comment il pouvait se faire que dans une ville telle que Marseille, il y eût des napoléonistes? Elle me répondit : « Eh! mon « Dieu! tous ceux qui ont été à l'armée ou qui ont acheté « des biens nationaux sont pour l'Empereur. » Je lui demandai encore si ces gens-là lui avaient fait du mal : « Ce n'est pas l'embarras, me répondit-elle, ils ne m'ont « rien fait, mais...., » et la mégère ne voulut pas ajouter un mot de plus à ce *mais*. Non loin de cet endroit et presque au même moment où je parlais à cette harpie, on meurtrissait de coups un pauvre soldat qui n'avait pas voulu crier : « Mort à Napoléon! » C'est sous ces tristes auspices que j'arrivai à Marseille pendant le crépuscule du soir. J'avais congédié Antoine avant d'entrer en ville....

Enfin, j'étais dans le palais du prince d'Essling[1]. Le

---

1. Dans sa *Biographie*, Pons dit s'être présenté à Masséna sous le personnage d'un marchand de toile. Tout ce qui suit, — et Pons y parle avec une véracité indubitable, — réduit à néant les hypothèses sur les rapports de Napoléon, de Masséna et de Pons pendant le règne de l'île d'Elbe, aux-

bruit que j'entendais dans le salon me fit penser que le maréchal était en nombreuse compagnie. Devais-je lui faire dire que je désirais de l'entretenir en particulier, ou devais-je attendre, pour le voir, que la société fût séparée ? Les hommes qui ont l'habitude de juger de ce qui devait se faire par le résultat de ce qui a été fait vont me répondre : vous deviez attendre. Mais le temps me pressait ; l'assemblée pouvait se prolonger ; je n'avais aucun moyen d'écrire. L'impatience l'emporta, et je fis prévenir le prince par son valet de chambre que quelqu'un, « qu'il connaissait beaucoup et qui ne pouvait parler qu'à lui seul, » avait quelque chose d'intéressant à lui confier. Le valet de chambre fit bien sa commission. Malheureusement, le maréchal, embarrassé dans une discussion qu'il ne pouvait pas quitter, m'envoya son fils.

Le jeune Masséna a une maladie morale qui tient peut-être à la faiblesse de sa constitution physique ; cette maladie est une imagination noire qui le rend d'une méfiance extrême, même pour les personnes que son père a l'habitude de voir dans l'intimité ; je ne pouvais pas tomber plus mal. Il y avait six ans que le fils du maréchal m'avait perdu de vue, et, à son âge, six ans équivalent, pour l'oubli, à la longueur de six siècles. Cependant je me rappelai à son souvenir d'une manière telle qu'il lui était im-

---

quelles M. Jules Viguier a voulu donner corps dans un intéressant article sur *Masséna et le retour de l'île d'Elbe* (*Révolution française*, t. XXIV, p. 247). Il est curieux de rapprocher de ce que Pons a su de la politique de Masséna ce que la population marseillaise a su de la mission de Pons auprès de ce maréchal. Sa réception par Masséna fut un des principaux arguments que l'opinion royaliste et les rédacteurs de ces pamphlets qu'on appelle *les Massénaires* produisirent contre le duc de Rivoli. On peut citer comme présentant le tableau le plus complet de ces parcelles de vérité connues dans le public marseillais la déclaration de Jean-Baptiste Vincent, de Marseille, sur « l'infâme trahison du maréchal Masséna » (dont il était l'ennemi personnel). (Dossier Masséna, archives des Bouches-du-Rhône. V. pièces justificatives, n° 21.)

possible de ne pas me reconnaître, et je le priai d'instruire secrètement le prince « que j'étais là, qu'il était important que je l'entretinsse de suite et sans témoins. » Nonobstant, il rentra dans le salon, et à haute voix, au milieu de cinquante individus attentifs à tout ce qui se passait, il répéta au maréchal ce que je venais de lui confier. Tout fut perdu!.... Le prince dut sentir profondément l'imprudence que son fils avait commise; il vint lui-même me prendre, et quand il m'aborda, il me fut très facile de lire sur sa figure ce qui se passait dans son âme. Le maréchal Masséna ne m'embrassa point, et il m'appela *Monsieur Pons*. Je n'étais point accoutumé, de sa part, à cette froideur et à ce langage, et comme je ne le mettais pas au nombre des grands ordinaires, c'est-à-dire que je ne lui supposais pas les ridicules oublis qui se font si fréquemment remarquer parmi les favoris de la fortune, je fus affecté de son accueil, jusqu'à ce que ma raison, faisant taire ma fierté, m'eût fait sentir que, dans un moment aussi difficile, il y aurait eu de l'imprudence à m'accueillir autrement.

Le prince, silencieux, me fit traverser une foule plus silencieuse encore, et me conduisit dans la pièce voisine du salon. Là, nous eûmes ensemble le court, très court colloque suivant. Le prince était d'une agitation extrême, et moi d'un calme parfait : « Malheureux! qu'êtes-vous « venu faire ici? — Mon devoir, et vous engager à faire « le vôtre. — Ne croyez pas que je sois pour Napoléon. « — Vous n'êtes donc pas pour la France? — Je suis « fidèle au Roi. — Avant tout, soyez fidèle à l'honneur et « à la gloire de la nation. — Napoléon croit-il réussir? « — Pouvez-vous croire qu'il ne réussira pas? — Que « veut-il? — Faire cesser l'humiliation des Français et « l'esclavage de la patrie. — Il m'a tant fait de mal! —

« Il vous a fait tant de bien! — Je ne connais que les
« obligations que mon état m'impose. — Gardez-vous de
« méconnaître celles bien plus sacrées que vous avez
« contractées envers votre pays! — Mon pays, je l'ai tou-
« jours servi honorablement! — Le moment est venu de
« le servir plus honorablement encore. — Entouré d'es-
« pions, il m'est impossible de vous parler davantage
« sans me compromettre. Je vais faire entrer quelqu'un.
« — Monsieur le maréchal, songez que c'est comme votre
« ami que je suis venu me jeter dans vos bras. — Je suis
« incapable d'une mauvaise action. Mais quelle raison
« allez-vous donner pour justifier la nécessité de votre
« voyage? — Je dirai que j'ai déserté l'armée impériale,
« et que je suis venu me mettre sous votre protection. —
« C'est bien pensé. — Prince, encore une parole : au nom
« de Dieu, écoutez un ami vrai, un homme d'honneur!
« Dépouillez-vous de vos ressentiments, et ne vous char-
« gez pas du terrible fardeau d'une guerre civile. Napo-
« léon ne veut point verser du sang français : imitez-le,
« ne soyez pas l'instrument de ceux qui ne mettent aucun
« prix à ce sang précieux. Maréchal, écoutez-moi! — Je
« vous ai déjà trop écouté : je ne puis plus vous entendre.
« Je ne servirai point Napoléon. Je défendrai le poste qui
« m'est confié. Voilà mon dernier mot. » Le prince ouvrit
la porte [1].

Parmi les personnes que le maréchal appela, je reconnus le lieutenant général Ernouf. — Ernouf, jadis l'un
des premiers républicains de l'armée de Sambre-et-Meuse,
et alors l'un des premiers royalistes de la VIIIe division
militaire!

---

[1]. Si ce récit est fidèle, il en appert que Masséna était alors sincèrement
disposé à soutenir la monarchie, et par là tombe l'hypothèse de son entente
antérieure avec Napoléon.

Ici commença un long interrogatoire, auquel je répondis assez maladroitement, car il m'arrivait fréquemment d'oublier que j'étais un déserteur.

L'Empereur m'avait autorisé à dire tout ce que je voudrais, même contre lui ; mais plus la bonté de Sa Majesté avait été grande, et plus je me devais de m'en rendre digne en mesurant toutes les expressions dont Elle pouvait être l'objet.

Quand on fut fatigué de questionner, on me laissa respirer. Le prince se leva, parla au général Errouf et au vicomte de Bruges, et venant ensuite à moi, il m'observa, d'un ton affectueux, que ne me faisant pas mettre en prison, je le compromettrais si j'allais m'évader : « Prince, lui répondis-je, je suis incapable de vous compromettre ; je vous promets de ne pas faire un seul pas sans votre permission ; vous savez qu'on peut compter sur ma promesse. — Elle me suffit, » me dit le maréchal, et il me confia à la surveillance amicale et protectrice du commissaire des guerres, Robert, l'un des hommes les plus estimables que je connaisse. Robert [1] croyait qu'en effet j'avais abandonné l'empereur Napoléon.

On concevra facilement que j'avais besoin de repos. Le bon Robert m'avait laissé seul [2] ; je m'étais couché et je dormais à pleins yeux, quand je fus éveillé par des coups qu'on frappait à ma porte. Appelé par mon nom et par une voix qui ne me semblait pas inconnue, je me levai pour aller ouvrir [3]....

---

1. Pons l'appelle Grobert, mais les interrogatoires de l'enquête contre Masséna (1815-1816) lui rendent son vrai nom : Robert. C'était un homme de confiance de Masséna. Il était chargé de sa correspondance. On lui attribua la rédaction de la première proclamation de Masséna en faveur de Napoléon.

2. Après l'avoir conduit à l'hôtel Franklin, rue Beauvau.

3. Deux lignes raturées et indéchiffrables. Il y a du reste ici une lacune,

J'étais à peine revenu de l'émotion que cette entrevue m'avait fait éprouver, que mon cher geôlier, Robert, entra dans mon appartement, ou plutôt dans le sien, car c'était chez lui que j'étais. Sa figure m'annonçait quelque mauvaise nouvelle. Mon parti était pris : rien ne pouvait me faire trembler. Je lui cachai ce que je venais d'apprendre, et je provoquai ce qu'il avait à me dire. Par prudence ou par crainte, Robert me tut tout ce qui se passait de sinistre ; mais, en sa présence, je reçus un billet, ce qui l'étonna, et ce dont je parus être moi-même étonné : c'était encore là l'ouvrage de l'amitié ! Je dis à Robert que si le contenu de ce billet était mon secret, je le lui communiquerais. Robert avait trop d'esprit pour ne pas comprendre que je le priais de ne pas m'en demander la lecture : il ne me demanda rien.

« Toutes les autorités en permanence, contenait cet
« écrit, instruites qu'il était arrivé un général de l'empe-
« reur Napoléon, — titre qu'on te donne parce qu'il sonne
« davantage à l'oreille du peuple, — se sont empressées
« d'envoyer des députations au prince d'Essling ; ces dépu-
« tations, réunies, ont formé un club ; ce club s'est érigé
« en tribunal, et ce tribunal s'attribue le droit de te juger
« et de te condamner, ce qui, pour lui, est une seule et
« même chose. Le marquis de Rivière, commissaire du
« Roi, trouve *que la mort est le moyen le plus expéditif*
« *pour se défaire de quelqu'un qui embarrasse.* On veut
« t'assassiner : tu es délié de ta promesse. Sauve-toi. Tu
« sais le rendez-vous. Brûle ce papier. »

constatée et, par une singulière négligence, non comblée par Pons : « Il y a une feuille qui manque à la fin du cahier n° 14, et je ne sais comment cela s'est fait. Dans cette feuille, je disais que des patriotes impériaux étaient venus pour m'enlever et que je n'avais pas voulu consentir à leur proposition, pour la raison que j'avais donné parole au maréchal de ne pas m'évader. »

Ce Rivière, le même à qui l'Empereur avait fait grâce de la vie [1], affichant, comme le Tartufe de Molière, des dehors de sainteté, allait chaque jour, très ostensiblement, à la messe. Mais, malgré toute son apparence de piété, ce n'en était pas moins un méchant homme, qui ne connaissait de la justice que ce qui pouvait servir de pâture à sa vengeance ; et tout ce que j'avais appris de l'extrême dévotion du gouvernement royal ne pouvait pas me faire comprendre qu'il poussât l'oubli des convenances jusqu'à se faire représenter par un personnage étranger à tout sentiment de justice.

Le pauvre Robert, tout triste, m'ordonna, de la part du prince, de *déclarer par écrit les causes qui m'avaient fait abandonner l'armée de l'Empereur :* « Vous êtes bien « malheureux, me dit bonnement cet honnête Robert ; tout « ce qu'il y a de gens en place ne veut pas se lever *(sic)* « de la tête que vous avez une mission de la part de Na- « poléon. »

Je fis cette déclaration, qu'on publia par extrait dans les journaux du 17 mars 1815, c'est-à-dire qu'on supprima précisément ce que je voulais faire connaître.

Mais de ce que ma déclaration n'était pas publiquement connue dans son entier, il n'en résultait point que la manière dont je l'avais rédigée n'eût pas produit l'effet que je m'en étais promis, celui de paralyser toutes les mesures que le maréchal Masséna pouvait avoir prises, ou qu'il pouvait avoir l'intention de prendre, contre l'Empereur, mon souverain légitime.

Le bref abouchement que j'avais eu avec le prince d'Essling m'avait convaincu que Sa Majesté ne devait compter sur lui qu'alors que, remontée sur le trône na-

---

[1]. Dans la conspiration Cadoudal-Polignac.

tional, Elle le rappellerait à son service. Dès ce moment, surtout quand le maréchal m'eut déclaré qu'il voulait m'entendre devant des fonctionnaires que je savais être des hommes extrêmement passionnés, j'avais dû mesurer, et j'avais mesuré toute la conséquence de mes réponses aux questions multipliées, et parfois insidieuses, dont il m'accablait. Je répétai par écrit ce que j'avais dit de vive voix, et particulièrement :

1° Que l'empereur Napoléon comptait entièrement sur le dévouement des troupes qui étaient sous les ordres du maréchal Masséna ;

2° Que la garnison de Corse, augmentée d'un corps considérable de volontaires, devait être en route pour débarquer sur un point indiqué de la côte de Provence.

Ainsi je faisais craindre au maréchal et une descente considérable dans son gouvernement et une défection dans la force armée qu'il commandait. Cela devait nécessairement l'embarrasser.

Cependant je n'inventais rien. Ma déclaration à cet égard était absolument vraie ; du moins, elle était conforme à ce que l'Empereur m'avait confié.

Robert me quitta pour porter au prince cette espèce de procès-verbal que j'avais dû faire.

J'observai qu'en s'en allant il avait fermé la porte et pris la clef : cela m'intrigua. Était-ce par mégarde, ou avec intention, que le brave Robert m'avait mis pour ainsi dire sous les verrous ?.... Le maréchal lui avait-il donné des ordres ?.... Robert était un homme délicat. Il ne se serait pas chargé de me garder comme prisonnier. Le maréchal était un homme d'honneur. Il m'avait assuré qu'*il était incapable d'une mauvaise action*, et je n'avais pas besoin qu'il me donnât cette assurance. C'est sur cela seulement que, fixant mon attention, je repris ma tranquillité, et que, renonçant à toute espèce de tentative pour me sauver, je me livrai de nouveau au sommeil. Quand Robert revint, je dormais si profondément que je ne l'entendis pas ; et, son aimable obligeance respectant mon repos, ce ne fut que quand je m'éveillai qu'il m'annonça que j'étais prisonnier d'État, et qu'on allait me conduire au château d'If.

Robert, qui, je le répète, est un des hommes les plus estimables que je connaisse, est entièrement dévoué de cœur au maréchal Masséna. Il employa tout son savoir pour me prouver que le prince me sauvait la vie en m'enfermant dans un fort inaccessible aux entreprises de la population. Son éloquence était inutile : j'étais convaincu.

Là se terminèrent mes rapports avec le digne Robert. Je suis sûr qu'il ne sera pas insensible à l'opinion que j'ai, et que je manifeste avec plaisir, de la bonté et de la loyauté de son caractère.

Bientôt je vis d'autres figures : un sot à prétentions, impudent comme le sont tous les sots de ce genre, me dit d'un ton capable : « Convenez que vous êtes venu pour « porter des ordres : nous en sommes sûrs. — Monsieur, « répondis-je à ce pédant qui avait l'air de vouloir m'en « imposer, des hommes comme vous portent des ordres ; « des hommes comme moi les exécutent. » Un autre m'assura qu'il lui semblait impossible que j'eusse pu faire le sacrifice volontaire d'un rang distingué auprès de Napoléon : « Votre opinion, répondis-je encore à celui-là, « prouve seulement que vous ne seriez pas capable d'en « faire autant. » Ces réponses, peut-être un peu trop hardies, mirent fin aux questions. Les questionneurs, que j'avais d'abord crus envoyés par le maréchal Masséna, et que la curiosité, protégée par un habit militaire, avait conduits chez moi, appartenaient à la garde nationale.

Mais des groupes se formaient sous mes croisées. Il était temps que le prince me sauvât la vie en m'enfermant dans un fort inaccessible aux entreprises de la populace. Son aide de camp vint me prendre pour m'accompagner dans ma nouvelle demeure. Cet officier, dont je ne me rappelle pas le nom, eut pour moi tous les égards possibles, et je lui dois beaucoup de reconnaissance. Enveloppé dans ma houppelande, je le suivis jusqu'au port, où une embarcation nous attendait. Nous avions évité tous les rassemblements, et, dans les rues, aucune espèce de danger ne m'avait menacé. Quelqu'un me reconnut au moment où nous poussions au large, et nous étions déjà éloignés du quai quand les curieux s'y rendaient pour me voir.

J'ai dit avec une scrupuleuse vérité tout ce qui s'était passé entre le prince d'Essling et moi. Les articles de la *Quotidienne*, traduits et insérés dans la *Gazette de Milan* du 13 mars 1816, m'ont appris que le prince d'Essling avait publié un mémoire justificatif de sa conduite, et j'ai été affligé qu'un homme comme lui eût donné cette satisfaction à de vils accusateurs, dont la perversité mercenaire s'étudie particulièrement à humilier ou à flétrir les noms qui font le plus d'honneur à la France. Les calomniateurs empruntent leur force de la crainte qu'on a de leurs calomnies : les mépriser, c'est les vaincre. Mais le public !.... Égaré un moment, le public finit toujours par rendre justice à qui elle est due. Masséna doit aux Français l'histoire de sa vie, et non pas des réponses à des libelles.

Cependant, les raisons qui ont forcé le maréchal Masséna à en appeler à l'opinion générale de l'opinion de quelques individus ont pu aussi le forcer à des ménagements, en parlant des personnes avec lesquelles il avait été en relation dans son gouvernement. Il m'a été tout à fait impossible de me procurer sa justification, et j'ignore par conséquent ce qu'il a dit de moi. Mais je connais parfaitement le maréchal, qui n'est peut-être pas assez connu ; depuis bien des années, je suis à même d'étudier et d'apprécier [1] tout ce qu'il y a de noblesse et de dignité dans son caractère, et je suis sûr que, s'il m'a mis en scène, il ne m'y a mis qu'avec beaucoup de réserve, peut-être même avec trop de réserve pour son propre intérêt ; du moins l'article du journal *la Quotidienne* me donnait-il quelques craintes à cet égard.

Le rédacteur de cet article, empruntant le génie fécond de quelques-uns de ces Marseillais qui, déjà couverts de crimes, ne pardonnent point au prince d'Essling d'avoir empêché le pillage et les assassinats, se livre contre le maréchal à des déclamations empreintes à chaque mot du cachet d'une turpitude également ridicule et révoltante ; et après avoir eu l'affreux courage ou l'horrible impudence de lui reprocher amèrement qu'il a évité *(sic)* la guerre civile en arborant le drapeau tricolore quand ce drapeau chéri flottait déjà sur tout le sol de l'Empire [2] ; après avoir cité, comme un exemple que le prince aurait dû suivre, la conduite du *très fidèle* général Loverdo, il ajoute : « Le maréchal ne nous dit point quel a été l'esprit
« de ses conférences avec M. Pons, député par Bona-
« parte, et cependant l'on assure que c'est uniquement
« *pour sauver* cet envoyé que Masséna l'a constitué pri-

---

1. Ceci n'est pas exact : Pons avait connu de très près Masséna pendant le siège de Gênes, mais il l'avait perdu de vue et avait cessé de le fréquenter depuis près de vingt ans ; le caractère de Masséna avait pu changer, et avait en effet changé dans cet intervalle.

2. Marseille fut la dernière ville de France à accepter la restauration impériale. Le drapeau tricolore n'y fut arboré que le 15 mars, et le 6ᵉ de ligne y fut accueilli le même jour aux cris de Vive le Roi.

« sonnier au château d'If, » c'est-à-dire que M. le journaliste fait un crime au maréchal Masséna *de m'avoir sauvé*. M. le rédacteur *quotidien* d'une feuille qui a tour à tour prostitué la louange au pouvoir quel qu'en fût le dépositaire, qui a sans cesse parlé le langage en faveur à la cour, aurait-il voulu, par hasard, nous expliquer la pensée de l'autorité régnante? Mais, même dans le vertige de ce qu'on appelle « agir dans le sens royal, » le maréchal devait-il être plus sévère que ce qu'il a été à mon égard? M'a-t-il favorisé au détriment de son devoir? M'a-t-il même favorisé? Examinons succinctement cela.

Quoi qu'en dise M. le journaliste, quoi qu'en puissent dire les Marseillais qui l'ont soudoyé pour être leur écho, je n'ai eu qu'une seule conférence avec le prince d'Essling, si on peut appeler ainsi le rapide entretien dont j'ai précédemment parlé. Mes lecteurs ont vu que cet entretien était animé par deux esprits bien différents; de la part du maréchal, c'était un esprit de fidélité au Roi; de ma part, c'était un esprit de dévouement à la patrie. Nous ne restâmes pas assez de temps ensemble, ou pour que je pusse convaincre, ou pour que je pusse être convaincu. Le comte Ernouf et le vicomte de Bruges, qui certainement ne sont pas suspects à la tourbe accusatrice, peuvent attester que je ne fus pas cinq minutes seul avec le prince.

Un tête-à-tête aussi expéditif m'aurait à peine donné le temps d'examiner l'opinion du prince, si le prince ne s'était empressé de la manifester avec une énergie telle qu'il m'avait été facile d'en apprécier de suite toute la ténacité.

Le maréchal Masséna cessant d'être à mes yeux l'homme de la France, je ne vis plus en lui que l'homme du pouvoir; et dès lors ma confiance fut enchaînée.

Ainsi je ne dis point au maréchal quel était l'objet spécial de ma mission.

Il est dans la nature de l'homme honnête de ne pouvoir pas s'empêcher de s'intéresser à une personne qu'il aime, alors même que cette personne lui semble avoir cessé d'être estimable. Si donc l'homme de bien n'a pas la force de maîtriser ce sentiment de bonté innée, même pour l'individu qu'il n'en croit pas digne, il est impossible qu'il le fasse taire dans un moment où ce sentiment peut être utile à quelqu'un dont il est accoutumé à respecter le caractère et les principes. Cette dernière situation morale est précisément celle dans laquelle le maréchal se trouvait par rapport à moi. Mais, de mon côté, je n'avais pas besoin de son indulgence : sa justice me suffisait. Je ne lui avais point communiqué ma mission : je ne lui avais point transmis des ordres : je ne lui avais point fait des propositions : je ne m'étais présenté à lui que comme un ami dévoué qui venait l'entourer de conseils utiles.

La vie publique du prince d'Essling a aussi été marquée par des vicissitudes. Dans ses disgrâces, dans tous ses moments difficiles, le prince m'a vu sans cesse auprès de lui [1] : alors j'ai chanté ses louanges. Dans sa prospérité, le maréchal n'a reçu de moi que les visites d'une indispensable honnêteté : ce temps est celui que j'ai choisi pour lui parler avec franchise. Masséna me doit son amitié : il serait le plus ingrat des hommes s'il ne me l'accordait pas tout entière.

A-t-on le droit de punir un ami parce que, dans son erreur, il nous donne de dangereux conseils? Oui, sans doute ; mais pour ce délit d'homme à homme, dans la connaissance duquel la société n'a pas encore acquis le

---

1. Il faut entendre ceci au figuré.

droit d'intervenir, il ne doit exister qu'une punition d'homme à homme, et cette punition, toujours secrète comme la cause dont elle est l'effet, ne peut être infligée que de deux manières : la première, si l'ami a eu des intentions pures, en confondant ses sophismes par un raisonnement solide ; la seconde, si l'ami a eu de mauvais desseins, en méprisant ses avis. L'autorité privée n'a pas de prérogatives plus étendues, et le maréchal, en se permettant d'y ajouter, a dépassé les limites d'un juste pouvoir. Il m'a d'abord puni comme un ami, en n'ayant point égard à mes observations ou à mes conseils, et il m'a ensuite traité comme un ennemi, en me jetant dans une prison.

Pourquoi le prince d'Essling m'avait-il arbitrairement privé de ma liberté ?.... Afin de prévenir l'usage que je pouvais en faire. Quel usage craignait-il que je fisse de ma liberté ?.... Un usage contraire aux intérêts du Roi. De manière que pour les intérêts du Roi le maréchal s'éloignait de la route ordinaire tracée par les lois et, dans la seule crainte de me voir commettre un délit, me punissait comme si je l'avais en effet commis. Donner plus d'extension à cette sévérité outrée, c'était lui faire prendre le caractère d'une sévérité criminelle ; et le maréchal, déjà exposé à des reproches mérités, ne s'arrêtant qu'au point qu'il ne pouvait pas dépasser sans se rendre coupable, n'exerçait-il pas contre moi toute la rigueur qu'il devait exercer, même dans le vertige de ce qu'on appelle agir dans le sens royal ?

Mais pour empêcher tout ce qu'il pouvait y avoir de dangereux dans l'usage de ma liberté, le prince avait un moyen plus sûr et plus honorable que cet acte de despotisme contre un homme qui avait acquis le droit de compter sur son affection et dont la délicatesse lui était parfaitement connue. Je lui avais fait la promesse de ne pas le compromettre en me sauvant : cette promesse lui avait suffi. Pendant plusieurs heures, j'avais eu la faculté de m'évader; je l'avais eue encore quand, renfermé dans mon appartement, il pouvait m'être permis de me croire délié de mes engagements; et cependant, quoique tout ce qui se passait autour de moi portât un caractère effrayant, malgré ce qu'on m'avait écrit, j'avais été religieusement fidèle à ma parole. Quelle garantie, de plus que celle de ma moralité, que celle de l'exemple que je venais de donner, fallait-il au maréchal Masséna, pour avoir une entière confiance dans une nouvelle obligation qu'il m'aurait fait contracter? En exigeant ma parole d'honneur *que je n'entreprendrais rien de contraire à l'ordre établi dans son gouvernement*, tout était fini. La mort, mon amour même pour l'empereur Napoléon, cet amour qui était, qui est pour moi plus que la vie, rien, le maréchal le savait, rien n'aurait pu me faire dire une parole ou commettre une action dont il aurait eu à se plaindre. Nonobstant, le maréchal Masséna, repoussant tout ce qui lui parlait en ma faveur, ne voyant que ce qui pouvait être agréable au Roi, s'assurait physiquement de ma personne, quand il pouvait tout aussi bien s'en assurer moralement; et certainement ce n'était pas là la manière de me favoriser aux dépens de ses devoirs.

Et si le maréchal, au lieu d'examiner tout ce que la loi lui présentait de moyens de me protéger, n'a cherché que ce que sa situation lui donnait de force pour me frapper, non seulement il ne m'a pas favorisé aux dépens de ses devoirs, mais il est clairement démontré qu'il ne m'a pas même favorisé. Partout ailleurs qu'à Marseille, où il était si facile d'avoir, surtout alors, des tribunaux semblables au conseil de guerre qu'on a aujourd'hui à Paris ¹, les magistrats seraient venus à mon secours contre la violence militaire qui me plongeait dans les cachots.

Mais ne nous y trompons point : les Marseillais ne reprochent pas au prince d'Essling de n'avoir pas fait à mon égard tout ce qu'il devait faire, ils lui reprochent de n'avoir pas fait tout ce qu'il pouvait faire, c'est-à-dire qu'on voudrait qu'il eût agi encore plus militairement, et qu'il m'eût fait fusiller, ou qu'il m'eût envoyé à une commission qui m'aurait fait guillotiner, — si la bande assassine lui en avait laissé le temps : car il y a toute apparence qu'on aurait discuté et disputé à qui appartenait l'honneur du crime.

Voilà pourquoi l'on assure que c'est uniquement *pour me sauver* que Masséna m'a constitué prisonnier au château d'If. Oui, misérables, la honte de la France et de l'espèce humaine! oui, c'est pour me sauver de vos poignards que le maréchal Masséna me fit transporter sur ce rocher accoutumé aux gémissements des malheureux; et quand j'ai semblé me plaindre de ses vexations, pénétré de l'idée qu'elles avaient été salutaires pour moi, j'ai voulu seulement prouver que le maréchal n'avait pas trahi le prince qu'il regardait comme son souverain.

Masséna! que les cannibales qui, après avoir égorgé les infortunés Égyptiens ², dans leur féroce joie, dansèrent autour des cadavres nageant dans le sang, te reprochent de les avoir privés de la jouissance d'un meurtre de plus, cela doit être, et ces reproches sont le plus beau fleuron de ta couronne civique! Mais que des monstres, les mains encore ensanglantées, aient signé une dénonciation contre

---

1. Allusion au conseil de guerre qui venait de condamner Drouot et Bertrand.
2. Allusion au massacre par la populace de la colonie de mameluks qui était installée à Marseille.

ta conduite politique [1] ; qu'ils aient trouvé des échos dans les feuilles périodiques; qu'ils aient inspiré de la confiance à l'autorité suprême [2], c'est ce qu'on peut appeler le renversement de toutes les idées morales et le triomphe complet du génie du mal sur le génie du bien! Mais que t'importent, Masséna, les cris antifrançais de quelques sycophantes, de quelques satellites, qui ont été et qui seront toujours l'opprobre de tous les partis? Laisse-les épuiser leur rage impuissante; et pour te dédommager de ce que leurs vociférations peuvent avoir de pénible pour ton cœur, songe que la patrie reconnaissante se rappelle sans cesse que, dans les champs de Zurich, tandis que les accusateurs déchiraient son sein, tu la sauvais de tous les malheurs qui auraient été la suite inévitable de l'envahissement dont elle était menacée par un ennemi terrible.

Comme le disait avec tant de sagesse l'empereur Napoléon, « *une grande population ne peut pas être rendue responsable des crimes de quelques individus,* » et quand, indigné, je parle avec véhémence des massacres que les Marseillais ont commis, je n'attaque que les brigands qui s'en sont rendus coupables.

Je répète que je ne connais point le maréchal de camp Loverdo, et je suis loin de vouloir porter atteinte à sa réputation, qui certainement ne perdra rien de son éclat quand on saura que, lorsque nous débarquâmes au golfe Jouan, il était plus dévoué à la France, à laquelle il devait tout, qu'aux Bourbons, à qui il ne devait rien ; mais je ne puis m'empêcher d'observer que si l'Empereur avait voulu, et peut-être si je l'avais voulu moi-même, ce géné-

---

[1]. Allusion à la pétition des habitants des Bouches-du-Rhône contre le maréchal Masséna.
[2]. Le comte de Sainte-Aldegonde, rapporteur de cette pétition, en proposa le renvoi au ministre de la guerre.

ral, dont on vante tant le dévouement, aurait été le premier officier d'un grade supérieur qui se serait rangé sous les drapeaux de Sa Majesté Impériale, tandis que le prince d'Essling a été le dernier qui a arboré l'étendard tricolore [1]. Ce qu'il y a de très certain, c'est qu'après ma sortie de prison, me trouvant le soir chez le prince, où il y avait aussi le maréchal Grouchy, le général Miollis, la municipalité royale et beaucoup de personnes en place, un officier très attaché au général Loverdo vint me témoigner combien ce général était affligé, et même en colère, de ce que le maréchal Masséna l'avait fait marcher contre l'empereur Napoléon. J'en parlai au maréchal, et le maréchal me dit : « Mon cher Pons, voilà les hommes ! « Loverdo se plaint de moi parce que je l'ai mis à même « de faire son devoir; et si l'Empereur avait échoué, il « serait tout glorieux de sa conduite. » C'est cependant pour faire l'éloge de cette conduite, en l'opposant à celle du maréchal Masséna, que les énergumènes de la cause royale ont occupé et fatigué les cent voix de la Renommée.... Sans examiner les ressorts secrets qui ont fait mouvoir le maréchal de camp Loverdo, la postérité observera sans doute que le seul général qui, commandant des troupes, ne se soit pas détaché de la cause de Louis XVIII pour s'attacher à la cause nationale en s'associant à l'entreprise de Napoléon, était un général étranger à la France [2] et qu'il a fallu ensuite naturaliser.

On accuse le maréchal Masséna d'avoir trahi le Roi, en ne secondant pas le duc d'Angoulême ! Mais est-ce trahir

1. Cette assertion de Pons au sujet de Loverdo est contraire à tous les actes et à toutes les paroles de ce général, qui souhaitait sincèrement la fin de « cette équipée fabuleuse. »
2. Loverdo est né à Céphalonie en 1773. Général de brigade en 1813, il fut mis à la retraite en 1818 et mourut en 1837.

le Roi que de ne vouloir pas trahir la patrie?.... Nous dirons bientôt quelle était l'intention du duc d'Angoulême.

Afin de marcher avec les événements, retournons dans mon embarcation et cinglons vers l'île des Victimes [1]. Nous arrivâmes heureusement.

Le commandant du château d'If savait déjà qu'on devait lui conduire un général déserteur de l'armée de l'empereur Napoléon. Ce commandant, M. Traham, est un très brave homme [2]; mais sa vie militaire s'étant entièrement écoulée entre un service de gendarmerie et le commandement d'un fort, de tout temps, sous tous les gouvernements, destiné à servir de prison d'État, [il] a fini par s'habituer à une espèce de dureté qui n'est pourtant pas dans son caractère. Son premier abord est toujours brusque, et souvent même en obligeant il afflige; quand on le connaît, ou plutôt quand il s'est habitué à vous voir, sans se dépouiller absolument de son écorce, il se montre dans l'état qui lui est le plus naturel, et alors on découvre en lui un fond de bonté dont malheureusement il se défie trop, ce qui fait que les prisonniers ne peuvent pas toujours profiter des avantages qu'il leur serait facile d'en tirer, si cette bonté n'était pas entravée par la crainte de se compromettre.

L'aide de camp du prince d'Essling me présenta à M. Traham et lui dit en me présentant : « Monsieur, « ayant déserté l'armée de Napoléon, n'est mis ici que « par mesure de sûreté. Le prince, qui le connaît beau-« coup, le recommande à vos soins. » Cependant, malgré

---

1. Pompeuse métaphore pour désigner le château d'If!

2. Pons, trompé sans doute par la prononciation, appelle constamment ce personnage M. Trank. Les documents officiels nous donnent son vrai nom : Traham. C'était un Breton de Belle-Isle-en-Mer, âgé de quarante-sept ans, ayant le grade de lieutenant de gendarmerie.

la recommandation du maréchal, malgré que je ne fusse, pour ainsi dire, qu'en surveillance, M. Traham m'accueillit avec sa raideur factice et refusa de m'admettre à sa table [1]. Ce début de mon nouvel hôte ne me donna pas une opinion trop favorable du choix qu'on avait fait pour ma demeure forcée. Le temps m'apprit qu'il ne faut pas toujours juger sur l'apparence. Une dame jeune et aimable ajoute toujours aux charmes de la vie, quelque heureuse que la vie puisse être; mais, au château d'If, une dame jeune et aimable est vraiment un trésor précieux : Mᵐᵉ Traham possède tout ce qu'un pareil trésor peut avoir de richesse. Je ne me rappellerai jamais de (*sic*) mon séjour au château d'If sans me rappeler aussi des (*sic*) moments agréables que j'ai passés auprès d'elle. Comme j'associe le lecteur à toutes mes peines, il est juste que je l'admette également au partage de toutes mes jouissances, et voilà pourquoi je lui fais faire connaissance avec notre intéressante commandante, dont je ne saurais trop louer et l'obligeance et l'honnêteté.

Dès que j'eus pris possession de mon appartement, je m'empressai d'aller rendre un hommage de respect à la dépouille mortelle de Kléber, déposée dans une chapelle du château, et je donnai des larmes à la mémoire de ce grand capitaine. Je me hâtai aussi d'aller visiter la chambre de l'illustre Mirabeau.

Je ne trouvai qu'un seul prisonnier au château d'If. C'était le comte de.... [2], colonel portugais au service de France, qu'un moment d'erreur avait précipité dans un

---

1. Ce témoignage confirme la déposition faite par Traham au commissaire Caire.
2. Le comte de Saint-Michel, incarcéré par ordre du général Verdier, transféré ensuite au Palais de justice par ordre du général Maupoint et mis en liberté le 3 juillet, en vertu des ordres de MM. les membres composant le comité royal provisoire (Arch. B. d. R.).

gouffre affreux. Cet officier supérieur, portant un nom distingué, accoutumé aux jouissances de la fortune, était dans une détresse extrême ; quelquefois le plus absolu nécessaire lui manquait, et la généreuse humanité d'un ancien domestique dévoué, sa plus précieuse ressource dans les malheurs qui l'accablaient, ne pouvait pas toujours pourvoir à ses besoins les plus pressants. Les faux sages et les hypocrites sont ordinairement ceux qui s'acharnent le plus à poursuivre l'homme qu'un instant de faiblesse a pu rendre répréhensible. Le comte de…. était infortuné : je ne vis que son infortune. Mais il est des personnes à qui on ne peut faire accepter des secours qu'en les amenant, par une pente insensible, à la nécessité de les recevoir. Mon compagnon était extrêmement réservé : il savait souffrir et se taire. J'étais heureux quand je pouvais parvenir à lui faire agréer quelque soulagement. Bientôt nous fûmes séparés : le comte de…. dut être transféré dans la prison civile de Marseille. Quoique nous eussions à peine eu le temps de nous connaître, notre séparation n'en devint pas moins un sujet mutuel de peine. Le premier usage de ma liberté fut de m'intéresser au sort de cet étranger souffrant. Mes soins n'eurent aucun succès. La justice, emparée de l'affaire, l'ayant déjà instruite, ne pouvait plus s'en dessaisir. Je n'eus pas le courage d'apprendre au comte l'inutilité des démarches que j'avais faites en sa faveur. Le maréchal Masséna qui, particulièrement alors, ne demandait pas mieux que de me rendre service et qui connaissait parfaitement les causes de la détention du colonel, me démontra l'indispensable obligation dans laquelle l'autorité s'était trouvée de le mettre en jugement [1]. Je dus cesser de correspondre avec cet inté-

---

1. Il était incarcéré sous la prévention de faux.

ressant accusé. Je n'ai plus eu de ses nouvelles. Puisse le jugement qui devait décider de sa destinée l'avoir rendu honorablement à la société, ou puisse-t-il être mort avant de paraître au tribunal [1] ! Voilà les seuls vœux que je doive faire et que je fasse pour lui.

Je n'ai pu m'empêcher de parler d'un militaire qui a honorablement combattu sous les drapeaux français et qui, dans son égarement, s'est montré plus imprudent que coupable. Les braves gens et les gens braves me pardonneront aisément ce souvenir, qui m'a pour un instant éloigné de mon sujet.

La garnison jugea bientôt ce que j'étais, et je devinai encore plus vite ce qu'elle pensait. Les canonniers surtout avaient peine à se maîtriser : je les voyais étudier tout ce qui pouvait me mettre à même de les apprécier.

Persuadé que j'étais entouré de braves, je levais les mains vers le ciel pour lui rendre grâce de m'avoir arraché aux barbares Marseillais.

Les soucis de la matinée, mon embarquement, l'arrivée dans l'île d'If, ma réception, mes visites, le premier instinct de curiosité pour tout ce qui est nouveau, quelques observations nécessaires, m'avaient conduit rapidement à l'heure de la retraite, sans me laisser arrêter à la pensée que j'avais entièrement perdu ma liberté; mais quand le tambour m'avertit que je devais m'acheminer vers mon réduit, et que, renfermé, le mouvement ne m'empêcha plus de *réfléchir*; quand je me vis entre quatre murs tapissés d'une foule d'inscriptions qui m'apprenaient que le lit sur lequel j'allais chercher du repos n'était qu'un grabat de douleur souvent arrosé de pleurs amers, alors la mé-

---

1. Mis en liberté, il se rendit à Avignon et de là à Paris, *oubliant de payer soixante francs au restaurateur qui lui avait fourni ses repas pendant sa détention au Palais de justice.*

ditation s'empara de mon esprit, et m'entourant d'abord de mille idées noires, elle me fit mesurer toute l'étendue des dangers auxquels j'étais exposé.

Les dangers n'étaient rien pour moi : la nature m'a doué d'une âme forte. Les circonstances périlleuses ne peuvent pas abattre mon courage moral, le premier courage de l'homme. Mais ma femme !.... Mais mes enfants !.... Qu'allaient-ils devenir, en apprenant que j'étais prisonnier, et prisonnier à Marseille !!! Je voyais leurs larmes, j'entendais leurs cris, je sentais leur affliction, je partageais leurs tourments.... Napoléon, je t'oubliai un instant ! Époux aimant, père tendre, je devais à ma famille ce témoignage d'amour que personne ne pouvait partager avec elle. Qu'elle est cruelle la crainte d'avoir fait le malheur de ceux pour la félicité desquels on tient à l'existence ! Ce moment fut terrible.

Mes réflexions avaient éloigné le sommeil. La nuit était avancée, et je n'éprouvais pas le besoin de clore la paupière. Le silence le plus profond régnait autour de moi. Logé dans un pavillon gardé, n'ayant encore parlé qu'au commandant, il m'était impossible de penser que dans un fort où la surveillance devait nécessairement être active, quelqu'un se hasarderait à me faire une visite d'affection, surtout à une heure suspecte. Deux heures du matin venaient de sonner ; un bruit sourd me fait tendre l'oreille ; j'entends marcher, et je distingue facilement qu'on marche avec précaution. Je crois toucher à quelque catastrophe : je gémis d'être sans armes, mon sang bouillonne dans mes veines. On frappe doucement à ma porte, et à voix basse on appelle : « Général ! Général ! » Aussitôt tout ce qui avait attristé mon âme s'éloigne de ma pensée, et reprenant toute la vigueur de mon caractère, je réponds, et je refuse d'ouvrir : « Général, continua-t-on, ne criez pas ; nous sommes des canonniers, tous napoléonistes. Ne craignez rien : nous voulons vous parler. » J'ai dit que j'avais deviné ou cru deviner ce que la garnison pensait. Cette idée, qui flattait mon imagination, et le nom de Napoléon m'entraînent : j'ouvre. C'était une imprudence, une grande imprudence sans doute ; mais quel est l'homme qui pèse toujours ses actions avec sagesse, surtout quand il croit devoir montrer de la bravoure ?

Plusieurs canonniers entrèrent dans ma petite chambre. Celui qui portait la parole me dit : « Général, nous « voulons aller joindre l'Empereur, et nous venons pren- « dre vos conseils et vos ordres. » J'eus beau assurer que je n'étais point général, et que j'avais vraiment quitté l'armée de Napoléon, ces braves s'obstinèrent à ne pas me croire, et tout ce que je pus obtenir d'eux, ce fut de retarder le départ projeté. Je voulus leur témoigner ma crainte que cette démarche ne fût connue, et qu'elle ne les exposât ; ils me répondirent qu'ils étaient sûrs de leurs camarades, et que dans le fort il n'y avait presque personne pour le parti du Roi. C'était précisément ce que je voulais savoir.

Cette visite, aussi extraordinaire que tout ce qui m'arrivait depuis quelques jours, et qui, s'étant annoncée d'une manière menaçante, n'avait pourtant rien eu que d'agréable pour moi, me donna quelque espérance de pouvoir me sauver, et l'espérance, déesse consolatrice des malheureux, porta le calme dans mes sens. Avec le repos de l'esprit vint aussi le repos du corps.

Je m'accoutumai facilement à la brusquerie de notre commandant. Un bourru bienfaisant commence par intéresser et finit par plaire.

J'avais besoin de linge et de livres. Mme et M. Traham s'empressèrent de m'en procurer. Mme Traham avait souvent la visite de son grand-père, vieillard respectable, d'une bonté à toute épreuve pour les prisonniers, et d'une bienveillance extraordinaire pour moi. Puisse ce bon vieillard jouir [de] longues années de la reconnaissance des malheureux dont il a tant de fois adouci les peines! Mais les Marseillais l'ont peut-être puni de son humanité!....

Bientôt je cessai d'être seul. Le vicomte de Bruges [1], proconsul royal dans le département du Gard, — département où, sous le prétexte des opinions politiques, les catholiques, fanatisés par quelques individus qui profitent de leur superstition, ont toujours le poignard levé contre les protestants [2], — le vicomte de Bruges, dis-je, m'envoya un compagnon d'infortune, M. Vincens de Saint-Laurent [3], homme d'un talent distingué et d'une moralité plus distinguée encore : personne ne méritait mieux d'être proscrit par la canaille. M. Vincens de Saint-Laurent ignorait la cause du délit qu'on lui imputait. Avec des mœurs égales, deux hommes dans le malheur et dans la même prison, sans se rendre compte du mouvement d'attraction qui les entraîne l'un vers l'autre, arrivent facilement à l'intimité, et nécessairement à la confiance : M. de Saint-Laurent fut la première personne à qui je confiai mon secret. La société de ce digne citoyen me devint un besoin de tous les moments. Nous vécûmes ensemble tout le temps que dura notre détention. Je lui ai voué une amitié qui ne s'étein-

---

1. Le vicomte de Bruges, né dans le Comtat-Venaissin en 1764, avait émigré et avait atteint le grade de colonel dans les troupes anglaises avant de rentrer au service de France.

2. Voir les lettres inédites de M. d'Arbaud Jouques, préfet du Gard, à la comtesse d'Albany, et son Précis des troubles et agitations du département du Gard. — Pons connaissait-il le rapport du Révérend Perrot sur la persécution des protestants?

3. Je ne saurais dire si ce personnage était apparenté au colonel Saint-Laurent, du 10ᵉ chasseurs, qui reçut le premier les propositions de capitulation du duc d'Angoulême à Pont-Saint-Esprit.

dra qu'avec mon existence. M. Vincens fut suivi par plusieurs officiers français, qui, quittant le service de Naples pour rentrer dans leurs foyers, avaient abordé à Marseille, où, après avoir été longtemps exposés aux insultes de la populace, les autorités locales les avaient déclarés suspects, et ordonné qu'on les jetât au château d'If. Parmi ces nouveaux venus qui méritaient une considération particulière, M. ....., premier chirurgien de la garde napolitaine, et M. Bazire, chef d'escadron, inspiraient, au premier abord, les mêmes sentiments d'estime et d'affection qu'on ne peut s'empêcher d'éprouver pour quelqu'un dont on est accoutumé à louer et l'amabilité de caractère et la sagesse d'opinion. M. Bazire surtout possédait ce je ne sais quoi qui est vraiment le secret de plaire à tout le monde; plein d'honneur, brave, entreprenant, on pouvait compter sur lui dans tous les temps et dans toutes les circonstances possibles : je l'aimais sincèrement. Mme la comtesse Bertrand fut également arrêtée ; on la conduisit au lazaret [1]. Elle avait couru mille et mille dangers, et des bruits sinistres faisaient trembler pour ses jours. Je lui écrivis de demander de venir au château d'If ; j'écrivis à toutes les autorités pour les prier d'ordonner cette translation ; mais je n'obtins rien, et je crois que Mme Bertrand en fut la cause, en ce que, n'ayant rien appris du sort qui la menaçait, et ne se souciant pas de quitter une prison passable pour venir habiter un fort dont le nom seul est un objet d'effroi, elle ne fit aucune démarche pour me seconder. Pourtant le péril de Mme Bertrand dut être si éminent (sic) qu'il est certain que le maréchal Masséna, alors à Toulon, où se trouvait aussi Mme de Rivière, écrivit ou

---

[1]. Il y a ici quelques ratures. Vers le 1er avril les femmes de service de Mme Bertrand étaient enfermées au Palais de justice.

fit dire au marquis de Rivière que « Mme la marquise, sa femme, répondait de tout ce qui pourrait arriver à Mme la comtesse Bertrand. » J'ai eu bien des moments de souci pour cette dame !....

Outre le bâtiment sur lequel Mme Bertrand était venue, un autre bâtiment avait porté aussi, avec plusieurs autres dames, une foule de braves gens de l'île d'Elbe. Ce convoi fut destiné à augmenter la colonie des bons Français, et on nous l'envoya. Les dames restèrent peu de moments avec nous. A peine avaient-elles vu le fort qu'on les fit rembarquer pour aller au lazaret. Ces dames avaient été volées : l'une d'elles ne possédait plus rien. Je ne me rappelle pas si le vol ou plutôt le pillage avait atteint les effets de Mme la comtesse Bertrand.

Le préfet du Var [1] s'était comporté envers Mme Bertrand comme un véritable Iroquois. Sans égards, sans urbanité, il n'avait non seulement montré aucune espèce d'obligeance pour une mère affligée, entourée de trois jolis petits enfants; mais, au contraire, il avait ajouté à son affliction, en la maltraitant ou en la laissant maltraiter. Ce préfet, qui alors agissait si bien dans le sens royal quand il fallait sévir contre les napoléonistes, qui semblait si bien avoir oublié que le magistrat, absolument impassible comme la loi dont il est l'organe, ne doit point être ni permettre qu'on soit plus rigoureux qu'elle, envoya, peu après, sa sœur à Paris, et pour réparer ses torts, et pour protester de son dévouement à l'empereur Napoléon! Je me suis trouvé avec cette sœur à Paris, chez Mme la comtesse Bertrand, au moment où elle venait solliciter en faveur de son frère, alors détenu à Toulon. Mme la sœur de M. le préfet du Var ne peut être qu'une

---

[1]. M. de Bouthillier, le seul fonctionnaire de la région qui eut une attitude vraiment royaliste.

dame respectable. La manière tendre et animée avec laquelle elle défendait son frère inspirait le plus vif intérêt; il était impossible de ne pas s'associer à la peine que cette dame éprouvait, et de ne pas désirer qu'elle réussît dans sa noble mission : en mon particulier je fis des vœux pour elle. Mme Bertrand l'accueillit avec une grande affabilité, et lui promit d'être auprès de l'Empereur la protectrice de sa réclamation.

Je suis sûr que Mme Bertrand a tenu parole. Il n'y a que les âmes dégradées par le vice qui puissent trouver du plaisir dans une vengeance qui fait verser des larmes. Ah! laissons aux méchants ces passions haineuses qui, ne pouvant s'alimenter que de crimes, se lancent sans cesse dans la société comme le tigre affamé se jette au milieu du troupeau dont il veut faire sa proie! Que ceux que ces passions animent et qui, dans tous les partis, ne veulent que du sang et du sang, soient livrés à eux-mêmes, et qu'ils se déchirent entre eux! Les gens honnêtes qui, avec des intentions également pures, diffèrent d'opinion, surtout d'opinion politique, ne doivent prouver l'excellence de celle qu'ils manifestent que par le plus de bien qui en résulte pour l'État. Quand les guerres de parti se distinguent particulièrement par des combats de générosité ou par des discussions franches et loyales, au lieu de déchirer la patrie, elles éclairent l'opinion publique, et finissent par faire pencher la balance du côté de la justice : alors la victoire est nationale, et le vaincu, sans humiliation, et le vainqueur, sans orgueil, peuvent se vanter également, l'un du bien qu'il avait l'intention de faire, l'autre du bien qu'il a fait.

Le brave Fatoski[1], officier polonais de la garde, excel-

---

[1]. Fatoski était capitaine de cavalerie de la garde. Son nom est ainsi orthographié dans une *liste des officiers du bataillon de l'île d'Elbe*, écrite par

lent militaire, était au nombre des détenus venus de l'île d'Elbe. Plusieurs de ces derniers étaient sans aucune ressource ; mon devoir était de leur faire partager les miennes : je leur ouvris ma bourse.

On avait bien songé à remplir les prisons, mais on n'avait pas songé à faire manger les prisonniers. Le commandant d'Avignon [1], père d'une nombreuse famille, et très peu fortuné, qu'on avait enlevé à sa femme et à ses enfants, sans lui permettre même de les embrasser, réclama vivement contre cet oubli de toute espèce d'humanité ; le commandant du fort transmit et appuya cette réclamation, et enfin il fut accordé aux détenus de quoi les empêcher de mourir de faim. Le pain qu'on leur envoyait était bon.

Le château d'If n'était pas le seul endroit où l'oppression amoncelait les victimes ; les prisons de la ville à Marseille, le fort de Lamalgue à Toulon, les îles de Sainte-Marguerite, tout était encombré de malheureux. Les prisonniers qui étaient à Toulon étaient les moins infortunés : les Toulonnais leur témoignaient tout l'intérêt possible, et la sollicitude des habitants de cette bonne ville était telle qu'elle leur faisait imaginer mille choses ingénieuses pour venir à leur secours. C'était principalement aux militaires des détachements qui avaient été arrêtés à Antibes que les estimables Toulonnais aimaient à prodiguer les témoignages de leur affection. Braves Toulonnais, l'Empereur vous avait bien jugés ! Il comptait sur vos principes d'honneur, sur vos sentiments patrioti-

---

l'un d'eux, le lieutenant d'artillerie Demons, que v:ut bien me communiquer M. le colonel en retraite Demons, fils de celui-ci. — Dans le reçu d'Infernet, ce nom est écrit Pavolski.

1. Salvéty, qui figura plus tard dans l'affaire de Masséna. Il était accusé de projet d'assassinat contre le duc d'Angoulême.

ques ; et vous justifiâtes l'opinion que ce grand homme avait de vous. Grâces vous soient rendues ! Votre noble conduite, à cette époque mémorable, vous est à jamais un titre précieux pour la postérité. Vous vous montrâtes vraiment Français ! Pendant que, sans briser le joug d'un pouvoir qui leur était devenu insupportable, les Toulonnais, manifestant publiquement leurs vœux, prenaient une attitude qui sauvait leur cité des désordres dont on voulait en faire le théâtre, des frénétiques titrés, investis de pouvoirs, parcouraient les départements des Bouches-du-Rhône, de Vaucluse, du Gard, de l'Hérault, secouant partout le brandon de la discorde, excitant à la guerre civile, et organisant le massacre. Une nouvelle Vendée allait faire couler des torrents de sang français !.... Heureusement les troupes de ligne ne virent que la patrie, et l'unanimité de leur généreuse résolution arracha le Midi aux monstres qui voulaient le couvrir de tombeaux ! Les révolutionnaires royaux durent suspendre l'exécution de leurs projets homicides, et les bons citoyens respirèrent. Tout semblait annoncer le retour de la justice, quand la journée de Waterloo, si fatale à la France, portant de nouveau le trouble dans cette contrée, y ferma le temple de Thémis, et rendit les poignards aux assassins. Mais il n'entre pas dans mon sujet d'écrire l'histoire des meurtres commis au nom et pour la cause des Bourbons.

J'observerai seulement que cette époque de malheur est la première à laquelle le duc d'Angoulême ait attaché son nom. Cependant les partisans de ce prince l'ont déjà surnommé Charles le Juste ! D'où je tire la conséquence [1] que

---

1. Cette « logique » ne fait pas honneur à Pons, et la citation qu'il fait ensuite, si elle est excusable à l'époque où il écrivait, ne le serait plus aujourd'hui, même chez un simple lettré de son genre. On ne peut, du reste, s'attendre à ce qu'un homme de parti, un bonapartiste militant, qui

si le duc d'Angoulême avait dit comme l'abbé des Citeaux (sic), à Béziers, lors de la croisade contre les Albigeois : « Tuez-les tous ! » on l'aurait surnommé Charles le Saint.

Aucune considération particulière pour le maréchal Masséna ne pouvait plus m'arrêter. Il m'avait mis en prison : j'étais dégagé de toutes les promesses que je lui avais faites. Je songeai donc à briser mes fers. Ma première tentative ne fut pas heureuse ; j'avais contracté pour être transporté dans le voisinage de Toulon. On m'avait demandé une somme assez forte, et j'avais consenti à la donner ; on avait exigé une anticipation de six cents francs, et je m'étais empressé de la payer. Tout semblait me présager l'heureuse issue de mon entreprise. Deux canonniers m'accompagnaient. La nuit destinée à mon évasion était arrivée. Je me lançais avec joie dans de nouveaux dangers. Je ne voyais, je ne calculais que la gloire d'exécuter les ordres de l'Empereur : mon esprit se refusait à tout autre raisonnement. Mais j'avais traité avec un fripon ; je perdis les avances que j'avais faites, et, ce qui était bien plus dangereux, j'exposai les militaires qui avaient dû me suivre. Je pris la résolution de ne plus compromettre des braves. Je préparai une seconde tentative ; elle ne réussit pas mieux. Cette fois j'avais eu affaire à un honnête homme : je ne perdis rien.

Le commandant du fort dut se douter de mes projets. Je devins pour cet officier l'objet d'une attention extraordinaire [1]. Je lui parlai de ce changement : il me déclara « qu'il avait reçu des ordres positifs, et que si je ne pre- « nais pas avec lui les mêmes engagements d'honneur

---

écrit en exil et qui se croit personnellement victime, montre une grande impartialité à l'égard de ses ennemis politiques.

1. M. Traham n'a pas soufflé mot, et pour cause, de ces projets d'évasion dans son interrogatoire.

« que j'avais pris avec le prince d'Essling de ne pas m'é-
« vader, il serait forcé de m'enfermer dans le donjon du
« château. » Il n'y avait pas à délibérer, il fallait éviter le
donjon. La différence qu'il y a entre l'emprisonnement au
donjon et la jouissance entière du château d'If est égale à
la différence qu'il y a entre l'emprisonnement au château
d'If et la jouissance entière de la liberté. D'ailleurs j'avais
un grand intérêt, même pour l'empereur Napoléon, à me
trouver sans cesse au milieu de la garnison. Pourtant je
fis des observations à M. Traham; mais son parti était
pris, et je dus satisfaire à sa volonté; je lui donnai ma
parole *de ne pas le compromettre*. J'avais pesé mes expressions. Le commandant n'y entendit pas malice; il s'en
contenta, et dès lors, m'admettant dans son intimité et se
reposant sur ma foi, il me laissa le maître de mes actions.

Je prie le lecteur de vouloir bien observer que je ne
m'étais engagé qu'à *ne pas compromettre* le commandant. Cette observation importe à ma délicatesse.

S'il m'avait été possible d'entrer dans Toulon, toute la
puissance du maréchal Masséna n'aurait pu empêcher
qu'on y arborât le pavillon tricolore. Le maréchal marchant avec l'aigle impériale aurait été le plus fort; mais le
maréchal se traînant avec les lis royaux aurait été plus
faible. Peut-être le prince d'Essling ne se doutait pas de
cela, et je ne serais point étonné qu'il ne voulût pas encore
le croire; pourtant rien n'est plus vrai. Le mouvement
d'impulsion était donné en faveur de la patrie et de Napoléon; il n'y avait aucun élément pour organiser un mouvement d'impulsion contraire, et la seule chose qui aurait
pu un instant en arrêter la marche, la garnison, était décidée à en favoriser les progrès.

Je me rappelais à chaque instant tout ce que l'Empereur m'avait dit de Toulon et des Toulonnais, et vivement pénétré de ce que cette place et ce peuple pouvaient avoir d'importance pour le triomphe de la cause nationale, j'écrivais sans cesse au maréchal Masséna pour le prier de me faire transférer au fort Lamalgue : nouveau Curtius, j'étais décidé à me sacrifier pour la patrie. Je dis pour la patrie, car mon amour pour l'empereur Napoléon était, comme il est encore, comme il sera toujours, dépendant de mon amour pour la patrie.

Le prince d'Essling ne me répondit pas, et je me plaignais amèrement de lui : j'avais tort. Le prince avait d'abord chargé le général comte Miollis de me faire conduire à Toulon en toute sûreté, mais le général Miollis, craignant avec raison de me faire traverser Marseille, n'avait pas exécuté cet ordre. Le général baron Bertrand de Sivray, ayant la même mission et éprouvant les mêmes craintes, ne l'avait pas remplie. Observons, cependant, que ces ordres du maréchal Masséna ne furent donnés que dans les premiers jours d'avril. A cette époque, le maréchal avait établi son quartier général à Toulon [1].

Les Bourbons, dans leur état actuel de dégénération, semblent n'avoir rien de sacré que leur intérêt personnel : honneur, patrie, peuple, gloire, justice, tout cela n'est que de vains mots pour eux ! Quoiqu'ils eussent provoqué eux-mêmes l'entreprise de l'empereur Napoléon, et en ne remplissant aucune des conditions stipulées par le traité de Fontainebleau [2], et en avilissant la nation française, et en dégradant l'armée, et en laissant opprimer le peuple par la noblesse, et en ne se montrant favorables qu'aux traîtres,

---

[1]. Masséna s'était installé à Toulon le 2 avril pour empêcher toute occupation de la ville et du port par les Anglais.

[2]. Sur l'inexécution du traité de Fontainebleau, voir surtout les documents cités par Houssaye, 1815, I, p. 152-175.

et en protégeant les passions les plus désordonnées, il est certain que cette entreprise devait leur être un coup terrible ; mais au lieu de leur faire éprouver des remords salutaires, elle ne leur inspirait que des sentiments antinationaux, et tout ce qui avait l'âme assez noble pour ne pas partager ces sentiments perfides, la honte éternelle de ceux qui les ont manifestés, a été considéré et traité comme infidèle à la cause royale : c'est ainsi que le maréchal Masséna a été accusé d'avoir trahi le Roi en ne secondant pas les intentions perverses du duc d'Angoulême. Je dis les *intentions perverses*, et je le prouve en peu de mots : lorsque la France entière, allant au-devant de Napoléon et le nommant son héros libérateur, eut manifesté d'une manière qui ne pouvait laisser aucun doute qu'elle ne voulait plus des Bourbons ; quand, enfin, tout le langage captieux des sophistes royaux n'eut plus rien à opposer à ce fait matériel de Napoléon débarquant avec une poignée d'hommes, et allant à Paris au milieu des acclamations, le duc d'Angoulême, repoussé de nouveau par une nation que lui et les siens n'avaient pas su apprécier, ne songea qu'à prolonger l'agonie politique de sa famille, et rêvant le projet de séparer le Midi de la France [1], voulut se faire une protection personnelle de l'Angleterre, en lui livrant le port de Toulon, tandis qu'une division piémontaise occuperait les forts de la place d'Antibes [2]. C'est pour atteindre ce but sacrilège qu'il fit un voyage rapide dans la Provence,

---

1. Allusion au gouvernement de Vitrolles à Toulouse.
2. Il ne faut prendre cette affirmation que comme un signe de l'état d'esprit de Pons et de ses coreligionnaires politiques. Il eût sans doute été difficile à Pons d'en faire la preuve, cependant Masséna, on le sait, craignait que le marquis de Rivière, commissaire du Roi, ouvrît le port de Toulon aux Anglais (Masséna à Napoléon, Toulon, 14 avril 1815. Arch. nat. A F, IV, 1939). (V. Houssaye, *1815*, I, 429.) Rivière fit menacer Grouchy d'appeler les Anglais à Marseille (Aff. étrang., 196).

afin de décider le maréchal Masséna à le seconder, et c'est également pour arriver plus facilement à cette fin qu'il tenta d'éloigner le maréchal de son gouvernement, en lui offrant le commandement de l'armée royale. Heureusement, le maréchal Masséna, éminemment plus Français que ce prince qui se dit *fils de France*, aima mieux s'exposer à toute l'aversion des Bourbons et de leurs partisans que de flétrir sa gloire par une lâche complaisance dont les suites auraient pu être funestes à la patrie. Voilà ce que les détracteurs du prince d'Essling ont appelé une trahison ! Voilà ce qui a valu au vainqueur de Zurich, au défenseur de Gênes, à *l'enfant chéri de la Victoire*, d'avoir été disgracié par une famille qui, je le répète, dans son état de dégénération actuelle, semble n'avoir rien de sacré que son intérêt personnel ! Honneur, cent fois honneur au guerrier qui, au milieu des orages politiques, toujours fidèle à son pays, s'éleva au-dessus des passions et ne favorisa que celles qui, grandes et généreuses, pouvaient contribuer à la gloire du nom français !

Mais ce tort du maréchal Masséna envers le duc d'Angoulême n'était pas le seul qu'on eût à lui reprocher : M. le marquis de Rivière, commissaire du Roi et exécuteur des volontés du duc, lui écrivait : « S. A. R. le duc « d'Angoulême désire, monsieur le Maréchal, que Votre « Excellence *trouve des raisons* pour faire fusiller le pri« sonnier de l'île d'Elbe. » Et le maréchal n'avait pas eu assez de fécondité dans le génie, ou assez de bassesse dans les sentiments, pour me faire ce qu'on appelle militairement « laver la tête avec du plomb ! » Trouver des raisons pour fusiller un homme !.... Qu'on cherche maintenant si, aux journées éternellement affreuses de Robespierre à Paris, de Fouché à Lyon, de Carrier à Nantes, de Lebon à Arras, on trouve, dans les vociférations de ces hommes de sang, quelques expressions aussi atroces que celles qui manifestent le désir révoltant du prince dont on aurait voulu que le maréchal eût secondé les intentions. Il aurait été moins cruel d'ordonner tout simplement qu'on me fusillât [1]. Je conçois facilement que la révélation de ce secret affligera le prince d'Essling, mais le prince aurait tort de me savoir mauvais gré de cette divulgation nécessaire à la France, et qui, d'ailleurs, est devenue un devoir pour moi dès que je me suis décidé à écrire le mémoire que j'adresse avec confiance à tous les rois et à tous les peuples de l'Europe. Je n'ai point manqué, je ne manque point (sic) à aucun de mes engagements avec le maréchal Masséna. Quand, sorti de prison, dans le cabinet même du maréchal, j'eus connaissance de la lettre du marquis de Rivière; que, frappé de cet édit de mort, j'en parlai avec indignation, le maréchal me témoigna beaucoup de peine de ce qu'on avait eu l'imprudence de m'en instruire, et après avoir cherché à en adoucir le sens, qui pourtant était clair et précis, après m'avoir assuré que cette mesure, arrachée par le désespoir, ne me regardait pas personnellement, ce qui ne diminuait en rien son caractère d'inhumanité, il me pria vivement de ne point en parler à l'Empereur, et il saisit cette circonstance pour me prier également d'éviter d'entretenir Sa Majesté Impériale de tout ce qui m'était arrivé. L'Empereur n'a rien su de la lettre du marquis de Rivière, et je ne lui ai rendu compte de mon emprisonnement qu'en le lui présentant comme l'effet d'un acte auquel le maréchal Masséna avait été forcé par la position terrible dans laquelle il se trouvait. Certainement, le prince d'Essling a peu d'amis qui, comme moi, je le dis

---

[1]. Pons oublie son adr... e à la Convention : « Mettez la mort à l'ordre du jour ! » Alors il n'eût même pas demandé qu'on trouvât des raisons. L'ordre donné par M. de Rivière n'en est pas moins atroce.

avec une sorte d'orgueil, se fussent abstenus, seulement pour lui faire plaisir, de taire des souffrances dont, avec le caractère généreux de Napoléon, il aurait été extrêmement facile de tirer le plus grand avantage. Je me suis même privé d'en parler au général Drouot, dans la crainte que son affection pour moi ne l'engageât à m'en faire un mérite auprès de Sa Majesté. Ce qu'il y a de bien certain et ce qui prouve combien j'ai été réservé, c'est que de tous les fidèles qui ont débarqué au golfe Jouan avec l'Empereur, je suis celui à qui Sa Majesté a confié la mission la plus difficile et la plus dangereuse, celui qui s'est le plus dévoué, celui qui a le plus souffert, — et celui dont on a le moins parlé. Cependant, j'avais alors, avec toute la latitude possible pour écrire, l'assurance que je plaisais à l'autorité en écrivant, et la certitude que je trouverais facilement, parmi les journalistes, des flatteurs pour me louer ; mais, incapable de ces calculs d'intérêt, je gardai le plus profond silence. J'étais content de moi, et cela suffisait à mon cœur et à mon ambition. Mon cœur et mon ambition sont toujours les mêmes. Le changement universel qui s'est opéré dans le monde n'a point exercé d'influence sur la moralité de mon caractère. Je n'ai rien dit quand il y avait du mérite à me taire : je parle quand l'honneur m'ordonne d'élever la voix. Maintenant il me faut du courage pour prendre la plume, et en publiant ce mémoire je me prépare peut-être de longs chagrins. N'importe :

> A vaincre sans péril on triomphe sans gloire

Si je suis utile à mon pays et à mon prince ; si, après m'avoir lu, les bons Français éprouvent le besoin de me lire encore, si j'inspire de l'intérêt aux honnêtes gens, de quelque lieu, de quelque opinion qu'ils soient, mon but est rempli, mes vœux sont satisfaits.

La parole que le commandant avait exigée de moi, et que je lui avais donnée, m'empêchait de tenter une évasion ordinaire, et le silence obstiné du maréchal Masséna m'ôtait tout espoir d'aller à Toulon, même comme prisonnier. Ainsi, il me fallait renoncer à la tâche honorable que l'Empereur m'avait imposée. J'avais bien de la peine pour m'accoutumer à l'idée que je ne pouvais plus rendre aucun service ; mais enfin j'allais prendre mon parti, quand ce désir ardent d'être utile, qui me poursuivait jusque dans le sommeil, vint encore tourmenter mon imagination en me montrant un moyen de liberté indépendant de mes engagements de délicatesse.

J'avais promis à M. Traham de *ne pas le compromettre.*

Déployer mon caractère de commissaire de l'Empereur, faire reconnaître l'autorité de Sa Majesté par la garnison du château d'If, arborer le pavillon tricolore, renvoyer le commandant du fort à Marseille : rien de tout cela ne compromettait M. Traham, parce que c'était absolument indépendant de sa volonté. J'adoptai ce plan, mais, avant de m'y livrer entièrement, et surtout avant de le communiquer, j'examinai avec un soin scrupuleux si j'avais la faculté d'exécution. Ne pas compromettre M. Traham était une chose d'honneur; ne pas compromettre les personnes qui se seraient associées à mon entreprise était une chose de devoir.

Les canonniers qui m'avaient fait la visite nocturne n'étaient pas tous partis. Ceux qui restaient encore étaient d'un dévouement et d'une obligeance extrêmes. Je disposais souvent de leur bonne volonté, et je les trouvais toujours fidèles et désintéressés. Je leur devais la connaissance précise de l'opinion particulière de tous les militaires qui étaient dans le fort, et de cette connaissance j'avais acquis la certitude qu'il ne dépendait que de moi de faire crier : « Vive l'Empereur! »

Je pouvais aveuglément compter sur le courage de tous mes compagnons venus de l'île d'Elbe, mais je ne pouvais pas me reposer également sur leur prudence : deux seuls, parmi eux, auraient sagement apprécié l'importance d'un secret. Le chef d'escadron Bazire était un brave à toute épreuve, et ses camarades des hommes sûrs. Quoique le commandant d'Avignon parût honnête, sa légèreté empêchait qu'on ne lui confiât la plus petite chose.

Les philosophes hasardent plus facilement leurs opinions aux dangers de la critique que leurs personnes au péril des combats. M. Vincens de Saint-Laurent est un apôtre de la philosophie ; il doit avoir l'esprit de la secte. Ainsi, sans d'ailleurs rien préjuger sur ce qu'il possédait de courage, il me semblait plus convenable d'avoir recours à ses conseils qu'à sa bravoure. C'est avant que la tyrannie générale et les vengeances particulières m'eussent procuré l'intéressante société de tous ces messieurs que j'avais formé le troisième projet de briser mes fers en rendant un service à l'Empereur. Quand ma force fut augmentée de la réunion de tant de bons compagnons, je rencontrai un obstacle qui n'était pas tout à fait insurmontable, mais qui était très grand, et qu'il fallait vaincre pour arriver à l'accomplissement de mes desseins et même pour tenter de les exécuter ; c'était d'être sûr d'avoir de quoi manger. Le fort, bien approvisionné en munitions de guerre, n'avait que pour trois jours de vivres de réserve, et quand le vent était trop fort pour qu'on pût envoyer, de Marseille, la subsistance journalière de la garnison et des prisonniers, on avait recours au peu de biscuit réservé. Cela exposait assez souvent à des inconvénients, et surtout à de fréquents murmures. Je profitai de la première circonstance qui se présenta à cet égard, et j'engageai le commandant à demander des vivres pour un mois au moins. M. Traham demanda. Je fis en même temps parler au maréchal Masséna, sans qu'on mît mon nom en avant, afin d'obtenir du pain et du vin; mais accoutumé aux ruses de guerre, le maréchal devina ma pensée, et il n'accorda rien. Acheter nous-mêmes n'était pas une chose à laquelle on pût penser. Que faire? J'ai dit que l'obstacle qui se présentait, sans être tout à fait insurmontable, était un très grand obstacle. Il y a, à côté de l'île du château d'If, d'autres îles [1] qui offrent de bons mouillages aux bâtiments de passage, et où il y a sans cesse quelques navires en relâche. Ces îles, presque inhabitées, excepté celle de Pomègue, où l'on fait la grande quarantaine, servent aussi au pâturage de quelques troupeaux. C'est là où nous devions et où nous pouvions seulement aller puiser nos ressources. La chose était difficile : en supposant même que nous eussions eu, au moment opportun, et un vent favorable et une embarcation capable de contenir le nombre d'hommes nécessaire à un coup de main aussi hardi, rien ne réussissait si on ne parvenait pas à surprendre le navire qu'on aurait dû aborder, et les navires en rade font une garde continuelle. Pourtant la faveur des vents, la possession d'une grande embarcation, la surprise d'un bâtiment de commerce, n'étaient pas absolument impossibles.

J'avais tout ce qu'il me fallait de ressources pour payer ou pour faire payer, à Marseille, ce que nous aurions pris et ce que nous aurions employé. Sans cela, rien n'aurait pu non pas me décider, mais même me faire concevoir l'idée de disposer de ce qui ne m'appartenait point. Le

---

1. Pomègue, Ratonneau, et l'îlot de Canoubier.

soin de conserver ma vie ne coûtera jamais une larme à personne. L'existence de l'homme cesse d'être un bienfait du ciel quand elle ne peut plus se prolonger qu'aux dépens des malheureux qu'elle a faits. Défendons nos jours, mais défendons-les d'une manière honorable, ou laissons-les s'éteindre. Nous délibérâmes en petit comité. A Marseille, on parlait d'assassiner les prisonniers. La rage des Marseillais assassins était impuissante contre nous, et parce que nous étions séparés par un bras de mer, et parce qu'il était facile d'empêcher un débarquement sur notre rocher. Néanmoins, et faute de pouvoir mieux, il convenait de se garantir contre les événements dont quelques brigands espéraient que nous serions les victimes. Être toujours prêts à nous rendre maîtres du fort, et attendre le moment du danger pour nous en rendre maîtres, fut le résultat de notre délibération.

Cette décision amena plus de calme dans mes idées et plus d'uniformité dans ma vie. Dès lors, mes vœux pour la patrie et pour Napoléon, le tendre souvenir de ma famille, l'étude, le charme qui embellissait la conversation de plusieurs de mes compagnons d'infortune, l'aimable société de M⁰ᵉ Traham, des réflexions de sagesse, quelques éclairs de gaieté, se partageaient les moments que je ne consacrais point au repos, et j'aurais pu ne pas me croire malheureux, si j'avais été instruit de ce qui se passait dans notre belle France.

Les autorités royales se gardaient bien de faire connaître la vérité. Les nouvelles les plus absurdes étaient les seules qu'elles communiquaient au peuple et qui ensuite parvenaient jusqu'à nous.

Quelquefois la police nous envoyait des bulletins; mais, comme on doit bien le penser, c'étaient toujours des bulletins affreux. Le 20 mars, on nous apprit la mort de l'empereur Napoléon!.... Le simple bon sens devait me convaincre qu'on nous trompait, et cependant, sans être intérieurement convaincu, je ne pus m'empêcher de verser un torrent de larmes.

Dans le cours de ce mémoire, et en parlant du monstrueux jugement rendu contre le général Bertrand, j'ai dit : « Serait-il donc vrai que les bourreaux de 1793 et les bourreaux de 1815 et 1816 n'ont pas cessé d'être dirigés par le même génie? » Les Marseillais, portés au crime, étaient encore animés par les écrits incendiaires d'un de leurs concitoyens qui, du temps de la Terreur, accusateur public au tribunal révolutionnaire des Pyrénées-Orientales, avait pris l'habitude de tremper ses mains dans le sang français, et qui avait ensuite été condamné aux fers. Ce misérable était le conseil du marquis de Rivière, le prôneur éternel du duc d'Angoulême, le champion reconnu de la cause royale! A Avignon, à Aix, à Nîmes, on ne voyait point les anciens républicains de bonne foi prêcher ni désirer les assassinats; mais la plupart de ceux qui, sous l'apparence du républicanisme, avaient ensanglanté la Révolution, se montrant avec la cocarde blanche aussi cruels qu'ils s'étaient montrés avec le bonnet rouge, ne parlaient que d'ensanglanter encore. A Montpellier, un homme d'un talent réel et d'une finesse bien plus réelle, président du district durant le gouvernement révolutionnaire, qui, à cette époque de malheur, oubliant ou semblant oublier ce qu'il devait à ses fonctions publiques, affichait et outrait les habitudes les plus populaires, et qui, quoique d'une ancienne noblesse, sectaire ardent du sans-culottisme, était devenu par son influence l'épouvantail du département, changeant de conduite et de parti sans changer sans doute de moralité, redevenait sous le Roi, et en faveur du Roi, ce qu'il avait été sous la Terreur et en faveur de la Terreur. Beaucoup de terroristes secondaires étaient aussi des agents subalternes de la royauté. Je dois dire encore que les anciens républicains de bonne foi, s'éloignant de tous les extrêmes, ne partageaient pas plus les fureurs des ultra-royalistes qu'ils n'avaient jadis partagé les excès des démagogues; on pouvait généralement les compter parmi les bons Français.

La guerre civile était organisée. Le même homme qui avait voulu livrer Toulon aux Anglais, le duc d'Angoulême, toujours mû par l'égoïsme naturel à sa famille, bien positivement convaincu qu'il était inutile, qu'il était même inhumain de faire verser du sang pour changer la décision d'une cause que la France entière venait de juger en faveur de l'empereur Napoléon, n'en avait pas moins profité de la faiblesse des uns et de l'aveuglement des autres, afin de former une réunion antinationale, qu'il appelait une armée et qu'il commandait en personne. Cette armée était loin, quoi qu'on ait pu écrire à cet égard, d'être toute animée par les mêmes sentiments. Sa composition présentait beaucoup de nuances, et l'on pouvait facilement y distinguer trois corps. Les bandes marseillaises ne marchaient pas pour se battre. Elles ne respiraient que le pillage : c'était un véritable corps de Cosaques. Deux régiments de ligne, dont un d'étrangers, d'abord entraînés, ensuite forcés d'agir, formaient le corps de bataille. Les volontaires de Vaucluse, du Gard, de l'Hérault, n'étant plus poussés par des meneurs, avaient perdu leur enthousiasme en perdant de vue leurs maisons et ne songeaient qu'à retourner dans leurs familles : c'était le corps d'apparat [1]. Cet ensemble ne formait pas

---

[1]. Pons *simplifie* un peu trop la composition de l'armée du duc d'Angoulême. Ce qu'il appelle les bandes marseillaises, c'étaient les 58e et 83e de ligne, 3,000 gardes nationaux des Bouches-du-Rhône et du Var. Le corps de

MÉMOIRE AUX PUISSANCES ALLIÉES. 231

une masse de plus de six mille individus, tous autorisés à la licence, et dont la moitié vivaient dans l'anarchie la plus complète [1].

Les pillards de Marseille, qui avaient été organisés par le marquis de Rivière et qui se montraient les plus ardemment attachés aux Bourbons, n'avaient pourtant pas voulu partir sans être assurés d'une solde extraordinaire, et la ville s'était obligée de payer cinquante sous par jour le dévouement de ces élus, qui d'ailleurs devaient être habillés et équipés.

Tant que le duc d'Angoulême n'eut à combattre aucune troupe régulière, il marcha en avant [2], et de ce que personne ne lui opposait de la résistance, se regardant déjà comme un héros, il faisait fastueusement proclamer et ses victoires et ses conquêtes. C'était à chaque instant quelque nouveau triomphe. Tout était imaginaire, ou ne valait pas la peine qu'on en parlât; mais n'importe, cette exagération, bien calculée, en entretenant l'erreur, maintenait l'esprit public en faveur du Roi, et ce résultat ne laissait pas que d'être avantageux pour le prince [3].

Cependant, il y avait et trop de gens dans le secret, et trop de monde intéressé à savoir ce qui était vrai, pour

---

bataille comprenait le 10ᵉ de ligne, le 14ᵉ de chasseurs, le 1ᵉʳ régiment étranger. Les volontaires formaient six bataillons sous les ordres immédiats du duc d'Angoulême.

1. Voir les témoignages de Merle, Teste, Suchet, Fouché, celui du préfet du Gard, celui de Durand, *Marseille et Nîmes en 1815*, réunis par Houssaye, *1815*, I, 412. Le chiffre donné par Pons est minoré, dans un intérêt de parti. Le corps du duc d'Angoulême (centre), comptait à lui seul 5,500 hommes, le corps d'Ernouf (aile droite), 5,000. Il fallait y joindre le corps de Rey (gauche), en formation à la fin de mars.

2. Le 29 mars, l'armée royale occupe Montélimar, le 2 avril est victorieuse au pont de Lonol, le 3 occupe Romans et Valence. Mais le 3 avril Grouchy arriva à Lyon.

3. Cela fut sensible à Lyon surtout, où l'on cria *Vive le Roi* dans les rues, et où l'état-major de la garde nationale faisait publiquement des vœux pour le duc. V. Houssaye, *1815*, I, 418.

que ce système de mensonges ne dût pas s'user rapidement; en effet, sa réussite fut de courte durée : on commença à douter des nouvelles, et bientôt les rapports officiels ne trompèrent plus les personnes qui raisonnaient.

Toute espèce de communication était interrompue avec l'intérieur de la France; la police, plus active que jamais, s'assurant de toutes les lettres, ne laissait pénétrer que ce qui pouvait nourrir l'effervescence populaire; les autorités avaient cessé de crier : Vaincre ou mourir, et ne parlaient plus que de résignation et d'espérance; les chefs de parti, dépouillés de leur insolence habituelle, étaient mornes et silencieux, et ceux qui se croyaient les plus coupables faisaient des préparatifs de départ; quelques déserteurs de l'armée royale avaient reparu dans leurs foyers; on suspendait l'armement des renforts qu'on devait envoyer au duc d'Angoulême; la scène politique changeait de face, et les lis se flétrissaient à chaque instant.

Ces changements précurseurs de notre liberté étaient d'un trop grand intérêt pour qu'ils pussent échapper à nos observations. Notre esprit, tendu constamment vers le même objet, marquait tous les degrés de variations qu'il y avait dans la conduite de ces hommes qui donnaient l'impulsion non pas aux honnêtes gens, mais à ce ramassis de canaille soudoyée qui, en criant dans les rues, croyait former l'opinion publique.

Le château d'If lui-même nous offrait des sujets de remarque qui nous aidaient à suivre les nuances des affaires politiques. Nous commencions à voir des figures humaines; des personnes estimables se hasardaient à nous visiter; les agents de la police faisaient succéder la bassesse des compliments à la bassesse de l'impertinence; la décoration du Lis fatiguait moins nos regards.

Au nombre des visites intéressantes que nous recevions, il y en avait une qui se renouvelait fréquemment et qui nous procurait toujours de nouvelles jouissances ; c'était celle d'une jeune dame qui se faisait facilement remarquer et par la culture de son esprit et par les qualités de son cœur, et qui, épouse d'un officier distingué, avait autant de courage moral que son mari avait de courage physique. La première fois que j'eus l'honneur de me trouver auprès de cette dame charmante, elle me parla beaucoup de l'empereur Napoléon, qu'elle aimait à la folie ; et profitant d'un moment d'isolement, elle me dit avec une douceur mêlée de force et de dignité : « N'est-ce pas, « Monsieur, que vous n'avez pas déserté notre bon Empe- « reur ? »

Un matin que, seul dans le chemin de ronde, je m'occupais, sans être vu, à étudier la conversation vraiment révolutionnaire de pêcheurs qui tiraient leur filet, j'entendis que le patron disait, en parlant de moi : « Si on avait mis « ce coquin de général à la lanterne, Marseille aurait à « présent un ennemi de moins. » J'examinai cet homme qui me paraissait si mal disposé à mon égard, et le hasard me fit reconnaître en lui un marin qui avait fait la guerre sous mes ordres et qui me devait d'avoir eu son congé. Je me rappelai que, quand il servait, il jouissait d'une très bonne réputation et que lorsqu'il était parti de l'armée, il semblait m'être aussi dévoué qu'il soit permis de l'être. Cependant l'opinion qu'il venait de manifester, sans savoir contre qui il la manifestait, était d'un Marseillais de premier ordre ; et pourtant j'éprouvais plutôt un sentiment pénible qu'un sentiment d'indignation. Je me décidai à lui parler, et je lui fis dire par un canonnier de m'apporter lui-même quelques poissons que je voulais lui acheter. Je l'attendis dans ma chambre, et quand nous fûmes seuls, je lui demandai, en l'appelant par son nom, pourquoi il désirait qu'on me mît à la lanterne? Ce pauvre marin, que le son de ma voix avait déjà frappé et qui, en levant les yeux sur moi, avait retrouvé, dans la même personne dont peu de moments auparavant il avait souhaité la mort, son commandant, son bienfaiteur, tomba dans un anéantissement tel que je craignis qu'il n'eût été saisi d'une attaque; il n'y a pas de possibilité d'une sensation plus forte. Quand il eut repris ses sens, il resta encore fort longtemps sans pouvoir s'exprimer autrement que par des larmes, et enfin il m'apprit que la cause de la haine qu'il semblait m'avoir vouée sans me connaître, et que bien d'autres m'avaient vouée bien plus que lui, venait de ce qu'on assurait que j'étais chargé par Napoléon de faire incendier Marseille. Je n'eus pas besoin de lui donner une assurance contraire : il avait souvent été témoin de mes principes d'honneur, de mes sentiments d'humanité. Je le priai de taire ce qui venait de se passer, afin qu'on ne l'empêchât pas de me voir. Il voulait absolument m'enlever, et j'eus beaucoup de peine à le convaincre que je ne devais pas manquer à la parole qui me liait. Presque chaque jour je recevais de nouvelles preuves de son dévouement; un bienfait n'est jamais perdu; le patron pêcheur me paya bien généreusement des services que je lui avais rendus. La reconnaissance me le rappela souvent.

Cette anecdote, qui n'est point sans intérêt, de quelque manière qu'on la considère, et qui, dans tous les temps, peut servir de leçon au peuple, si facile à tromper, jeta un grand jour sur les moyens qu'on employait à Marseille pour exalter les esprits contre l'empereur Napoléon.

Le Midi commençait à ouvrir les yeux sur les maux que le duc d'Angoulême lui avait déjà faits et sur ceux qu'il lui préparait encore [1]. Plusieurs villes avaient arboré le pavillon national et s'étaient ralliées à la France : Montpellier, Nimes, déployaient l'étendard tricolore [2]. Le voile était déchiré. Les Capets ne pouvaient plus se cacher qu'ils étaient étrangers à la nation et que, replacés sur le trône par la puissance des baïonnettes ennemies, ils avaient été entourés d'obéissance et non pas d'amour. Le duc d'Angoulême, effrayé du mouvement d'indignation qu'éprouvaient les nombreux bataillons de gardes nationales qui arrivaient de toutes parts, conclut en toute hâte, avec le général Gilly, une capitulation [3] par suite de laquelle il licenciait son armée, ordonnait la dissolution de tous les volontaires royaux et devait s'embarquer à Cette. Le général en chef Grouchy ne ratifia pas cette capitulation. Mais l'Empereur, qui n'avait voulu prendre aucune mesure pour faire arrêter la famille royale avant qu'elle fût sortie du territoire français, toujours grand et généreux, ne voulut point aussi garder le prince, et ordonna qu'on le laissât partir, procédé d'autant plus noble, conduite d'autant plus magnanime [4], que Napoléon savait bien que les Bourbons étaient incapables d'aucun sentiment de gratitude. Sa Majesté Impériale se contenta de faire contracter au duc d'Angoulême *l'engagement de ne pas rentrer en France, de ne s'approcher jamais plus de soixante lieues des frontières, de n'entrer dans aucune*

---

1. Dès les premiers jours d'avril, les colonnes royales étaient repoussées, se débandaient ou désertaient. Les populations empêchaient les royalistes de s'armer pour défendre leur cause (à Mende, à Issoire, par exemple).
2. Ambert proclame l'Empire à Montpellier le 2 avril; le colonel Teulet arbore le drapeau tricolore à Nimes le 3 avril.
3. Le 8 avril 1815. Pour tous ces faits, voir encore Houssaye, *1815*, I, 422 et suiv.
4. C'est au duc de Bassano que revient l'honneur de cette générosité. Il est assez singulier que Pons, qui le fréquentait si intimement à l'époque de la rédaction de ce mémoire, n'en ait rien su ou rien dit.

machination contre la France et d'obtenir du comte de Lille la restitution des diamants de la couronne.

Un prince malheureux et fugitif inspire nécessairement de l'intérêt à tout ce qui a l'âme belle : les Cettois se montrèrent sensibles à l'infortune du duc d'Angoulême ; ils cherchèrent à adoucir tout ce que son départ avait d'amertume [1]. Cette action honore la ville de Cette, à laquelle je m'enorgueillis et je m'enorgueillirai toujours d'appartenir.

Le temps viendra où, dans le silence des passions, il sera possible d'examiner les causes de la conduite que plusieurs départements méridionaux ont tenue en 1815. Cet examen prouvera peut-être que, même dans ces départements, les Bourbons étaient absolument déconsidérés, et que l'armement que le duc d'Angoulême était parvenu à y faire tenait bien plus à des circonstances locales [2] qu'à un sentiment d'amour pour lui et pour les siens. Mais, en attendant le jour de vérité, je dois faire connaître sur quoi j'établis mon opinion, et je le fais en citant pour exemple le lieu de ma naissance, ce lieu qui m'est si cher, et qui alors s'est laissé entraîner dans les désordres, sans pourtant tremper dans les crimes.

La ville de Cette n'a point ou presque point de fortune territoriale : l'activité du commerce fait toute la richesse de ses habitants. Les Cettois ne connaissent qu'un bien et ne redoutent qu'un mal : la paix ou la guerre. La guerre tarit dans leur sein la source de prospérité que la paix y fait couler en abondance. Ce pays, dont l'existence connue ne date que du règne de Louis XIV [3], n'a point de noblesse.

[1]. Le duc s'embarqua le 16 avril pour l'Espagne, avec une suite de dix-sept personnes, à bord de la *Scandinacie*.
[2]. Pons aurait pu ajouter : *et religieuses*.
[3]. Sur l'histoire et le caractère social de Cette, voir E. BONNET, *Recherches historiques sur l'île de Cette*.

Quelques écus de plus ou de moins font toute la distinction des familles.

De même que les colonies naissantes, Cette, dans son principe, ne fut peuplée que par des pauvres gens, parmi lesquels se trouvent, sans exception, les aïeux de la population actuelle. L'armée a compté beaucoup de Cettois dans le rang des braves : elle n'en a jamais trouvé aucun parmi les lâches. Un esprit susceptible de développement leur donne de l'amour-propre, et cet amour-propre les excite à l'émulation et à l'indépendance. Les Cettois aiment à montrer un caractère de grandeur : même dans le peuple, on trouve une noble et mâle fierté. Ils ont des défauts, mais ils n'ont point de vices, et leur cœur est excellent.

De pareils hommes avaient trop le sentiment de leur dignité pour ne pas aimer la Révolution : riches et pauvres l'embrassèrent avec ardeur. C'est à Cette que s'organisa la première garde nationale de France. Le patriotisme le plus pur présida longtemps à ces réunions vraiment civiques.

La fatale journée du 31 mai divisa mes concitoyens, comme elle divisa toute la France. Il se forma deux partis : le parti des pauvres voulait la démocratie, le parti des riches voulait l'aristocratie : les deux partis étaient également républicains. Deux partis n'existent point sans se combattre : les démocrates triomphèrent; vainqueurs, ils s'érigèrent en patriotes exclusifs, et les aristocrates furent proscrits. L'action amena la réaction : les aristocrates vainquirent et proscrivirent à leur tour. Les patriotes et les aristocrates eurent également de grands torts. La cause de la royauté n'entra jamais pour rien dans les motifs de cette discorde. Les deux partis ne désiraient que la république : la manière d'établir et de consolider cette république était l'unique sujet de leur querelle. L'expérience a prouvé que le système républicain des aristocrates convenait mieux à la France que le système républicain des patriotes [1]. Le Directoire, incapable de gouverner, excita encore les passions, en donnant à chaque parti des triomphes périodiques et éphémères. La haine devint extrême entre les aristocrates et les patriotes.

Au milieu de ce bouleversement politique, la ville de Cette ne fut point souillée par les échafauds. Le libérateur de l'Italie prit les rênes de l'État. Les aristocrates s'empressèrent d'adopter le gouvernement consulaire, et, par opposition aux aristocrates, les patriotes le rejetèrent.

Bientôt un événement malheureux sema le deuil dans la ville de Cette. Un navire, venant d'Égypte et portant les débris souffrants d'un régiment d'infanterie de ligne, poussé par la tempête, aborda dans ce port. Les Cettois de toutes les opinions rivalisèrent de soins et de générosité pour soulager les maux des militaires, qui, en reconnaissance du bon accueil qu'ils avaient reçu, demandèrent et obtinrent de rester en garnison parmi des hôtes aussi humains. Mais l'esprit de parti chercha à s'emparer de ce régiment, et il lui montra les patriotes comme des ennemis personnels du Premier Consul. Le régiment oublia qu'il avait été secouru par tous les partis cettois, et non pas par un parti cettois: oubli honteux qui a imprimé une tache indélébile sur le front de ceux qui s'en sont rendus coupables! L'union avait cessé d'exister entre les citoyens et les soldats; les soldats cherchaient à exciter des querelles. Il était facile d'apprécier qu'il y avait un complot

---

1. Cet aveu est intéressant dans la bouche de l'ancien jacobin Pons. Son impartialité et sa modération, dans le récit d'événements auxquels il avait pris une part notable et dont il avait eu à souffrir personnellement, ne sont pas moins remarquables.

tramé contre les patriotes : aucun Cettois ne trempa dans cette conspiration. Les conspirateurs profitèrent de la première occasion, et ils eurent un horrible succès [1].

Deux soldats avaient insulté deux femmes honnêtes; les maris étaient accourus pour défendre leurs épouses, et il en était résulté une dispute d'individu à individu. Cette rixe n'était rien, tout à fait rien : elle n'avait pas même attiré beaucoup de monde.

La fatalité voulut que la scène eût lieu dans le voisinage de la caserne. La garde entendit du bruit; elle courut aux armes, et se précipitant dans la rue, sans avoir reçu des ordres, sans attendre aucun chef, elle fit feu sur le peuple. Plusieurs personnes furent les victimes de cette action infâme, le déshonneur éternel du corps auquel on la reproche, si un corps qui se renouvelle avec rapidité pouvait être responsable de ce qui a été fait avant son renouvellement.

La population, indignée, voulait venger le sang par du sang. Peut-être mon dévouement empêcha-t-il le carnage; du moins, et j'aime à me le rappeler, je fus le citoyen de Cette qui contribua le plus à ramener le calme dans la cité. On consigna les soldats; les habitants rentrèrent dans leurs foyers.

Ce jour de douleur pour mon pays était un dimanche.

[1]. Pons fait ici allusion à l'affaire du 20-21 germinal, émeute dont les causes sont mal déterminées, dont les conséquences furent funestes à la ville de Cette, et qui est encore bien mal connue. Les documents sont en très petit nombre aux archives de Cette : la liasse I, 31, contient seulement une « copie de l'arrêt de la cour de justice spéciale du département de l'Hérault rendu le 10 floréal dernier » (an XIII), avec une lettre du président des cours de justice criminelle et spéciale du département de l'Hérault à M. le maire de la ville de Cette, datée de Montpellier, 23 fructidor an XIII, lequel, en exécution de l'article 592 du Code des délits et peines, lui transmet cette copie. Le registre des délibérations du conseil municipal contient une pétition au Premier Consul relative aussi à cette affaire. Voir ces deux documents aux pièces justificatives, n° 93.

L'ordre était rétabli ; et les instigateurs de ce qui s'était passé gémissaient de ne pouvoir pas même alléguer une apparence de motif en faveur de la garnison. Mes concitoyens avaient acquis le droit incontestable de demander la punition de la troupe qui, foulant aux pieds et les lois de l'État et les règlements militaires, s'était comportée comme une bande d'assassins armés.

Mais le mauvais génie qui, égarant des braves, les avait d'abord poussés à l'ingratitude et ensuite au crime, planait encore sur mon pays. Le lundi matin, malgré que la garnison eût été et fût encore consignée, trois soldats sortirent de la caserne pour aller travailler. Ces soldats pouvaient être innocents des torts de leurs camarades, et, dans tous les cas, rien ne devait autoriser une vengeance aussi criminelle que le délit dont on avait à se plaindre et qu'on voulait faire punir. Des ouvriers, ayant rencontré les trois soldats dans une rue déserte, les maltraitèrent extrêmement à coups de bâton : attentat coupable, contre les auteurs duquel il était juste de sévir rigoureusement. Pourtant, et afin de mettre mes lecteurs à même de bien suivre l'ensemble de cette triste affaire, je dois observer que les militaires maltraités n'eurent besoin que de huit à quinze jours d'hôpital pour se rétablir entièrement, et que les coups de fusil qu'on avait tirés sur le peuple avaient atteint et estropié deux personnes de la ville.

Néanmoins on profita de la catastrophe du lundi pour faire oublier celle du dimanche, et on rapporta officiellement au Premier Consul que les Cettois *avaient voulu égorger la garnison*. Les magistrats d'alors auront toujours à se reprocher de n'avoir pas député à Paris pour éclairer la religion du gouvernement.

Le Premier Consul, cruellement trompé, ordonna que

la ville de Cette serait mise en état de siège, et que l'action des lois constitutionnelles serait suspendue pour les habitants, jusqu'à ce qu'une commission militaire, spécialement créée à cet effet, eût jugé les auteurs et fauteurs des troubles qui avaient eu lieu, et que je viens de rapporter avec la plus rigoureuse vérité. En enlevant les Cettois à leurs juges naturels, le Premier Consul, sans s'en douter, les livrait à la discrétion de leurs ennemis.

Une force armée considérable s'empara militairement de cette malheureuse cité. La commission militaire fut organisée. Dans cette organisation, on poussa l'oubli de toute pudeur jusqu'à prendre des juges, et, je crois, la majorité des juges, parmi les officiers du régiment accusateur. Ce tribunal de sang se réunit, et il décima mes concitoyens : quarante Cettois furent condamnés ou à la mort, ou à la déportation, ou à l'emprisonnement. Sur la liste fatale des condamnés on avait mis d'abord le nom d'un homme décédé depuis plusieurs années. Un jeune Cettois, qui, soldat dans les guides, avait fait la campagne d'Égypte, et qui était tout dévoué au Premier Consul, fut fusillé comme son ennemi ; au moment de recevoir le feu mortel, cet infortuné criait avec âme : « Vive mon général, le général Bonaparte !.... »

Ce jugement affreux ou cette proscription cruelle n'ayant frappé que le parti patriote, les patriotes s'imaginèrent que le parti aristocrate s'était secrètement associé aux monstres qui avaient conspiré leur perte : les patriotes se trompaient. Les aristocrates se montrèrent Cettois ; ils partagèrent la douleur commune. Je ne compte point, ni parmi les aristocrates, ni parmi les patriotes, quelques individus qui, entièrement privés de moralité, ne doivent compter nulle part. Les moteurs du fléau politique qui ravagea la ville de Cette furent le commandant de la place, le consul espagnol, et quelques autres personnes étrangères au pays.

La Providence voulut qu'à la tête de la commission homicide il y eût un colonel homme de bien : sans cela, le nombre des condamnés aurait été égal au nombre des patriotes. Il est naturel de penser qu'à la suite de ce funeste événement, les patriotes devinrent les ennemis du Premier Consul. Cette inimitié, nourrie dans le silence, accompagna Napoléon sur le trône impérial. Le parti aristocrate, au contraire, aimait l'Empereur ; mais les chefs de ce parti, tous négociants et presque tous ruinés par la guerre, et particulièrement par la guerre du Nord, où Cette a son commerce principal, après avoir en vain attendu un système plus pacifique dans le gouvernement, avaient fini par désirer un changement politique qui ne consommât pas la perte totale de leur fortune. Ainsi, l'inimitié personnelle d'une part, l'intérêt particulier de l'autre, expliquent la conduite de mes concitoyens en 1815. Mais l'Empereur pouvait-il éviter la guerre, et savait-il qu'une réunion de juges, à laquelle ses ordres prescrivaient la justice la plus impartiale, n'avait été ou presque été composée que d'hommes que la passion rendait féroces ? La suite de ce mémoire amènera naturellement la réponse à cette question. Et de ce que je viens d'observer, il ne faudrait pas pourtant tirer la conséquence que la ville de Cette s'est prononcée en masse contre l'empereur Napoléon. Cette conséquence serait fausse. Alors que l'Empereur est rentré en France, il y a eu à Cette deux partis marqués, le parti impérial et le parti royal ; et l'on a observé que, malgré les reproches que les patriotes faisaient à Napoléon, malgré les pertes que les aristocrates avaient éprouvées, le parti impérial comptait dans ses rangs beaucoup plus d'hommes éclairés que le parti royal. Le maire impérial d'alors est, si je ne me trompe, le plus instruit de mes concitoyens ; il est vrai de dire que le maire royal qu'il avait remplacé était aussi une personne de mérite. A César ce qui appartient à César. Ce qui est certain, c'est que les Cettois qui, par esprit de vengeance, ont le plus crié « Vive le Roi ! » sont les mêmes Cettois qui avaient le plus crié « Vive la République ! » et qui ne voulaient pas même considérer les aristocrates comme des patriotes.

Dans les révolutions, les hommes, sans en excepter les hommes les plus sages, sont souvent entraînés malgré eux, et, maîtrisés par une puissance invisible, ils marchent en sens contraire de leur pensée. Si nous voulons bien juger les véritables sentiments des Cettois pour la famille royale actuelle, il faut nous éloigner des mouvements convulsifs de 1815, et nous reporter à cette époque de 1814, où les Français, s'imaginant que les Bourbons, dont ils avaient eu tant et tant à se plaindre, se seraient enfin corrigés à l'école du malheur, cherchaient à se cacher que ces princes leur étaient rendus par des mains ennemies, et s'efforçaient à la résignation en effaçant des souvenirs pénibles par des espérances flatteuses. Alors l'imagination, embellissant l'avenir, faisait étudier dans le présent tout ce qui pouvait être agréable à un gouvernement qu'on devait nécessairement croire réparateur. Certainement la fête de saint Louis, en 1814, fut une époque remarquable pour donner l'élan à tout ce qu'on pouvait éprouver d'affectueux en faveur de Louis XVIII. Cette fête est la fête locale de Cette. L'autorité a voulu que le nom de Bourbon fût imposé à une des rues principales de la ville. Eh bien, dans cette rue où tout aurait dû respirer l'enthousiasme, il n'y avait, le soir de la Saint-Louis, que deux maisons illuminées, et chaque illumination était de deux chandelles.... Ce fait, que je tiens de plusieurs Cettois très royalistes, démontre, mieux que je n'ai pu le faire, qu'une partie de la ville de Cette a été contre l'Empereur sans être pour le Roi.

Le propre de l'esprit de parti est d'afficher tout ce qui est ou tout ce qui semble être la preuve de son triomphe. Quand il ne dit rien ou qu'il ne fait rien, c'est qu'il ne sent rien.

Eh! comment les Cettois seraient-ils pour des princes que l'Angleterre n'a ramenés sur le trône des Français que pour pouvoir tenir plus facilement la France dans une longue humiliation? N'est-ce pas parmi les Cettois que la patrie a constamment trouvé les défenseurs de sa gloire, et la nation les apôtres de son honneur?.... Mais, sans considérer les principes libéraux qui sont innés chez eux, leur intérêt de fortune repousse une dynastie dont la caducité se fait remarquer de mille et mille manières plus honteuses les unes que les autres. La richesse des Cettois est toute dans le commerce, et ils ne font qu'un commerce maritime : d'où il résulte qu'ils ont particulièrement besoin d'un gouvernement assez fort pour faire respecter le pavillon français. Il faut des siècles et des miracles avant que les Bourbons puissent former un gouvernement pareil. Les Anglais ne nous auraient point donné le gouvernement des Bourbons, s'ils avaient pu en imaginer un de plus mauvais pour nous et de plus favorable pour eux. Il n'y aurait pas moins de folie à méconnaître cette vérité qu'à nier l'existence du soleil. Si je n'avais pas été jeté dans les fers, les Cettois, qui, patriotes ou aristocrates, ne peuvent point douter de mon amour, et qui, j'ose le croire, m'honorent de leur estime, auraient prêté l'oreille à mes conseils : alors, j'en suis sûr, la discorde ne serait pas venue répandre de nouveau son venin parmi eux. Mes chers concitoyens ignoraient tout l'intérêt que l'Empereur leur portait. Redisons les intentions paternelles de Sa Majesté.

Dans le cours de conseils que l'Empereur me donnait au moment de le quitter à Digne, et en même temps qu'il me témoignait un tendre intérêt sur les dangers que j'allais courir, Sa Majesté avait daigné me demander si je n'avais pas besoin, dans le moment, qu'Elle fît quelque chose pour moi. J'avais saisi cette circonstance, et je lui avais répondu que, « trop heureux de sa bonté, je ne dé-
« sirais rien de plus ; mais que je la suppliais de m'ac-
« corder une grâce en faveur de la ville de Cette, lieu de
« ma naissance. » L'Empereur s'empressa de me donner l'assurance qu'il ferait avec plaisir ce que je pouvais désirer : « Sire, dis-je à Sa Majesté, Cette n'a du commerce
« qu'avec le Nord. La plus grande partie de ses expé-
« ditions se fait à l'époque actuelle. Si Votre Majesté ne
« m'autorise pas à laisser partir les navires avec le pavil-
« lon blanc, Cette ne pourra point expédier, et ce pays,
« qui a immensément souffert par les effets de la guerre,
« sera peut-être entièrement ruiné. Je prie Votre Majesté
« de me donner cette autorisation. — Je vous la donne,
« me répondit Sa Majesté ; je ne veux pas que l'époque de
« mon retour soit une époque de malheur pour votre
« pays, ni pour aucun pays. Le port de Marseille a les
« mêmes intérêts commerciaux que le port de Cette ; que
« les Marseillais jouissent donc aussi de la même faveur. »
Je remerciai l'Empereur, et je le remerciai bien vivement. Emporté par le plaisir que j'éprouvais, je laissai aller mes paroles, et je dis, assez gauchement, à Sa Majesté « que ce
« qu'Elle venait de faire pour Cette effacerait le souvenir
« de l'injuste rigueur que, dans un autre temps, Elle
« avait exercée envers les Cettois. » A ces mots d'*injuste*

rigueur, Sa Majesté m'interrompit, et Elle me demanda avec sévérité quelle était cette injuste rigueur que je semblais vouloir lui reprocher. Je m'étais mal exprimé ; mais j'avais dit la vérité ; je fis à Sa Majesté le récit exact du malheur dont je viens d'écrire l'histoire. L'Empereur cessa bientôt de blâmer l'expression un peu dure que j'avais employée ; Sa Majesté répétait souvent : « C'est une horreur ! C'est « une infamie ! C'est un crime ! » Quand j'eus terminé, l'Empereur, pénétré, me parla ainsi : « Je sais, Pons, que « vous n'avez pas l'intention de me tromper. Votre récit « me navre. Je conçois facilement que vos concitoyens ne « doivent point m'aimer. Cependant je suis innocent du « mal affreux qu'on leur a fait. J'ai été le jouet des mé- « chants ; c'est souvent le sort des princes. Je me dois de « réparer un tort involontaire. Vous pouvez assurer les « habitants de Cette que, pour me servir de votre expres- « sion, j'effacerai le souvenir de cette injuste rigueur. « Dites-leur que je les prends sous ma protection. Quand « nous serons plus tranquilles, vous m'indiquerez dans « un mémoire ce que je puis faire pour eux. Que vos con- « citoyens sachent que l'injustice est loin de mon carac- « tère ; que j'aime à reconnaître et à réparer mes erreurs, « et que je n'ai jamais rejeté un conseil dont j'ai reconnu « la sagesse. »

Cettois de toutes les opinions, voilà ce que Napoléon pensait de vous et pour vous ! Je n'y ajoute aucune réflexion : vous trouverez dans la noblesse de votre âme, dans la générosité de votre cœur, tous les sentiments, toutes les émotions que doit inspirer ou faire naître un prince qui met sa gloire à réparer un tort involontaire, et à faire la félicité de ceux que ce tort a pu affliger.

Mais je dois ramener le lecteur au château d'If, et reprendre avec lui la marche des événements qui me rendirent à la patrie.

Le maréchal Masséna gardait le silence le plus absolu. Peu en sûreté à Marseille, où il avait plusieurs fois été exposé et où il avait dû faire de sa maison une espèce de forteresse, il s'était définitivement retiré au milieu des Toulonnais[1]. Là, il était en France. Toulon n'avait point encore arboré les couleurs nationales : cependant il était tout à la patrie. Le respect de ses habitants pour l'autorité du maréchal et leur confiance en lui étaient la cause de ce retard, qui ne servait qu'à aiguillonner davantage le désir qu'ils avaient de proclamer leurs sentiments.

Le Var, malgré la folie de son préfet, marchait sur les traces de Toulon. Même dans le département des Bouches-du-Rhône, des villages, secouant le joug royal ou le joug marseillais, ce qui était la même chose, se restituaient au gouvernement créé par le peuple français, le seul gouvernement légitime de la France. A chaque instant, l'autorité était obligée d'envoyer la force armée çà et là. Quand c'étaient des troupes de ligne qui marchaient, les troubles s'apaisaient facilement, et quand c'était de la garde nationale, ils s'augmentaient encore. Cela venait de ce que, outre la différence ou la rareté (sic) des principes qu'il pouvait y avoir entre ceux qu'on voulait soumettre et ceux qui étaient chargés d'opérer la soumission, la troupe de ligne portait partout un esprit de justice, et la garde nationale un esprit de parti.

La marche triomphale de l'Empereur, depuis Cannes jusqu'à Paris, n'était plus un secret. *L'aigle, avec les couleurs nationales, avait volé de clocher en clocher jusqu'aux tours de Notre-Dame.* Les proclamations de Sa

---

[1]. Le 2 avril.

Majesté Impériale au peuple français, à l'armée, étaient connues comme si elles avaient été publiées : chacun en redisait quelque passage. Ces paroles aux habitants des Hautes et Basses-Alpes retentissaient dans tous les cœurs bien nés : « Vos vœux seront exaucés, la cause de la nation « triomphera! Vous avez raison de m'appeler *votre père*. « Je ne vis que pour l'honneur et le bonheur de la « France. » On répétait avec le plus vif intérêt les expressions par lesquelles Napoléon avait voulu marquer les sentiments qu'il éprouvait pour les Dauphinois : « Dau« phinois, disait Sa Majesté, vous avez rempli mon attente. « Le spectacle que m'a offert le peuple sur mon passage « m'a vivement ému. J'ai senti le besoin de vous exprimer « toute l'estime que m'ont inspirée vos sentiments élevés. « Mon cœur est tout plein des émotions que vous y avez « fait naître : j'en conserverai toujours le souvenir. »

On était également instruit des événements de Lyon. On savait que le comte d'Artois, après y avoir fait de vains efforts pour enflammer en faveur de la cause des Bourbons et la garde nationale et la troupe de ligne, délaissé par l'universalité des citoyens et des soldats, même par ses propres amis, par ces amis qui, peu de moments auparavant, lui avaient juré de mourir pour le Roi, s'était éloigné des Lyonnais, n'ayant qu'un gendarme à sa suite [1]. On comparait à l'abandon effrayant dans lequel s'était trouvé le premier prince de la famille royale, au milieu d'un peuple dont les sentiments sont si éminemment français, l'enthousiasme extraordinaire que ce même peuple avait fait éclater [2] dès qu'il avait revu l'auguste Napoléon.

---

1. Voir notamment les *Souvenirs* de Macdonald, p. 335-340, et Houssaye, *1815*, p. 256-263.

2. Cet enthousiasme se traduisit notamment par la mise à sac du café Bourbon, café aristocrate et royaliste de la place Bellecour.

et l'on comparait aussi le départ silencieux du comte d'Artois à ces nobles adieux de l'Empereur : « Lyonnais !
« vous avez toujours eu le premier rang dans mon affec-
« tion. Sur le trône ou dans l'exil, vous m'avez montré
« les mêmes sentiments. Ce caractère élevé, qui vous dis-
« tingue spécialement, vous a mérité toute mon estime.
« Lyonnais, je vous aime ! »

Personne n'ignorait la fuite du Roi, délaissé par la France comme son frère l'avait été par la ville de Lyon. Personne n'ignorait que l'Empereur avait trouvé partout amour, respect, dévouement, et qu'il était arrivé à Paris sans que, dans sa course rapide, il eût eu un seul obstacle à surmonter. Personne n'ignorait que le peuple entier, se relevant de son abattement à l'aspect de l'aigle, ancien symbole et nouveau garant de sa gloire, était accouru au-devant de Napoléon et l'avait salué comme l'ange libérateur des Français. Personne n'ignorait que Sa Majesté Impériale avait *** déposer le secret de sa pensée dans le sein de la nation, en répondant aux hommages que les premières autorités de l'Empire s'étaient empressées de lui rendre : « Tout à la nation et tout pour la France :
« voilà ma devise. Moi et ma famille, nous ne voulons,
« nous ne devons, nous ne pouvons jamais réclamer
« d'autres titres. Les princes sont les premiers citoyens
« de l'État. La souveraineté elle-même n'est héréditaire
« que parce que l'intérêt des peuples l'exige. Hors de ces
« principes, je ne connais pas de légitimité. Il n'a jamais
« été vrai de dire, dans aucune période de l'histoire, dans
« aucune nation, même en Orient, que les peuples exis-
« tassent pour les rois : partout il a été consacré que les
« rois n'existaient que pour les peuples. Ce qui distingue
« spécialement le trône impérial, c'est qu'il est élevé par
« la nation, qu'il est par conséquent *naturel*, et qu'il

« garantit tous les intérêts : c'est là le vrai caractère de
« la légitimité. L'intérêt impérial comprend tous les inté-
« rêts, et surtout l'intérêt de la gloire de la nation, qui
« n'est pas le moindre de tous. Tout ce qui est revenu
« avec les armées étrangères, tout ce qui a été fait sans
« consulter la nation est nul. J'ai mis du prix à entrer
« dans Paris à l'époque anniversaire du jour où, il y a
« quatre ans, tout le peuple de cette capitale me donna
« des témoignages si touchants de l'intérêt qu'il portait
« aux affections qui sont le plus près de mon cœur. »

Mais tandis que toute la France entourait le trône impérial qui était son propre ouvrage, à Marseille on organisait l'assassinat des militaires et celui des prisonniers. La garnison de cette ville, instruite par des avis secrets, avait pris une attitude défensive. Il semblait que les soldats se croyaient au milieu des habitants du Caire. Cette précaution, la capitulation du duc d'Angoulême et l'approche du général Grouchy déjouèrent les complots sanguinaires de la perversité. Sans cela, les agents de la royauté auraient profité de l'aveuglement féroce de la bande marseillaise pour faire faire une Saint-Barthélemy.

Au château d'If, nous prîmes également nos mesures pour ne pas tomber dans les mains des assassins, quelque événement qui pût arriver. Mon plan, mûri par le temps et par la réflexion, ne pouvait pas manquer de réussir. Dès le premier coup de fusil tiré à Marseille, nous devions nous rendre maîtres du fort et arborer l'étendard tricolore que nous avions tout prêt. Nous étions tranquilles pour notre existence, parce que nous étions décidés à la faire payer cher à ceux qui auraient voulu nous l'arracher; mais nous craignions, nous souffrions pour les malheureux qui étaient dans les prisons de Marseille. En mon particulier, j'éprouvais un bien grand chagrin par l'idée des dangers qui menaçaient Mᵐᵉ la comtesse Bertrand et les autres dames qui étaient avec elle au lazaret.

Chaque matin nos yeux dévoraient de rage le pavillon blanc qu'on faisait flotter sur le fort de Notre-Dame de la Garde, et toutes les fois que ce fort signalait quelque bâtiment qu'on voyait en mer, nous nous imaginions que c'était le pavillon tricolore qu'on arborait. Les bateaux qui sortaient du port de Marseille et qui venaient vers notre rocher excitaient également et notre curiosité et nos espérances. C'était vraiment une chose qui aurait pu faire rire si, dans notre situation, il y avait eu quelque chose de risible, que l'empressement que nous mettions à entourer et à questionner les personnes qui venaient du continent. L'agitation de notre esprit était extrême. Nous avions moins de sujets de peine qu'un mois auparavant, et cependant nous étions devenus plus inquiets. Tous les jours que nous passions dans la prison nous semblaient des jours retranchés de la vie. Enfin nous apprîmes, le 9 ou le 10 avril, que le général Grouchy s'avançait à la tête d'une armée [1], que le 6ᵉ régiment, à Avignon [2], avait repris les couleurs nationales, et que le maréchal Masséna se préparait à marcher sur Marseille. Les Marseillais allaient redevenir Français : heureux si, en reprenant leur rang dans la nation, ils en avaient adopté une fois pour toutes les vertus qui la caractérisent et qui la rendent chère à tous les peuples de l'univers !

Remarquons ici un trait qui appartient au marquis de Rivière, et qui nous prouvera combien ce commissaire du Roi et exécuteur des volontés du duc d'Angoulême avait

---

1. L'armée envoyée contre le duc d'Angoulême et qui venait de lui faire signer la capitulation de la Palud.
2. Ce fut le 6ᵉ de ligne qui fut envoyé pour occuper Marseille et la soumettre à la domination impériale.

séparé les intérêts de la royauté et les siens des intérêts de la ville qu'il avait poussée sur les bords de l'abîme, et qu'il voulait y précipiter tout à fait au moment où il ne pouvait plus commander aux passions criminelles qui étaient en partie l'effet de son machiavélisme [1]. Marseille devait se soumettre ou combattre : il était impossible que sa rébellion se prolongeât, sans qu'elle fût exposée à tous les maux qui accablent un pays dont la force armée est chargée de faire cesser l'insurrection. Le marquis de Rivière, bien convaincu que les Marseillais ne pouvaient pas résister, et qu'ils allaient d'un instant à l'autre reconnaître le gouvernement impérial, faisait préparer en toute hâte un navire suédois qui devait le porter en Espagne, où le duc d'Angoulême s'était rendu. Eh bien! au moment de s'embarquer, il réunissait la garde nationale, et prêt à l'abandonner, il la haranguait avec véhémence, afin d'augmenter l'exaltation de son esprit, et de la décider à soutenir la cause royale, qu'il croyait perdue, puisqu'il s'éloignait du champ de bataille où il pouvait courir des dangers pour elle!.... Système affreux qui, ajoutant à l'égarement d'une foule d'individus, ne tendait qu'à les compromettre d'une manière telle qu'ils en fussent réduits à ne voir leur salut que dans des actes de désespoir. C'est ce que voulait le marquis de Rivière, et c'est ainsi qu'il couronna sa mission de sang à Marseille.

Le 11 avril, dans l'après midi, une goélette de guerre, venant de Toulon, louvoyait avec l'intention apparente de s'approcher du château d'If. Les malheureux passent facilement de la crainte à l'espérance et de l'espérance à la crainte. Cette goélette mettait en mouvement toutes

---

[1]. Le marquis de Rivière répondit, le 11 avril, au parlementaire de Grouchy, que 30,000 Marseillais étaient sous les armes et qu'il allait appeler les Anglais dans la ville.

nos sensations. Nous décidions de mille manières les causes de sa manœuvre. Elle ne portait ni pavillon ni flamme, et nos yeux, trompés par nos désirs, s'imaginaient sans cesse voir flotter sur ses mâts ces couleurs chéries qui devaient être pour nous ce que sont, pour les navigateurs, celles dont Iris aime à se parer quand, à la suite d'une horrible tempête, elle leur apparaît pour dissiper leurs alarmes et leur présager un temps favorable. Bientôt la goélette nous envoya son canot. Qui pourrait dire ce que nous éprouvâmes alors?.... Des officiers étaient déjà débarqués, et nos âmes suivaient M. Traham à leur rencontre. Les premières paroles que j'entendis furent des paroles de bonté pour moi : elles volèrent droit à mon cœur. Je devais cette émotion de plaisir au commandant de la goélette, le lieutenant de vaisseau Infernet, officier distingué, fils du contre-amiral de ce nom, et parent du prince d'Essling. Je ne pus m'empêcher de verser quelques larmes d'attendrissement. Nous ne doutâmes plus de notre liberté. Le commandant du fort et le commandant de la marine se renfermèrent avant de parler à personne. Peu de moments après ils me firent appeler. M. Infernet, que je connaissais, et dont le père m'était cher, me témoigna des sentiments d'affection que je n'ai jamais oubliés, que je n'oublierai jamais. Mais ce brave m'apportait et de bonnes et de mauvaises nouvelles. D'après l'ordre précis qu'il avait, il ne pouvait prendre avec moi, pour les conduire à Toulon, *que les prisonniers de l'île d'Elbe* [1] : de

---

[1]. *Le dossier de Massena aux archives des Bouches-du-Rhône conserve le texte exact de l'ordre du maréchal au commandant Traham* : « Il est ordonné à monsieur le commandant du fort d'If de remettre à M. Infernet, lieutenant de vaisseau commandant la goélette de l'État *l'Antilope*, tous les prisonniers provenant de l'isle d'Elbe et essentiellement M. Pons, directeur des mines de cette isle. M. Infernet donnera un reçu de ces prisonniers. Toulon, le 10 avril 1815. Le maréchal de France, duc de Rivoli, gouverneur de la 8ᵉ division militaire,   Prince d'Essling. »

manière que j'étais obligé de laisser mes autres compagnons d'infortune dans les fers. Je refusai de m'embarquer à ce prix. Ma résolution désolait le commandant Infernet : le commandant du fort en était également très affligé. Ces deux officiers, réunis, firent tous leurs efforts pour me démontrer combien il était urgent que, dans l'intérêt des prisonniers que je chérissais, je me rendisse auprès du maréchal Masséna, afin de hâter le terme de leur détention. Cette considération l'emporta. Je me décidai à partir. Je tâchai de maîtriser l'impression pénible que faisait sur moi l'idée de ne pas sortir tous ensemble du château d'If. Les personnes estimables que j'allais quitter étaient satisfaites de mon départ, parce que, me jugeant leurs nobles sentiments, elles ne voyaient dans mon éloignement que la faculté qui m'était donnée de leur être utile : elles me rendaient justice. Tel que le faible roseau que les vents agitent sans cesse et que l'aquilon finit par abattre, l'homme est toujours tourmenté par les vicissitudes humaines, jusqu'à ce que la Parque coupe le fil de ses jours. Le château d'If retentissait d'allégresse. La garnison me comblait de cette affection franche et loyale qui est l'apanage des braves. Ces Français, ces bons Français qui avaient partagé ma prison, adouci mon malheur, et dont je me séparais avec tant de regret, m'accompagnaient de leurs vœux. Ce M. Traham et sa tout aimable dame augmentaient la reconnaissance que je leur devais, en ajoutant de tendres bontés à toutes celles qui avaient constamment marqué leur conduite particulière à mon égard.

Nous attendions [1] que la goélette fût plus rapprochée

---

[1]. Pons et ses compagnons, dont les noms sont énumérés dans le « reçu » que le lieutenant Infernet donna d'eux à Traham. « D'après les ordres dont j'étais muni de Son Altesse Mgr le prince d'Essling, commandant la

pour nous rendre à bord. Dans cet intervalle un bateau arrive de Marseille : ce bateau conduit un nouveau commandant [1], et ce nouveau commandant refuse d'exécuter les ordres du maréchal Masséna, de qui cependant il tient sa commission de commandant!.... Tout changea de face par l'apparition extraordinaire de ce bizarre officier, qui ne savait point obéir et qui était incapable de commander ; car il ignorait de quelle manière il devait prendre possession du fort. C'était un étranger qui, en débutant, nous étala avant tout ses titres de noblesse, et qui avait l'air noble comme Brunet dans le rôle de Jocrisse.

J'ai parlé de la faiblesse de M. Traham. Dans cette occasion il la poussa jusqu'à la pusillanimité : l'ordre de notre mise en liberté lui était parvenu avant son remplacement ; nous étions rayés de ses registres, et déjà il nous avait consignés au commandant Infernet ; ainsi rien de plus facile, sans se compromettre, que de ne consigner la forteresse qu'après avoir consommé l'opération de notre

---

8ᵉ division militaire, j'ai reçu de M. le commandant du château d'I. les neuf (*effacé, remplacé par* onze) prisonniers de l'isle d'Elbe dont les noms suivent :

« MM. Pons, directeur des mines de l'île d'Elbe.
« Bellorgeal, Jean-Baptiste, pharmacien.
« Fourcin, Michel, secrétaire.
« Chandellier, Jean-Louis, cuisinier.
« Pollicany, Jean, capitaine marin.
« Paoli, Séraphin, capitaine mameluk.
« Demontel, François, capitaine de la garde.
« Beaucardi, Joseph, lieutenant de la garde.
« Amarea, Clément, libraire.
« Favorskial, Martin, lieutenant de la garde.
« Courtier, Claude, capitaine d'artillerie.
« Au château d'If, le 11 avril 1815.
« Le commandant de la goelette de l'Empereur *l'Antilope*,
« L. INFERNET. »
(Archives des Bouches-du-Rhône. Dossier Masséna.)

1. La destitution de Traham était l'œuvre *in extremis* du marquis de Rivière, qui quitta Marseille le même jour.

embarquement. Nous eûmes beau employer toute notre éloquence pour lui prouver que c'était là son devoir ; la crainte l'emporta, et nous fûmes écroués une seconde fois.

Pourtant le commandant noble, qui n'était point du tout un noble commandant, s'aperçut facilement à la manière dont nous le traitions qu'un orage se formait autour de lui, et il chercha à s'en garantir. D'accord avec M. Traham, il expédia au général commandant de Marseille, pour savoir s'il devait nous retenir ou s'il devait nous laisser aller. C'était sans doute une chose ridicule que de demander si un simple commandant de place devait obéir aux ordres directs d'un maréchal d'Empire, gouverneur général de la division militaire dans laquelle cette place se trouvait, et de qui il tenait les pouvoirs dont il était investi ; mais dans les temps d'anarchie, il n'y a que les hommes sages qui ne s'écartent point de la route qu'ils sont accoutumés à suivre sous le règne des lois, et les hommes sages sont malheureusement en bien petit nombre.

M. Traham avait cessé de commander ; j'étais délié de ma parole, et je pouvais briser les chaînes du despotisme royal. Quel est le Français qui, à ma place, entouré de braves gens et de gens braves, aurait balancé un seul moment pour conquérir sa liberté ?

Mon parti fut bientôt pris, et l'insurrection déjà organisée toute prête à éclater. La seule crainte qui aurait pu m'arrêter, et qui m'avait arrêté jusqu'alors, venait d'être dissipée. J'étais assuré d'avoir, à ma volonté, des subsistances pour dix jours. C'était plus qu'il n'en fallait.

Je fis un secret de ma décision à ceux des prisonniers qui, comme les prisonniers de l'Ile d'Elbe, n'avaient pas été, par un acte de l'autorité supérieure, rendus à la patrie. Un sentiment de délicatesse m'imposa cette réserve. Voici quel était mon raisonnement, qui peut-être n'était pas très sage, qui pourtant me paraissait très juste. Nos intérêts généraux contre l'oppression et contre les oppresseurs continuaient sans doute à être communs ; mais notre situation particulière avait cessé d'être la même. Mis en liberté par l'autorité supérieure, j'avais une raison légale pour m'opposer à l'abus du pouvoir de l'autorité inférieure, qui prétendait me garder par la force quand elle ne pouvait plus me retenir par la justice ; et c'était à l'appui de cette raison légale que je prenais les armes. Ainsi cette cause m'était personnelle, et, me croyant assez fort avec la réunion des prisonniers elbois, dont les intérêts généraux et la situation particulière se trouvaient identifiés à ma situation particulière et à mes intérêts généraux, il me paraissait généreux de ne pas exposer les autres prisonniers aux dangers de sa défense. J'aimais à me dire : Vainqueur, ils jouiront de mon triomphe ; vaincu, ils ne participeront point à ma défaite, et on ne pourra pas les accuser. D'ailleurs, en ne les appelant point au péril s'il y en avait eu, je ne les empêchais pas de venir le partager. La circonstance m'entourait du droit public pour secouer le joug d'un petit tyran ; mais mes compagnons avaient aussi le droit naturel de profiter de tout ce qui pouvait les arracher à la prison où on les retenait. Un de ces messieurs qui observait mon activité, et qui, enflammé d'indignation et de courage, n'attendait qu'un mot pour s'élancer, me disait sans cesse : « Eh bien, « monsieur Pons, ne faisons-nous rien ? C'est le moment : « vous pouvez compter sur moi. » Oui, je pouvais compter sur lui, et j'avais bien de la peine à lui taire la pensée qui me dominait en ce moment. Je ne nomme point ce brave, et pour cause....

Le changement que j'avais prémédité était préparé d'une manière telle qu'il n'aurait pas coûté une seule goutte de sang, une seule égratignure. La plus grande partie de la garnison brûlait d'entendre le cri de « Vive l'Empereur ! » pour crier « Vive l'Empereur ! » Plusieurs canonniers étaient prêts à s'emparer des postes essentiels, et ceux qui ne se doutaient de rien, quelle qu'eût été leur opinion, auraient dû céder au nombre ou se laisser entraîner par l'exemple. Renvoyer les deux commandants et, avec eux, quelques individus qui ne semblaient pas bien sûrs, c'était le seul but que je me proposais.

Nous attendions avec une impatience indicible le retour de l'ordonnance envoyée à Marseille. La décision qu'on avait sollicitée du général devait fixer l'exécution de la résolution que nous avions prise. Si le général, aussi injuste que le commandant était insensé, avait prescrit qu'on nous gardât, je déclarais, au nom de l'empereur Napoléon, que je prenais le commandement du château d'If. C'était le signal. Heureusement, ou plutôt malheureusement, le général blâma vigoureusement la conduite du commandant, et il lui enjoignit péremptoirement de nous laisser partir sur-le-champ. Respirons un moment. Bientôt nous aurons besoin d'un nouveau courage pour supporter de nouveaux dangers.

La gaieté revient, et la folie avec elle. On chantait d'un côté ; on dansait de l'autre ; on riait partout. Je me réjouissais intérieurement d'avoir échappé à un coup de tête. Les choses les plus sûres ne réussissent pas toujours, et les précautions les plus sages ne garantissent pas continuellement de quelque malheur.

Nous laissâmes le château d'If !.... Je pressai sur mon cœur M. Vincens de Saint-Laurent, M. Bazire, le docteur .... [1], et tous les compagnons que je ne pouvais pas emmener avec moi. J'embrassai aussi le commandant Traham, et une foule de mes chers canonniers. Dans ce contentement général, dont j'avais le bonheur d'être le principal objet, Mme Traham me permit de lui faire deux jolis baisers.

Je me croirais coupable d'ingratitude si je quittais la prison sans donner un souvenir à ma bonne hôtesse. Mme Couland, qu'on pouvait s'étonner de trouver cantinière au château d'If, non seulement m'avait nourri comme un enfant gâté, mais elle avait encore eu pour moi tous les soins d'une mère. L'honnête homme se fait un devoir de reconnaître les obligations qu'il a contractées, quel que soit le rang de ceux qui l'ont obligé. Une anecdote qui peut faire rire un petit moment ne gâte rien à un mémoire, même à un mémoire sérieux. Le garde-magasin d'artillerie du château venait souvent me tenir compagnie durant le dîner. C'était un très digne homme; il n'était pas jeune, et Mme Couland approchait de la cinquantaine; l'un et l'autre avaient leurs petites prétentions. Je m'imaginai de les marier ensemble : je dis à Mme Couland que le garde-magasin l'adorait, et au garde-magasin que Mme Couland n'avait des yeux que pour lui. Cela les charma mutuellement; et quoique jusqu'alors ils ne se fussent doutés de rien, bientôt ils me prouvèrent que j'avais dit la vérité. Les deux amants étaient pressés : j'avais fait la déclaration d'amour, je fis la demande de mariage, et l'hymen unit leurs destinées. Il est malheureux pour eux que mon sort soit changé : j'avais à cœur de leur être utile.

Je voulais, en partant, régaler la garnison. L'estimable

---

[1]. Nom en blanc dans le texte.

M. Vincens de Saint-Laurent, constamment attentif à saisir toutes les occasions de faire quelque chose d'obligeant, se chargea de remplir, en mon nom, cette tâche de reconnaissance. Je ne pouvais pas être plus honorablement représenté.

J'avais resté trente-cinq jours au château d'If. Sans doute ce n'est pas là une époque heureuse de ma vie, mais mon existence d'alors était bien moins infortunée que mon existence actuelle. J'étais du moins au milieu de bons Français. Ma patrie, purgée des princes qui avaient voulu fonder leur grandeur sur son avilissement, se relevait belle de son ancienne gloire et brillante de ses nouvelles espérances, et relevant avec elle le trône national, rendait le sceptre de la France à celui de ses enfants qui était le plus digne de le porter.... Tout nourrissait mon cœur et mon esprit de la pensée que je reverrais bientôt mon auguste souverain. Maintenant, également prisonnier, et prisonnier loin de mon pays, je suis entouré d'un peuple étranger à mes affections.... Les Bourbons règnent.... Napoléon est à Sainte-Hélène. Pourtant, reconnaissons les bienfaits de la Providence, et sans nous demander pourquoi elle permet les misères humaines, observons que, dans toute sa bonté, elle ne laisse jamais le malheureux dont la conscience est pure sans quelque motif d'une douce consolation. Au château d'If, j'étais avec des personnes qui, par le charme de leur société, m'avaient presque fait aimer ma prison. Sur les bords de l'Isonzo, au moment où je fais le récit de mes souffrances [1],

---

[1]. Pons répète à peu près la même chose dans un fragment qui devait se placer dans ce mémoire ou dans ses *Souvenirs*, plus probablement dans le présent ouvrage :

« Me voilà traîné sur la terre étrangère, loin du ciel de ma patrie, et livré à la haine du gouvernement autrichien. La vie de prisonnier est dure, surtout en pays ennemi : alors même que l'on est entouré de sa famille, je suis auprès d'une famille qui en adoucit sans cesse l'amertume et qui, par ses éminentes vertus, par ses grandes qualités, me fait souvent oublier mon exil et quelquefois me fait même rendre grâces au ciel de ce que l'injustice des hommes m'a exilé. Mais maîtrisons nos sentiments, et n'intervertissons pas la marche des événements! Le but de ce mémoire me conduira naturellement à l'expression de tout ce que j'ai trouvé de bonté et éprouvé de jouissance dans le sein de cette famille, aussi distinguée par son rang que par la noblesse de ses principes [1].

Ma sortie du fort ressembla beaucoup à une fête triomphale. Prisonniers, garnison, hommes, femmes, chacun voulut venir jusqu'à l'embarcation qui nous attendait. Nous arrivâmes à bord de la goélette et nous y fûmes reçus avec une distinction marquée. Le commandant ordonna tout de suite qu'on appareillât.

Lorsque M. Infernet était parti de Toulon, le pavillon tricolore ne flottait pas encore sur les bâtiments de l'État; il n'avait pas été autorisé à l'arborer, et l'ordonnance qu'on avait envoyée à Marseille ne savait pas si le maréchal Masséna y avait prescrit de déployer les couleurs nationales. Cette incertitude nous occasionna beaucoup de chagrins, et c'est la cause de ces chagrins qui m'a fait dire, plus haut : « Malheureusement, le général blâma

---

peut-être plus encore en raison de ce qu'on voit souffrir ceux qu'on aime.
« De Milan à Udine, la population des cités que nous avons traversées nous a témoigné le plus tendre intérêt, et les gendarmes qui nous ont escortés ont fait tout ce qu'il leur était possible de faire pour ne pas aggraver notre infortune. C'étaient des Italiens. Les habitants de Goritz nous traitent aussi avec bonté. Qu'ils agréent l'expression bien sentie de ma profonde reconnaissance pour leur noble sympathie, (qu'ils me permettent) de placer ces paroles de gratitude en tête du premier ouvrage dont je m'occuperai dans le lieu de mon exil. Mes lecteurs ne trouveront donc pas étonnant ce que je viens de leur dire. »

1. Pons ne nomme point cette famille dans la suite de son récit.

« rigoureusement la conduite du commandant, et il lui
« enjoignit péremptoirement de nous laisser partir sur-le-
« champ. » Si le général avait ordonné qu'on nous retînt,
nous aurions été libres d'abord le 11 au soir, parce que,
comme je l'ai expliqué, nous étions les plus forts, et nous
l'aurions été ensuite le 12 au matin, parce que le maréchal
envoya l'ordre que tous les prisonniers fussent mis en
liberté. Au lieu de cela, voyons ce qui nous arriva.

Lorsque nous fûmes à la voile, le vent passa au sud-est,
et il fallut louvoyer toute la nuit. Le 12, dans la matinée,
nous croisâmes deux bricks suédois qui sortaient de
Marseille et que nous supposâmes devoir transporter des
fugitifs royaux [1]; mais nous ne vîmes point de pavillon
sur le fort de Notre-Dame. Cependant le vent soufflait
avec force. Le commandant Infernet qui, suivant ses instructions, ne devait aborder que là où il y aurait le drapeau aux trois couleurs, refusa d'aller relâcher au port de
Bouc [2]. Il espérait que dans la nuit suivante le vent se
calmerait et qu'il lui serait facile d'aller dans le golfe de
Marseille, où il pourrait savoir de quelque pêcheur ce qui
se passait dans la ville. Ce brave officier se trompa; il
dut continuer à louvoyer, et le 13 au matin, il y avait une
tempête décidée. Alors on revint à l'idée de prendre le
port de Bouc, et cela fut impossible, nous étions déjà
sous le vent. Le pilote côtier trouva qu'il y avait trop de
danger à aller chercher le port de Cette; il refusa absolument de tenter ce refuge. Le péril devenait imminent.
On força de voiles pour gagner le large; mais la tempête
augmentant sans cesse, il devint nécessaire de mettre à

---

1. Le marquis de Rivière, allant rejoindre le duc d'Angoulême en Espagne, où l'avait, de Cette, transporté la *Scandinavie*, était, en effet, sur
l'un de ces bricks.
2. A l'ouest de Marseille, à l'entrée des canaux de Caronte.

la cape et de laisser aller à peu près à la garde de Dieu. Le commandant Infernet avait un état-major de toute bonté et un équipage de toute abomination ; il ne comptait pas sur huit bons matelots. Le vent nous affalait dans le golfe du Lion. Il était permis d'éprouver une grande inquiétude. Rien n'était négligé pour s'éloigner le plus possible de la côte. Les pauvres prisonniers regrettaient leur prison ; ils se croyaient à leur heure dernière. Nous restâmes deux jours et deux nuits dans ces cruelles transes. Le 15, à la suite d'une grande pluie, le temps s'éclaircit ; on crut reconnaître la Catalogne, et le vent ayant absolument changé de direction, nous remîmes le cap sur la Provence. Bientôt le nord-ouest souffla avec autant de force qu'avait soufflé le sud-est ; et en traversant une seconde fois le golfe du Lion, nous démâtâmes de notre grand mât de hune. Tout était vraiment dans le désarroi ; il n'y avait pas six individus sur le tillac ; les officiers étaient exténués de fatigue. Pourtant on ne s'alarmait plus, parce qu'il n'y avait plus de danger pour la vie. Dans la nuit du 15 au 16, le vent du nord-ouest souffla avec tant de violence que le commandant Infernet eut un moment l'idée d'arriver vent arrière sur la Corse. Je le priai de tenir bon, et il ne se le fit pas dire deux fois. C'était là la dernière épreuve ; le 16, avant le jour, nous avions découvert la terre. Au lever du soleil, nous nous trouvâmes à l'est du cap Sicié [1], et ne pouvant plus prendre la rade de Toulon, nous vînmes jeter l'ancre dans les îles d'Hyères. Je débarquai aussitôt : comme je baisai la terre sacrée !.... Combien j'étais heureux de respirer librement l'air de la patrie ! Il me semblait que je venais de renaître !....

1. Le nom est resté en blanc dans le texte, mais l'identification est incontestable.

Échappé à tant et tant de périls, rendu à mon pays, à mon prince, à ma famille, je ne m'occupais que de cette pensée : elle faisait ma jouissance, et le souvenir de mes maux était déjà effacé!....

Je pris congé des braves qui composaient l'état-major de la goélette ; c'étaient vraiment des officiers distingués. Les moments que j'avais passés auprès de ces messieurs avaient été des moments pénibles, et c'est en cela même que j'avais eu plus de facilité pour remarquer l'énergie de leur caractère, la solidité de leurs talents, et j'ajouterai la bonté de leur cœur ; car pendant les cinq malheureux jours que nous restâmes à bord, ils ne cessèrent point de donner les soins les plus obligeants à tous les passagers qui étaient tourmentés par le mal de mer et peut-être aussi un peu par la peur d'un naufrage. Exempt du mal de mer et du mal de la peur, qui fait souffrir encore davantage, je n'en avais pas moins à me louer de leur bonté soutenue à mon égard. Dès mon arrivée à Paris, je me fis un devoir de demander leur avancement à Sa Majesté. L'Empereur me promit positivement le grade de capitaine de frégate pour M. Infernet et de lieutenant de vaisseau pour les enseignes qui étaient sous les ordres de cet officier ; mais j'ignore si le ministre de la marine a exécuté la volonté de son souverain. Le peu de temps que j'ai resté en France, la situation extraordinaire dans laquelle je m'y suis trouvé et les occupations multipliées qui étaient l'effet de cette situation, ne m'ont pas permis de suivre cette affaire, à la réussite de laquelle je m'intéressais vivement par un sentiment de reconnaissance qui dure encore. Avant mon débarquement, le commandant Infernet avait voulu me procurer un véritable plaisir en faisant arborer le pavillon tricolore, qu'on salua de vingt et un coups de canon et des cris répétés de « Vive l'Empereur ! » M. Infernet ajouta à tout ce qu'il avait eu de complaisance pour moi l'aimable attention de m'accompagner à Toulon, d'où le prince d'Essling n'était pas encore parti. Je m'arrêtai quelques heures à Hyères. Les vétérans qui y étaient en résidence se plaignaient beaucoup de ce qu'ils n'avaient reçu aucun ordre pour mettre la cocarde nationale : je fus les visiter. Ils reprirent avec joie le signe révéré de la liberté française. Estimables par leurs services, intéressants par leurs blessures, respectables par leurs cheveux blancs, ces vieux soldats me firent éprouver une bien douce émotion : « Nous bénissons le ciel du retour « de l'empereur Napoléon, me disaient-ils. Depuis son « départ, nous étions presque entièrement abandonnés : il « semblait que nous n'avions plus ni patrie ni gouverne- « ment. Les Bourbons n'aiment pas les gens d'honneur. » J'eus le bonheur d'être particulièrement utile à leur commandant, et cela me fut d'autant plus agréable que cet officier, élevé et marié dans ma ville natale, comptait depuis longues années parmi mes plus chers concitoyens. J'allais l'obliger sans le reconnaître, quand, extrêmement ému, il se rappela à mon souvenir. Je ne crois qu'il y ait de jouissance plus réelle que celle de rendre service à son semblable : mais cette jouissance a un charme de plus quand on est à même de faire du bien à des personnes au milieu desquelles on est né et avec lesquelles on a passé les premières années de la vie.

La municipalité me fit l'honneur de venir me trouver et de me rendre le *dépositaire de ses sentiments d'amour et de respect pour le héros, l'objet de tous les vœux et de toutes les espérances des bons Français*. Hyères avait été précédemment le théâtre d'un mouvement populaire antilibéral. Le magistrat qui m'adressait la parole, cherchant à disculper ses administrés de ce que ce mouvement pouvait avoir eu de honteux, voulait m'instruire des causes qui l'avaient suscité. Je lui observai que, l'intention de l'Empereur étant d'ignorer tout ce que les individus avaient fait, écrit ou dit depuis la prise de Paris, il ne m'appartenait pas d'en prendre moi-même connaissance, et je l'assurai que ce qui s'était passé ne diminuerait en rien l'affection de Sa Majesté pour les habitants de la ville dont il était l'organe. Cet officier municipal, qui avait l'air d'un homme de bien et qui me parlait sans passion, me parut très satisfait de l'assurance que je lui avais donnée.

A Hyères, j'eus des nouvelles du vertueux Lacépède, de ce Lacépède qui fait tant d'honneur à la France et à l'humanité ; de ce Lacépède qui eut toujours pour moi une amitié paternelle et à qui je dois tout ce qu'il est possible d'amour et de reconnaissance. Il habitait la ville d'Hyères quand nous débarquâmes au golfe Jouan, et il en était parti dès qu'il avait été instruit du retour de l'empereur Napoléon. Toujours bon, toujours aimant, le respectable Lacépède avait, à Hyères comme à Paris, captivé entièrement le cœur du petit nombre de personnes dont il s'était entouré. Depuis son départ il n'avait point écrit, et son silence causait de vives inquiétudes à tous ceux qui l'avaient approché.

Plusieurs fois dans cette journée, j'avais cherché et trouvé l'occasion de parler à des propriétaires de la campagne, sans qu'ils pussent se douter du motif que j'avais pour les entretenir. On se ferait difficilement une juste idée de la véhémence de leur opinion contre la noblesse et souvent contre le clergé. Le gouvernement royal ne jouissait d'aucune considération parmi eux. Ils pensaient que quand même Napoléon ne serait pas remonté sur le trône national, *le gouvernement des Bourbons, ce gouvernement de l'ennemi, dont l'existence flétrissait le nom français*, ne se serait pas soutenu même encore quelques mois : cela leur était démontré impossible. Je ne crois pas qu'à la première époque de la Révolution les têtes fussent plus montées que celles de ces paysans. On les avait instruits que le duc d'Angoulême, étranger aux intérêts de la patrie et haïssant les Toulonnais, aurait livré Toulon aux Anglais si le maréchal Masséna ne s'y était opposé, et l'idée de cette lâche trahison contre la France par un prince qui prend le titre fastueusement ridicule de Fils de la France les indignait autant que si la trahison avait été consommée. Ils méprisaient Berry ; Talleyrand et Marmont étaient vilipendés. L'un d'eux, qui voulait me convaincre, m'assurait que les Bourbons ne comptaient dans leur parti que les mauvais nobles, les mauvais prêtres, les lâches et les traîtres : « Il n'y a pas, me disait-il, « un homme vraiment d'honneur qui leur soit sincère- « ment attaché. On croirait, à ce qui se passe autour de « cette famille, qu'elle a le secret de faire participer tous « ceux qui l'environnent à sa propre dégénération, et de « les faire ensuite dégénérer eux-mêmes. »

Je me rendis à Toulon. Je te salue, cité nationale !.... Je vous salue, braves Toulonnais, vrais enfants de la patrie !.... Mon cœur palpite encore d'attendrissement au souvenir du bonheur que vous me fîtes éprouver !.... Quel spectacle nouveau et enchanteur frappait mes regards !.... Une ville entièrement pavoisée comme l'est un vaisseau de guerre dans ses plus grands jours de réjouissance, et un peuple joyeux comme le sont des fils qui viennent retrouver le père bien-aimé dont ils avaient amèrement pleuré la perte : voilà Toulon, voilà les Toulonnais tels qu'ils m'apparurent alors !.... Napoléon, ton triomphe était complet !.... Ce peuple de Français, de bons Français, heureux de son retour, témoignait son enthousiasme avec cette effusion qui n'appartient qu'aux âmes pénétrées des sentiments qu'elles expriment. On ne voyait aucune nuance d'opinion. L'unanimité des vœux était parfaite. Le drapeau tricolore flottait également sur la maison du pauvre et sur le palais du riche, et l'immensité [1] des pavillons déployés prouvait que les Toulonnais avaient précieusement conservé les couleurs nationales. Chaque croisée était ornée; cet ensemble brillant ravissait l'œil, de quelque côté qu'il cherchât à se reposer. Une félicité commune enflammait toutes les classes de citoyens. Les troupes de terre, les troupes de mer, les administrations civiles, les administrations militaires, confondues dans la foule, embellissaient encore le riche tableau qu'offraient l'union et la réunion d'une grande population qui.... [2].

1. Pons veut dire le *nombre immense*.
2. C'est sur cette phrase interrompue que se termine le manuscrit du *Mémoire aux puissances alliées*, que Pons, à en juger à certaines allusions et à divers points touchés par anticipation, avait l'intention de mener jusqu'au récit de sa sortie de France et de sa résidence en pays étranger.

PIÈCES JUSTIFICATIVES

I.

EXTRAITS D'UNE LETTRE D'A. PONS DE L'HÉRAULT
A M. DANIEL [1]

(Gênes [2], 2 août 1846.)

.... Je suis aussi un homme de travail : peu d'hommes ont autant travaillé que moi. Il m'est arrivé de rester soixante-quatorze heures dans mon cabinet. Il m'est arrivé aussi d'être en même temps commissaire extraordinaire, préfet, colonel de la garde nationale, tout cela en ayant trois armées françaises sur les épaules, et une armée ennemie en présence.

.... J'arrive à mon voyage à Cette.... Il y avait longues années que je m'occupais des intérêts du port de Cette, et je m'en suis occupé fructueusement. Mon mémoire pour Bandol a dû prouver aux Cettois, à moins qu'ils ne sachent plus lire, que j'avais mis un poids dans la balance gouvernementale qui venait de pencher pour eux. Le ministre me disait : « Vos concitoyens doivent être fiers de vous. » Mes concitoyens ne m'ont pas dit un mot même de bienveillance. A Cette, on sait que je suis en Italie, que je rentre par Marseille, et aucun Cettois, excepté vous, ne m'a engagé à visiter mes pénates! Vous avez fait des propositions à mon égard : on vous a repoussé! On vous a repoussé pour la raison qu'*une démonstration en ma faveur pourrait déplaire au pouvoir*, ce qui

---

[1]. L'original appartient au petit-neveu de l'auteur, M. Masson, qui me l'a obligeamment communiqué.
[2]. Pons logeait alors « chez M. Dufour, rue Balbi, n° 86. »

est tout à la fois une bêtise et une lâcheté!.... Voilà les faits quant à mon pays natal. Voici les faits quant à moi : à Lyon, il m'a fallu mettre aux pieds de tout le monde pour empêcher une grande manifestation, Bandol a fait des choses inouïes en mon honneur, Marseille m'a traité avec une bonté extrême, et l'île d'Elbe a encombré ma demeure à Florence. Je publie mon voyage : je dirai tout cela, je dirai ce qui m'est arrivé à Auxerre, à Châlons, à Fayence, ce qui m'arrivera peut-être ailleurs, car partout la France est affectueuse pour moi. Et j'irai (*sic*) à Cette sans pouvoir rien dire des Cettois! J'irai à Cette comme un homme de parti que son parti accueille! J'irai à Cette prouver que le lieu de mon berceau n'est pas ce qu'est la nation tout entière!...

Vous comprendrez bien que ce ne sont pas des ovations que je cherche. Je me crois au-dessus d'elles. Je cherche à pouvoir faire l'éloge de mes concitoyens, à empêcher que ce que je devrai en dire ne fasse tache au tableau de ma reconnaissance pour les bontés sans cesse renaissantes dont je suis entouré dans quelque lieu que je porte mes pas. Voilà le cercle dans lequel je m'enferme : parler de mes concitoyens comme je parle de mes compatriotes, sinon ne pas voir mes concitoyens....

II.

Lettre de Pons a Guillaume Peyrusse [1]

(Saint-Saëns, 25 août 1849)

Suscription : *A Monsieur | G. Peyrusse, ancien | maire, | à Carcassonne | Aude.*

Mais vous ne faites pas attention, mon cher Peyrusse, que vous êtes vieux, que je suis plus vieux que vous, et que,

---

[1]. Cette lettre et les suivantes sont à Carcassonne, bibliothèque municipale, collection d'autographes.

sans trop savoir pourquoi, si nous continuons à nous bouder, nous ne pourrons plus nous entendre que dans l'éternité.... Dans l'éternité, mon ami, l'on a bien autre chose à faire qu'à s'occuper des bêtises de ce bas monde, et si vous m'en croyez, nous clorons des débats dont nous avons peut-être tous deux oublié le principe.

Le malheur inouï qui a brisé ma vie conjugale ne m'a laissé pendant longtemps aucune faculté pour l'existence sociale, et c'est ce qui m'a empêché de vous écrire plus tôt.... Elle m'a quitté.... Je n'ai pas pu la suivre; les deux anges qu'elle m'a laissés m'ont arrêté sur cette terre de douleur, et avec eux je verse sans cesse des larmes.

Je suis venu ici avec mes enfants, pour faire respirer à ma fille aînée l'air pur des forêts, et je ne rentrerai à Paris que le 8 du mois prochain.

Enfin j'ai remis la main au quatrième et dernier volume de l'île d'Elbe. Je reviens donc à la charge pour vous demander tous les faits et toutes les dates que vous avez. C'est un contrôle auquel je tiens infiniment, car j'ai l'intention d'être complet et vrai.

Mettez-moi aux pieds de Mme Peyrusse.

Adieu, revenez en bloc à votre vieille amitié, et comptez toujours sur la mienne.

Pons, de l'Hérault.

Saint-Saëns (Seine-Inférieure), 25 août 1849.

III.

Lettre de Pons a Guillaume Peyrusse

(Paris, 19 juillet 1850)

Mon déjà vieil ami Peyrusse, avant tout, je me mets humblement aux pieds de madame, et je vous embrasse du meilleur de mon cœur.

Une année a fui devant moi, sans qu'il m'ait été possible de mettre la main à mon quatrième volume de l'histoire de l'empereur Napoléon à l'île d'Elbe.

Cormenin avait pris les trois premiers volumes à la campagne, mais Cormenin est extrêmement distrait, surtout en voyage; et à son retour, comme il revenait seul, Mme Cormenin ne voulut pas lui confier mes manuscrits, de peur qu'il les laissât en route, et il me fallut attendre l'hiver pour me retrouver avec eux. De telle sorte que je perdis bien du temps.

Je travaille beaucoup. Je repris un autre ouvrage. Ajoutez à cela la besogne accablante du Conseil d'État, et vous vous expliquerez facilement le retard de mon quatrième volume, qui, je l'espère, sera le dernier.

Ce n'est pas que ce quatrième volume ne soit pas achevé. Mon Dieu, il a été *broché* à Goritz en 1817 et 1818, et les événements, qui m'avaient séparé de lui pendant longues années (*sic*), m'avaient nécessairement empêché de rectifier le premier jet, car l'on n'a pas terminé pour le public alors que l'on a terminé pour soi. Ensuite, ce que l'on a écrit il y a plus de trente années n'a pas la physionomie que l'on donnerait à ce que l'on écrirait aujourd'hui. C'est différent. Tout change dans le monde moral, jusqu'à la manière de dire les mêmes choses. L'homme est ainsi fait.

Ce qu'il a de bon, quant à un écrit historique sur l'île d'Elbe, c'est d'avoir été fait en présence des événements qu'il raconte, et d'avoir scrupuleusement consacré un type de vérité.

L'empereur Napoléon n'est pas encore bien connu. L'histoire de l'île d'Elbe le grandira de dix coudées.

Je ne dis pas que mon ouvrage sera le meilleur ouvrage de l'époque, mais ce sera l'ouvrage le plus intéressant de l'époque, et je ne crains pas de me tromper à cet égard. L'épisode impérial de l'île d'Elbe deviendra éternel comme le rocher qui en a été le théâtre. Les traditions populaires lui donneront le caractère fabuleux qui nous fait remonter au premier âge connu des diverses nations qui habitèrent tour à tour ce bloc granitique et ferrugineux. On peut être fier d'avoir été mêlé d'une manière honorable à ce grand événement. Cette fierté est digne.

Vous savez ce que l'Empereur a dit de moi dans ses dictées de Sainte-Hélène. Ces glorieuses paroles m'imposent un devoir sacré auquel je ne ferai pas défaut : je ne les ai connues que dans ces derniers temps.

Venons au but de cette lettre : je n'ai pas la vôtre sous les yeux. Vous me disiez de vous faire des questions. Laissez-moi, mon ami, vous dire ce que je pense, et ensuite vous ferez ce que vous jugerez le plus convenable.

Lorsque avec le duc de Bassano je quittai l'Autriche pour aller en Suisse, l'inquisition autrichienne, à notre passage à Venise, fit main basse sur mes papiers, et ne m'en rendit qu'une partie ; encore ce ne fut que fort tard.

J'eus bien de chagrin (*sic*), mais je ne manquai pas de courage. Le courage est dans ma nature. Je remis la main à la plume. Ma mémoire était palpitante de tout ce qui avait eu lieu à l'île d'Elbe ; elle l'est encore comme si 1815 et 1850 n'étaient séparés que par l'espace d'une semaine. Je ne crois donc pas avoir oublié. Toutefois il n'y aurait rien d'étonnant que des faits me fussent échappés ou ne m'eussent pas été connus : ce qui me surprendrait beaucoup.

Vous aviez eu la bonté de me promettre la connaissance complète de votre mémento.... Si ce mémento est un journal dans lequel vous aviez l'habitude quotidienne de déposer vos pensées, il serait inconvenant de vous en demander la communication, et vous le voudriez, que je n'accepterais pas d'être mis à portée de connaître des épanchements intimes. Il est des choses qu'on n'écrit que pour soi. Si, au contraire, votre mémento n'est tout simplement qu'une nomenclature de dates : *tel jour, telle chose; tel autre jour, telle autre chose*, je ne crois pas qu'il y ait de l'indiscrétion à vous en demander copie et je vous la demande avec confiance. Je n'ai pas besoin de chercher à vous faire comprendre comment la nomenclature de vos dates serait un bon contrôle pour la nomenclature de mes faits. Ensuite cela me ferait préciser avec plus de certitude la marche des choses qui conduisaient au jour du départ.

Tout s'enchaîne ou doit s'enchaîner dans l'histoire : l'ensemble des rayons lumineux est la lumière.

Et dans le cas où votre arrangement ne serait pas mon arrangement, croyez-le bien, je ne me plaindrais pas, et je dirais que ce que vous n'avez pas fait, vous ne pouviez pas le faire, car vous aimez à obliger, même en dehors de vos affections.

En attendant, je fais ce que vous me dites de faire, c'est-à-dire que je vous fais des questions, et vous en trouverez l'état dans la feuille ci-jointe. Vous seriez bien aimable si vous me répondiez avant le 1ᵉʳ août. Aimez-moi comme je vous aime.

Pons, de l'Hérault.

Paris, le 13 juillet 1850. Rue de Bondi, 32.

P.-S. — André[1] m'a écrit la lettre dont je vous envoie copie. J'ai fait ce qu'il désirait. J'ai réussi. J'exige de votre amitié que vous ne lui en parliez jamais. Mais cela vous prouve que je ne pouvais pas lui avoir dit quelque chose de blessant pour son frère. Maintenant je vous fais un reproche. Pourquoi n'avez-vous pas engagé madame votre fille à venir me voir en famille ? Assurez-la que nous la recevrons toujours avec un plaisir extrême.

IV.

Lettre de Pons a Guillaume Peyrusse

(Port-en-Bessin, 10 septembre 1850)

Suscription : *A Monsieur | G. Peyrusse, officier de la Légion d'honneur, ancien maire | à Carcassonne | Aude.*

Mon bon Peyrusse, avant de me remettre à mes travaux

---

[1]. André Peyrusse, frère de Guillaume.

historiques, je termine ma correspondance d'intimité, et je vous écris.

Il est si doux de parler de cœur à cœur, surtout lorsque tant de cœurs ont cessé d'être des cœurs !

Votre lettre a fait comme la mienne ; elle a couru par monts et par vaux. C'est ici qu'elle m'a rejoint.

Me voilà en pleine école buissonnière. Riez-en si vous voulez, mais il est certain que j'en jouis comme un jeune écolier ; et cela ne vous étonnera point quand vous saurez que, depuis dix mois, il m'était impossible de consacrer un moment aux épanchements de l'amitié. Des affaires, encore des affaires, toujours des affaires : c'est dur, non pas dur comme travail, car vous le savez, pour moi, le travail, c'est la vie, et ne pas travailler, ce serait la mort, mais dur parce que les affaires étaient de mauvaises affaires, et, entre nous soit dit, nous n'en faisons guère d'autres

> .... Depuis que l'aigle au plumage émaillé
> Hélas ! n'est presque plus qu'un oison empaillé.

Croyez-moi, mon ami : sans orgueil, sans fierté, comparativement nous étions des géants, et les pygmées matamores qui tiennent actuellement les rênes du pouvoir n'ont rien de la grandeur de notre époque. C'est en vain que partout, que toujours les traditions palpitantes planent sur leur esprit rétréci : ils ne comprennent ni les exemples ni les leçons. Néanmoins l'on ose vouloir remplacer ce que l'on n'a pas su le moins du monde tant soit peu imiter : audace d'une présomptueuse ignorance ! pensée dont la réalisation conduirait la France à un cataclysme politique universel !

Je n'ai pas vu une seule fois le président de la République. Dernièrement il me décerna la croix d'officier de la Légion d'honneur : je refusai net. Mon vieux ruban me suffit. Ce ne sera pas moi qui mésallierai l'insigne du golfe Jouan.

Oui, l'on m'estime. L'estime ne s'inspire pas ; on la commande ; on l'impose. Personne n'a la puissance de la refuser à ceux qui la méritent. Je fais tout ce qui peut dépendre de moi pour me rendre digne de celle dont tous les partis m'entourent. Ma nature est essentiellement une nature de justice et d'équité. J'ai eu l'occasion de le prouver : je l'ai prouvé. Écoutez :

La loi veut qu'il n'y ait point de pension de retraite pour les fonctionnaires destitués ou révoqués. Le 24 février, avec sa main de fer, avait, disait-on, destitué ou révoqué tous les légitimistes, tous les philippistes, et l'autorité gouvernementale, la loi à la main, leur refusait la pension de retraite. Le conseil d'État dut intervenir. Je combattis à outrance. Je soutins qu'il n'y avait eu ni destitution ni révocation, qu'il n'y avait eu que remplacement, remplacement forcé par des circonstances impérieuses, et que le législateur n'avait rien dit ni rien voulu dire sur les circonstances qui, pour l'ordinaire, sont à peu près un interrègne des lois.... Mon opinion prévalut, les pensions de retraite furent accordées.

J'ai été heureux de pouvoir faire du bien à ceux qui m'avaient fait du mal. Du reste, ils ne me doivent rien, et je n'ai que rempli mon devoir. Je les tiens bien et dûment quittes de toute espèce de reconnaissance. Un sourire de ma conscience m'a payé de la monnaie qui m'est la plus précieuse.

Mon respectable frère, qui rappelle les patriarches de l'antiquité, *vous vit avec une émotion de bonheur*, et je lui ai su gré d'avoir ainsi exprimé le sentiment que vous lui aviez fait éprouver. Tous mes concitoyens m'en disent un bien infini.

Merci de vos notes : deux fois je n'étais pas d'accord avec vous, et c'est moi qui avais tort. Je reviendrai peut-être à la charge.

Le gîte que j'ai choisi est précieux : car c'est un tout petit coin du monde, qui pour nous représente l'idéal du pays de Cocagne. Je vous en parlerai une autre fois : j'y resterai jusqu'au 15 octobre.

Il est inutile que je vous parle encore de madame votre fille ; il est entendu que je suis à sa disposition.

Mes enfants prient Mme Peyrusse d'agréer leurs hommages sincèrement affectueux : ils vous disent les choses les plus aimables. J'honore Mme Peyrusse de toute la force de sentiment dont je suis capable. Je conserve un bien honorable souvenir de son père.

Je finis par où j'aurais dû commencer ; mais si j'avais commencé par ce commencement, je n'aurais plus eu la force ni le courage de vous entretenir. L'univers disparaît lorsque je parle de celle que Dieu avait mise sur la terre comme une preuve de la perfection morale. Elle m'a quitté. Je n'ai pas pu la suivre. Elle me l'a défendu. Elle m'a prescrit de vivre pour les deux anges qu'elle m'a laissés. J'ai obéi. J'obéis. Je lui devais cette dernière preuve d'amour.

Adieu, Peyrusse, plaignez-moi et aimez-moi.

Pons, de l'Hérault.

Port-en-Bessin, par et près Bayeux (Calvados), le 10 septembre 1850.

V.

Lettre de Pons a Guillaume Peyrusse

(Paris, 20 janvier 1851)

Suscription : *Monsieur Guillaume Peyrusse | ex-maire | à Carcassonne | Aude.*

Mon cher Peyrusse, je vous presse sur mon cœur et de toute mon âme. Deux mots seulement : je prie Dieu pour qu'il vous accorde une longue suite de jours en donnant à chacun d'eux une jouissance nouvelle d'époux et de père, car pour l'homme moral, ce sont là les deux conditions spéciales de la félicité suprême. J'ajoute à ces vœux de bonne année tous ceux que Mme Peyrusse peut désirer et que je m'approprie avec une ferveur extrême. Vous comprenez que madame votre fille a sa part dans cette distribution de tendresse. J'aime les habitudes de famille que les siècles ont consacrées.

Croyez-en un homme de bien : il n'y a qu'un moyen d'éviter le fatal cataclysme vers lequel les mauvaises passions cherchent à nous pousser : c'est d'être républicain de conviction ou de raisonnement. J'ai confiance dans les hommes de raisonnement; je suis homme de conviction.

J'ai contribué autant que personne, peut-être plus que personne, à la rentrée dans la patrie de la famille de l'Empereur, et, en cela, je n'ai fait que remplir mon devoir. Je continuais ainsi mon dévouement au géant martyr. Ma nature est une nature de persévérance.

Il n'y a rien de l'Empereur dans la famille impériale. Il est descendu tout entier dans la tombe. Joseph me disait à Florence : « Louis n'a pas une goutte de sang napoléonien dans les veines. »

Ce n'est ni avec des portefeuilles ni avec de l'argent que l'on acquiert des gens de ma trempe. Songez bien à cela : vous y trouverez la règle de ma conduite.

Il faut d'ailleurs que cette conduite soit bonne, car tous les partis l'honorent. Une bienveillance universelle m'entoure. Le ciel a comblé outre mesure la seule ambition que j'aie jamais eue; celle de mériter et d'obtenir l'estime publique.

Maintenant, un conseil d'intimité fraternelle. Plaignez-vous des choses tant que vous voudrez, comme vous voudrez : vous en avez le droit. Mais ne flétrissez jamais les hommes. D'abord, c'est inutile ; ensuite, c'est dangereux. Dans ma vieillesse j'ai mis deux fois l'épée à la main pour vous, pour vous qui êtes le meilleur enfant du monde, qui n'avez jamais fait de mal à personne, et que la calomnie n'a cependant pas épargné.

Vous avez à votre disposition une source intarissable d'esprit, de cet esprit de joyeuseté qui a la puissance de charmer. Tenez-vous-en là, charmez. Vous y gagnerez la tranquillité. La vie politique est un enfer anticipé.

Des travaux multipliés m'ont empêché de continuer l'histoire de l'île d'Elbe. Je vais la reprendre.

Ayez pitié d'un pauvre diable qui n'a pas un moment à lui : consacrez-lui quelques-uns de vos jours de désœuvrement. Ce sera une bonne action : les bonnes actions doivent vous aller. Je vous demande celle-ci en grâce.

Le bon Cormenin vous serre la main. L'excellent Macarel est malade depuis longtemps. Il nous a inspiré bien des craintes. Je l'aime beaucoup.

Je voulais vous dire seulement deux mots, mais ma plume a filé comme si de rien n'était : ce qui signifie que mon cœur est avec ma plume.

Mes deux anges embrassent vos deux anges. Je crois même qu'ils vous embrassent, et honni soit qui mal y pense. Moi, je vous embrasse tous. C'est le droit de mes soixante-dix-huit ans révolus.

Adieu, mon bon ami.

Pons, de l'Hérault.

Paris, le 20 janvier 1851.

VI.

Lettre de Pons a Guillaume Peyrusse [1]

(Paris, le .... janvier 1852)

Suscription : *A Monsieur | Guillaume Peyrusse | ancien maire | à Carcassonne.*

Mon cher Peyrusse, d'abord je présente mon respect à Mme Peyrusse, ensuite je vous serre la main, et puis immédiatement je réponds à ce que vous dites à Cormenin.

Il faut que mes enfants se soient mal expliqués, car ce sont eux qui se sont mêlés de cette affaire. Voici la vérité.

Je devais partir pour Lyon. Drouot me dit : « L'Empereur vous donne 50,000 francs. Sa note est au secrétariat. Voyez-la. » Je fus au secrétariat. Savournin me fit voir la note. J'observai

---

[1]. A cette lettre est jointe une copie (de la main de Pons) de sa protestation contre le coup d'État. En voir le texte dans l'Introduction.

et je fis observer que l'on avait fait un crochet au cinq, ce qui le transforma en trois. Tout le monde fut surpris de cette métamorphose.

Le général Bertrand avait fait demander la note; il l'avait renvoyée.

Vous n'étiez pour rien dans ce qui venait de se passer, ni directement ni indirectement, puisque vous ignoriez encore la bonté que l'Empereur venait d'avoir pour moi.

J'instruisis Drouot. Drouot, rouge comme le feu, laissa échapper ce mot : « C'est indigne, » et il me pria de le laisser faire.

Nous parlâmes ensemble de tout cela : c'est de chez vous que je partis pour me rendre à mon poste.

Vous vous étiez chargé de cette rentrée, mais Poggi m'écrivit que c'était Bertrand qui voulait la faire opérer. Cela m'étonna d'autant plus qu'en quittant Paris j'étais presque brouillé avec lui parce que j'avais refusé de prendre un de ses protégés pour mon secrétaire intime.

Bertrand n'était pas capable d'une mauvaise action, mais il était capable de beaucoup d'oubli. Jusqu'ici je ne m'en prends qu'à son oubli.

A mon retour de l'exil, j'allai vous voir à Carcassonne, et vous me dîtes que ma créance avait été ensevelie dans la tempête universelle de Waterloo.

Toutefois je m'adressai à MM. les exécuteurs testamentaires, pour réclamer le paiement des 50,000 ou des 30,000 francs.

Bertrand reconnut la légitimité de ma créance.

Alors les exécuteurs testamentaires déclarèrent que c'était l'Empereur qui me devait, que le testament était fait par le général Bonaparte, et que le général Bonaparte n'était pas tenu à payer les dettes de l'Empereur.

Voilà tout ce que je sais, si la rapidité de mon barbouillage ne m'a pas fait commettre quelque oubli.

Venons au nouveau coup qui m'a frappé. Non : je ne serai ni conseiller d'État ni sénateur. On a voulu d'abord que je fisse ma demande par écrit; ensuite, l'on se contenta d'une démarche de mes enfants. Ma protestation avait répondu d'avance à ces deux exigences fallacieuses. Lisez-la : je n'ai jamais fait et je ne ferai jamais défaut à ma conscience. Ce n'est pas à mon âge que l'on change de vie.

Adieu, aimez-moi comme je vous aime, de cœur et d'âme.

Pons, de l'Hérault.

Paris, le .... (*sic*) janvier 1852.
Rue de Bondi, 32.

VII.

Proclamation de Pons, préfet du Rhône, a la population lyonnaise, en prenant possession de la préfecture [1].

Lyonnais !

Allez faire le bien de mes bons Lyonnais! ce sont là les dernières paroles que l'Empereur a daigné m'adresser, et ce peu de mots qui fixent la règle de ma conduite vous sont un nouveau garant des sentiments affectueux de notre auguste Souverain pour la bonne ville de Lyon. Lyonnais! si un homme pour qui la justice est un besoin peut contribuer à votre bonheur, je remplirai facilement la tâche qui m'est imposée.

Mais, et je dois vous le dire, une faction qui existe dans votre département en a toujours rendu la direction pénible. Cette faction appartient au parti vaincu, et quand les vainqueurs sont sages, les vaincus devraient du moins être prudents. Il faut un terme à tout. Le gouvernement pourrait enfin marquer celui qu'il met à sa patience. La loi, qui m'impose le

[1]. Imprimés dans la *Biographie des hommes du jour*, édition de 1848, p. 46-48.

devoir de protéger ceux qui la respectent, m'impose aussi le devoir de faire punir ceux qui osent la méconnaître.

Que veulent donc ces hommes qui, après avoir abandonné ou trahi les Bourbons, s'affichent aujourd'hui comme les défenseurs de cette famille devenue absolument étrangère à notre nouvelle existence sociale? Lyonnais, ne vous y trompez pas : ce ne sont pas les Bourbons qu'ils regrettent! Que Napoléon leur rende les prérogatives féodales, et Napoléon sera leur idole. Leurs plaintes ou leurs vœux ne sont pas l'effet d'un sentiment patriotique : non, ils n'éprouvent point ces affections généreuses qui commandent le dévouement pour les princes qui se consacrent au bonheur des peuples. L'orgueil humilié, voilà le mobile unique et de ce qu'ils disent et de ce qu'ils font. L'Empereur crut pouvoir les attacher à la patrie en les comblant de bienfaits.... Cette erreur fut la première cause des maux qui ont désolé la France.

Cependant, il faut en convenir, parmi ceux qu'on appelle les royalistes, il est une foule de gens honnêtes qui ne sont qu'égarés : distinguons bien ceux-ci, ne les aigrissons pas davantage. Tendons-leur une main bienveillante, et nous les ramènerons. S'ils sont bons Lyonnais, leur retour à Napoléon sera facile. N'est-ce pas le héros qui nous gouverne qui recréa Lyon, qui raviva l'industrie lyonnaise, et qui, dans toutes les grandes époques de sa vie politique, porta un regard paternel sur la seconde ville de l'empire?

Malheur au Lyonnais dont l'âme serait assez flétrie et assez stérile pour n'être pas reconnaissante envers le bienfaiteur de son pays!

Lyonnais, tout ce qui a un cœur français doit identifier son sort à celui de Napoléon; sa cause est la nôtre; c'est lui qu'on menace, c'est nous qu'on veut frapper. On veut effacer le nom de la France de celui des nations (*sic*). Rallions-nous autour du trône impérial; n'ayons qu'une seule volonté pour notre indépendance nationale, et l'ennemi, ne trouvant plus de traîtres, reconnaîtra l'impossibilité de nous subjuguer.

Né dans la classe laborieuse, élevé parmi les braves, mûri

au milieu des hommes qui ont contribué à la gloire de notre belle France, j'ai dû acquérir ce qu'il faut pour bien servir ma patrie et mon prince. Lyonnais, ma patrie et mon prince sont l'objet de mon amour et de mon dévouement, et vous allez l'être de mon affection et de mes soins. Désormais mon existence entière est pour eux et pour vous.

Fédérés, je compte dans vos rangs. L'Europe sait que vous avez du courage. Si jamais les besoins de la patrie l'exigent, s'il faut défendre vos foyers, je marcherai avec vous au champ de la gloire.

Lyonnais, je me présente à vous tel que je suis. Vous me trouverez dans mes actions ce que vous me voyez dans mes paroles. Ma devise vous est un gage des sentiments qui vont diriger mon administration : Honneur et Patrie.

VIII.

Proclamation de Pons de l'Hérault aux Lyonnais pour annoncer l'abdication de l'Empereur

(24 juin 1815)

PROCLAMATION

Le Préfet du département du Rhône, chevalier de la Légion d'honneur.

Lyonnais !

« Il est des circonstances qui sont au-dessus de l'organisation humaine. »

Des revers ont succédé à des victoires.

Les Étrangers menacent encore une fois le sol de la Patrie. L'Empereur a voulu leur ôter tout prétexte de ravager plus longtemps nos belles provinces : il a abdiqué. C'est pour nous donner la paix qu'il fait le sacrifice de sa couronne.

LYONNAIS, la cause de la France est toujours la même ; son indépendance n'a pas cessé d'être le premier de ses besoins. Si les Français restent unis, l'Europe respectera la volonté souveraine d'un grand Peuple ; si les Français se déchirent, ils perdront leur rang parmi les Nations. C'est dans ce moment surtout qu'il est vrai de dire que l'union fait la force.

Les révolutions enfantent les partis : mais quand il faut sauver l'État, les hommes de bien ne peuvent avoir des opinions différentes.

Une paix honorable est notre seule planche de salut ; c'est l'unique garantie que les Étrangers puissent nous donner : s'ils la refusent, ils veulent nous enchaîner.

LYONNAIS, la France fixe ses regards sur vous : votre exemple doit influer sur ses destinées. Soyez dignes d'une situation aussi majestueuse, et donnez une grande leçon au monde. Que l'univers sache que, trompés dans vos plus chères espérances, vous avez conservé le calme imposant qui sied à la vertu.

Un gouvernement provisoire est établi ; il traite avec les Puissances coalisées ; bientôt nous saurons quelle est la résolution que le patriotisme nous prescrit de prendre. Jusqu'alors, obéissons aux lois existantes, et prononçons-nous de manière à ce que les événements ne nous trouvent pas au-dessous d'eux.

Fait à Lyon, ce 24 juin 1815.

PONS [1].

---

[1]. Imprimé ; un placard in-folio, archives des Bouches-du-Rhône. Dossier Masséna. Ce placard a été imprimé « à Lyon, de l'imprimerie de J.-B. Kindelem, vis-à-vis de l'archevêché, 1815. »

IX.

Lettres de Pons au préfet du Var et au général Dalesme

(24 juin 1815)

Monsieur et cher collègue [1],

L'Empereur, l'illustre et infortuné Napoléon vient de faire un nouveau sacrifice au bonheur de la France : il a abdiqué en faveur de son fils.

Que les Toulonnais aiment toujours un héros qui les aime bien.

Il est d'un grand intérêt, monsieur et cher collègue, que vous ayez la complaisance de faire passer de suite ma lettre incluse au général Dalesme.

Tout ceci n'est que pour vous. J'aurai encore l'honneur de vous écrire.

Le Préfet du Rhône,
Pons.

Lyon, le 24 juin.

(Au général Dalesme [2].)

Mon ami, je vous envoie ma proclamation aux Lyonnais; elle vous dit tout.

Que ma femme reste à l'isle : j'espère que nous viendrons la rejoindre.

L'Empereur a abdiqué en faveur de son fils. La France ne veut point des Bourbons.

---

1. Cette lettre a été interceptée à Marseille. Une copie figurative en a été prise par le commissaire général de police, Caire. Original et copie, archives des Bouches-du-Rhône.
2. Copie figurative aussi prise par M. Caire. Original et copie, archives des Bouches-du-Rhône.

Ayez soin de ma famille.

Accablé de fatigue et de chagrin, je vous presse sur mon cœur.

PONS.

24 juin.

X.

PÉTITION DE PONS AU GRAND-DUC DE TOSCANE [1]

(s. d.)

Prince,

Lorsque je présentai à Votre Altesse Impériale et Royale mon mémoire pour l'abolition de la peine de mort, Votre Altesse Impériale et Royale m'accueillit avec une bonté toute paternelle, et plus d'une fois, durant les moments qu'elle daigna me consacrer, il me fut permis de penser que j'avais ému son âme noble et généreuse. C'est dans cette conviction que je viens lui adresser une prière d'ho.... [2], que je la lui adresse avec ferveur, en demandant au ciel de lui inspirer une réponse favorable à mes vœux.

Prince, la justice rendue au nom de Votre Altesse Impériale et Royale a condamné quatre accusés à la peine de mort, et la Cour de cassation a rejeté l'appel de ces condamnés. Les tribunaux ont appliqué la loi des hommes; il ne dépendait pas d'eux de suivre la loi de Dieu. Cette faculté suprême est spécialement réservée au pouvoir souverain dont Votre Altesse Impériale et Royale est investie.

La vie matérielle et la mort matérielle des quatre condamnés ne dépend plus que de la volonté de Votre Altesse Impériale et Royale; Votre Altesse Impériale et Royale représente donc

---

1. Une copie de ce brouillon se trouve annexée à la lettre de M. Daniel, dont j'ai publié des fragments ci-dessus, p. 269.
2. La fin du mot est couverte par un cachet de cire.

Dieu, le Dieu de miséricorde, et comme celui qu'elle représente, elle sera miséricordieuse.

Je ne lui demande pas la grâce des condamnés, mais je la supplie de commuer la peine capitale qui les menace, et si des considérations humaines souvent trompeuses faisaient hésiter Votre Altesse Impériale et Royale, si on voulait lui faire croire que la *société doit se préserver même par la peine de mort* de ceux *qui ont porté ou qui peuvent porter la mort dans son sein*, ajoutant à ce que j'ai déjà eu l'honneur de lui dire, je lui dirais encore : « Prince, les pestiférés, comme tous les infortunés atteints de maladies mortelles contagieuses, peuvent aussi porter la mort dans le sein de la société, l'ont plus d'une fois portée, et la société n'a jamais songé à les faire égorger pour la préserver du danger imminent que leur contagion devait lui faire redouter. »

Je ne me jette pas aux genoux de Votre Altesse Impériale et Royale, car je crois que l'homme perd de sa dignité originelle lorsqu'il se prosterne ailleurs qu'aux pieds de la Divinité, et qu'en outre je suis convaincu que Votre Altesse Impériale et Royale ne veut que ce qui est vraiment honorable ; mais mon respect pour elle n'en est pas moins profond.

Prince, que la parole d'un citoyen que Votre auguste Père estimait, que l'empereur Napoléon entourait de confiance, que la France se plaît à affectionner, s'élève de toute la pureté philanthropique jusqu'au trône de Votre Altesse Impériale et Royale ; que Votre Altesse Impériale et Royale l'écoute, l'exauce, et je léguerai à mes enfants la reconnaissance dont je serai pénétré.

Je suis, etc.

XI.

Délibération du Conseil général de la commune de Cette constituant un Comité de Salut public et y nommant André Pons [1].

(25 septembre 1793)

Délibérations du Conseil général, 25 septembre 1793

Séance du Conseil général permanent

Au moment où la séance allait être levée, se sont présentés les citoyens St. Ferréol et Fr. Jourdan, membres du Comité de salut public de cette ville, lesquels ont remis ez mains du citoyen maire une commission contenant un arrêté des représentants du peuple Rovère, Servière et Poultier, de laquelle ils ont requis l'enregistrement dans les registres de la commune.

Lecture faite du dit arrêté des représentants du peuple et le procureur de la commune entendu, il a été arrêté qu'il serait à l'instant transcrit sur le présent registre, ce qui a été fait par le secrétaire greffier, comme suit :

« Les représentants du peuple dans les départements méridionaux, considérant que la mollesse et l'indulgence ont failli perdre la République ; qu'il est nécessaire, dans le moment critique où nous nous trouvons, de manifester la plus forte énergie, de veiller sur les traîtres, d'épier les démarches des hommes perfides qui mettent la liberté de leur pays à l'enchère et qui méditent dans le mystère et le sang-froid la ruine de notre patrie commune ; considérant que le courage de la société populaire de Sette nous est un sûr garant que le Comité de salut public qu'elle a formé n'est composé que

---

[1]. Cette, archives municipales, registres originaux.

d'hommes purs et intrépides qui sont prêts à tout sacrifier pour le soutien de la République;

En conséquence les représentants du peuple arrêtent:

Art. 1er. — Le Comité de salut public de la société populaire de Sette veillera à la tranquillité et à la sûreté publique du canton, il pourra requérir les autorités constituées pour l'opérer.

Art. 2. — Il surveillera conformément aux lois les personnes suspectes de vouloir renverser le gouvernement républicain, et les dénoncerera aux tribunaux ou juges de paix.

Art. 3. — Le Comité sera composé de neuf membres, qui sont : Jacques Bouillon fils ; St. Féréol ; Guillaume Goudard fils ; Pons fils ; Guilh. Doumet ; François Jourdan ; Deniéport ; Hilaire Maillé et Goudal aîné.

Art. 4. — Il tiendra correspondance avec le Comité de salut public du département de l'Hérault, et ne pourra prendre aucune détermination qu'ils ne soient au nombre de cinq ; enfin il instruira de toutes ses opérations les représentants du peuple dans le Midi. A Sette, le 20 septembre 1793, l'an II de la République française.

Signé : Servière, F. Poultier et J.-F. Rovère.

XII.

Extraits du registre des procès-verbaux des séances de la Société populaire de Cette relatifs a l'arrestation et a l'emprisonnement de Pons[1].

(De brumaire à ventôse an III.)

Du Club des amis, 24 brumaire an III (*14 novembre 1794*).

Un membre monte à la tribune, et après y avoir prononcé un discours très énergique, il annonce que la bonne foi des

---

1. Cette, archives municipales, registres originaux.

représentants a été surprise sur le compte de Pons le cadet par les faux amis que la Société a introduits dans son sein. Ce patriote connu de la société est prévenu, le scellé est apposé sur ses papiers, et bientôt sans doute il sera mis en arrestation ; il termine par demander que la Société prenne la défense d'un citoyen quelconque qui serait opprimé. Un autre membre succède à la tribune au motionnaire et déclare que Pons cadet est opprimé et demande que la Société s'occupe d'instruire les représentants qui ont sans doute lancé le mandat d'arrêt, et qu'il soit fait une adresse à la Convention. Un autre sociétaire monte à la tribune. Le président, avant de lui accorder la parole, déclare que les individus qui peuvent avoir sollicité l'arrestation de Pons ne peuvent qu'être des contre-révolutionnaires, et qu'il offre d'en faire la preuve, s'ils sont assez républicains que de se nommer. L'orateur annonce que les ennemis de la chose publique, ceux mêmes qui ont surpris la religion des représentants en sollicitant pour être réintégrés dans la Société, ont encore tenu des assemblées nocturnes, desquelles nous voyons le résultat par l'oppression des patriotes : « Nos frères d'armes, dit-il, périssent journellement dans les combats, et les patriotes de l'intérieur craindraient-ils de l'arrêter ? N'avons-nous pas juré de vivre libres ou de mourir ? » — « Oui, oui ! » s'écrie toute l'assemblée, et à l'instant elle se lève spontanément et jure, par les mânes de Marat, de défendre tous les patriotes qui seraient opprimés. Un autre orateur monte à la tribune et pense que les royalistes et fédéralistes qui ont demandé l'arrestation de Pons n'auraient pas manqué de le traduire devant la police correctionnelle s'ils eussent pu lui reprocher quelque chose. Il déclare qu'il est patriote comme lui, et qu'il est prêt à verser son sang aussi si les « honnêtes gens » veulent s'en repaître. Un membre opine pour que la Société prenne la défense de Pons ; un autre réclame qu'on invite tous les sociétaires de déclarer s'ils ont quelque chose à reprocher à Pons.

Le président invite non seulement les sociétaires, mais encore les tribunes et toute la commune, de dire s'ils ont des inculpations à lui faire. On demande que dans l'adresse qui sera faite les signataires déclarent qu'ils veulent partager le sort de Pons. D'autres désirent que l'adresse soit délibérée et que préalablement il soit nommé des commissaires qui s'informeront de qui est parvenu le mandat d'arrêt et sur quels motifs il a été rendu. L'agent national, à qui l'exécution de ce mandat avait été confiée, offre d'en donner connaissance, et le président nomme J. Bouillon et Nicolas Jullian, qui se retirent séance tenante pour prendre ces renseignements. On demande que les commissaires soient porteurs d'une adresse de la société pour inviter l'agent national à donner copie du mandat d'arrêt. Un sociétaire annonce qu'il existe dans notre sein deux membres de la Société populaire de Toulouse. Il désire que le président les invite d'annoncer à leurs frères de Toulouse ce qui vient de se passer. Le président répond au motionnaire que les citoyens de Toulouse sont sans doute patriotes et qu'ils ne manqueront pas d'en faire part à leurs frères. Ces deux sociétaires assurent la société qu'ils se feront un devoir d'instruire la Société de Toulouse de notre énergie, et nous témoignent le regret qu'ils ont de ne pouvoir prendre part à la défense de notre frère opprimé. Un membre réclame qu'en attendant le rapport des commissaires la Société délibère que le Comité de correspondance sera chargé de présenter demain l'adresse relative à Pons. Adopté.

Un autre demande qu'en mention de la délibération d'hier on communique la dénonce de la Société contre Aubry, Isnard et Despinasse. On en fait lecture à la tribune. Les commissaires annoncent que le mandat d'arrêt donne pour motif de la délation de Pons qu'il s'était permis de dire, dans la Société, que l'opinion y avait été comprimée le jour où les représentants du peuple s'y étaient présentés et y ont développé les principes de justice, d'humanité et de fraternité qui les animent, et que ce même citoyen a beaucoup vanté l'adresse liberticide émanée de la même Société. Un membre demande qu'on envoie, avec l'adresse à la Convention, copie du mandat d'arrêt ;

délibéré. Un autre réclame qu'on envoie aussi un extrait des deux séances où les représentants du peuple Perrin et Goupilleau ont assisté dans le courant du mois de mars, ensemble de l'adresse qui a été dite liberticide, et que la Convention a cependant applaudie ; délibéré. Un membre réclame qu'on fasse encore des recherches pour découvrir et dénoncer à l'opinion publique les mauvais citoyens qui ont sollicité des représentants le mandat d'arrêt dont il est question. Il dénonce Mercier dit le Marquis, qui a travaillé efficacement à faire arrêter Pons ; il interpelle Cayrol aîné de donner connaissance de certains faits à cet égard dont il est instruit. Celui-ci déclare qu'un seul délégué des représentants prit dans le magasin des citoyens Blouquié et fils, avec un crayon, le nom de Pons, que Mercier lui donna, ajoute que ce délégué lui demanda s'il connaissait Pons, qu'il lui assura être un bon patriote, et qu'alors celui-ci dit qu'on ferait bien de venir à Montpellier. Il dénonce Patxot pour avoir été présent à tous ces propos. Un membre déclare que le temps approche où la liste des membres de la Société doit être remise à l'agent national ; il demande, en exécution d'une délibération déjà prise, que les membres qui ne se sont pas présentés dans la huitaine pour se faire inscrire soient exclus de la Société. Divers sociétaires continuent de donner des renseignements sur le compte de Mercier et de Fr. Castilhon. Ces deux citoyens, qui étaient autrefois rivaux de gloire et d'ambition, qui divisèrent la commune en deux parties pour des épaulettes qu'ils se disputaient, ces deux citoyens sont aujourd'hui d'accord pour opprimer les sans-culottes, de qui ils ne veulent être les égaux. Mercier, non content d'être commandant temporaire, agit encore dans le temps auprès des membres de la Société de surveillance, du général Grandpré et autres, pour qu'ils agissent eux-mêmes auprès des représentants Rovère, Poultier et Servière pour en obtenir le grade de général chef de brigade qui lui fut refusé ; il a dit dernièrement que la Convention nommerait bientôt aux administrations des citoyens autres que les membres des sociétés populaires. Fr. Castilhon a intrigué auprès des représentants Perrin et Goupilleau, pour qu'ils fissent choix, pour composer le comité révolutionnaire, des citoyens dont il leur remit la note. Sans nommer tous ceux qui devaient en être membres, on annonce que Moriceau était du nombre. On fait la mention que Mercier soit exclu de la Société; d'autres réclament qu'il soit envoyé au Comité d'admission. On demande d'autre part que la discussion, tant sur le compte de Mercier que des autres, soit ajournée, afin qu'ils puissent avoir le temps de se disculper des propos qui leur sont attribués, s'ils en sont innocents; délibéré.

Séance du 25 brumaire an III (15 novembre 1794).

Un membre du Comité de correspondance fait un rapport au nom de ce Comité, et annonce à la Société que le Comité a pensé, avant que de faire l'adresse que la Société lui avait renvoyée, relativement au patriote Pons, qu'il convenait de faire une pétition au représentant Vidal près les armées des Pyrénées-Orientales, qui se trouve actuellement à Montpellier, puisque Pons est employé aux transports des fourrages de cette même armée. Cette motion est délibérée.

Le même rapporteur fait lecture de la pétition pour envoyer à ce représentant, qui a été vivement applaudie et délibérée après un petit changement.

On demande qu'il soit nommé deux commissaires pour porter cette pétition au représentant Vidal; adopté.

Par amendement il est demandé qu'il soit envoyé quatre commissaires de plus pour en former un nombre de six; adopté.

On demande qu'il soit nommé deux commissaires pour faire signer cette pétition. Un autre observe qu'il faut faire un extrait du procès-verbal du 15 et demande qu'un secrétaire s'en occupe; adopté. Jausseran et Pagès sont ces commissaires. On demande que les commissaires partent dès que la pétition sera signée; adopté.

Les commissaires nommés pour aller porter l'adresse sont Jullian, capitaine de marine; St. Féréol, Motte, Fabrègues, ingénieur, Doumet, adjudant-major, et Joseph Forest.

On demande que Cairol soit joint à cette commission; adopté.

Séance du 6 ventôse de l'an IIIe (25 février 1795).

Le président communique une lettre du Comité des pétitions de la Convention nationale, nous annonçant la réception de notre pétition à la Convention nationale pour demander l'élargissement de notre frère Pons. Cette pétition a été envoyée au Comité de sûreté générale.

Séance du 14 ventôse de l'an IIIe (4 mars 1795).

Un membre fait la motion de solliciter auprès du représentant du peuple Poujol l'élargissement du patriote Pons, membre de cette Société. L'assemblée délibère qu'il sera nommé deux membres de la Société pour remplir le vœu du motionnaire. Elle délibère de plus que la municipalité sera invitée à nommer deux commissaires pris dans son sein, pour se joindre aux siens et remplir la même mission.

Le Comité propose pour ces deux commissaires Bonnefond et Tourelle.

Séance du 15 ventôse an IIIe (5 mars 1795).

Un des députés auprès du représentant du peuple à Montpellier, nommé dans la séance d'hier, rapporte qu'ayant été à la municipalité pour savoir ce qu'elle avait fait à raison de la pétition que la Société lui avait faite, lui a exposé que le représentant Girot-Poujol devait être ici au premier jour, et qu'il convenait beaucoup mieux d'attendre qu'il soit dans la commune pour en solliciter l'élargissement de notre frère Pons, que d'aller à Montpellier. Après une discussion, délibéré que les commissaires attendront la présence du représentant dans cette commune.

Extrait du registre du Comité d'admission

Séance du 26 floréal an IIe (16 mai 1794).

L'ordre du jour a amené la discussion sur l'affaire de Tell Goudal et Marat-Lepelletier Pons, que la Société populaire nous a renvoyée; d'après les éclaircissements pris, voici les faits tels qu'ils se sont passés. La discussion était ouverte sur les deux commissaires que le général Massot demandait. Bouvet demanda le renvoi au Comité de surveillance. Pons répliqua que cette affaire ne regardait point le Comité, etc., que la société devait les nommer. Goudal dit que si Pons connaissait la place qu'il occupait, il ne parlerait pas de cette manière; celui-ci répondit qu'il n'écoutait point Goudal, parce que la moitié du temps il ne sait pas ce qu'il dit et qu'il était un babillard; il quitta sa place et dit qu'il allait lui donner vingt soufflets. Cette scène occasionna un tumulte assez grand dans la Société. Après une assez longue discussion, le Comité étant convaincu que ce sont deux bons républicains qui ont été trop emportés, que d'ailleurs étant dans des moments qu'il nous faut serrer et être bien unis pour déjouer les aristocrates; de plus, cette affaire n'ayant rien de commun avec les principes qu'ils professent, étant tous les deux bons sans-culottes, a arrêté que Pons serait censuré au procès-verbal de la Société et qu'il recevrait une réprimande devant le bureau de ladite Société, par le président, ainsi que Tell Goudal.

XIII.

Arrêté du général Championnet nommant André Pons capitaine de frégate [1].

Championnet, général en chef,

Considérant que les nouveaux services que le citoyen André Pons, lieutenant de vaisseau, vient de rendre à l'armée d'Italie, pendant qu'il a provisoirement commandé la division navale, lui ont acquis de nouveaux droits à la reconnaissance nationale;

Considérant que, malgré les vents contraires, c'est par les soins pénibles et le zèle infatigable de cet officier que la droite de l'armée a obtenu les secours en subsistances qui l'ont arrachée aux horreurs de la famine qui la menaçait;

Considérant que, depuis la reprise des hostilités, ce citoyen s'est constamment distingué par ses talents, par son courage, par sa conduite militaire; qu'à la bataille du 6 germinal, étant alors commandant de la marine sur le lac de Guarda, il a complètement battu la flottille autrichienne; que le 13 du même mois, il s'est plus particulièrement distingué en soutenant contre des forces supérieures le poste de Gargnano, où l'ennemi voulait faire une descente pour couper toute retraite à nos troupes campées sur la droite de la vallée de Sabia, et qu'il s'est personnellement dévoué pour conserver à la patrie ceux de ses défenseurs qui risquaient de tomber entre les mains des Austro-Russes;

Considérant qu'il s'est opposé à la reddition de Peschiera, et que, malgré l'oubli de ses services, il n'a apporté d'autres changements dans sa conduite qu'une augmentation de zèle et de dévouement;

[1]. Imprimé dans la *Biographie des hommes du jour*, édition de 1848, p. 25-26.

Persuadé que le gouvernement s'empressera de lui rendre la justice qu'il mérite;

Le général en chef, en vertu de l'arrêté du Directoire exécutif en date du 21 floréal an VII, nomme le citoyen André Pons, lieutenant de vaisseau, au grade de capitaine de frégate, et lui fait présent des épaulettes de son nouveau grade, comme une marque de son estime et de satisfaction particulière.

XIV.

RAPPORT DU COMMISSAIRE DE POLICE DE BÉZIERS AU COMTE DE NESSIÈS, MAIRE DE BÉZIERS, SUR PONS [1]

(Béziers, 14 janvier 1822)

Suscription : *A Monsieur le comte de Nessiès, maire de la ville de Béziers, chevalier de l'Ordre royal et militaire de Saint-Louis.*

Monsieur le Maire,

J'ai l'honneur de vous adresser les renseignements que vous m'avez demandés.

M. Pons, André, natif de la ville de Cette (Hérault), ancien préfet à Lyon pendant les Cent-Jours, arriva à Béziers le 19 octobre dernier et fut loger chez le sieur Bouillon, négociant, son parent, restant rue de la Promenade.

Il est rentré en France en vertu d'une ordonnance de Sa Majesté que S. E. le comte Siméon, ministre de l'intérieur, lui adressa à Gênes, d'où il partit sur un bâtiment qui le débarqua à Toulon; de là il se rendit à Marseille, et de cette ville, où il échangea son passeport étranger, il vint à Cette,

---

1. Archives nationales, F7, 6641, dossier 3730. Police de Béziers, n° 799. Lettre confidentielle.

son pays natal, où il ne resta que quelques jours pour venir se rendre ici, auprès de son parent, le sieur Bouillon.

Le passeport dont il est porteur lui a été délivré par M. le maire de Marseille, sous l'autorisation de M. le préfet du département des Bouches-du-Rhône, le 9 octobre 1821, portant registre 15, n° 3602.

Le passeport fut transmis, à cette époque, par ce préfet à M. le directeur de la police générale du royaume, pour être retiré à Paris.

M. Pons vint ici régler avec le sieur Bouillon des anciennes affaires commerciales; trois ou quatre jours après, il partit pour se rendre à Agde et à Marseillan, et revint à Béziers.

A cette époque, son passeport me fut présenté, et le 23 octobre j'en donnai connaissance à M. le sous-préfet de cet arrondissement. Bientôt après il se rendit à Narbonne, auprès de ses frères. Dans cette ville il a fait connaissance avec M. Delmas, riche propriétaire, avec lequel il a été passer plusieurs jours à l'une de ses métairies appelée Sainte-Lucie, sise dans l'arrondissement de Narbonne. Quelques jours après, il partit de cette campagne pour revenir à Béziers, où il a demeuré plusieurs jours et en repartit encore pour retourner à Narbonne; de là il revint à Béziers, et le 2 courant, il en est parti pour se rendre de nouveau à Narbonne, d'où il a dû partir aussi, le 4 de ce mois, pour aller à Paris. Il a dû s'arrêter à Toulouse, chez M. Gorse, ingénieur du canal royal, avec lequel il s'est lié d'amitié pendant les séjours qu'il a faits chez M. Delmas, de Narbonne.

On dit que M. Pons est un ancien marin, capitaine de long cours, que comme tel il s'associa dans une maison de commerce de la ville de Cette, qui fit faillite et dans laquelle fut compris le sieur Bouillon.

A la suite de cette faillite, il obtint l'emploi d'inspecteur de l'exploitation de quelque mine de plomb. En l'an 1814, il était, en cette qualité, employé à l'île d'Elbe, et s'y trouva lorsque l'ex-Empereur y débarqua.

Le sieur Pons a été républicain prononcé, et, comme tel, il

a écrit contre l'ex-Empereur ; malgré cela il lia connaissance avec lui, pendant le séjour qu'ils firent ensemble dans cette île. On dit qu'il reçut le commandement du bâtiment qui le transporta en France, et qu'après en avoir opéré le débarquement, il se sépara de lui pour se rendre à Marseille, où il fut reconnu, arrêté et conduit au château d'If, et d'où, pendant la nuit, le maréchal Masséna le délivra ; alors il fut joindre l'ex-Empereur à Lyon, qui le nomma préfet du département du Rhône. Après les Cent-Jours il s'exila de France, passa en Allemagne, où il fut secrètement poursuivi ; de là il passa en Italie et vint se réfugier à Gênes, où il était lorsque l'ordonnance du Roi, qui lui permet sa rentrée en France, lui parvint.

Pendant le séjour qu'il a fait à Béziers, il a fréquenté la maison des sieurs Guibal, avoué, et Bourbon, négociant. On le dit en correspondance suivie avec le sieur Géraudan, ancien administrateur des Messageries royales à Paris, chez lequel il a placé en dépôt une collection de tableaux qu'il estime d'une valeur d'environ quarante mille francs.

Voilà, monsieur le maire, les renseignements que je me suis procurés, de la manière la plus secrète, sur le compte de M. Pons, et desquels vous jugez d'avance que je ne peux vous garantir l'authenticité.

J'ai l'honneur, monsieur le maire, de vous saluer avec les sentiments de mon respectueux dévouement.

Le Commissaire de police,
LABAT.

XV.

Interrogatoire d'un nommé Pradt par le commissaire de police de Marseille, sur le séjour de Pons a Trieste [1].

L'an mil huit cent dix-sept et le quatorze du mois de mai, par-devant nous, commissaire général de police pour le département des Bouches-du-Rhône, est comparu, sur la réquisition que nous lui en avons faite, le nommé Pradt, Antoine, natif de Cette, âgé de quarante-deux ans, marin de profession, lequel a répondu ainsi qu'il suit aux interrogations que nous lui avons faites :

D. Depuis quand êtes-vous à Marseille ?

R. J'y suis depuis le 29 d'avril dernier ; j'arrivai sur le brick *l'Adolphe*, dont je suis copropriétaire. Je venais de Trieste.

D. Avez-vous connu des Français à Trieste, principalement de ceux qui sont réfugiés ?

R. J'ai connu quelques négociants français qui y sont établis depuis longtemps, et par occasion j'y ai trouvé le sieur Pons, mon compatriote.

D. Connaissiez-vous le sieur Pons avant de l'avoir rencontré par occasion à Trieste ?

R. Je l'ai connu bien avant, et lorsqu'il commandait un petit bâtiment qui fut capturé.

D. De quelle manière fut renouvelée à Trieste votre connaissance avec le sieur Pons ?

R. Voici comment. Le sieur Pons demanda à un matelot qu'il rencontra s'il n'y avait point à Trieste de navire de Cette. Le matelot répondit que je m'y trouvais et qu'il pourrait me

---

1. Archives nationales, F7 6887, dossier 6277.

rencontrer chez le boulanger français. Le sieur Pons s'y rendit et, sans entrer chez le boulanger, il me fit demander par le matelot qui l'accompagnait. Je sortis et nous allâmes nous promener ensemble. Dans notre promenade il me questionna beaucoup sur ses amis, leurs affaires, leur santé. Il ne fut, en aucune manière, question des affaires de France. Je lui demandai moi-même s'il n'espérait pas retourner dans sa patrie. Il me répondit qu'il n'avait tenu qu'à lui de prendre du service sous le Roi, mais qu'il l'avait refusé et qu'il ne désespérait pas de revenir dans son pays. Il me pria de me charger de deux petits tableaux peints par ses filles, et de les remettre, à Cette, à sa belle-sœur, pour échantillon des progrès qu'elles faisaient dans la peinture.

D. Le sieur Pons, que vous connaissiez depuis si longtemps, dut vous remettre des lettres pour ses amis de France et pour ses parents?

R. Le sieur Pons ne me fit pas même la proposition de me donner des lettres, et sa femme, qui était avec lui, me dit même qu'elle ne m'en donnait point pour sa sœur, pour ne pas me compromettre.

D. Cependant vous vous êtes chargé de plusieurs lettres à Trieste. Il n'est pas vraisemblable que le sieur Pons, ancienne connaissance, ne vous en ait point remis?

R. J'affirme que le sieur Pons ne me remit aucune lettre, et que celles que j'ai portées de Trieste me furent remises par un expéditionnaire pour leurs correspondants (*sic*), tant à Marseille que dans d'autres villes de France.

D. Pour qui étaient les lettres dont vous vous étiez chargé à Trieste? Les avez-vous fait parvenir à leur destination?

R. Le jour que mon navire fut admis à libre pratique, je les remis au bureau de la Santé; elles étaient au nombre de vingt environ; je ne pourrais me rappeler l'adresse d'aucune. La Santé les a, sans doute, remises à la poste, qui leur aura donné cours.

D. Le sieur Pons était-il réfugié à Trieste, ou n'y était-il qu'en passant?

R. Il n'y était que depuis deux jours, et il partit même le soir de celui que j'eus occasion de le voir, pour sa destination, qui est, je crois, Gorice.

D. Avez-vous su que, pendant son séjour à Triste, le sieur Pons y ait été surveillé par la police locale ?

R. Il devait y être surveillé par la police, puisque j'y fus appelé moi-même pour avoir été vu promenant avec lui.

D. Quelle question vous fit-on à la police à ce sujet ?

R. On me demanda si j'avais connu le sieur Pons à Cette et s'il ne m'avait rien remis ? Je répondis affirmativement à la première question et négativement à la seconde.

D. N'avez-vous fait autre chose avec le sieur Pons que d'aller promener avec lui ?

R. Il m'invita à aller dîner avec sa famille à l'hôtel où il était logé, politesse que je ne crus pas devoir refuser.

D. Avez-vous entendu parler à Trieste du sieur Maret, ex-ministre ? Le sieur Pons a dû vous en parler.

R. Personne ne m'a parlé du sieur Maret, le sieur Pons pas plus que les autres. J'ai parfaitement ignoré si cet ex-ministre était à Trieste.

D. Pourriez-vous dire quelles personnes le sieur Pons était venu voir à Trieste et ce qu'il y était venu faire ?

R. Je passai presque toute la journée avec lui, et il ne m'a point fait part des affaires qui l'y avaient appelé. Je crois même qu'il n'y était qu'en passant, Trieste se trouvant sur la route de sa destination.

Et plus n'a été interrogé le sieur Pradt; lecture lui a été faite de mes demandes et de ses réponses, et il en a reconnu l'exactitude et en a signé la rédaction avec nous.

(Signature illisible.)

XVI.

Lettre de M. de Cormenin a Guillaume ₊ . yrusse et note relative aux revendications de Pons

(S. l. n. d. [1])

Suscription : *Monsieur | Monsieur le baron Peyrusse, | ancien maire de Carcassonne | à Carcassonne, département de l'Aude.*

Tu seras surpris, mon cher Guillaume, de recevoir de mes nouvelles, car, quoique j'aie toujours pour toi une bonne et sincère affection, je ne t'écris pas souvent. Tu verras par la *note* ci-jointe l'objet de ma lettre.

C'est le vieux père Pons qui me la remet : il est à la piste de 50,000 francs qu'il dit lui avoir été donnés par l'Empereur et qu'il n'a pas touchés. Aie la bonté de rappeler là-dessus tes souvenirs. Le titre, le mandat existe-t-il encore au Trésor ou ailleurs ? J'en doute, et après tant d'années l'on opposerait la déchéance.

M. Pons est malleureux (*sic*) et ses filles aussi ; il a souffert, il a été condamné à mort, et il a été exilé pour la cause de Napoléon. Nous ferons ici ce que nous pourrons pour qu'on ne laisse pas sans pension, sans secours, la vieillesse d'un homme de quatre-vingts ans.

Fais-moi, je te prie, prompte réponse.

Ton frère va bien ; il est avec ma sœur au Volsey(?). Ils doivent arriver à Paris le mois prochain. Tu sais que ma sœur Amélie a marié sa fille aînée, qui a elle-même depuis quelques jours une petite fille. Sa fille cadette, fort délicate, n'est pas encore établie.

1. La fin de la lettre et la signature ont été enlevées par la rupture du cachet.

Mon fils n'est pas encore marié non plus. Il s'occupe de littérature et vit avec nous. J'ai eu le plaisir de voir à ses passages à Paris ta fille, qui est fort aimable.

Encore une nouvelle révolution ! car c'en est bien une ; nous n'en finirons donc jamais ! Nous allons à l'abîme de l'anarchie. C'est là ce qui me paraît plus clair que le jour. On m'a.... dignité et traitement, mais j'aime encore mieux que mon pays soit tranquille. Il faut aimer un peu sa patrie pour elle-même.

Mille bonjours.

En 1815, au retour de l'île d'Elbe, l'empereur Napoléon donna 50,000 francs à M. Pons de l'Hérault, et voici comment la chose se passa.

Le jour ou la veille du jour de son départ pour Lyon. M. Pons de l'Hérault entra chez le général Drouot. Le général lui dit : « L'Empereur vient de vous souhaiter le bonjour en vous donnant 50,000 francs, et sa disposition est au secrétariat, où vous pouvez la voir.

M. Pons alla au secrétariat. Il vit la disposition de l'Empereur, signée par l'Empereur. Mais le 5 y avait reçu une altération dans sa partie supérieure : l'on y avait fait un crochet, et ce crochet lui donnait la ressemblance d'un 3. Le crochet n'était ni de la même main ni de la même encre du chiffre 5.

Tout le secrétariat fut stupéfait, car tous ses membres pouvaient attester l'altération. On avait vu le 5 dans toute sa pureté. Tout le monde glosa sur ce que ce papier avait été un moment entre les mains d'un personnage.

M. Pons de l'Hérault seul garda le plus profond silence, et au moment de son départ, en disant adieu au général Bertrand, le général Bertrand l'assura qu'il veillerait à ce que le trésorier Peyrusse lui fît de suite rentrer cette somme.

M. Pons de l'Hérault partit pour Lyon. Waterloo arriva : M. Pons de l'Hérault, proscrit, n'a plus entendu parler de la disposition impériale des 50,000 francs réduite à 30,000, ce qui est presque incompréhensible, car il avait vu lui-même, vu, de ses deux yeux vu, la disposition écrite de l'Empereur.

M. Peyrusse pourrait donner quelques renseignements sur cette affaire [1].

XVII.

Rapport sur l'île d'Elbe [2]

Extrait de la correspondance du général Duval, commandant cette île, en date du 27 mai 1814.

J'étais depuis trois ans commandant de l'île d'Elbe. Depuis cinq mois je ne recevais aucune nouvelle du continent; j'étais réduit avec ma garnison à ne vivre que de viandes salées et de biscuits que je tirais des magasins que j'avais approvisionnés. Ma garnison se composait d'environ deux cents hommes d'infanterie française, de deux cents canonniers, parmi lesquels se trouvait une compagnie de vétérans, et d'un autre corps amalgamé d'Italiens, de Corses, de Toscans, et de déserteurs et voleurs provenant d'un dépôt colonial.

Vers le milieu du mois d'avril, ce corps se mit en pleine insurrection et se joignit à des rebelles du pays, soudoyés par l'ennemi. Quelques maires de petites communes se mirent à leur tête et voulurent livrer le pays aux Anglais. Le commandant que j'avais à Portolongone fut assassiné par quatre coups de feu. Je fis mitrailler les rebelles par mes quatre cents braves Français, qui étaient restés fidèles à l'honneur. J'armai les bons habitants du pays des armes des rebelles, que je fis désarmer et jeter sur le continent : par ce moyen, je me rendis plus fort en m'affaiblissant. J'avais pour moi la position imprenable de Porto-Ferrajo, mes braves Français, les habi-

---

[1]. La revendication de Pons n'avait aucune chance d'aboutir. Comme le lui disait Peyrusse, « Waterloo avait tout englouti. » Mais il serait intéressant de savoir quel était « le personnage » peu scrupuleux qui avait songé à s'attribuer 20,000 francs sur les 50,000 francs promis par l'Empereur.

[2]. Paris, Affaires étrangères, France 675, fol. 28 et suiv.

tants que j'avais formés en compagnies, qui faisaient un service régulier, et je n'avais plus à craindre les malintentionnés que j'avais renvoyés.

Vers la fin du mois d'avril, un commandant anglais qui croisait sur nos côtes m'envoya les journaux qui annonçaient les événements à Paris, et il accompagna cet envoi de la lettre la plus insultante. Je méprisai par mon silence la conduite du commandant anglais, et j'attendis de sang-froid le résultat de ses menaces et des événements.

Le 3 mai, à sept heures du soir, une frégate anglaise de cinquante canons, qui depuis plusieurs jours était en vue, entra dans la rade de Porto-Ferrajo, portant pavillon parlementaire. Comme elle s'approchait de très près des forteresses, j'envoyai à son bord un aviso pour lui ordonner de s'éloigner, sans quoi j'allais faire tirer dessus. L'aviso revint peu de temps après à terre, ayant à bord le comte Drouot, général français, un commissaire anglais, un commissaire autrichien (le comte Colloredo) et divers autres grands personnages appartenant à des cours étrangères.

Le général Drouot me dit en m'abordant : « Général, l'empereur Napoléon est à bord de la frégate ; il a quitté la France et vient régner dans l'île d'Elbe ; il demande à vous voir. » Je m'embarquai de suite et me rendis, accompagné des mêmes personnages, à bord de la frégate, où je trouvai Napoléon sur le tillac. Il me dit : « Ah ! vous voilà, Duval ! Descendons dans la chambre, et nous y parlerons plus à notre aise. » Je le suivis ; arrivés dans la chambre, il me dit : « Eh bien, général, qui vous aurait dit tout ceci ? » Depuis longtemps j'avais à me plaindre de l'injustice de Napoléon. Je lui répondis : « Tout prend fin, Sire, dans ce monde. Votre dynastie ne datait pas de si longtemps qu'elle ne dût finir ; c'est le cours des grandes révolutions : tout a un terme. Je dois vous parler avec franchise ; c'est dans mon caractère. Votre système continental vous a perdu, et vous auriez dû accepter la paix glorieuse qui vous fut offerte. » Il me répliqua : « Duval, j'avais de grands projets pour le bonheur de la France. Je les aurais exécutés si l'on ne m'avait pas trompé. J'ai fait vingt-sept fautes graves, que je vais mettre au grand jour en écrivant moi-même mon histoire fidèle. »

Il me demanda ensuite de l'instruire du caractère du peuple du nouveau pays qu'il allait habiter, qui, quoique bien voisin de la Corse, sa patrie, n'était pas connu de lui. Je lui répondis : « Le peuple de l'île d'Elbe est bon, il est doux, il ne ressemble nullement au peuple de la Corse, et je vous assure que vous serez bien reçu par lui.

— Eh bien, puisque cela est ainsi, me dit-il, descendez à terre et allez tout disposer pour ma réception, qui aura lieu demain matin. » Alors nous nous levâmes. Les généraux Drouot, Marchand [1] et les autres personnes de sa suite entrèrent et me demandèrent comment je me trouvais et si j'étais heureux dans l'île. Je leur répondis que je ne l'étais pas, grâce aux injustices de Napoléon, pour qui j'avais sacrifié ma vie et prodigué mon sang; et j'en attestai mes services et les nombreuses blessures dont je suis couvert. Napoléon ne répondit pas, mais les généraux me dirent : « Allez, on réparera tout, et vous serez content. » Je me débarquai et j'annonçai au peuple, qui était attroupé, que Napoléon venait régner dans l'île d'Elbe. Le peuple fit éclater la plus grande joie par ses acclamations, par des danses et des illuminations.

Le lendemain matin, plus de cent coups de canon saluèrent Napoléon; la frégate rendit le salut. Une chaloupe décorée partit de la frégate, qui salua de nouveau, ainsi que les forteresses; elle vint débarquer Napoléon et sa suite sur le rivage. Un détachement de troupes anglaises l'escortait. Napoléon était vêtu d'un uniforme vert avec des épaulettes de colonel et portait la cocarde blanche. Il était suivi des commissaires des puissances alliées. Tout le peuple, les magistrats et le clergé s'étaient rendus au bord de la mer : il fut complimenté, et conduit processionnellement sous un dais à la cathédrale, où un *Te Deum* fut chanté. Le reste de la jour-

---

1. Erreur évidente, pour Bertrand.

née se passa en fêtes; il y eut banquet, danse, feu d'artifice, illuminations; enfin le peuple ne cessa de lui témoigner sa joie et son contentement. Napoléon fut gai et joyeux. Il disait à chacun que la vie était pleine de vicissitudes auxquelles il se résignait volontiers, qu'il allait s'occuper de faire le bonheur du peuple elbois.

Le lendemain, il monta à cheval et parcourut toute l'île. Il voulait que je l'accompagnasse; mais je le priai de m'en dispenser, attendu que mes blessures ne me permettaient pas de supporter la fatigue du cheval. Il a visité tous les habitants de l'île, a parlé à chacun d'un air ouvert, en leur disant qu'il voulait faire fleurir les arts dans leur île, et qu'on y trouvât en proportion tout ce qu'on peut trouver de rare à Paris.

Il me demanda les plans et les projets d'un lazaret. Je les fis mettre à sa disposition; je l'accompagnai aux salines, où il a fait tracer le sol sur lequel il va faire construire le lazaret : on y travaille déjà. Il a fait tracer le plan d'un palais qu'il destine, m'a-t-il dit, pour l'Impératrice. C'est dans l'endroit où se trouve une fort belle caserne qu'il a commencé à faire démolir. Il va aussi faire construire une fort belle promenade, qui servira de Champ de Mars. Il a demandé cinq cents chefs d'atelier en tout genre, qu'on va lui envoyer du continent; déjà quelques-uns sont arrivés d'Italie.

Il s'occupe d'une constitution et a déjà nommé des conseillers d'État et un tribunal d'appel; il a donné une nouvelle organisation aux arrondissements de l'île; il a remplacé les maires qui s'étaient révoltés dans le mois d'avril, sans leur infliger la moindre peine.

Il fait préparer un fort beau logement pour la princesse Pauline, sa sœur, qu'on attend à chaque instant. Il attend aussi 8 à 900 hommes de sa garde, qui ont demandé à le suivre, 700 grenadiers et 150 lanciers, tous vieux soldats et tous décorés de la croix d'honneur. Une partie de cette garde est déjà arrivée. L'autre est à.... [1], où la frégate qui a amené

---

1. Le nom est resté en blanc.

Napoléon a été les prendre, ainsi que des voitures et 160 chevaux.

Le lendemain de son arrivée, il me demanda si je n'avais pas de vieilles armoiries du pays. Je lui présentai une gravure que j'avais trouvée, portant celles des Elbois au temps de Cosme Ier, leur souverain. Il les adopta pour les siennes et pour son pavillon, à cause qu'elles sont sur un fond blanc avec une diagonale rouge dans laquelle sont trois abeilles.

Il me parla ensuite de Murat, roi de Naples, et du prince Eugène. Il parla du premier avec mépris et dit : « Je ne pardonnerai jamais à cet homme. » Mais en prononçant le nom du prince Eugène, des larmes roulaient dans ses yeux : « Quant à celui-là, dit-il, c'est un brave, c'est un sage qui peut se flatter de n'avoir jamais fait de fautes, ni militaires ni administratives. Que ne puis-je en dire autant ! Mais telle était ma destinée ; il fallait que cela fût ainsi. Ah ! pauvre France ! à combien de revers n'es-tu pas destinée, si ton Roi n'est pas ferme pour soutenir tes droits ! »

Il me demanda ensuite si, parmi les Français de la garnison, il y en avait qui voulussent rester avec lui, qu'il était autorisé à les garder, et qu'il leur donnerait de l'avancement. Je répondis : « Quant à moi, Sire, je ne le puis ni ne le dois. Je désire de partir sous peu avec ma famille. Je ne ferai pas à la garnison la proposition que vous me chargez de lui faire ; je la crois indigne d'un bon Français. S'il en est qui veuillent rester avec vous, ils en sont bien les maîtres ; je ne m'y opposerai pas, car dès ce moment je ne suis plus rien ici, puisque le pays n'est plus à la France. » Il me dit alors : « Je vous renverrai ; il faut me remettre les magasins qui renferment les munitions, les vivres et les habillements. » Je répondis : « Sire, je ne le puis. Ces magasins contiennent pour plus de 800,000 francs d'objets qui appartiennent au gouvernement français et non au pays ; et d'après la convention, il ne doit vous être remis que ce qui appartient au pays. » Je le priai de me faire partir de suite sur un parlementaire pour me rendre à Paris et y faire décider ses prétentions sur ces magasins.

Le lendemain, les généraux Drouot et Marchand (*sic*) vinrent me solliciter, de la part de Napoléon, de rester à son service, qu'il voulait réparer et me faire oublier les torts qu'il avait eus envers moi. Ils me conjurèrent de rester, qu'il me nommerait son grand maréchal. Je leur répondis : « Je suis bon Français et l'ai toujours été. Je ne puis rester avec Napoléon, quand il ne règne plus sur la France. Je rentre dans ma patrie, et mes services sont à mon Roi. »

Quelques jours après l'arrivée de Napoléon à l'île d'Elbe, les habitants de Longone lui donnèrent une fête de bal. Il ne put s'y rendre parce qu'il s'était foulé un pied le matin en montant à cheval ; il y envoya toutes les autorités et les commissaires des puissances coalisées. Je m'y rendis comme les autres. M. le comte Colloredo et moi fûmes les seuls qui ne dansions pas : il s'entretint avec moi pendant le bal ; il me dit d'abondance de cœur : « Écoutez, ceci est confidentiel. Ne vous y trompez pas ; l'empereur Napoléon est un grand homme. Son nom fait trembler tous les peuples du monde, et sa personne vaut deux cent mille hommes. Nous avons été huit jours que s'il avait dit aux coalisés : « Retirez-vous, je vous laisse la retraite libre, » nous nous serions crus heureux de repasser bien vite le Rhin. Mais la position que quitta le général Marmont, sur lequel l'empereur comptait, détruisit toutes ses espérances et favorisa le parti qui lui était opposé. Le Roi qui va régner sur les Français, qui est (*sic*) une nation guerrière, n'a rien fait pour gagner sa couronne ; il a besoin de leur complaire et de ne pas les mécontenter, ainsi que les coalisés, sans quoi il est perdu. »

Ce que me dit avec mystère le comte Colloredo me frappa. Je me plaignis à lui de la lettre offensante que m'avait écrite le commandant anglais, en me faisant passer les journaux qui annonçaient les événements de Paris. Il me dit que cette nation était pétrie d'orgueil et de jactance. Je montrai ensuite cette lettre au commissaire anglais, qui blâma l'officier qui l'avait écrite, et convint qu'elle était outrageante.

Napoléon court toute la journée à cheval et fatigue tous

ceux qui l'entourent. Il ne repose qu'une heure et demie et passe le reste de la nuit à écrire.

Sa garde se compose pour le moment de soldats anglais et des habitants du pays, qui font le service, en attendant les hommes de sa garde, qu'il attend de jour en jour.

J'ai laissé sur l'île le général Ersen (*sic*) et deux compagnies d'artillerie, qui repasseront en France, après la décision que je vais solliciter à Paris au sujet des magasins que Napoléon veut qu'on lui remette. Mais je vois avec peine qu'on me retient en état de quarantaine, tandis que sur toute la cote d'Italie les bâtiments venant de l'île d'Elbe sont admis, attendu qu'il n'y a dans l'île aucune maladie contagieuse et qu'elle ne communique avec aucune des nations de la côte de Barbarie et du Levant; et le retard que me fait éprouver cette quarantaine peut devenir très funeste aux intérêts du gouvernement.

Votre délégué a demandé, Monseigneur, au général Duval s'il était porteur de quelques plis pour le gouvernement, soit de la part de Napoléon, ou de celle des commissaires et officiers qu'il a auprès de lui.

M. le général Duval a répondu qu'il n'était porteur d'aucune lettre, mais que Napoléon lui avait dit : « Puisque vous allez à Paris, vous y verrez sans doute le duc de Vicence Caulaincourt. Je vous charge de lui dire.... » Il réfléchit un moment, et puis il reprit : « Ne lui dites rien. » Mais je lui répliquai : « Ce que vous venez de me dire est un ordre. Parlez, Sire, et je l'exécuterai. » Alors il reprit : « Eh bien, je vous charge de lui dire ce que vous voudrez. » Et il me laissa.

XVIII.

Lettre de M. J. P. Brès a son frère le Dr Brès, médecin a Issoire (Puy-de-Dome), sur la situation politique [1].

(Paris, le 4 juillet 1814)

Mon ami, je n'ai rien de bon à te dire. L'amour des Parisiens pour le Roi s'est tellement ralenti qu'à peine en reste-t-il une étincelle. Déjà toute la partie du peuple travaillant, tous les boutiquiers et ouvriers avaient été cruellement ulcérés pour une chose que tu croirais peut-être leur plaire, puisque cela fait spectacle : pour les processions de la Fête-Dieu. Les églises sont pleines les jours de fête et dimanches, et le peuple s'y rend et s'y comporte avec décence ; mais il s'y rend volontairement. Dans les processions, ils ont vu le clergé leur barrer le chemin, et les forcer à ôter leur chapeau devant leur culte. Depuis ce temps, ce peuple est indigné. J'avoue que je n'aurais cru que ça produisît un si mauvais effet.

La garde nationale avait assisté à ces processions, et s'était plainte de ces corvées sans s'en offenser, mais on lui préparait sa fête [2].... La garde nationale n'a pas été offensée que le Roi ait voulu se faire garder par ses soldats, mais de ce qu'elle a été renvoyée sans aucune formalité ; un ordre du jour avait suffi pour cela. Cette offense faite à 45 ou 50,000 citoyens a été sentie très vivement.

L'on avait promis la liberté de la presse : la censure est maintenue ; l'on avait annoncé la destruction des droits réunis : on les réorganise partout, au péril de la vie de ces pauvres mal-

---

1. Paris, Affaires étrangères, 675. Copie.
2. Suit le détail de ce qui s'est passé aux Tuileries le jour où la garde nationale a été relevée par les gardes du corps. (*Note du cabinet noir.*)

heureux qui n'ont aucun état pour subsister. Cette apparence d'infidélité en fait craindre de nouvelles pour l'avenir.

D'un autre côté, les affaires ne peuvent point marcher sans argent. Les Bourbons sont bien embarrassés. Ils ont cru que le peuple, lassé de la Révolution, ne sollicitait qu'un joug quelconque et principalement le leur. Le peuple voyait venir les Bourbons avec plaisir, parce qu'il souffrait de la tyrannie de Bonaparte; mais désirer la guérison d'un mal n'est pas en souhaiter un autre. Louis XVIII a cru qu'il fallait compter le peuple pour rien, qu'il n'y avait en France que lui et les gentilshommes; il s'est cruellement abusé : qu'est-ce qu'un Roi sans peuple? Dans une monarchie, il ne doit y avoir qu'un Roi et des sujets. Un Roi, des grands, des sujets, font un grand, de moins grands, et de misérables esclaves. Je plains ces braves gens; leurs préjugés sont inguérissables. Au reste, je crois qu'on ne nous les a donnés que pour les perdre. L'Angleterre a fomenté la révolution de France. Elle ne cessera d'en alimenter les brandons que lorsque la race des Bourbons sera expulsée de tous les trônes. Elle a ramené ces pauvres Bourbons en Espagne pour leur faire faire sottise sur sottise. Il faudra bien qu'ils succombent : ils n'ont pas le moindre jugement, le moindre bon sens pour régner. Le peuple et le Roi, le Roi et le peuple voilà ce qu'ont médité tous les rois de France depuis saint Louis jusqu'à Louis XV. Louis XVIII était assez heureux pour être venu au moment où la noblesse n'était plus. Que n'a-t-il profité de ce bonheur? Loin de le faire, il en a établi deux, et il veut relever le clergé. Il a fait plus : dans sa constitution, il met le clergé avant la noblesse, c'est-à-dire avant lui-même Y a-t-il un terme pour exprimer ces sottises-là? Oui, mon ami, c'est l'Angleterre qui cherche à jeter la guerre civile en France et en Espagne, afin que nous nous dévorions entre nous. O malheureuse patrie! qu'as-tu fait à la Providence pour qu'un gouvernement aussi perfide que celui-là soit triomphant sur la terre? Les Anglais nous ont jeté les Bourbons à Paris comme les martyrs à Quiberon, pour les faire égorger, ou du moins pour les perdre. J'ai la douleur la plus profonde à cet égard. Il faudrait un volume pour te dire toutes mes craintes et leurs motifs. Mais quand est-ce que je me suis trompé sur les chances révolutionnaires? Une caserne dans le faubourg Saint-Denis est pleine de soldats qui tout le jour crient vive l'Empereur! La caserne de Babylone était remplie de soldats de la vieille garde à cheval; plus de la moitié est désertée en masse avec ses chevaux. Où sont-ils allés? L'autre portion partira un de ces matins. S'ils ne trouvent aucun prince qui les fasse guerroyer, ils se mettront sous la bannière d'un chef qui les conduira au pillage des villes et des campagnes de la France. On leur fait entendre que Napoléon est sur la frontière, qui les attend. Mais Napoléon, étant à l'île d'Elbe, est au pouvoir des Anglais, puisqu'ils sont les maîtres de la mer [1]. Ils ne le lâcheront qu'à bonne condition. Tu les verras retirer Napoléon chez eux comme ils avaient retiré les Bourbons. A un parti ils diront : « Tenez bon, nous allons vous l'envoyer! »; à l'autre : « Tenez bon, il est entre bonnes mains. Nous ne le lâcherons pas. » O Français! Français! depuis tant de siècles que ce peuple perfide vous met en division, n'avez-vous point su vous mettre vous-mêmes d'accord? Au milieu de tout cela, que doit faire un homme de bien? Voilà une question politique, morale et métaphysique à laquelle je ne trouve qu'une solution : de plaindre également tous les partis égarés et de signaler l'ennemi commun, l'Angleterre. Ne blâmons donc point tel ou tel parti. Plaignons-les tous également, ils sont les nôtres. N'embrassons point la cause du peuple contre les nobles, et encore moins la cause des nobles contre le peuple. Ils sont les uns et les autres des ingrats, avec cette différence que l'un vous oublie quand vous l'avez servi en vous honorant, et que l'autre, pour toute reconnaissance, vous assujettit à son orgueil offensant. Ce n'est pas la peine d'aller mourir ou se ruiner pour de tels

---

[1]. Napoléon lui-même disait à Sir Neil Campbell qu'il était sujet des Anglais, puisque les Anglais possèdent toutes les îles, étant maîtres de la mer.

maîtres. La neutralité non armée me paraît tout ce qu'il y a de plus sage en cette occasion.

Ce 6 juillet. Nous sommes dans l'année des calamités! Puissions-nous ne pas en éprouver d'autres! Tous les jours les deux partis s'animent davantage, et l'on se gêne trop peu pour que l'on ne soit pas sûr d'être soutenu au besoin. Les injures les plus grossières ne coûtent rien à une certaine classe de gens pour exprimer son mépris pour celui et pour ceux qui ne méritent que leur respect et leur amour. Il semble que certains hommes ne soient venus se mettre en place que pour faire le procès à la gloire nationale et nous en faire un crime que l'indulgence ose à peine pardonner.

Un écrit, que j'ai lu hier par hasard, renfermait à peu près ces mots : « Si la cour jette sur nous les crimes de la Révolution, nous les rejetterons sur la cour. Assez de faits attestent cette vérité pour qu'elle soit dans tous les esprits, dans toutes les consciences. » Il y est dit encore : « Il s'est commis des fautes et des crimes de part et d'autre : ceux d'un parti ont été contre des hommes qui leur faisaient ombrage, ceux d'un autre étaient contre la nation. Sachez oublier pour que nous oubliions nous-mêmes. » Ces propos, et plusieurs autres de cette nature, annoncent des hommes qui ne craignent pas de se montrer. Mais pourquoi n'ont-ils du courage que contre les Bourbons? Pourquoi Bonaparte les a-t-il trouvés si lâches, si serviles, si prompts à verser du sang, à exercer toutes sortes de tyrannies pour lui complaire? Quel espoir peuvent donner à l'homme sensé des hommes qui ont été les instruments de la tyrannie de Napoléon?

Je n'atteste pas que le commandant de Vincennes ait donné autant d'or qu'on me l'a dit; mais, en général, cette nouvelle s'est peu répandue. Ce qu'il y a de certain, c'est que ce militaire à jambe de bois a été fait sous-gouverneur des Invalides, en expectative d'être gouverneur : la plus belle place militaire du royaume. C'était un jacobin, un ami de Bonaparte : juge du poste qu'il occupe à présent, et de ce qu'il a fait pour Louis.

M. Lafayette a été fort bien reçu aux Tuileries. Il n'est pas content de la conduite du maître et de ses adhérents. Je connais aussi des émigrés qui ont dit : « Ils font les choses de telle sorte que je me félicite de n'avoir point vendu mes propriétés en Angleterre. »

XIX.

Lettre de M. Babey a M. Ch. A. Cornewall, a Londres, sur la situation politique générale [1]

(S. d.)

Vous désirez que je vous mette au courant des événements de Paris. Je m'acquitterai avec plaisir de cette tâche. Le premier enthousiasme qu'a produit le retour des Bourbons est fort affaibli, le sentiment des maux présents, la présence des troupes étrangères, la cessation du travail parmi le peuple, la multitude de gens que les événements ont déplacés, les craintes de ceux qui y restent encore, la suspension du paiement des créances de l'État, de l'armée, de tous les employés du gouvernement, le maintien, du moins provisoire, des impôts doubles mis par Bonaparte, tout cela jette de l'inquiétude dans les esprits. On espère, il est vrai, un meilleur état de choses; mais on est impatient, on trouve que le gouvernement est trop lent, trop indécis dans ses opérations. On a été accoutumé à une plus grande activité. Le Roi a accepté les bases de la constitution; mais il n'a pas encore assemblé le comité des sénateurs et des membres du Corps législatif, qui doivent rédiger la Charte qu'on doit présenter à notre parlement, convoqué pour le 31 du mois. Il vient enfin de nommer ses ministres; ce sont à peu près les mêmes que ceux du gouvernement provisoire. On travaille à réorganiser l'armée; on aura de la

---

1. Paris, Affaires étrangères, 675, fol. 19. Copie.

peine à en venir à bout. Les généraux et officiers supérieurs s'attachent volontiers au nouveau gouvernement ; il n'en est pas de même du soldat. Il ne connaît pas les Bourbons, n'en a jamais entendu parler, et n'arbore la cocarde blanche qu'avec répugnance. Dans plusieurs endroits, il a refusé de le faire et a même maltraité ceux qui la portaient. Il est indispensable de licencier une partie de cette armée, qui est encore de plus de 300,000 hommes, y compris les garnisons et les prisonniers qui rentrent. L'État ne peut fournir à leur entretien et n'en a pas besoin. On avait fait venir à Paris une partie de la garde ci-devant impériale : elle faisait le service du château avec la garde nationale parisienne. On a été obligé de l'éloigner, parce qu'elle avait des querelles journalières avec les officiers russes et autrichiens, qu'elle avait juré d'exterminer. Le gouvernement, comme vous voyez, est assez embarrassé. Le peuple de Paris commence à murmurer; des gens malintentionnés et payés, à ce qu'on assure, travaillent à entretenir ce mécontentement, et il y a quelques jours qu'une troupe d'ouvriers s'est présentée à l'entrée de la nuit devant le château des Tuileries, en criant « Vive le Roi ! » mais en demandant du travail ou du pain! Dans les provinces, il y a eu des troubles partiels occasionnés par les droits réunis, qu'on avait abolis dans les provinces envahies, qu'on avait promis d'abolir tout à fait, et que cependant on a encore maintenus provisoirement. Le traité de paix, si les conditions sont telles qu'on les annonce, fera une très fâcheuse impression sur le public. Je ne crois pas que l'Angleterre veuille donner à la France une paix humiliante. Il n'est pas de son intérêt d'anéantir sa puissance. Ce serait renverser le trône des Bourbons, qu'elle veut rétablir. On a cru que leur retour serait avantageux à la France et qu'on ferait pour eux, dont la modération est connue, ce qu'on n'eût pas accordé à Bonaparte ou à une régence. Si cette attente est trompée, la paix ne sera pas de longue durée. Le peuple, qui n'agit que par le sentiment du mal présent, ne considère pas que ce n'est pas le Roi qui nous a mis dans l'état où nous sommes Il supposerait que la reconnaissance envers l'Angleterre lui aurait fait sacrifier l'honneur et les intérêts de la France. On s'en prendrait encore aux émigrés, à l'ancienne noblesse, dont le Roi s'entoure, et qui, ne connaissant l'état de la France depuis vingt-cinq ans, ne peuvent que donner des conseils imprudents : on croit déjà s'en apercevoir. On vient de faire un service solennel pour Louis XVI et sa famille, victimes de la fureur révolutionnaire. Le Roi et la famille royale y ont assisté. Une pareille démarche, au moment même qu'on ne cesse de dire qu'il faut oublier le passé et qu'on se voit obligé d'employer un grand nombre de ceux qui ont concouru plus ou moins à ces malheureux événements, est hautement imprudente. Il fallait attendre du moins que le nouveau gouvernement fût solidement établi, que les passions, qui sont toutes en mouvement aujourd'hui, eussent pris une direction qui lui fût favorable. Le gouvernement, comme vous voyez, est dans une situation fort embarrassante. Il est épié par les mécontents, les partisans de Bonaparte, — car il en a encore beaucoup, — les ennemis des Bourbons, et aussi par les indifférents. Ces gens-là sont toujours prêts à blâmer et à censurer; et pour peu que les choses prêtent au ridicule, on ne manquera pas d'en profiter. Par exemple, on trouve fort drôle que dans un moment où il faut pour ainsi dire reconstruire l'édifice social, le Roi commence par organiser sa chapelle, sa musique, qu'il en chasse les cantatrices pour y mettre des enfants de chœur, qu'il emploie deux jours à régler l'étiquette de sa cour, et à décider que les queues des robes de cour seront coupées à la Pentecôte. Les plaisants disent que les dames vont protester contre cette ordonnance, parce qu'elles ne peuvent se passer de queues. C'est une polissonnerie. Il faut avouer qu'il est bien maladroit de faire rire ainsi à ses dépens : *ridiculum acri*, etc.

Le véritable enthousiasme est ici pour l'empereur Alexandre, lord Wellington et l'Angleterre. Il n'y a rien au-dessus de la conduite noble et généreuse d'Alexandre....

Vous avez pu voir dans nos papiers comment lord Wellington a été reçu à Paris. Partout où il s'est montré, au spectacle, dans les lieux publics, on a crié : « Vive lord Wellington ! » C'est le héros des héros. Il emporte avec lui les bénédictions de tous les départements par où son armée a passé. Je crois que les habitants du midi de la France lui élèveraient volontiers une statue. Quel contraste avec la conduite des autres armées ! Il est vrai qu'elles ont droit d'user de représailles. [Il est vrai encore qu'elles ne nous font pas autant de mal que nous leur en avons fait, et qu'aujourd'hui nos armées rentrées en France y font encore plus de mal que les armées étrangères [1].] L'Angleterre a bien sujet de se glorifier des succès de ses armes, l'Europe lui doit son salut. Elle mettra le comble à sa gloire si elle met de la générosité dans les conditions de paix qu'elle nous propose. Sa politique l'exige; si elle ne soutient pas avec la Russie le trône des Bourbons, je doute fort qu'il puisse se soutenir par lui-même. Les opinions sont trop divergentes, et malheureusement nos finances sont tellement épuisées qu'il est impossible au Roi de faire des sacrifices qui puissent fixer ces opinions et faire chérir son retour. Bonaparte n'est pas encore dans son île. On y a trouvé des troupes françaises qu'on ignorait qu'il y eût envoyées, et on est venu ici chercher de nouveaux ordres. On devrait bien l'éloigner et l'emmener à Botany-Bay. Tant qu'on le saura près, il donnera de l'inquiétude....

XX.

Relation de ce qui s'est passé dans le département des Basses Alpes, depuis le débarquement de Bonaparte près d'Antibes, jusqu'à sa sortie dudit département [2].

Le 1er mars au soir, le débarquement ayant été effectué par Bonaparte près de Cannes et d'Antibes, avec six à sept cents

1. Phrase bâtonnée.
2. Bibl. de Carcassonne. Papiers de Pons. Copie.

hommes de troupes, il a été coucher à Cannes, et a envoyé des parlementaires à Antibes pour engager la garnison de cette place à le suivre. Les tentatives faites pendant la nuit ayant été infructueuses, il a dirigé sa marche le 2 au matin par la route de Grasse à Digne, et a été coucher le même jour à Sérenon, commune limitrophe entre les départements du Var et des Basses-Alpes.

M. le comte de Bouthilliers, préfet du département du Var, informé du débarquement et de la force du détachement qui suivait Bonaparte, s'est empressé d'en donner avis à M. le préfet du département des Basses-Alpes, et le vendredi 3 mars, sur les deux heures, la lettre d'avis lui a été remise. Il paraît que, sur cet avis, M. le préfet et M. le maréchal de camp Loverdo, ex-aide de camp de M. le maréchal Masséna, commandant le département des Basses-Alpes, jugeant toute défense impossible, n'en ont pas donné avis aux maires des communes situées à la droite de la Durance, et ce n'a été que le lendemain matin 4 mars, à cinq heures, que des exprès envoyés de Barrême à Digne, par divers particuliers, ont annoncé que Bonaparte et sa troupe y étaient arrivés la veille, 3, à sept heures du soir ; ce nouvel avis n'a point déterminé à prendre des moyens de défense.

Sur les six heures du matin, des ordres ont été donnés à la garnison de Digne, composée de deux cents hommes, de se diriger sur Valensole, en passant par Mezel, afin d'escorter les fonds déposés dans la caisse du receveur général du département. Heureusement Bonaparte, qui désirait faire imprimer ses premières proclamations à Digne, ne dirigea pas sa marche par le chemin le long de la rivière d'Asse, qui débouche sur.... [1] par Château-Redon, qui pouvait lui éviter trois heures de marche pour arriver à Malijay ; sans quoi l'escorte et les fonds se trouvaient à sa disposition, et ce ne fut que sur les midi que Bonaparte et sa troupe arrivèrent à Digne, en passant par Chaudon, la Clape et les Bruines. Sur

---

[1]. Le nom est resté en blanc.

les cinq heures du matin, le quartier général avait été fixé à Malijay, et ensuite, quelques heures plus tard, indiqué à Peyruis, commune située à la droite de la Durance. Sur les deux heures, l'exprès chargé de faire conduire à Digne trois charges de cartouches, informé qu'il n'y avait plus de troupes à Digne, demanda la permission de ne pas avancer, et, ne recevant pas d'ordres contraires, se dirigea sur Digne, mais au moment où il aperçut l'escorte de Bonaparte, il se détourna dans un ravin, pour y déposer ses caisses, et il ne fut pas inquiété. Le surplus des cartouches qui étaient à Sisteron furent transportées à Peyruis sur une voiture. Ainsi se trouva sans moyens de défense le chef [1] des Alpes.

Bonaparte, arrivé le soir à Malijay sur les six heures, y coucha avec une partie de sa troupe, et dirigea le reste pendant la nuit sur Sisteron, pour s'emparer du pont de Sisteron, près la Durance. Ce qui lui fut très facile, aucun moyen de résistance n'y ayant été organisé.

Arrivé à Sisteron avec son arrière-garde sur les dix heures, il en est reparti à deux heures pour le département des Hautes-Alpes [2].

XXI.

Déclaration de J.-B^{te} Vincent, de Marseille, sur l'infame trahison du maréchal Masséna [3]

Je, soussigné, déclare qu'ayant été arrêté par ordre du maréchal Masséna, je fus conduit dans le palais de justice de Marseille, pour avoir empesché que le corps d'officiers des régi-

---

1. *Sic*. Il faut sans doute lire *la clef*.
2. Copie, 2 pages in-ف, archives des Bouches-du-Rhône. (Affaire du maréchal Masséna. Documents divers, huit pièces.)
3. Archives des Bouches-du-Rhône. Dossier Masséna. Nous reproduisons l'orthographe de l'original.

mens en garnison à Marseille ne provocassent les habitants, parce qu'il avait été arrêté de commencer à troubler le Midy pour effectuer l'arrivée de Buonaparte. Quelques jours avant cet événement, l'on apprit le débarquement de Buonaparte sur la côte.

Je fus du nombre des Marseillais qui furent demander des armes et à marcher contre l'usurpateur. Le maréchal Masséna nous refusa avec menace.

Étant retenus au palais de justice, je vis entrer dans cette prison la dame Rousseau, épouse du premier officier d'office de Buonaparte ; Mme Senès, épouse du premier quartier-maître de la garde impériale; la dame Deschamps, épouse du fourrier du palais de Buonaparte, arrivant de l'île d'Elbe avec l'épouse du grand maréchal Bertrand, qui fut conduite au lazaret. Les soins que je prodiguai à ces dames me gagnère (*sic*) tellement leur confiance, qu'ayant aussi besoin de parler, elles me firent des confidences, ainsi qu'à divers autres prisonniers, entre autres à M. le comte de Saint-Michel, sujet portugais, détenu pour crime de faux ; ledit comte de Saint-Michel avait obtenu un régiment sous Buonaparte, et avait fait toutes les campagnes d'Espagne et celle de Russie en 1813.

Mme Deschamps assurait que, pendant le dernier mois que Buonaparte passa à l'île d'Elbe, ce dernier montait souvent au donjon, pour voir s'il n'arrivait pas des navires venant de France ou d'Ytalie; et aussitôt que Buonaparte en avait apperceu, il revenait promptement demander à son mari *les clefs de la barrière rouge.*

Il ne voulait être accompagné par personne, pas même par le maréchal Bertrand, et souvent Buonaparte ne rentrait qu'à deux heures du matin.

Ces dames assuraient que des gens de marque, entre autres M. de Beauharnais, et des employés au service du Roi, s'étaient rendus à l'île d'Elbe pour s'aboucher avec Buonaparte et partaient sans avoir mis pied à terre ;

Que plusieurs fois, il était arrivé des *caisses de citrons* à l'adresse du maréchal Bertrand, contenant une correspondance secrète ; qu'aussitôt que Buonaparte était informé de leur arrivée, il les faisait porter dans ses appartemens, et lui-même en faisait l'ouverture ; la dernière missive qu'a reçue Buonaparte du continent, était un fromage envoyé par Masséna, renfermant toutes les instructions nécessaires pour son débarquement. Il lui faisait connaître que les deux régiments de ligne en garnison à Marseille, 83ᵉ et 58ᵉ, avaient les mêmes principes que ceux de Toulon, et qu'ils attendaient l'heureux moment où ils pourraient leur¹ donner des preuves de leur fidélité.

Le même soir, le maréchal Bertrand était chagrin, craignant que l'arrivée en France de Buonaparte n'excitât la guerre civile. Il en fit part à ce dernier, qui lui répondit en lui frappant sur l'épaule : « Ne vous chagrinez pas, nous irons à Paris sans tirer un coup de fusil. »

Pendant que les opérations de Buonaparte se projetaient, M. Pons, employé auprès de lui à l'île d'Elbe, arriva à Marseille *pour apporter des ordres de Buonaparte* au maréchal Masséna et prendre ses instructions. Comme il fut reconnu par les généraux de Bruges et Ernouf, le maréchal le fit arrêter et conduire à son hôtel en surveillance. Cependant, la même nuit, le maréchal Masséna lui envoya un de ses aides de camp pour recevoir les instructions que l'Empereur lui envoyait.

M. Pons fut conduit au château d'If, où était déjà le comte de Saint-Michel : *ils étaient libres dans le fort*. Ils se lièrent d'amitié à tel point que M. Pons, pour reconnaître les confidences que lui fit M. le comte de Saint-Michel, lui confia tout ce qui s'était passé à l'île d'Elbe, *sa mission auprès de Masséna*, en un mot *les projets de Bonaparte* de prendre possession de la place d'Antibes, de venir sur Toulon, de prendre la garnison et tout ce qui serait nécessaire pour la subsistance des troupes et munitions de guerre, et de rallier à son armée les deux régimens qui étaient à Marseille. On assurait même

---

1. *Sic ;* faute évidente, pour *lui*.

bien publiquement avoir vu le médecin du maréchal Masséna, de concert avec les inspecteurs, acheter des farines pour approvisionner les lieux de passage.

M. le comte de Saint-Michel ayant observé un jour à M. Pons « pourquoi le maréchal l'avait fait arrêter, » il lui répondit « qu'il le fallait ainsi, pour ne pas perdre le maréchal et faire échouer les projets de Buonaparte. »

Les dames Senès et Deschamps m'ont assuré, sur la galerie du palais de justice, que les derniers transports arrivés à l'île d'Elbe avaient apporté de Naples un million qu'envoyait Murat, et placé dans des caisses toutes disposées avec des anneaux de fer et prêtes d'être mises à dos de mulets.

Avant de partir, Buonaparte fut prendre [congé] de Madame mère; cette dernière lui demanda en pleurant « s'il ne faisait pas un coup de sa tête (sic). » Buonaparte lui répondit : « Malgré que je compte sur les secours de deux alliés, je me repose aussi sur les promesses que m'ont faites ceux qui, depuis quinze ans, me servent avec fidélité. » Alors sa mère lui remit un million en or, reçu quelques jours auparavant, venant de la duchesse Marie-Louise.

Quelques jours auparavant son départ de l'île d'Elbe, on inspirait des soupçons à Buonaparte sur les maréchaux Ney et Masséna : « Tout ce que peuvent dire et écrire ces deux maréchaux, dit-il, je les défie de me trahir. Je sais à quoi m'en tenir sur leur compte. »

A peine Masséna eut-il appris l'entrée de Buonaparte à Paris, qu'il donna l'ordre à son parent Infernet, de Toulon, de venir au château d'If avec son brick porter un ordre au commandant Traham pour en recevoir ledit Pons et les autres officiers de la suite de Buonaparte; mais, en outre de cet ordre, ledit Infernet en avait un autre qui lui deffendait de toucher au port de Marseille et de s'aboucher avec les autorités.

Buonaparte n'était pas encore entré dans Paris que Pons donna un repas au château d'If, où assistait Traham. Au dessert, il fut servi une assiette remplie de cocardes à trois couleurs, et l'on but à la santé de l'Empereur.

Conclusion :

1° Ledit Traham doit avoir l'ordre de Masséna, et il est instant de l'avoir en original pour la procédure.

2° Il est essentiel d'avoir aussi la destitution du sieur Traham par M. le marquis de Rivière, et sa prompte réintégration par ordre de Masséna : exacte visite de ses papiers.

3° Louis Vincent et son beau-frère Lazare ont bien déposé, mais daignez les faire développer sur les visites que des officiers de l'état-major de Masséna rendaient parfois à M. Pons et aux officiers de la garde venus de l'île d'Elbe.

4° Le père Seren doit avoir le double du rapport que je lui fis pour porter à M. le marquis d'Albertas, où je rendais compte des premières confidences que m'avaient faites ces dames venues de l'île d'Elbe, et que le soir ces dames chantèrent dans la salle à manger ; elles parlèrent *de l'intimité de Masséna avec Buonaparte.* Que craint-il pour dire la vérité ?

5° Daignez vous informer si c'est à l'hôtel de Fraklin (*sic*), rue Beauvau, que Masséna fit conduire Pons ; si, pendant la soirée, les aides de camp de Masséna et son fils même ne lui ont pas rendu de visites. Le maître de l'hôtel, la maîtresse et les garçons, entendus séparément, donneront des renseignements importants à ce sujet.

6° Il existe une délibération inscrite au corps de Saint-Pierre (portefaix), comme dans les premiers jours de mars deux mille hommes se présentèrent à l'hôtel du maréchal Masséna pour aller *couper le pont de Sisteron*, et que le maréchal leur ferma le balcon au nez sans leur rien répondre. M. le préfet connaît l'affaire.

7° S'il serait possible qu'une autorité de Toulon obtînt, de bon alois (*sic*) ou par force, le second ordre que Masséna donna à son parent Infernet, lieutenant de vaisseau, pour apporter l'ordre au commandant Traham de lui livrer les prisonniers ? Ce dernier ordre existe dans les papiers de Traham, ou aux archives du château d'If, mais le second, c'est Infernet qui l'a à Toulon.

Signé : VINCENT.

Paris, ce 15 novembre 1815.

XXII.

RAPPORT DU SUBSTITUT LAGET DE PODIO SUR LA TRAHISON DE MASSÉNA [1]

Copie du rapport remis au roi le 16 août 1815 par M. le chevalier Laget de Podio, substitut du procureur du Roi à Marseille, sur la demande qu'on lui en fit.

La France était heureuse sous le règne du meilleur des souverains ; les ministres favorisaient le commerce ; l'agriculture reprenait son ancienne activité ; les bras du laboureur leur étant rendus, les familles se trouvaient réunies ; les passions étaient éteintes ; avec la paix que Louis le Désiré avait apportée, l'abondance commençait à se faire ressentir.

Des méchants, jaloux de la tranquillité publique, organisaient en secret les moyens de pouvoir troubler l'ordre public et d'exciter les citoyens à la révolte contre le souverain légitime ; pour y parvenir ils mirent tout en usage ; ils attaquèrent d'abord les ministres, les uns comme étant attachés au sacerdoce, les autres comme des hommes ineptes et parvenus. Enfin, celui qui devait éclairer le souverain par une active surveillance remettait à Bassano les bulletins secrets avant de les transmettre au Roy, et retirait d'entre les mains des préfets ou des gouverneurs nommés par Sa Majesté pour surveiller l'isle d'Elbe les fonds nécessaires, et paralysait par ces moyens l'action de la police faite par des hommes attachés à la plus sainte des causes.

1. Archives des Bouches-du-Rhône. Dossier Masséna.

Rien ne fut oublié pour atteindre ce but que la scélératesse et la perfidie avaient imaginé.

Des agens adroits furent envoyés à l'isle d'Elbe, les uns par l'Italie, les autres par le Piémont, Gênes, et les autres par Fréjus, Marseille et Cette, ainsi qu'à Toulouse, Bordeaux, etc.

Un principal comité se forma en Suisse, dans le canton de Vaud : Joseph Buonaparte le dirigeait.

Il s'en organisa à Chalon-sur-Saône un central qui était conduit par Carnot, dont les agens sont connus.

A Lyon, il en existait deux, dont l'un aux Brotteaux et l'autre à la Croix-Rouge. M. de Bondy, préfet de Lyon, les protégeait, à ce que l'on m'a assuré dans le tems. Ce comité correspondait avec ceux établis à Vienne, Grenoble, Gap, Nismes et Marseille.

Un marchand de gand (*sic*) de Grenoble, homme très adroit, qui avait été plusieurs fois à l'isle d'Elbe, dirigeait la marche des opérations de cet arrondissement ; c'est lui qui fut l'éclaireur de Buonaparte, étant à Fréjus lorsqu'il déploya sa carte pour prendre la route de Systeron.

Des lettres furent répandues avec proffusion dans les régimens, afin de les préparer sur l'arrivée de Bonaparte. Par ces lettres, on les invitait à toujours être fidèles à leur empereur et à attendre avec patience le printemps. Il en fut découvert une écrite aux officiers du 36° régiment de ligne. Le colonel Stévenot en fit son rapport à M. le duc de Maillé. C'est à l'époque où le sieur Morin, chef de division à la police, fut écarté du ministère.

C'est à la même époque où l'on commençait à voir les officiers des régimens mettre à leur boutonnière des violettes et attacher les rubans de la décoration de la Légion d'honneur en forme d'N.

Ils fesaient un signe de reconnaissance, qui était de porter deux doigts de la main droite croisés sur le front en forme d'N ; le mot de ralliement était *Princesse*. Dans les casernes l'on y (*sic*) embauchait les soldats ; les cris de *Vive l'Empereur!* se fesaient entendre partout ; à nulle part l'on poursuivait les délits ; les soldats, forts de l'impunité, excitaient les bourgeois à la sédition contre l'autorité légitime.

Après avoir préparé les esprits, il fallait avoir des chefs qui voulussent entreprendre de protéger l'arrivée de Buonaparte en France et de favoriser sa marche sur Paris.

Des ordres furent donnés pour faire arriver, dans les divisions militaires par où Buonaparte devait passer, des hommes qui avaient promis de le servir.

M. Gomiou et l'abbé Lafond m'ont assuré dans le tems que le maréchal Soult avait écrit une lettre à M. le commissaire ordonnateur de Grenoble, à peu près conçue en ces termes : « Le duc d'Orléans n'ayant pas voulu accepter la couronne, nous avons rappelé Napoléon Buonaparte ; nous nous sommes entendus à cet égard avec M. le comte Beugnot, ministre de la marine, pour faciliter son arrivée. Ainsi disposés tout pour son retour. »

Cet avis fut envoyé de Grenoble à M. Gomiou, qui le remit à M. d'André, alors ministre de la police générale. Si l'on pouvait se le faire représenter, il donnerait la filière de la trame ; à défaut, appeler les dénommés ci-dessus pour faire leurs déclarations.

Des bagues furent distribuées à tous les chefs de la conspiration, afin de se reconnaître entre eux. Après avoir préparé tous les esprits à la rébellion et tous les moyens de conjuration, l'on répandit le bruit que l'on allait rétablir la féodalité, la dîme, et enlever les biens nationaux des mains des acquéreurs.

Des agens partis de Naples et de l'isle d'Elbe parcoururent au même moment l'Italie pour l'insurrectionner ; il partit aussi des agens de France pour Naples ; l'on assure que M. de Permon, actuellement commissaire de police à Marseille, fut chargé de se rendre auprès de Murat pour tout négocier.

Il fut envoyé de Naples à l'isle d'Elbe, quelque temps après, beaucoup d'or. On avait fait faire des caissons avec des anneaux pour les mettre sur des mulets à bât. Ces mêmes caissons ont été portés par des mulets achetés à Grasse (département du Var), le 2 mars dernier.

Un sieur Pons, de Cette, se disant commissaire extraordinaire de Napoléon, vint par le Piémont, passa par Nice et se rendit à Marseille, près du maréchal Masséna, pour se concerter avec lui. L'on m'a affirmé que Masséna, par une correspondance secrète avec Napoléon et le général Bertrand, avait tout préparé dans la VIIIe division militaire pour y organiser les premiers faits d'armes à entreprendre par Napoléon, pour marcher sur Paris, ou pour faire sa jonction avec Murat par le Piémont, en insurrectionnant l'Italie à l'aide de la rébellion des troupes.

D'après ce que j'ai recueilli dans les prisons de Marseille, lorsque je fus arrêté de l'ordre de Buonaparte en rentrant de l'armée royale du Midy, l'on disait que la correspondance était mise dans des citrons, et que Masséna avait envoyé dans un fromage celle contenant les instructions sur la marche que Buonaparte devait suivre, et qu'il lui répondait de la fidélité des 58e et 83e régiments de ligne, en garnison à Marseille, comme de la garnison de Toulon. L'on ajoutait que le médecin de Masséna et un sous-inspecteur aux revues avaient acheté des farines pour la nourriture des troupes qui devaient débarquer Napoléon.

Pendant que ces hommes dangereux préparaient les moyens de favoriser l'arrivée de Buonaparte, celui-ci débarqua sur les côtes de France. Il mit pied à terre au golfe de Jouan, près de Cannes, dans la nuit du 1er mars, avec mille ou douze cents hommes de débarquement ; il fit appeler plusieurs personnes connues, auxquelles il remit de ses proclamations, afin de les distribuer dans les villes par où il devait, disait-il, passer. Il envoya quarante hommes de sa garde impériale pour aller sommer Antibes de se rendre, et campa aux environs de Cannes.

Le sieur de Bouthillier, préfet du Var, informé de ce débarquement, soit par la clameur publique, soit par des émissaires secrets ou par l'avis des maires, envoya une estafette, à ce qu'on assure, au maréchal Masséna, et un courrier à Paris à M. l'abbé de Montesquiou (le sieur Pascal, de Fréjus), pour faire connaître d'abord au gouverneur le débarquement et la marche de Buonaparte, et au ministre de l'intérieur de (*sic*) cette arrivée et les mesures qu'il allait prendre.

Ce fut le 2 au soir que la première nouvelle parvint; le 3, elle fut publique dans tout Marseille. Le maréchal, alors, dépêcha l'un de ses aides de camp, le sieur Porcher de Richebourg, à Grasse. Quel fut l'objet de sa mission? La suite de la conduite de ce maréchal donnera à penser ce que l'on doit en conclure.

Cependant la garde nationale et les habitants capables de porter les armes se présentaient en foule autour de la maison de Masséna, demandant à grands cris de marcher contre le tyran. Le gouverneur calma leur zèle, leur élan royaliste; il fut même jusques à les menacer de la troupe.

Le peuple, fatigué des lenteurs de ses opérations militaires, se porta de nouveau chez M. le marquis de Montgrand, maire de Marseille, où M. le chevalier Laget de Podio, substitut du procureur du Roi, s'était rendu pour concerter les moyens à prendre pour forcer le maréchal de faire marcher des forces suffisantes contre Buonaparte. Ces deux magistrats, qui approuvèrent la conduite des habitants, s'offrirent de se mettre à leur tête et de diriger leur marche contre l'usurpateur. L'on apprit, dans la journée du 4, que le 83ᵉ régiment s'était mis en route et que partie du 58ᵉ devait le suivre.

Ce maréchal, au lieu de faire partir en poste ces régiments, fit arrêter à Aix le 83ᵉ régiment, au lieu de faire doubler l'étape. Le 4 mars arriva l'aide de camp qui avait été envoyé à Grasse, et qui venait de s'assurer par où Buonaparte avait passé et quelle était la route qu'il avait tenue.

Pendant que toutes ces opérations se faisaient le 4, le sieur Pons, commissaire extraordinaire, se présenta chez le maréchal Masséna, à ce qu'on assure, pour la seconde fois, afin de concerter les moyens à employer. Malheureusement, au moment où ce dernier se présenta chez le maréchal, M. le marquis d'Albertas, préfet, avait l'avis de Nice du passage du sieur Pons, ainsi que M. le marquis de Montgrand, maire de la ville de Marseille, qui s'y trouvait aussi. Ce qui força Masséna, par excès de prudence, de faire arrêter le sieur Pons, pour enlever tous les soupçons de la mission secrète de laquelle il était chargé. Cependant il transpira que le sieur Pons, qui avait été seulement envoyé en surveillance à l'hôtel Franklin, avait reçu, le même soir, la visite du fils de Masséna et d'un aide de camp de son père (*sic*), pour recevoir du sieur Pons les dernières instructions que lui donnait Buonaparte par l'entremise de son commissaire extraordinaire.

Après avoir arrêté la manière de se conduire, il envoya le sieur Pons au château d'If, comme arrivant de l'île d'Elbe, débarqué avec l'Empereur, se rendant prisonnier comme n'ayant pas voulu partager sa criminelle audace. Le maréchal écrivit dans ce sens au gouvernement.

L'on voit qu'il ne fit faire cette arrestation que pour sauver le sieur Pons, afin de l'arracher des mains de la police du préfet et de la police judiciaire qui le recherchait, ayant eu l'avis de son arrivée par le consul français à Nice, M. le marquis de Candolle, et de son projet de se rendre à Marseille; ce qui sera justifié par des révélations de Mme Senès, épouse du quartier-maître de la garde; de Mme Rousseau, épouse du premier officier d'office de Buonaparte, et de Mme Deschamps, épouse du premier fourrier du palais, arrivées de l'île d'Elbe avec Mme Bertrand en mars dernier, et détenues dans le temps à Marseille, aux prisons du palais et au château d'If, lesquelles ont confié ces faits à des prisonniers que l'on peut désigner.

Le 5 mars, le peuple, fatigué des lenteurs des opérations militaires, se pressa encore une fois sous les fenêtres du maréchal, que l'on accusait de trahir le Roi. M. le chevalier Laget de Podio, qui se trouvait chez le maréchal pour l'engager à ne plus différer le départ, eut le courage de lui dire, en présence du général comte Ernouf, « que le public disait que lui, maréchal, trahissait le Roi, que les troupes étaient aussi des traîtres qu'il fallait désarmer parce qu'ils (*sic*) faisaient entendre, dans leurs casernes respectives, les cris séditieux de *Vive l'Empereur!* et qu'il devait manifester définitivement son opinion par une proclamation. » Effectivement le maréchal appela le baron de Civray, lui donna des ordres; le 7 ou 8 mars, la proclamation parut.

L'aide de camp envoyé à Grasse venait d'arriver. Il avait mis à son aise le maréchal par son rapport; il lui avait raconté que M. de Bouthillier, à la tête des habitants du Var qu'il avait pu rassembler, s'était venu mettre en bataille dans la plaine de Fréjus, et que Buonaparte avait passé par Grasse afin de gagner les montagnes de Castellane, Digne et Sisteron; qu'il avait laissé, le 2 mars, devant Grasse, deux pièces de campagne et sa voiture; qu'il avait acheté des chevaux pour monter les lanciers polonais qui étaient de la bande, et des mulets pour porter les bagages et les caissons d'argent et d'or qu'il avait; qu'il avait aussi pris des chevaux de poste; que le peuple, par où il passait, criait *Vive l'Empereur!* et que Buonaparte distribuait sur sa route beaucoup d'argent.

Tout le monde disait : « Il gagne le Dauphiné, il faut marcher sur Sisteron. »

Le maréchal Masséna, combinant la marche de l'Empereur par Grasse jusques à Sisteron, et la marche des troupes partant de Marseille pour se rendre à Sisteron, crut pouvoir laisser partir sans danger pour l'usurpateur la garde nationale de Marseille, pour aller à la poursuite de Buonaparte, comme elle le réclamait depuis deux jours. Ce ne fut donc que le 5 qu'elle partit de Marseille, jour où Buonaparte devait, selon son calcul, arriver à Sisteron.

Le 83ᵉ régiment, parti le 3 de Marseille, n'arriva à Sisteron qu'avec la garde nationale, partie le 5. Ce fut à Sisteron où ils furent passés en revue par le lieutenant général comte Miollis, qui avait pris le commandement de ce corps, ayant à son chapeau une cocarde tricolore, et à la plaque de son ceinturon une aigle. Sur l'observation qu'on lui en fit, il répondit que c'était un chapeau qu'il n'avait pas mis depuis son retour de Rome, que son domestique le lui avait donné sans doute par mégarde; il garda le silence sur l'aigle qui était sur la plaque du ceinturon.

Je demande à ceux qui liront cet aperçu, si les Anglais ou tout autre ennemi de la patrie eussent débarqué sur nos côtes, si Masséna, surnommé l'Enfant de la Victoire, n'eût pas fait battre la générale sur tous les points de son gouvernement, fait sonner le tocsin, et s'il n'eût pas tiré son épée pour se mettre à la tête des troupes et des habitants, afin de repousser l'ennemi et de prendre des positions avantageuses pour éviter : 1° la jonction avec les partisans ; 2° qu'il pût s'emparer des points où il pût s'emparer des places fortes (sic) ?

Qu'a-t-il fait comme général ? Il a paralysé l'élan des Marseillais ; il a eu des conférences avec les agents de Buonaparte ; il n'a fait voyager[1] qu'à petites journées les troupes, qui ont été mises par lui en route sans soin, qu'il n'a pas été commander, pour favoriser la rentrée de Napoléon et sa marche dans le Dauphiné.

Il a fait plus encore : il n'a pas voulu livrer des armes aux citoyens ; il en avait de cachées au fort Saint-Jean, et ce ne fut qu'après l'arrivée de Son Altesse Royale Mgr le duc d'Angoulême, et sur un ordre impératif de sa part, qu'il en a fait livrer de l'arsenal de Toulon.

Si à cette série des faits l'on suit la conduite de ce maréchal, l'on s'aperçoit de ce qu'il avait en vue ; car à peine sut-il la possibilité que Buonaparte fût arrivé à Toulon le 5 mars, il donna l'ordre aux gardes nationales de Marseille de rentrer dans leurs foyers, au lieu d'organiser sur ses derrières un corps d'armée et de marcher sur lui avec activité, afin qu'en cas qu'il rencontrât des pays rebelles au Roi ou des pays fidèles qui auraient arrêté l'usurpateur dans sa marche, il pût paralyser l'action du brigand armé.

Cependant, dans l'intérêt du Roi qu'a-t-il fait ? Rien. Il a resté dans l'inaction et a désorganisé les troupes qui étaient sur ses derrières.

Tandis que le général Miollis faisait faire des marches et des contremarches aux troupes et aux gardes nationales pour

---

1. Le mot est omis dans l'original.

les fatiguer, et favorisait ainsi la marche de Buonaparte sur Grenoble, le maréchal prenait ses mesures. Car, si l'on eût suivi avec chaleur et vitesse le tyran, on aurait pris toutes les places derrière lui, et l'on serait arrivé en même temps soit à Grenoble, soit à Lyon, et l'on aurait, par ce moyen, évité beaucoup de malheurs.

Mais ce n'était pas ce qu'il voulait. A peine sut-il que Buonaparte fut arrivé à Grenoble le 7 mars, qu'il envoya, à ce qu'on assura, un second aide de camp auprès de Buonaparte pour prendre ses ordres : ce fut, dit-on, un sieur Porcher de Richemond, fils d'un sénateur, qui était en cette qualité auprès du maréchal, et arrivé à Marseille depuis peu.

J'ai appris par M. Gauzi, de Lyon, employé auprès de M. Beaumont de Brivayac, que le 10 ou le 12 mars au soir, cet aide de camp était effectivement arrivé à Lyon.

Cet aide de camp ne rentra à Marseille que le 15 ou 16 mars. On assure qu'il apporta au maréchal le brevet de lieutenant général de l'Empereur. Ce fait peut être prouvé par la représentation du brevet, le maréchal ayant pris cette qualité dans diverses proclamations en avril et dans son rapport à Napoléon (*sic*).

Au reste, son rapport à l'Empereur du 14 avril fait connaître beaucoup de circonstances qui prouvent l'intention bien prononcée de Masséna de paralyser l'action royaliste et d'avoir sciemment favorisé la marche de Buonaparte. (Lire le *Journal de l'Empire* du 19 ou 20 avril dernier.)

La preuve en est dans les faits que nous allons raconter :

L'on m'a affirmé que : — les dames Senès et Deschamps avaient dit que, la nuit du départ de Buonaparte de l'île d'Elbe pour la France, il avait été prendre congé de sa mère, qu'il s'y trouvait sa sœur Pauline, et que sa mère lui dit en l'embrassant : « N'est-ce pas au moins un coup de tête ? » que Buonaparte lui répondit : « Je sais quel cas je dois faire des promesses et des avis de ceux qui me servent depuis vingt ans. » Alors sa mère lui répliqua qu'elle avait un million à lui remettre. Sur quoi il répondit en riant à sa mère : « Vous êtes plus riche que moi. » Alors sa mère s'empressa de lui dire : « C'est la bonne Louise qui l'a mis à ma disposition, et je vous l'offre »; — qu'un soir, au palais de Buonaparte, on lui remit les dépêches de France; il s'y trouvait des proclamations ou des actes des maréchaux Ney et Masséna. Buonaparte, regardant MM. Bertrand et Pons, leur dit : « Tout ce qu'ils peuvent faire et dire, Ney et Masséna, je les défie de me trahir, et je sais à quoi m'en tenir sur ce qu'ils font. » — Un caporal avait tué un soldat qui ne voulait pas crier *Vive l'Empereur!* Il fut arrêté, et le maréchal ne le fit mettre en jugement qu'après le retour de la tyrannie. (Il fut acquitté.)

Le jour où S. A. R. Mgr le duc d'Angoulême arriva à Marseille, le maréchal Masséna étant à ses côtés, des cris se firent entendre et partout on lui disait : « Monseigneur, le maréchal est un traître; méfiez-vous de lui. » Il protesta de nouveau de sa fidélité. Le prince lui serra la main dans la rue Saint-Ferréol. C'était le moment où il venait de faire prendre les ordres de Napoléon à Lyon par son aide de camp.

Le maréchal laissa partir le duc d'Angoulême seul pour Toulon, où il savait qu'il était en danger d'être arrêté. Il en était informé par divers avis, et l'on ne dut qu'à l'extrême activité et à la bravoure du prince si cette entreprise téméraire ne fut pas effectuée.

Il avait été prévenu de ce dessein le soir qui a précédé le jour de son départ pour Toulon, à l'hôtel de la préfecture à Marseille, où il était logé avec M. le duc de Guiche et M. de Saint-Priest.

A peine Son Altesse Royale fut-elle de retour de Toulon, qu'elle eut organisé l'armée, que Masséna se retira dans cette ville, pour empêcher qu'en cas que le prince fût battu à Valence, il pût se replier sur Toulon, où l'esprit des troupes était si mauvais qu'il en avait répondu à l'empereur Napoléon dans la lettre qu'il lui envoya dans un fromage à l'île d'Elbe.

Cette fidélité se manifesta aussitôt que l'on apprit l'entrée de Napoléon à Paris. Masséna fit donner aux prétendus braves une fête superbe, à la suite de laquelle les tabernacles furent violés, les maisons pillées et les excès les plus répréhensibles eurent lieu, pour obtenir du curé de la cathédrale les précieux restes des dames de France qui y étaient déposés. M. le curé Olive peut, à cet égard, donner tous les renseignements.

Comment le maréchal Masséna, expérimenté dans l'art de la guerre, a-t-il laissé partir seul de Marseille pour l'armée le brave et généreux duc d'Angoulême, et n'a-t-il pas été à ses côtés pour l'aider de ses conseils et de son épée? C'est que, trahissant la foi qu'il avait jurée, il a senti qu'il ne pouvait sans rougir être aux côtés de celui qui le comblait de bontés et dont il abandonnait la ca..e aussi lâchement.

A peine les revers du prince, occasionnés par la plus lâche défection des troupes, furent-ils connus, et que le prince fut fait prisonnier, qu'il fit une proclamation datée du 10 août, de Toulon, lieu de son repaire, digne de lui par la manière incendiaire dont elle était rédigée, par laquelle il manifeste ses véritables sentiments pour le tyran et sa déloyale conduite envers le souverain légitime. (Lire cette proclamation.)

Il destitua les autorités royales, fit arrêter le préfet du Var et divers autres citoyens.

A tous ces faits qui faisaient connaître sa véritable conduite, que l'on joigne ce qu'il a dit dans son rapport du 14 avril à Napoléon : l'on y verra qu'il n'agissait que dans son intérêt et trompait Son Altesse Royale de la manière la plus adroite.

Il a osé consigner et dire, à la face du monde entier, que les ordres qui lui avaient été transmis par le tyran avaient éprouvé des retards insurmontables dans sa position par la présence du duc d'Angoulême à Marseille, qui excitait des mouvements dans la VIIIe division et particulièrement dans cette dernière ville;

Qu'il s'était rendu à Toulon pour empêcher de laisser entrer les Anglais, qui devaient fournir de l'argent au roi de France, et par ce moyen enlever cette ressource à Sa Majesté et conserver à Napoléon cette place et la marine.

Qu'il avait mis Antibes en état de siège pour le soustraire à l'autorité royale et au préfet du Var.

Qu'il avait donné des ordres au général Leclerc, qui était à Avignon, de se tenir prêt à faire un mouvement (c'était à l'époque où Son Altesse Royale voulait opérer sa retraite sur cette ville); qu'il avait licencié avec activité les corps royaux formés dans l'intérêt du Roi et de la patrie, et qu'il avait ordonné de n'obtempérer à aucun ordre des commandants de Sa Majesté ou du prince; preuve bien grande de la vérité de l'accusation portée contre lui de ce qu'il avait paralysé l'élan des Marseillais et favorisé la marche de Buonaparte et de ses troupes.

Continuons et suivons ses opérations, il dit : « J'ai envoyé à Draguignan le baron de Civray, mon chef d'état-major, pour y faire arrêter et transférer au fort Lamalgue M. de Bouthillier, préfet du Var, qui s'est montré si ardent dans ce parti, et qui a pris des mesures violentes auxquelles j'ai été obligé de résister. »

N'explique-t-il pas toute sa conduite dans ce peu de mots? Ne voit-on pas qu'il a tout paralysé, et que ce n'est que la proclamation du duc d'Angoulême, qui avait électrisé tous les cœurs du Midi, qui l'a empêché d'agir plus tôt?

Il finit son rapport par ces mots : « Le ministre me laisse l'initiative d'aller moi-même à Paris ou d'y envoyer le comte Miollis. Je ne puis pas dissimuler à Votre Majesté combien j'ambitionne l'honneur de la revoir pour l'assurer de mon dévouement sans bornes. »

Cependant, peu de temps auparavant, il disait à Son Altesse Royale que sa santé ne lui permettait pas de la suivre à son quartier général, et au même moment il ambitionnait l'honneur de revoir Buonaparte, quand, dans une proclamation du 7 ou 8 mars, il jurait de mourir avec la cocarde blanche pour le Roi.

Le maréchal, à peine eut-il appris l'arrivée de Buonaparte à Paris, qu'il envoya de Toulon son parent, le sieur L. Infernet fils, commandant un aviso, avec un ordre pour le commandant du château d'If, M. Traham, officier de gendarmerie, pour mettre en liberté son ami Pons et tous les officiers de la garde de Buonaparte et les conduire à Toulon, où il avait des ordres de l'Empereur à lui donner. Le commandant du fort doit avoir cet ordre, qui est à la date du 12 avril. (Savoir comme il est conçu, parce qu'il y avait inséré de ne point communiquer avec les autorités civiles.)

A cette conduite joignons une anecdote qui vient encore plus prouver sa turpitude et la preuve de sa culpabilité (*sic*) : Son Altesse Royale Mgr le duc d'Angoulême avait ordonné en mars l'arrestation du sieur Salvéty, commandant de place d'Avignon. Cet officier fut traduit dans les prisons du château d'If. En force de l'ordre précité de Masséna, les prisonniers détenus au château d'If furent mis en liberté. Le sieur Pons, en sa qualité de commissaire extraordinaire, quoique encore détenu, ordonna aux prisonniers mis en liberté de mettre à leur chapeau la cocarde tricolore ; le sieur Salvéty eut l'impudence de débarquer sur le port de Marseille avec ce signe de rébellion et de la tyrannie ; il fut assailli par le peuple et ne dut son salut qu'au zèle que mirent le chevalier Laget et son frère à le tirer des mains de la populace, qui voulait le tuer. Ils lui firent enlever la cocarde aux trois couleurs et le conduisirent à la préfecture pour le faire partir de Marseille.

Le sieur Salvéty, dans les premiers moments de sa gratitude, tout en remerciant ses deux libérateurs, oublia qu'ils étaient d'une autre opinion que lui, et voulant leur témoigner sa reconnaissance, leur proposa une lettre de recommandation pour le commissaire extraordinaire de Napoléon, qui devait débarquer du château d'If, où il était arrêté. Il leur raconta que ce commissaire lui avait dit que tout avait été préparé à l'île d'Elbe, qu'il s'était concerté avec le maréchal Masséna, et que Napoléon avait eu des entrevues avec des agents de toutes les puissances, excepté la Russie, afin de tout régler pour que le trône lui fût rendu. Effectivement, le sieur Salvéty donna, le lendemain de cet événement, la lettre promise à M. Laget. Quelle fut la surprise de ce magistrat de se voir recommandé au sieur Pons comme commissaire extraordinaire de l'Empereur, le même qui était venu pendant deux fois (sic) voir et s'entretenir avec Masséna, et auquel, dans l'excès de sa reconnaissance, le sieur Salvéty, voulant sçavoir (sic) M. Laget, lui disait : « J'ai appris, depuis que ma lettre est faite, que M. Laget était très cotillon (sic), ce que, en termes d'ergo (sic), on appelle très royaliste [1]. » M. Laget n'a pas cru devoir rendre cette lettre, il l'a gardée pour prouver : 1° que le sieur Pons était venu comme commissaire extraordinaire dans la VIII° division militaire, auprès de Masséna ; 2° que celui-ci, quand il le fit conduire au château d'If comme s'étant rendu pour ne pas suivre Napoléon après son débarquement, en avait imposé, et avait voulu le soustraire aux recherches du préfet des Bouches-du-Rhône et à la police judiciaire, d'après l'avis donné par le consul français à Nice. Le sieur Laget a cette lettre en son pouvoir, pour confronter avec succès le sieur Salvéty à lui et à son frère, et l'obliger à dire en justice la vérité.

Le sieur Pons, en débarquant du château d'If, fut joindre le maréchal à Toulon, partit pour Paris avec Mme Bertrand et l'aide de camp de Masséna, d'où il a été ensuite nommé préfet à Lyon, où il a fait preuve de ce qu'il était.

Le maréchal Masséna quitta Marseille pour se rendre à Paris, pour aller, comme il l'ambitionnait, avoir l'honneur de voir Bonaparte et l'assurer de son dévouement sans bornes. Il vit en route, à Châlons-sur-Saône, son digne confrère le maréchal Brune, chez le sieur Goujan, commissionnaire-chargeur, l'un des membres du comité de l'île d'Elbe, avec lequel il se concerta; il arriva à Paris, eut l'honneur qu'il ambitionnait, et fut nommé commandant en chef de la garde nationale parisienne.

De l'ensemble de tous ces faits, l'on voit : d'abord, que le maréchal Masséna a été instruit de tout, avant et après le débarquement;

Que le sieur Pons a été celui qui a traité avec lui à Mar-

---

[1]. Le texte de cette phrase, quelque peu obscure, paraît corrompu, mais le sens est suffisamment clair.

seille; qu'il a paralysé l'élan du Midi et a donné des ordres pour contrarier ceux donnés par les commandants du Roi et du prince;

Qu'il avait reçu des instructions qu'il n'a pu, selon lui, mettre à exécution assez à temps, en étant empêché et paralysé dans son action par la présence de Son Altesse Royale à Marseille;

Qu'il a fait prendre les ordres, ainsi qu'on l'indique, par deux aides de camp qu'il a envoyés à Grasse et à Lyon; qu'il a été récompensé de ce nouveau service par Napoléon, en recevant de lui le titre de lieutenant général de l'Empereur; qu'il a trahi ses serments en faisant donner des ordres contraires à ceux du Roi et du prince, auxquels, les 8 de mars et d'avril, il avait promis fidélité et de mourir avec la cocarde blanche;

Enfin d'avoir resté tranquille (sic) dans sa division, quand il aurait dû faire sonner le tocsin, battre la générale, se mettre à la tête des habitants et des troupes, qu'il aurait dû faire marcher en poste au lieu de les faire arrêter à la première étape; d'avoir rappelé les troupes qui étaient parties après Buonaparte au lieu de les laisser en possession d'un pays dont ils étaient maîtres (sic), et qu'il a fallu reprendre ensuite en sacrifiant beaucoup de braves gens, de la vie desquels il doit compte au Roi et à la patrie. Tel était le devoir de ce maréchal, telle était l'obligation qu'il avait contractée par son serment envers son souverain légitime, et qu'il a trahi, et qu'il ose encore aborder avec l'œil serein de l'innocence.

Le jour est enfin arrivé : l'hypocrite et le fourbe doit être démasqué, et la fidélité seule obtenir une juste récompense que méritent la constance et le dévouement.

Pour arriver à cet heureux résultat, il faudrait d'abord recevoir une déclaration importante de M. Vincent, détenu au château d'If; celle que le comte de Saint-Michel, sujet portugais, pourrait faire, ayant été en correspondance et en grande conférence avec le sieur Pons, et saisir ses papiers pour servir de preuves; faire aussi arrêter le sieur Alexandre, officier de gendarmerie, actuellement à Paris, qui a aussi eu toutes les communications, très adroit personnage; faire arrêter les dames Senès et Deschamps, saisir leurs papiers et les confronter avec les susnommés; recevoir les déclarations du sieur Seren, de son épouse et de son fils, geôliers de la prison du Palais de justice à Marseille; recevoir la déclaration de Louis Vincent, lequel est concierge au château d'If, et de son porte-clefs; faire arrêter le sieur Trabam, officier de gendarmerie, intime du duc de Rovigo, et envoyé par lui au commandement du fort d'If; lui faire déclarer tout ce qu'il sait des aveux du sieur Pons, et lui faire remettre l'ordre de Masséna pour la sortie de son ami Pons et des officiers de la garde impériale; faire arrêter le sieur Salvéty, ancien commandant de place d'Avignon, afin de recevoir sa déclaration et le confronter au sieur Laget de Podio pour les aveux faits à Marseille; enfin, envoyer en mission secrète un sujet fidèle, intelligent, ayant des connaissances sur les localités, pour recevoir les indices, les présomptions et les preuves des faits qui tendent à faire connaître la trahison de Masséna et de ses complices.

Pour copie du rapport que j'ai remis à S. M. Louis XVIII, sur la demande qui m'en a été faite à Paris, le 16 août 1815.

Le substitut du procureur du Roi de la ville de Marseille,

Signé : Le chevalier LAGET DE PODIO.

XXIII.

DOCUMENTS SUR LES TROUBLES DE CETTE (GERMINAL AN X)

I. *Extrait du registre des délibérations du Conseil municipal de Cette du 13 fructidor an X (31 août 1803).*

Un des membres de l'assemblée ayant demandé la parole a dit : qu'ayant été chargé d'adresser une adresse pour le Premier Consul à l'effet d'implorer sa clémence en faveur des condamnés par le jugement militaire du 30 floréal dernier, il était prêt à donner lecture de ladite adresse, si l'assemblée était disposée à l'entendre; sur quoi ladite assemblée ayant témoigné son désir que lecture de l'adresse susdite lui fût faite, cette lecture achevée et ladite adresse approuvée et sur-le-champ signée par les assistants, le maire a été prié de la mettre sous les yeux du Premier Consul.

ADRESSE AU GÉNÉRAL CONSUL NAPOLÉON

Général Consul,

En terminant ses travaux, le conseil municipal a cru devoir céder au besoin qu'il éprouve de vous parler en faveur des malheureux coupables d'excès dans les journées des 21 et 22 germinal, et condamnés par jugement d'une commission militaire créée par arrêté du Consul du 8 floréal dernier.

Cinquante familles réduites à la plus grande misère et livrées au désespoir, des enfants sans pain comme sans appui, des mères pleurant nuit et jour sur le triste sort qui attend leurs fils, des malheureux poursuivis sans cesse par le remords et par la crainte, cherchant partout des retraites sûres et n'en trouvant aucune, tel est le tableau affligeant et vrai qui reste tous les jours exposé sous nos yeux.

Si nous n'envisagions que la justice, général Consul, nous n'oserions pas élever nos voix en faveur de ces infortunés, trop coupables sans doute; mais votre clémence, que nous invoquons avec confiance, votre pitié, que nous sollicitons, nous rassurent tous; bientôt les enfants comme les vieillards, les mères comme les épouses, les coupables eux-mêmes, trouveront dans cette clémence, qui distingua tant de héros, le remède assuré de leur pain et de leurs alarmes.

Permettez-nous donc, général Consul, de joindre nos prières aux pleurs de tant de familles désolées; après avoir admiré et célébré déjà le guerrier pacificateur, nous finirons par bénir avec elles le héros clément et sensible.

II. *Arrêt de compétence et d'incompétence de la cour de justice crim" "elle (10 floréal an XIII), au sujet de divers individus de ~tte compromis dans les troubles de germinal an X* [1].

Napoléon, par la grâce de Dieu et les constitutions de la République Empereur des Français; à tous présents et à venir, salut.

La cour de justice criminelle spéciale du département de l'Hérault a rendu l'arrêt suivant :

Vu par la cour de justice criminelle spéciale établie dans le département de l'Hérault en vertu de la loi du 18 pluviôse an IX, le procès-verbal dressé le 21 germinal an X, par le sieur Raymond Allemand, commissaire de police de la ville de Sette, qui aurait déclaré et certifié qu'étant, vers les cinq heures du soir, au devant de la maison du sieur Bousquet, maire, sise sur le quai et vis-à-vis du corps de garde de la place, il aurait entendu un grand bruit venant de la rue des cy-devant Pénitens, et s'étant rendu dans le même moment au haut de ladite rue, il y aurait vu un rassemblement assez considérable tant de bourgeois que de militaires de la 19º demy-brigade, et qu'il s'était engagé entre eux un combat à coups de pierres qu'ils se jetaient réciproquement; que, s'étant porté entre les combattans revêtu de son écharpe, sans consulter le danger, il aurait fait tous ses efforts pour apaiser les combattans; que, malgré le tumulte et le désordre qui régnait dans ce moment, il aurait vu s'avancer à grands pas presque toute la garde de la place, composée en majeure partie de grenadiers; qu'il aurait été au-devant de ladite garde et aurait vu qu'elle chargeait les armes en marchant; qu'il aurait invité, au nom de la loi, avec les termes les plus pressans, ladite garde de rétrograder vers son poste, avec d'autant plus

1. Cette, archives municipales.

de raison que ce n'était pas le moyen de ramener le calme dans la ville, mais que ladite garde n'aurait eu aucun égard à ses remonstrances, à ses invitations ni à ses réquisitions, et qu'elle aurait monté rapidement ladite rue des Pénitens; qu'au moment où la garde serait parvenue aux quatre coins de cette rue, un militaire de la 9° demy-brigade, dont il n'avait pu connaître le grade, aurait ordonné aux grenadiers de faire feu, ce que malheureusement ces derniers auraient exécuté de suite; que leur feu aurait été dirigé sur une foule de peuple de tout âge et de tout sexe, et que deux femmes et un enfant avaient été blessés; qu'alors l'attroupement se serait dissipé en majeure partie, et que la garde serait rentrée à son poste; qu'alors ledit commissaire de police Allemand serait descendu devant la maison commune, où il aurait vu toute la troupe sous les armes, et plusieurs grenadiers et soldats qui chargeaient leurs fusils. Il avait observé au capitaine Laporte, commandant le bataillon, que la manœuvre qu'il voyait faire pouvait animer et aigrir les esprits, et que pour les apaiser il l'invitait à faire rentrer sa troupe au quartier; que, par ce moyen, l'ordre se rétablirait; mais que ledit capitaine Laporte n'avait pas cru devoir céder à ses remonstrances, et que la troupe était restée en bataille devant la maison commune; que dans ce moment, le commandant de la place étant arrivé, et, après s'être abouché avec le capitaine Laporte, ils auraient prévenu ledit commissaire de police Allemand que quelques grenadiers et soldats se trouvaient dans différens cabarets de la ville, qu'ils n'osaient en sortir, crainte qu'il leur arrivât quelque chose; qu'en conséquence, ils l'invitaient d'aller protéger leur rentrée au quartier; que ledit commissaire de police, ayant déféré à leur invitation, se serait rendu de suite, avec le sieur Gaudin et un officier de la 9° demy-brigade, dans les cabarets de Jean [1] et de Lavabre; qu'étant devant la porte, ils auraient entendu tirer, du côté de la rue des Péni-

---

1. Plus loin, les patrons de ces cabarets sont nommés Cuilleret et Lavabre.

tens, trois ou quatre coups de fusil; que, comme il était éloigné, il n'avait pu savoir dire d'où ces coups étaient partis ni quels étaient ceux qui les avaient tirés; que ledit commissaire de police n'aurait pas cru prudent de faire sortir les soldats qui étaient dans lesdits cabarets et qu'il leur aurait, au contraire, recommandé d'y rester jusqu'à ce que le sieur Tempié, adjoint à la mairie, ou lui-même, viendrait les prendre; que ledit commissaire de police Allemand se serait rendu de suite au devant de la maison commune, où il se serait informé d'où étaient partis les coups de fusil tirés en son absence, et s'ils n'avaient blessé personne; qu'un des officiers de la 9ᵉ demy-brigade aurait dit au commissaire de police que c'étaient les bourgeois qui avaient tiré avec du petit plomb; qu'il avait même montré sur sa cuisse gauche l'empreinte d'une petite tache noire qu'il lui avait dit être celle d'un plomb qui l'avait atteint, mais qui ne lui avait fait aucun mal; que dans le même instant, le sieur Tempié, adjoint à la mairie, qui avait été aux métairies Saint-Joseph, étant arrivé, ledit commissaire de police lui aurait rendu compte de tout ce qui s'était passé, et que ledit sieur Tempié aurait pris de suite, de concert avec le juge de paix, les mesures nécessaires; qu'ils auraient invité le commandant de la place de faire rentrer la troupe, ce qui aurait été exécuté; que tout serait rentré dans l'ordre; qu'alors le sieur Tempié aurait fait de suite une proclamation aux citoyens pour les inviter à se retirer et à rester tranquilles chez eux, ce qui aurait eu lieu; qu'après cela, ledit commissaire de police Allemand et le sieur Tempié, adjoint à la mairie, auraient été dans les cabarets desdits Cuilleret et Lavabre, où se trouvaient les militaires de la 9ᵉ demy-brigade, l'officier de ce corps et le sieur Gaudin, et les auraient accompagnés au quartier. Ledit procès-verbal signé : Allemand, commissaire de police.

Autre procès-verbal dressé le lendemain, 22 germinal an X, deux heures après midy, par le sieur Guilhaume Goudard, juge de paix, officier de police judiciaire de la ville et port de Sette. Ledit procès-verbal portant que : ce juge de paix étant informé par le maire de cette ville que deux militaires de la garnison avaient été dans la matinée maltraités par des citoyens non militaires, et par le commandant d'armes de cette place, que l'un desdits militaires était tellement excédé qu'il ne pouvait se rendre auprès de lui dit juge de paix, ce magistrat, en compagnie dudit commandant de la place et du sieur Bénézech, officier de santé, se serait transporté au quartier des cazernes, où étaient lesdits militaires qui lui dirent se nommer Pierre Thouzé et Jean Robert, tous les deux grenadiers du troisième bataillon de la 9° demy-brigade en garnison à Sette, et lui auraient déclaré : qu'étant occupés le même jour 22 germinal, vers les neuf heures avant midy, à l'attellier du sieur Roche, entrepreneur maçon, ils auraient vu arriver quatre hommes armés de pierres, qu'on leur aurait dit venir pour les assaillir; que, voulant se mettre à l'abry de leurs attaques, ils seraient montés au haut de l'édifice, aidés de l'échelle qui servait aux ouvriers; que Jean Robert avait voulu sortir et avait été le premier assailli à coups de pierres et de maillet sur la tête et sur la face; qu'au même instant, une trentaine de personnes, se réunissant aux premiers, seraient montées au haut de l'édifice où s'était réfugié Thouzé, qu'ils auraient précipité avec l'échelle par terre; qu'en cet état, ils l'auraient assommé et accompagné bien loin sur le quai du port jusques au devant de la maison du sieur Clesrespord, où celui-ci les aurait réfugiés et donné azille; ajoutant ledit Thouzé, que sans le secours du sieur Cairol, maître de charge du sieur Blouquier, qui l'avait levé des mains de ses assassins, on l'aurait achevé, et que c'était des magazins du sieur Deidier qu'étaient arrivés les hommes qui les avaient assaillis; que le sieur Bénézech, officier de santé, vérifiant avec l'assistance du chirurgien du corps lesdits Pierre Thouzé et Jean Robert, grenadiers du 3° bataillon de la 9° demy-brigade, maltraités, aurait rapporté audit juge de paix : que Pierre Thouzé était atteint d'une contusion avec engorgement très considérable de la partie inférieure de l'omoplate gauche, d'une autre contusion, avec l'épiderme emporté à la partie moyenne et postérieure de l'avant-bras gauche, plus une con'usion à chaque genoul (*sic*), avec l'épiderme emporté, estimant que ces blessures apparentes pouvaient être guéries dans le délay de quinze jours, sans néanmoins pouvoir prévoir les suites des blessures de l'omoplate; que ledit Jean Robert était atteint d'une contusion avec playe à la partie moyenne du coronal et d'une seconde contusion sur les os carrés du nez, estimant également que lesdites contusions pourraient être guéries dans le délay de douze jours. Ledit procès-verbal signé : Bénézech, officier de santé; Laujol, chirurgien; Goudard, juge de paix.

Autre procès-verbal, dressé le 23 dudit mois de germinal an X, onze heures et demie avant midi, par ledit juge de paix, officier de police judiciaire de la ville et port de Sette. Ledit procès-verbal portant que sur le rapport ou dénomination à lui fait la ??? le 22 dudit mois de germinal, par les militaires de tout gr??? ???sant partie de la garnison dudit Sette, à raison des excès commis sur leurs personnes par les habitants de la commune de Sette, et voulant constater les blessures dont lesdits militaires étaient atteints, ledit juge de paix se serait rendu à l'hospice, où il aurait trouvé le sieur Labat, officier de santé, qu'il aurait commis pour procéder à la vérification des blessures reçues par lesdits militaires; que n'en ayant trouvé aucun dans ledit hospice, le juge de paix susdit serait descendu au quartier des casernes, où il aurait parlé à l'adjudant sous-officier de laditte 9ᵉ demy-brigade d'infanterie de ligne, qui lui aurait dit qu'il allait faire rendre en la maison dudit juge de paix les susdits militaires; lesquels étant arrivés dans ladite maison, le sieur Bénézech, officier de santé, appelé en remplacement du sieur Labat, qui s'était retiré, aurait procédé en présence dudit sieur Goudard, juge de paix, à la vérification des blessures reçues par lesdits militaires, et aurait rapporté que Nicolas Boutut était atteint d'une contusion avec playe à la partie moyenne supérieure du coronal, d'une seconde contusion à la partie moyenne de l'occipital, et d'une troisième contusion sur les os carrés du nez, estimant que lesdittes contusions pouvaient être guéries dans le délai de huit jours; — que J.-B. Carrabin était atteint d'une playe avec perte de substance et division des téguments à la partie externe de l'arcade sourcillère de l'œil gauche, estimant que lesdittes playes devaient être guéries au terme de quinze jours, sans pouvoir néanmoins rien statuer sur la commotion que ledit Carrabin maltraité pouvait avoir ressentie de la blessure qu'il avait reçue au pariétal, ajoutant que ledit Carrabin avait quatre égratignures sur la main droite; que Laurent Grenier était atteint d'une contusion sur le nez avec ecchymose aux paupières et d'une autre petite ecchymose à la lèvre inférieure; qu'il était encore atteint d'une contusion sur la rotule de la jambe gauche, estimant que lesdittes contusions, ecchymoses et égratignures devaient être guéries dans le délai de dix jours, et que ces blessures pouvaient avoir été faites par des coups de poings et de pierres. Ledit procès signé par lesdits sieurs Bénézech, officier de santé, et Goudard, juge de paix.

Autre procès-verbal, dressé le 23 dudit mois de germinal an X, par le sieur Goudard, juge de paix, et portant que le sieur Legrand, volontaire de la 2ᵉ compagnie du 3ᵉ bataillon de la neufvième demy-brigade d'infanterie de ligne, en garnison à Sette, se serait présenté devant lui, et aurait porté plainte, que descendant vers le quartier le 21 dudit mois de germinal, sur les cinq heures ou environ du soir, avec plusieurs de ses camarades, ils auraient été assaillis par les habitants de Sette aux environs de la ci-devant église paroissiale de Saint-Louis, et qu'il aurait été atteint d'une blessure à l'œil droit et sur la tête, lesquelles blessures lui auraient été faites à coups de pierres; qu'il serait tombé par terre de ces coups, mais qu'ayant été relevé par ses camarades, il se serait réfugié promptement au quartier; que ledit juge de paix aurait fait procéder au constat desdittes blessures par le sieur Bénézech, officier de santé, qui aurait rapporté, après vérification faite en sa présence, que ledit Ambroise Legrand était atteint d'une contusion avec playe de trois lignes à la partie postérieure du pariétal gauche, et d'une autre contusion sur l'os de la pommette de la joue droite avec ecchymose à la paupière du même œil, estimant que lesdittes contusions devaient être guéries dans le délai de six jours.

Rapport fait le 24 dudit mois de germinal an X, par le sieur Pépin, chef de la 9ᵉ demy-brigade d'infanterie de ligne, en garnison à Sette, au général divisionnaire Gouvion, commandant en chef la 9ᵉ division militaire. Ledit rapport portant que : le 21 dudit mois de germinal, vers les quatre heures du soir, huit grenadiers du 3ᵉ bataillon de laditte demy-brigade, en garnison audit Sette, sortant d'un cabaret pour se rendre au quartier et y manger la souppe, un d'entre eux se serait placé contre un mur, non loin dudit cabaret, et se serait mis à lâcher l'eau; qu'aussitôt il se serait trouvé investi, lui et ses camarades, par une trentaine de mauvais sujets de la ville de Sette, qui leur criaient à tue-tête que la loi deffendait de pisser contre les murs; que ces cris menaçants furent suivis d'une grêle de coups de pierres qui blessa plusieurs de ces grenadiers, qui, ne pouvant se dépêtrer d'entre les mains de ces furieux, appelèrent la garde à leur secours; que le poste de la mairie ayant accouru à leurs cris, et avant d'être à portée de dégager les grenadiers qui étaient assaillis, reçut plusieurs coups de pierres qui étendirent trois grenadiers de la garde sur le carreau ; que le restant des grenadiers qui composaient cette garde voyant leurs camarades baignés dans leur sang, et les coups redoublés d'un grand nombre d'assaillans qui allaient toujours croissant, se crurent obligés et authorisés à repousser la force par la force et tirèrent quatre ou cinq coups de fusil, qui malheureusement blessèrent deux femmes ; que les soldats qui étaient au quartier coururent aux armes et allaient tomber sur les assaillans, lorsque le capitaine commandant le bataillon, suivi de tous les officiers, arrivèrent (sic) devant le quartier, firent rentrer la troupe, la consignèrent et se placèrent aux portes pour l'empêcher de sortir; que le poste de la commune était encore en bataille devant le corps de garde et que le calme paraissait renaître, mais que c'était pour recommencer plus fort que jamais, puis qu'au moment que l'on croyait tout le monde rentré dans l'ordre, une décharge de mousqueterie avait été dirigée vers le poste de la commune par un attroupement considérable, rangé en bataille dans la rue des Pénitens; qu'on avait vu plus de cinq cents fuzils ou carabines entre les mains d'une bande de factieux, tandis que les citoyens paisibles de la commune de Sette avaient été désarmés depuis longtemps; que le même soir, vers les dix heures, un attroupement d'environ soixante hommes armés de différentes manières serait passé devant le logement du commandant d'armes à Sette, et s'arrêtant devant le grenadier qui était en faction, un desdits attroupés se serait approché dudit grenadier, lui aurait posé le pied sur le sien et deux pistolets sur la poitrine, tandis qu'une femme armée d'un poignard le tenait appuyé sur le flanc de ce grenadier, et que plusieurs d'entre eux attroupés criaient : « Tue-le ! » et que d'autres criaient : « Ne le tue pas! » mais qu'il aurait été décidé par cet attroupement armé qu'on laisserait vivre ledit grenadier; que le lendemain 22 germinal, vers les neuf heures du matin, deux grenadiers, travaillant dans un attelier de maçon, auraient été attaqués par une bande d'individus qui leur chantaient « Tas de gueux, voulés-vous danser; » qu'ils auraient assommé ces deux grenadiers à coups de maillet; que le sieur Bresson, habitant de Sette, serait parvenu à retirer de leurs mains un de ces grenadiers, nommé Robert, mais que le second, nommé Thouzé, aurait cru pouvoir se soustraire à leur fureur en grimpant une échelle qui conduisait au deuxième étage dudit attellier, où il aurait été poursuivi et jetté par la fenêtre dudit étage sur le pavé de la rue; qu'après cette chute, un desdits attroupés qui l'attendait à la porte aurait cru le finir en lui ouvrant les reins d'un coup de palle (sic), lorsqu'un second attroupé, le voyant remuer encore, allait lui planter son couteau dans le flanc s'il n'en eût été empêché par ses complices, qui dirent à cet attroupé : « Ce serait lui rendre un trop grand service que de le finir de suite : laisse-le souffrir ! » Ledit procès-verbal signé Pépin.

Les mandats de dépôt délivrés le 27 dudit mois de germinal an X, contre les nommés Fernet, tonnelier; Bénézech fils aîné, dit Pipette, aussi tonnelier, et Benoît Pichau, tous domiciliés audit Sette, comme prévenus d'avoir pris part à un rassemblement séditieux et d'être auteurs ou complices d'assassinat prémédité ;

Lesdits mandats délivrés par le substitut magistrat de sureté pour l'arrondissement de Montpellier ;

L'ordonnance rendue par le directeur du jury de l'arrondissement de Montpellier sur les réquisitions dudit substitut, le 2 floréal an X, et portant renvoy desdits Fernet, Bénézech et Pichau, ainsy que des actes du procès devant le tribunal spécial établi dans le département de l'Hérault, en vertu de ladite loi du 18 pluviôse an IX ;

L'expédition du jugement rendu par ledit tribunal spécial le 16 dudit mois de floréal, sur les réquisitions du commissaire du gouvernement près ledit tribunal qui, sur le vu d'un arrêté des consuls en datte du 18 dudit mois de floréal, et d'une lettre du général divisionnaire Gouvion, commandant la IX⁰ division militaire, ladite lettre en date du 15 du susdit mois de floréal, met lesdits Fernet, Bénézech et Pichau à la disposition dudit général divisionnaire Gouvion, et ordonne que les pièces de la procédure seront transmises au commandant de gendarmerie du département de l'Hérault.

Vu aussy la décision du gouvernement en datte du 2 pluviôse an XII, portant que la cour de justice criminelle spéciale établie dans le département de l'Hérault, en vertu de la loi du 18 pluviôse an IX, jugera les individus compris et désignés dans le jugement rendu le 30 floréal an X, par la commission militaire extraordinaire créée par l'arrêté des consuls du 8 du même mois, dans la commune de Sette, sur les événements survenus dans cette commune les 21 et 22 germinal précédent, lorsque lesdits individus se constituèrent (*sic*) prisonniers ou viendront à être saisis ;

Le mandat de dépôt délivré le 27 germinal an XIII, par M. le procureur général en la cour, procédant en vertu de l'article 70 du code des délits et des peines et de l'article 15, titre 3, de la loi du 18 pluviôse an IX, contre les nommés François Derieux, Jean Combe, Paul Brau, Barthélemy Brau, Vézian aîné, Olive, Grenier, Cueilleret dit la Grenade, Bénézech dit Tindet, Durand fils, Louis Chanoine, Bringuer et Gely, tous domiciliés à Sette, âges, signalements et professions inconnus, comme les susnommés, prévenus d'avoir pris une part active aux troubles séditieux qui eurent lieu à Sette, dans les journées des 21 et 22 germinal an X, ainsi qu'aux assassinats non consommés, préparés et prémédités par un attroupement armé desdits séditieux dans la même commune et à la même époque, et sur des militaires dont certains étaient même à leur poste, délit prévu par l'article 11 de laditte loi du 18 pluviôse an IX, ledit mandat de dépôt délivré à suitte de la remise volontaire des prévenus susnommés dans la maison de justice, ainsy qu'il conste du procès-verbal de remise, en datte du même jour 27 germinal dernier ;

Le procès-verbal de remise volontaire dans la maison de justice des personnes des nommés François Calas, Banasse dit Le Faiseur, Louis Séranne, Pagès, mary de la fille de Grand, Bontoux, Gallet et Marmier, ledit procès-verbal en datte du 29 dudit mois de germinal ;

Le mandat de dépôt délivré le même jour par M. le procureur général impérial contre lesdits Calas, Banasse, Séranne, Pagès, Bontoux, Sallet et Marmier, tous domiciliés sur la ville de Sette, leurs âges, signalements et professions étant inconnus, comme prévenus aussy d'avoir pris une part active aux troubles séditieux qui eurent lieu à Sette, dans les journées des 21 et 22 germinal an X, ainsi qu'aux assassinats non consommés, préparés et prémédités par un attroupement armé desdits séditieux dans la même commune, à la même époque, et sur des militaires dont certains étaient même à leur poste, ledit mandat dûment notifié aux prévenus susnommés le même jour 29 germinal;

Les interrogatoires et réponses des nommés François Derrieux, tonnelier; Barthélemy Brau, plâtrier; Louis Vézian, tonnelier; Paul Brau, tonnelier; Jean Combes, tonnelier; J.-B. Olive, tonnelier, et Nicolas Granier, aussy tonnelier, tous domiciliés à Sette;

Les interrogatoires et réponses de Jean Gély, entrepreneur, de Joseph Cueilleret dit La Grenade, tonnelier, de Jean-Pierre Bringuer, aussy tonnelier; de Louis Chanoine, calfateur, de Simon Bénézech dit Lou Tindet, et de Simon Durand, calfateur, tous domicilliés à Sette, lesdits interrogatoires en datte des 28 et 29 dudit mois de germinal dernier;

Les interrogatoires et réponses de Pierre Banasse dit Le Faiseur, tonnelier; d'Alexandre Sallet, maréchal ferrant; de Pierre Pagès, tonnelier; de Louis Séranne, tonnelier; de Jean Bontoux, soutireur de vin; de François Calas, tonnelier; d'Hippolyte Marmier, travailleur de terre, tous domiciliés audit Sette, lesdits interrogatoires et réponses en datte du 30 dudit mois de germinal dernier;

Ensemble les informations prises des témoins entendus séparément et hors la présence des accusés susnommés, notamment les informations prises des témoins entendus par M. Poitevin du Bousquet, l'un des membres de la cour commis à ces fins par ordonnance de M. le président, en date du 29 dudit mois de germinal dernier, et par une ordonnance précédente en datte du 20 pluviôse an XII;

La cour de justice criminelle spéciale, après avoir entendu M. le procureur général impérial, qui a conclu à ce que la cour déclare ne pouvoir connaitre contre les nommés Pagès, Cuilleret, Bringuer, Salles dit Sallet, Louis Vézian, Pierre Banasse dit le Faiseur, Barthélemy Brau, Jean Combes, Paul Brau, Louis Chanoine, Derrieux, Durand et Séranne, tous domiciliés à Sette, des faits dont ils étaient inculpés, savoir : d'avoir pris une part active aux troubles séditieux qui eurent lieu audit Sette dans les journées des 21 et 22 germinal an X, ainsi qu'aux assassinats non consommés, préparés et prémédités par un attroupement armé desdits séditieux, commis dans la même commune et dans les mêmes journées, et sur des militaires dont certains étaient même à leur poste; et ce, par deffaut de prévention établie contre les susdits inculpés Pagès, Cuilleret, Bringuer, Salles, Vézian, Banasse, Brau, Combes, Paul Brau, Chanoine, Derrieux, Durand et Séranne;

Que la cour renvoye néanmoins à M. le général divisionnaire, commandant en chef la 9ᵉ division militaire à Montpellier, ledit Louis Séranne comme âgé de vingt-six ans, et Cauvine, qualifié déserteur, François Derrieux comme âgé aussi de vingt-six ans, Paul Brau et Simon Durand comme âgés l'un et l'autre de vingt-cinq ans, et Louis Chanoine, comme âgé de vingt-deux ans;

Que la cour se déclare compétente pour connaître des susdits troubles séditieux et assassinats non consommés, prémédités et préparés par un attroupement armé desdits séditieux; contre lesdits Jean B. Olive, Nicolas Granier, Simon Bénézech dit Lou Tindet, Jean Bontoux, François Calas, Jean Gély et Hippolyte Marmier, comme prévenus desdits délits par le résultat des pièces et notamment par les déclarations prises des témoins;

Qu'enfin la cour lance, dans l'arrêt à intervenir, mandat d'arrêt contre chacun des prévenus susnommés, à raison des susdits délits qualifiés et prévus par l'article 11, titre 2, de la loi du 18 pluviôse an IX;

Vu l'article 11, titre 2, et l'article 24, titre 3, de la loi du 18 pluviôse an IX, relative à l'établissement des tribunaux spéciaux dont il a été fait lecture par M. le président, et qui sont ainsy conçus :

« Article 11, titre 2. Il (*le tribunal spécial*) connaîtra égale-
« ment contre toutes personnes, mais exclusivement à tous
« autres juges, du crime d'incendie et de fausse monnaye; des
« assassinats préparés par des attroupemens armés, des me-

« naces, excès et voyes de fait exercés contre des acquéreurs
« de biens nationaux à raison de leurs acquisitions; du crime
« d'embauchage et des machinations pratiquées hors l'armée
« et par des individus non militaires, pour corrompre ou subor-
« ner les gens de guerre, les réquisitionnaires et conscrits.

« Article 24, titre 3. Sur le vu de la plainte, des pièces y
« jointes, des interrogatoires et réponses, des informations et
« le commissaire du gouvernement entendu, le tribunal jugera
« sa compétence sans appel. S'il déclare ne pouvoir connaître
« du délit, il renverra sans retard l'accusé et tous les actes du
« procès par-devant qui de droit; dans le cas contraire, il
« procédera également sans délai à l'instruction et au juge-
« ment du fond. »

Considérant que, des pièces de la procédure, notamment des informations prises en l'an X et en l'an XII, à suite des procès-verbaux tenus soit par le juge de paix, officier de police judiciaire de ladite ville, soit par le commissaire de police, les 21, 22 et 23 germinal an X, il résulte que dans les journées des 21 et 22 germinal an X il y a eu, dans la ville de Sette, des troubles séditieux qui ont été suivis d'assassinats non consommés, préparés et prémédités par un attroupement armé de séditieux, et commis sur des militaires dont certains étaient même à leur poste;

Considérant que, desdittes pièces et informations, il résulte que les nommés Pagès, Cuilleret, Bringuer, Salles dit Sallet, Louis Vézian, Banasse dit le Faiseur, Barthélemy Brau, Jean Combes, Paul Brau, Louis Chanoine, Derrieux, Durand et Séranne, ne sont nullement prévenus d'avoir pris une part active auxdits troubles séditieux ni auxdits assassinats, non consommés, préparés et prémédités par un attroupement séditieux et armé;

Considérant néanmoins que lesdits Séranne, Derrieux, Paul Brau, Durand et Chanoine peuvent, à raison de leur âge, être déserteurs ou conscrits;

Considérant, d'autre part, qu'il résulte desdittes pièces de la procédure, notamment des informations prises, que les nommés J.-B. Olive, Nicolas Granier, Simon Bénézech dit Lou Tindet, Jean Bontoux, François Calas, Jean Gély et Hippolyte Marmier sont prévenus d'avoir pris une part active aux troubles séditieux qui eurent lieu dans la ville de Sette dans les journées des 21 et 22 germinal an X, ainsy qu'aux assassinats non consommés, préparés et prémédités par un attroupement armé de séditieux et commis dans laditte ville de Sette, et dans les mêmes journées, sur des militaires dont certains étaient même à leur poste;

Considérant que la connaissance des délits susrelatés appartient aux tribunaux spéciaux, — aujourd'huy cours de justice spéciales, — d'après la disposition de l'article 11, titre 2, de la loi du 18 pluviôse an IX;

Par ces motifs, la Cour de justice criminelle spéciale déclare ne pouvoir connaître par deffaut de prévention établie contre les nommés Pierre Pagès, tonnelier, Joseph Cuilleret dit La Grenade, Jean-Pierre Bringuer, tonnelier, Alexandre Salles dit Sallet, maréchal ferrant, Louis Vézian, tonnelier, Pierre Banasse dit le Faiseur, tonnelier, Bart. Brau, plâtrier, Jean Combes, tonnelier, Paul Brau, tonnelier, Louis Chanoine, calfateur, François Derrieux, tonnelier, Simon Durand, calfateur, et Louis Séranne, tonnelier, tous domiciliés à Sette, des faits dont ils étaient inculpés, savoir : d'avoir pris une part active aux troubles séditieux qui eurent lieu dans laditte ville de Sette dans les journées des 21 et 22 germinal an X, ainsy qu'aux assassinats non consommés, préparés et prémédités par un attroupement armé desdits séditieux, et commis dans laditte ville de Sette dans les mêmes journées et sur des militaires dont certains étaient même à leur poste, et ordonne qu'ils soient mis sur-le-champ en liberté.

La cour déclare néanmoins n'entendre empêcher que les nommés Louis Séranne, âgé de vingt-six ans et canonnier, qualifflé déserteur, François Derrieux, âgé aussy de vingt-six ans, Paul Brau et Simon Durand, âgés l'un et l'autre de vingt-cinq ans, et Louis Chanoine, âgé de vingt-deux ans, soient mis à la disposition du général divisionnaire commandant en chef la IX° division militaire, pour être pris à leur égard telles mesures qu'il appartiendra.

Comme aussy la Cour de justice criminelle spéciale déclare qu'elle est compétente pour connaître contre les nommés J.-B. Olive, tonnelier, Nicolas Granier, id., Simon Bénézech dit Lou Tindet, id., Jean Bontoux, soutireur de vin, François Calas, tonnelier, Jean Gély, entrepreneur du pavé de la ville de Sette, et Hippolyte Marmier, tous domiciliés à Sette, des faits des susdits troubles séditieux et assassinats non consommés, préparés et prémédités par un attroupement séditieux et armé, et commis dans la ville de Sette dans les journées des 21 et 22 germinal an X, comme lesdits Olive, Granier, Bénézech, Bontoux, Calas, Gély et Marmier prévenus d'avoir pris une part active auxdits troubles séditieux et auxdits assassinats non consommés, préparés et prémédités par un attroupement séditieux et armé;

Ordonne en conséquence qu'il sera procédé sans délay à l'instruction et au jugement du fond; que le présent arrêt de compétence sera signifié dans les vingt-quatre heures auxdits J.-B. Olive, Nicolas Granier, Simon Bénézech, J. Bontoux, F. Calas, J. Gély et Hippolyte Marmier, accusés déserteurs (*sic*) dans la maison de justice, et qu'expédition dudit arrêt sera adressée, dans le même délay, par le procureur général impérial en la cour à Son Exc. le grand juge ministre de la justice, et ce, conformément à l'article 25, titre 3, de laditte loi du 18 pluviôse an IX, dont il a été fait pareillement mention par M. le président, et qui est ainsy conçu : « Le jugement de compétence sera signifié à l'accusé dans les vingt-quatre heures; le commissaire du gouvernement adressera, dans le même délay, expédition du jugement au ministre de la justice, pour être, le tout, transmis au tribunal de cassation.

Comme aussy, et en vertu de l'article 70 du code des délits et des peines, la Cour de justice criminelle mande et ordonne à tous exécuteurs des mandements de justice de conduire à la maison de justice établie près la cour les nommés :

Jean-B. Olive, tonnelier, domicilié à Sette, âgé de 37 ans,

taille de 1ᵐ623, cheveux et sourcils noirs, yeux roux, bouche grande, nez émoussé, menton rond, front relevé, visage long;

Nic. Granier, tonnelier, domicilié à Sette, âgé de 26 ans, taille de 1ᵐ733, cheveux et sourcils noirs, yeux roux, bouche grande, nez épaté, menton creux, front couvert, visage carré;

S. Bénézech dit Lou Tindet, domicilié à Sette, tonnelier, âgé de 33 ans, taille de 1ᵐ759, cheveux et sourcils noirs, yeux gris, bouche petite, nez pointu, front relevé, visage ovale;

J. Bontoux, portefaix et soutireur de vin, domicilié à Sette, âgé de 31 ans, taille de 1ᵐ623, cheveux et sourcils châtains, yeux roux, bouche moyenne, nez bien fait, front couvert, visage ovale et marqué de la petite vérole;

Fr. Calas, tonnelier, domicilié à Sette, âgé de 32 ans, taille de 1ᵐ759, yeux, cheveux et sourcils châtains, bouche moyenne, nez un peu aquilin, menton rond, front plat, visage ovale et plein;

Jean Gely, entrepreneur de pavé de routes et de canaux, domicilié à Sette, âgé de 48 ans, taille de 1ᵐ623, cheveux blancs, sourcils et yeux châtains, nez ordinaire, bouche moyenne, menton rond, front relevé, visage ovale;

Et Hippolyte Marmier, travailleur de terre, domicilié à Sette, âgé de 30 ans, taille de 1ᵐ759, cheveux et sourcils châtains, yeux bleus, nez ordinaire, bouche moyenne, menton rond, front plat, visage ovale;

Comme lesdits Olive, Granier, Bénézech, Bontoux, Calas, Gély et Marmier, prévenus d'avoir pris une part active aux troubles séditieux qui eurent lieu à Sette, dans les journées des 21 et 22 germinal an X, ainsi qu'aux assassinats non consommés, préparés et prémédités par un attroupement armé desdits séditieux, et commis dans la même commune et dans les mêmes journées, et sur des militaires dont certains étaient même à leur poste, savoir:

Ledit Olive, d'avoir pris part aux troubles séditieux, *etc.* [1].

---

[1]. La suite du texte comme au paragraphe précédent.

Ledit Colas, d'avoir pris une part active auxdits troubles séditieux et assassinats, *etc.*;

Et lesdits Granier, Bénézech [*et autres*], d'avoir pris part active, *etc.*;

Délits prévus par l'article 11, titre 2, de la loi du 18 pluviôse an IX et par les articles 13 et 11, titre 2, 1re section, de la IIe partie du Code pénal;

Mande au gardien de laditte maison de justice de recevoir lesdits J.-B. Olive, etc., le tout en se conformant à la loi;

Requiert tous dépositaires de la force publique auxquels le présent mandat sera notifié, de prêter main-forte pour son exécution en cas de nécessité;

Ordonne que le présent arrêt de compétence, contenant mandat d'arrêt, sera mis à exécution à la diligence de M. le procureur général impérial.

Fait à Montpellier, le 10 floréal, l'an XIII, le premier du règne de S. M. l'empereur Napoléon, en l'audience de la cour où étaient présents MM. Cavallier, président, Avellan, Clément, Lacroix, Poitevin du Bousquet, juges, et Martel, premier suppléant en la cour de justice criminelle, appelé en remplacement de M. Favier, juge en la cour spéciale, occupé à d'autres fonctions, et en l'empêchement de MM. Frémont et Serres, juges en laditte cour, comme ayant connu de l'affaire; et ont, lesdits sieurs président et juges présens, signé à la minute du présent arrêt avec le greffier de la cour [1].

Mandons et ordonnons à tous huissiers sur ce requis de mettre ledit arrêt à exécution, à nos procureurs généraux et à nos procureurs près les tribunaux de première instance d'y tenir la main, à tous commandants et officiers de la force publique de prêter main-forte lorsqu'ils en seront légalement requis.

1. Suivent les signatures de MM. Cavallier, etc., et Santy, greffier.

En foi de quoy le présent arrêt a été signé par le président de la cour et le greffier.

Pour expédition conforme fournie à M. le président :

RIBES [1].

---

[1]. *Au revers :* 10 floréal an 13. Arrêt de compétence, cour de justice criminelle spéciale, contre les nommés J.-B. Olive, etc., domiciliés à Sette; et d'incompétence, contre les nommés P. Pagès et autres, domiciliés audit Sette.

INDEX ALPHABÉTIQUE

A

Abbé, 145.
Abeilles elboises, 142.
Accademia dei Fortunati, 58.
Adda, xxii.
Adolphe (l'), 300.
Adriatique, xlviii.
Agde, xviii, 208.
Agrippa, 72.
Aix-en-Provence, 160, 185, 187, 229.
Aix-les-Bains, 34.
Albany (comtesse d'), 30, 38, 212.
Albertus (M. d'), 325, 330.
Albigeois, 218.
Alexandre le Grand, 346.
Alexandre Ier, empereur de Russie, 30, 40, 318.
Alexandro (dom Luis), 69, 117.
Algériens, 35.
Alieti, 104.
Allemagne, 56, 299.
Allemand, commissaire de police, 343, 344, 345.
Alles (l'), riv., 320.
Alpes, xxxv, xxxvii, lii, 180.
Alpes (Basses-), 320.
Amarea, 255.
Ambert, 235.
Ambroise, 98.
Amis de la Constitution (club des), x, xvii.
André (M. d'), 328.
Andrieux (capitane), 132 ; destitué par Louis XVIII, 133.
Anglais, xxiv, xxx, 30, 32, 70, 100, 221, 244, 333.

Angleterre, xxxviii, 37, 55, 85, 313, 314, 318.
Anglioletti, 117.
Angoulême (duc d'), 92, 205, 210, 217, 222, 230, 231, 234, 230, 250, 251, 262, 266, 333, 335, 336, 337, 338, 340.
Antibes, xxiv, 144, 145, 151, 157, 216, 221, 319, 320, 323, 329, 337.
Antilope (l'), 253, 255.
Antoine, guide de Pons, 178, 180, 181, 183.
Anvers, 67.
Apollon, 58.
Arbaud-Jouques (marquis d'), 212.
Arbouville (Mme d'), 34, 35.
Armée (Grande), 137.
Armée royaliste du Midi, 230.
Arnaud, capitaine, xiii.
Arno, xxviii.
Arras, 222.
Arrighi, vicaire général, 98.
Arsenal elbois, 67.
Artaud, xxxix.
Artillerie réorganisée, 97.
Artois (comte d'), 24, 180, 248.
Aubenque, xviii.
Aubry, 291.
Audiences impériales, 50.
Augereau ; erreur au sujet de sa proclamation, 135 ; sa grossièreté avec Napoléon, 130 ; sa proclamation, 135.
Autriche, xxxi, xxxv, xxxviii, xl, xlv, 90, 106, 273.
Autrichiens, 111.
Auxerre, 230.
Avellan, 359.
Aveyron, 182.

INDEX ALPHABÉTIQUE.

Avignon, 187, 218, 228, 229, 251, 337, 338.
Avignonnais, 186.
Aydie (capitaine), 111.

B

Babey, 88, 318.
Babylone (caserne de), 314.
Bacchante (la), 20, 22.
Bacciochi, 46.
Bacon, xxi.
Badine (la), x.
Bagnajo (anse de).
Bailler, Anglais, 34.
Baillon, 104, 135.
Balbi (rue), à Gênes, 269.
Balbiani, xxxviii, 27; ses projets financiers, 70.
Banasse, xxxv.
Bandol, xi, xii, xiii, xix, xxxii, xxxiv, xlvi, 269, 270.
Barbaresques, 34, 311.
Barbaroux, xvii.
Bargigli, 78.
Barême, 158, 162.
Barras, xi, xxi.
Barrême, 320.
Bartolini (abbé), 65.
Bas-Rhin, xliii.
Bastia, 38.
Bataillon franc, 99.
Bazire, 213, 220, 258.
Beaucardi, 255.
Beauchamp (M. de), 65.
Beauharnais (Eugène de). V. Eugène.
Beauharnais (Joséphine de). V. Joséphine.
Beaumont de Brivayac, 314.
Beauvau (rue), à Marseille, 192, 323.
Bégude (La), 160.
Bellecour (place), à Lyon, 218.
Bellegarde (comte de), 40.
Belle-Isle-en-Mer, 208.
Bellorgeai (J.-B.), 255.
Bénezech, officier de santé de Cette, 346, 347, 348.
Bénezech, dit Pipette, 351.
Bénezech, dit Tindel, 352.
Bernadotte, 34, 42.
Berry (duc de), 92, 267.
Bertolosi, 120.
Bertrand (général), 6, 34, 50, 53, 71, 91, 95, 96, 102, 115, 124, 126, 203, 229, 250, 280, 286, 304, 322, 323, 329, 336.

Bertrand (comtesse), 31, 53, 213, 214, 215, 322, 331, 339.
Bertrand (inspecteur), 23, 102.
Bertrand (capitaine), 144.
Beugnot, 328.
Béziers, xxi, xli, 218, 297, 298, 299.
Bigeschi (famille), 57, 65, 79, 117.
Bigeschi père, arbitre à Capoliveri, 80; commandant les gardes nationales, 121.
Bigeschi (abbé), 65.
Bigeschi (Domenico), 203.
Bivouac de Napoléon à Vallauris, 147.
Blé culture elboise du), 74.
Blouquié (de Cette), 292.
Bobillon (Louis), 117.
Bodard, xxvi.
Boinod, 26.
Bona (la), 74, 76.
Bondy (M. de), 327.
Bonnefond, 294.
Bonnet (Emile), cité, 236.
Bonnier d'Alco, 172.
Bontoux, 352.
Bonaparte, xii, xxxvi, xxxix, xlii, 238, 313, 316, 324. V. *Buonaparte*, v. *Napoléon*.
Bonaparte (Caroline), 37.
Bonaparte (Elisa), 44, 46.
Bonaparte (Letizia). V. Madame mère.
Bonaparte (Louis), xliii, 38.
Bonaparte (Lucien), xliii, 38.
Bonaparte (Jérôme), xlvi.
Bonaparte (Joseph). Mot sur Napoléon III, 278.
Bonaparte (Pauline), 25, 30, 83, 118, 192, 308; adieux à Pauline, 119.
Borghèse. V. Bonaparte (Pauline).
Bordeaux, 327.
Botany Bay, 319.
Bouches-du-Rhône, 217, 230, 239.
Bouillon (famille), de Cette, ix, xxvi, xxxix, 289, 291, 297, 298.
Bourbons (les), xxxv, liv, 4, 14, 42, 46, 70, 88, 92, 94, 108, 153, 204, 220, 221, 231, 235, 243, 244, 248, 260, 268, 299, 319.
Bousquet, xviii, xxxiv.
Bouthilliers (M. de), préfet du Var, 214, 320, 329, 332, 337.
Boutut (N.), 347.
Bouvet, 295.
Boysset, xvii.
Braves (jardin des), 112.
Brau (Bart. et Paul), 352.

INDEX ALPHABÉTIQUE.

Brès (J.-P. et le D^r), 91, 312.
Bresson, xviii, 350.
Broc (vicomte de), cité, 88.
Broglia, imprimeur, 137.
Brotteaux (les) à Lyon, 327.
Bruel, ix, 15.
Bruges (vicomte de), 192, 199, 212, 323.
Bruiguier, 352.
Bruines, 320.
Brumaire (dix-huit), xxv.
Brune (maréchal), xxii, 339.
Brunet, 255.
Bruslart de Sillery, liv, 24, 120.
Bubna (feld-maréchal), xxxv.
Buonaparte, 323, 330, 332, 334, 337, 338. V. *Bonaparte, Napoléon*.
Buon Governo, xxxviii.

C

Cadier, xlv, xlix.
Cadoudal, 194.
Caire, commissaire, xxxvi, xxxvii, lii, 207, 285.
Caire (le), 250.
Cairol ou Cayrol, xviii, 292, 348.
Calas (P.), 352.
Calderini, 103.
Cambon, xvii.
Cambronne; son *mot*, cité, 37, 43, 148, 149.
Campagne de France, 310.
Campbell, liii, 8, 32, 33; captivé par Napoléon, 34; 35, 54, 53, 87, 120, 129, 145, 314.
Canino (Mme de), 38, 39.
Canoubier (île de), 227.
Cannes, 148, 149, 150, 152, 247, 319, 320, 329.
Capeto, 235.
Capoliveri, 79; émeute, 80.
Capoue, 105.
Carcassonne, ix, xxv, xlv, 280.
Carnot, xxxiii, 327.
Carabine (la), 127.
Carnaval de 1815, 105.
Caronte, 262.
Carotti, 21.
Carouge, xxxix.
Carrabin (J.-B.), 347.
Carrare (sculpteurs de), 71.
Carrier, terroriste, 292.
Carrière, xv.
Carlaux, xii.
Cartouche jaune, 48.
Casablanca, 145.

Cassel, xlii.
Castellane, 158, 162, 332.
Castelli, famille de Rio, 100.
Castiglione, 135.
Castilhon, 292, 293.
Catalogne, 263.
Cauchois, xlii.
Caulaincourt, 18, 311.
Causes du retour de Napoléon, 108.
Cavallier, 359.
Cenno. V. Seno.
Cent-jours, xxxvii, xl, 27, 297.
Céphalonie, 205.
César, 10, 178.
Cette, viii, x, xiv; adresse à la Convention, xv, xviii, xix, xxii, xxiii, xli, lii, 15, 235, 236, 237, 239; antibonapartiste, 242; fête locale de la Saint-Louis, 243; 244, 245, 262, 269; Comité de salut public, 288, 300, 327, 341, 343, 346, 347, 349, 350, 352.
Chabrol (M. de), xxxv, 250.
Chalon-sur-Saône, 327, 339.
Chambéry, xxxvii.
Championnet, xxii, xxiii, xxiv, 298.
Chandellier, 255.
Chanoine, xviii, 352.
Charlemagne, 178.
Charvet, 99.
Charles le Juste, 217.
Charles le Saint, 218.
Chasses impériales, 75, 83.
Chateauredon, 320.
Chaudon, 320.
Chaussée d'Antin, xli.
Chautard (capitaine), 127, 131; décoré, 145.
Chioncini de Rio, 131.
Cinq-Cents (conseil des), xxi.
Citeaux (abbé de), 218.
Civita Vecchia, 101.
Clape (la), 320.
Clément, 359.
Clesrespord, 346.
Cocarde tricolore, 141.
Colloredo, 308, 310.
Colombani, 98.
Combes fils (de Cette), xi.
Combes (colonel), 98.
Combes (Jean), 352.
Comtat Venaissin, 212.
Concia (la), 79.
Conseil d'État, 272.
Consulat, xxv.
Constitutionnel, xliii.

Convention, xvii, xx, xlvi.
Conversation politique à bord de « l'Inconstant, » 134.
Corail, 69.
Corfou, 35.
Cormenin, xliv, 272, 279, 303, 304.
Cornet Peyrusse, ix.
Cornuel, 97.
Cornwall, 86, 316.
« Corps de Saint-Pierre, » 325.
Corse, 31, 38, 68, 76, 120, 131; frégate stationnaire, 131; 168, 195, 263, 307.
Corses, détestés à l'île d'Elbe, 97, 98; servent pour l'honneur, 99, 305.
Corsin (général), 145.
Corsini, xlv.
Cosaques, 230.
Cosme I, 309.
Coste Floret, ix.
Cotillon, synonyme de royaliste, 339.
Cottin, cité, xiii.
Coudert (François), ix.
Coulaud (M⁻), 259.
Cour de justice criminelle, 351.
Courier, lvi, 91.
Couronne de fer, 50.
Courtier, 255.
Crète, 55.
Croix rouge, 327.
Crussol (bailli de), 38.
Cuilleret, de Cette, 344, 345, 352.
Cunéo d'Ornano, 144.
Cupidon, 82.
Curtius, 220.
Cyrus, 65.

D

Dalarel, xv.
Dalesme, xxviii, xxix, 5, 7, 8, 10, 21, 22, 45, 285.
Daniel, xlv, 148, 269.
Daunesnil, 315.
Dauphiné, 248, 332.
David, xviii.
Débarquement de Napoléon au golfe Jouan, 145, 146.
Decazes, xxxvi, xxxvii, xxxix, xl, 1.
Deldier, 148.
Dejean, xxv, xxvi.
Déjeuner à bord de « l'Inconstant, » 142.
Delbrel, xxviii.
Delmas, 209.
Demons (lieutenant), 216.
Demontel, 255.
Denieport, 289.

Dequercy, consul, xxi.
Derieux ou Derrieux (F. 352, 353.
Deschamps, 105, 335.
Deschamps (M⁻), 322, 324, 331, 340.
Desgeneys, xli.
Despinasse, 291.
Devals, xxi.
Digne, 158, 159, 160; proclamations impériales, 161; 186, 245, 320, 321, 332.
Directoire, xxi, xxviii, xliv, lvi, 238.
Douanes, 79.
Doumet (de Cette), 289, 294.
Draguignan, 337.
Droit différentiel, xlv.
Droits réunis, 155.
Drouot, xxx, xlii, liii, 8, 14, 15; son procès, 19; 20, 34, 49, 50; son caractère, 51; 82, 96, 101, 109, 115, 116, 176, 203, 224, 279, 304, 309, 310.
Dryade (la), 20, 21, 22.
Dufour, 269.
Dugommier, xii.
Duguenot, 84.
Dupont de l'Eure, xlii.
Durance, 160, 321.
Durand, 231, 352.
Duroc, 100.
Dutour, xi.
Duval (Ch.), xvii.
Duval (général), xxviii, 305; ses démêlés avec Napoléon, 309, 311.
Duval (préfet), 160.

E

École polytechnique, 103.
Égyptiens, 203.
Elbe (île d'), xxvii, xxix, xxxvii, xlii, xlv, xlviii, L, liii, 4, 13, 16, 17, 18, 20, 23, 24, 25, 35, 36, 46, 48; caractère des Elbois, 64; progrès de la civilisation, 65, 66, 67; mines, 68; salines, 70; industrie, 72; forêts, 76; port franc, 78; 82, 84, 85, 93; *registre de l'île d'Elbe*, 94; 123, 214, 270, 272; situation en 1814, 305; 311, 322, 324, 325, 326, 327, 335, 339.
Elbois (pavillon), 8, 80.
Elbois, 53, 87; amour pour Napoléon, 123, 309.
Elisa Bacciochi. V. Bonaparte.
Emery, chirurgien, 49, 176.
Ernouf (baron), 191, 199, 231, 323, 331.
Ersen (général), 311.
Espagne, xxii, 236, 262, 322.
Espions anglais, 112.

INDEX ALPHABÉTIQUE.

Essling (prince d'). V. Masséna.
États romains, 68.
Étoile (l'), chebec, 21, 127.
Étrurie, 8.
Eugène (prince) de Beauharnais, 39, 40, 309, 322.
Europe, 177.

F

F., maire de Longone, 62.
Fabrègues, 294.
Faloski, 215, 255.
Farines (affaire des), 59.
Favier, 359.
Fayence, XXXIX, XL.
Fénelon, 63.
Ferdinand III, XXXVIII, 148.
Fernet, 351.
Ferrand, 86.
Ferréol, XI, XVIII, 288, 289, 294, 335.
Fesch, 38.
Fête-Dieu, 312.
Fête du 15 août, 83.
Fête anglaise, 33.
Fidèles (les), 24, 44.
Fiume, XXXIX, XL.
Flandin (colonel), 11.
Fleur de lis (la), frégate, 131.
Fleury de Chaboulon, 110.
Florence, XLV, XLVIII, 45, 148, 270.
Focardo (fort), 66.
Fontainebleau (traité de), 19, 34, 40, 48, 85, 93, 106, 226.
Foresi, 103.
Forest, XV, 182, 294.
Fouché, XXXIII, 42, 46, 222, 231.
Fossi, 66, 100.
Fosses (les), 78.
Fourcin, 255.
Foureau de Beauregard, 47.
Foy (général), XLII.
France, XXXI, XLVI, LIII, 52, 66, 83, 90, 93, 102, 105; mécontentement général, 105, 177, 228, 232.
François Ier (épée de), XLVI, 96.
François, empereur d'Autriche, paroles à Marie-Louise, 90.
Franklin (hôtel), à Marseille, 192, 325, 331.
Fréjus, 146, 327, 329, 332.
Frémont, 359.
Frimont (baron de), 40.

G

Gabelle (tour de la), 145.

Galéazzini, XXVIII, 65, 98, 176.
Galibert (d'Agde), 112, 145, 146.
Gallet, 352.
Ganteaume, 164, 188.
Gap, 327.
Gard, XVIII, 212, 217, 230.
Garde (lac de), XXII, 298.
Garde (Notre-Dame de la), 251, 262.
Garde impériale, 42.
   — nationale elboise, 103.
Gargnano, 298.
Garnier (général), XII, XIII.
Garoupe (la), 138.
Gasparin, XI.
Gasparini, 103.
Gaston, XVIII.
Gaudin, 344, 345.
Gauzi, 334.
Gazette de Milan, 107.
Gely, 352.
Gendarmerie elboise, 97.
Gênes, XXI, XXII, XXIII, XXV, XXXII, XXXVII, XXXVIII, XXXIX, XL, XLI, XLV, XLVIII, 93, 95, 101, 112, 132, 166, 222, 297, 327.
   — (Riviera de), 136.
Genèvo, XXXIX, XL.
Génie (Mme), 30, 84.
Génois, 69, 80, 109.
Georges III, 33.
Géorgofiles (Académie des), XLV.
Géraudan, 299.
Géronte, XIX, XX.
Germanovski, 55, 71, 72, 80, 96, 127, 135.
Gilly, 235.
Girardot, 65.
Girod (de l'Ain), 19.
Girot Pouzol, XIX, 294.
Gorice ou Goritz, XXXVIII, XXXIX, XLVIII, 261, 272, 302.
Gorse, ingénieur, 268.
Goudal (G.), XVIII, 189, 295.
   — (Tell), 295.
Goudard, XVIII, 289, 345, 347, 348.
Goujan, 339.
Goupilleau, XVII, XX, 292, 294.
Gouvernement provisoire (1814), 4.
Gouvion, 20, 328, 349, 351.
Grand, 352.
Grandpré, 292.
Grasse, XII, 157, 162, 300, 328, 330, 332, 340.
Greffier de Porto-Ferrajo, 27.
Grenadiers. Leurs vendanges, 42, 43, 84.
Grenier (L.), 347, 362.

Grenoble, xxii, 46, 175, 327, 328, 334.
Grobert. V. Robert.
Grognards, 129, 142.
Gros (C.), xli.
Grosseto, 82.
Grouchy, 205, 221, 231, 235, 250, 251, 252.
Gualandi, 10, 104, 118.
Gualanti, 127.
Guibal, avoué, 299.
Guiche (duc de), 335.
Guillard (Publicola), xiv.
Guillaume, xxii.

H

Halte de Napoléon, 156.
Hérault (département), xviii, 217, 239, 343.
Hollande, xxii.
Hortense (reine), 41, 42.
Houssaye (Henri), cité, 24, 137, 150, 220, 231, 235, 248.
Hulau, 96.
Hurault de Sorbée, 94, 322.
Hyères, 263, 266.

I

Idoménée, 63.
If (château d'), xxxiii, xxxiv, xxxvi, liii, 198, 199, 206, 209, 213, 218, 225, 232, 246, 250, 252, 254, 260, 299, 323, 326, 331, 338.
Indes orientales, x.
Inconstant (l'). Ses voyages, 20, 102, 127, 130, 131.
Infanterie, 98.
Infernet (Louis), xxxiii, 218, 253, 254, 261, 262, 263, 324, 325, 326, 337.
Iroquois, 214.
Isnard, 291.
Isonzo, 260.
Issoire, 91, 235, 312.
Itinéraire, 56.
Italie, xxiii, xxiv, xlv, xlvi, 25, 66, 90, 299.
Italiens (soldats), 305.

J

Jacobins amis de la Constitution, xiv.
Jars, xxxv.
Jaumel, xxiii.
Jausserand, xviii, 293.
Jean, 344.
Jean Bart (le), xxiii.

Jean sans Terre, 158.
Jean de l'Épée, 158.
Jean de Paris, 158.
Jestamanont. V. *Germanovski*.
Joséphine de Beauharnais, 35, 36, 40.
Jouan (golfe), xlvii, lv, 131, 140, 145, 150, 180, 204, 224, 266, 329.
Joubert (général), xxii.
Jourdan (Fr.), 288, 289.
— (Fulvius), xiv.
Journal de l'Empire, 334.
Juif assassin de Napoléon, 25.
Jullian (Cincinnatus), xv.
— N., 291, 294.
Jupiter (forêt de), 8, 55.
Jura, xliii.

K

Klaproth, 71.
Kléber, 207.
Koller, liii, 6, 56, 87, 88; jugé par Napoléon, 89.
Kurdelem, 284.

L

Labat, 299, 347.
Laborde, 158.
Lacépède, xlviii, xxviii, xlii, 148, 266.
Lachabossière, xv.
Lacroix, 359.
Lafayette, 318.
Lafitte (hôtel), xliv.
Lafond (abbé), 328.
Laget de Podio, xxxvi, lii, 326, 331, 338, 339, 341.
Lamalgue (fort), 145, 218, 220, 337.
Lamouret, 144; marche sur Antibes, 144.
Laniaud, 47.
Lanoue, 97.
Lapi, 10, 104, 120, 121.
Laporte, 344.
Larabit, 97.
Larrey, 29.
Laujol, 347.
Lavabre, 343.
Lazare, 325.
Lebel, adjudant général, 25.
Lebon, 222.
Leclerc (général), 337.
Légion d'honneur, 11, 50, 145, 92.
Legrand, 348, 349.
Léopold II, xlv, xlvi.
Letizia Bonaparte. V. Madame mère.

INDEX ALPHABÉTIQUE.

Levant, x, 311.
Ligurie, 68, 136.
Liguriens, 73.
Lion (golfe du), 263.
Lis (le), 44.
Livi, cité, p. 109.
Livourne, XLI, 20, 30, 95, 101, 111, 132, 212.
Lodi (comte de), 2.
Longonais, 64.
Longone, 26, 27, 61, 62, 66, 68, 75, 86, 105, 111, 112, 127, 147, 310.
Loriol, 231.
Loudun, 47.
Louis XIV, 71, 236.
Louis XV, 313.
Louis XVI, 153, 318.
Louis XVIII, LIV, 37, 41; inconnu aux Français, 86; 89, 92, 93, 107, 145, 170, 205, 243; quitte les Tuileries, 249, 313; réformes à la cour, 318; appelé Louis-Stanislas-Xavier, 85, 145, 341.
Louis-Philippe, XXXII, XLIV. V. Orléans (duc d').
Loverdo, 159, 169, 170, 179, 198, 204, 205, 320.
Lozère, xx.
Lucques, 74.
Lumbroso, cité, 24.
Luxheim (baron de), 67.
Lyon, XXXIII, XXXIV, XXXV, XXXVII, XLI, 222, 231, 248, 270, 278, 299, 327, 334, 335, 339, 340.
Lyonnais, 73.

M

Macarel, 279.
Macdonald, 248.
Madame mère, xxx, 13, 18, 29, 30, 31, 38, 50, 98, 119, 122, 324.
Madelin, XXXIX.
Madragues, 69.
Maillé (H.), XVIII, 289.
Maillé (duc de), 327.
Maistre (F. de), XXXIV, XXXVII.
Malet (colonel), 130, 141.
Malijay, 320, 321.
Malmaison, 36.
Malte, XLIV.
Mameluks, 203.
Manganaro, 65, 100.
Marat, 290.
Marbeau, ix.
Marbres, 70.
Marchand, 310.

Marchand, valet de Napoléon, 36.
Marciana, 28, 64, 65.
Marée, conventionnel, XXXII.
Maret, duc de Bassano, XXXIX, XLII, LIII, 235, 273, 302, 326.
Marie, avocat, XLVI.
Marie-Louise, XXXI, XXXVI, XXXVIII, 1, 22, 23, 29, 34, 36, 37; régence, 90; 94, 95, 134, 324.
Marine elboise, 20, 21, 100.
Marmier, 352.
Marmont, 42, 68, 94, 134, 156, 267, 310.
Marseillan, 297.
Marseille, x, XLI, XLII, L, LII, 153, 154, 155, 188, 170; port franc, 170; 178, 184, 188, 198, 213, 225, 228, 229, 231, 234, 250, 252, 261, 262, 297, 320, 323, 327, 329, 333, 334, 337.
Marseille (porte de), à Toulon, XIII.
Martel, 359.
Martin de Strasbourg, XLIV.
Masséna, XXIII, XXIV, XXV, XXXI, XXXIII, XXXV, XXXVI, XLII, L, LII, LIII, 93, 135, 160, 165, 167, 168, 169, 188, 189; entrevue avec Pons, 190; 192, 193, 195, 196, 198, 199, 200, 201, 208, 213, 218, 219, 220, 221, 222, 223, 225, 227, 247, 251, 253, 254, 261, 267, 299, 320, 321, 323, 324, 325, 329, 330, 332, 333, 335 à 339.
Masséna (le fils de), 189.
Masson (de Cette), IX, XXIV, XXV, XLIV, 148, 269.
Massot (général), 295.
Mathilde (princesse), XLVI.
Maupoint (M. de), 207.
Maury (cardinal), 38.
Méditerranée, 34, 66.
Melle (cap de), 136.
Mémoire aux puissances alliées, VII, XLIX.
Mémorial de Sainte-Hélène, 95.
Mende, xx, 235.
Mentor, 63.
Mercier, dit Marquis, 292, 293.
Merle, 231.
Métairies S. Joseph, 345.
Metz (École de), XII.
Mezel, 320.
Midi, 337, 340.
Mignonne (la), frégate, x.
Milan, 41, 261.
Mimard, xv.
Minerai de Longone, 61.
Miollis, 169, 170, 205, 220, 332, 333, 337.
Mirabeau, 207.
Mompey, 49, 98.

Monaco (prince de), 152.
Moncabrié, 20, 21.
Monge, x.
Moniteur de l'Empire, 144.
Montagne (la), xvi.
Montalbero, 79.
Montalivet, xliii.
Montauban, xxiv.
Montazet, x.
Mont Blanc, 34.
Monte Giove, 76.
Montélimar, 231.
Montesquiou (M⁻ᵉ de), 90, 329.
Montgrand (M. de), 330.
Montluçon, xlii.
Montpellier, xviii, xx, 229, 235, 292, 293, 294, 351.
Morando, 102.
Moreau, xxii.
Moriceau, 293.
Morin, policier, 327.
Moro (Gaëtan), 98.
Moscou, 137.
Motte, 294.
Moulins, xlii.
Mouren (Lazare), xxxvii.
Murat (Caroline). V. Bonaparte.
Murat, 37, 44, 94, 111, 128, 309, 324, 328, 329.
Murat (comtesse de), 91.
Muriers, à l'île d'Elbe, 77.

N

Nani, 65.
Nantes, 222.
Naples, xxi, 34, 67, 68, 71, 80, 95, 99, 101, 128, 213, 328.
Napoléon, vii, xxv, xxix, xxx, xxxi, xxxii, xxxiii, xlii, l, li, lii, liii, liv, lv, 1, 3, 5, 13, 15, 16, 18, 23, 34, 38, 50, 68, 79, 80, 98, 147, 172, 177, 178, 180, 184, 185, 188, 192, 204, 207, 211, 214, 224, 228, 229, 233, 234, 235, 249, 266, 272, 303, 306, 311, 322, 329, 334, 335, 336, 339, 339, 340, 342; débarquement à l'île d'Elbe, 7, 307; sa toilette, 6; ses premiers actes, 7, 8; sait employer ses ennemis, 10; querelle avec Pons, 6, 11, 15; visite de l'île, 23; administration générale, 20; tentatives d'assassinat, 24; sa délicatesse, 24, 25; à la Planosa, 29; illusions sur Marie-Louise, xxxvii; pour Eugène de Beauharnais, 40; indulgence pour les maréchaux, 42; fâché avec Élisa, 44; curieux de médecine, 47; ses journées, 49; ses soirées, 50; le reversi, 50; fête du 15 août, 55; sa décadence intellectuelle, 56; discussions, 59; registre de ses lettres, 67; ses visiteurs, *ibid.*; ses aumônes, 71; affection pour Gênes, 73; protecteur des arts, 76, et du commerce, 77; pensions de retraite, 81; économie, *ibid.*; son opinion sur les Bourbons, 89; conversations politiques, 87; menace de se défendre en cas d'attaque, 87; projet de le déporter à Sainte-Hélène, 87; projet de royaume en Italie (1815), 91; indigné contre Masséna, 93; idées de stabilité, 93, 106; flottille expéditionnaire, 95, 109; force militaire de Napoléon, 96, 97; chasseurs Napoléon, 98; ses meubles, 99; formation du projet de départ, 108, 109; sa maison militaire, 104; sa dernière audience, 113, 119, 122; départ de Napoléon, 113, 122; donation de ses domaines elbois, 121; discours aux Elbois, 126; but de son expédition inconnu, 128; prudence, 130; déjeuner sur l'*Inconstant*, 133; veillée à bord, 133; trahison de Napoléon, 134; rencontre avec Augereau, 135; proclamation dictée à Rathery, 136; salut à la France, 138; étude du rivage, 140; « il doit tout à la Révolution », 140; l'*Indomptable* et l'*Inconstant*, 147; Napoléon ne veut pas la guerre civile, 149; conversation avec son guide, 153; confiance en Pons, 162; nomination de Pons, 163; peu de confiance en Masséna, 165, 166; projet de restauration à Toulon, 165; sa raideur avec Loverdo, 169; instructions à Pons, 170; annonce de sa mort, 229; sur Cette, 245; rentrée à Paris, 247; déclaration patriotique, 249; don de 50,000 fr. à Pons, 279; son abdication, 285; marche dans les Basses-Alpes, 319.
Napoléon II, xxxiv.
Napoléon III (Louis-Napoléon), xliv, xlvii.
Narbonne, 298.
Nessiès (comte de), 297.
Ney, 134, 334, 335.
Nice, xxiii, xxiv, 329, 330, 339.
Nimes, 187, 229, 235, 327.

INDEX ALPHABÉTIQUE.

Noli (cap de), 136.
Nombre des troupes de Napoléon, 127.
Nord, XLIII.
Novi, XXXIX.

O

Olive (curé), 336.
Olive, de Cette, 352.
Oliviers à l'île d'Elbe, 75.
Ollioules, XI.
Ollive (J.-B.), 360.
Ombrone, XXVII.
Orient, 249.
Orléans (duc d'), XXXII, 107, 111, 328.
  V. Louis-Philippe.
Otrante (duc d'). V. Fouché.
Oudinot, XXVI.

P

Paccioni, 98.
Pagès, 293, 352, 360.
Paoli, 51, 255.
Paquier, X.
Paris, XXVI, XXXVI, XLII, 21, 202, 232, 247, 250, 312, 313, 316, 317.
Parme, XXXVIII.
Pascal, courrier, 329.
Passaglia, 117.
Patriacchi, 82.
Patxot, 292.
Pavillon. V. Elbois.
Pavoiski. V. Patoski.
Pénitents (rue des), à Cette, 343, 344, 350.
Pépin, 349, 351.
Perdigal (Jos.), XV.
Perdrix (la), 111, 129; craintes de rencontre, 130.
Pérez, 104, 147.
Perre (cap de), 68.
Perrin, conventionnel, XVII, XVIII, XX.
Perrin, 292, 293.
Perrot, 212.
Permon (M. de), 328.
Peschiera, XXVIII, 298.
Petit Paris, auberge, 156.
Peyronnel, XVIII.
Peyrusse, XXX, XLVII, 16, 17, 138, 144, 158, 160, 176, 270, 279, 303, 305, 321.
Peyrusse (Mme), 271, 274, 277.
Pianosa, 29, 34, 67, 72, 74.

Pichau (B.), 351.
Pie VII, 58, 102.
Piémont, 327, 329.
Piémontais, 109.
Pina (pointe), 101.
Piombino (canal de), 68.
Piombino, 111.
Pise, XXXVII, XXXVIII.
Poggi, juge, 51, 280.
Poitevin du Bousquet, 353, 359.
Poli, 98.
Police elboise, 51.
Polignac, XIX.
Pollicany, 255.
Pologne, 34.
Polonais, 67, 98, 127.
Pomègue, 227.
Pons (André) de l'Hérault, VII, VIII, XI, XV, XVII, XIX, XX; *Pons à Barras*, XXI, XXII, XXIV, XXV, XXVI, XXVII, XXVIII, XXX, XXXI, XXXII, XXXIII, XXXIV, XXXV, XXXVI, XXXVII, XXXVIII, XXXIX, XL, XLII, XLIV; *Pons à Bandol*, XLVI; XLIX, L, LII, LVI, 47, 85, 95, 108, 137, 147, 155, 175, 188, 189, 190, 198, 221, 223, 235, 239, 253, 292, 293, 294, 297 à 299, 302, 303, 305, 323, 324, 329 à 331, 333, 337 à 341; sa famille, IX; ses papiers, IX; ses débuts, X; au siège de Toulon, XIII; « Marat-Lepelletier, » XI, XIV; le bastion Pons, XXII; Pons exilé, 2; motifs de son mémoire, 3; à l'île d'Elbe, 4; ses griefs contre l'empereur, 7; sa démission offerte, 9, 13; expulsé de l'île, 27; lettres à l'empereur, 32, à Elisa, 45; opinion sur Koller, 56; date de son mémoire, 58; lettre sur les farines, 60, 62; effusion lyrique sur Napoléon, 63; gouverneur désigné de l'île, 115; accompagne Napoléon, 115, 116, 117; corrige la proclamation de Napoléon, 137; lyrique en voyant la France, 139; hymne patriotique, 143; opinion sur Lamouret, 144; ses sentiments à Cannes, 148, 149; chargé d'une mission à Antibes, 151; accepte une mission dans le Midi, 163; ses révélations à Napoléon, 172; souvenirs de jeunesse, 172; exposé politique à Napoléon, 174; quitte Napoléon, 175; n'aime pas les Marseillais, 176; conseils aux rois, 177; voyage à Marseille, 178; arresta-

tion à l'hôtel Franklin, 195-197; opinion des journaux, 198; au château d'If, 207-209; visite des canonniers, 211; évasion projetée, 218; plan de s'emparer du château d'If, 226; les pêcheurs, 233; conversation sur Cette avec Napoléon, 245; délivré, 252; organise une révolte, 256; quitte le château d'If, 258, 260; en exil, 261; navigation sur l'*Antilope*, 262; reconnaissance envers Infernet, 264; éloge de Toulon, 267; à Hyères, 268; lettre, 269; saisie de ses papiers, 273; demande de documents à Peyrusse, 275; ennemi de Napoléon III, 275; ami des Bonaparte, 278; républicain en 1852, 280; sa proclamation, 281; lettre au grand-duc Léopold, 286; contre la peine de mort, 286, 287; arrêté, 290; voyages en 1821, 297; cadeau de 50,000 fr., 304.

Pons (M⁻⁻), xxxix.
Pons (Cassius), xi.
Pons (Herminie), ix, xxiv, xliv, xlvi.
Pons (Joseph), ix.
Pons (Luc), ix.
Pons (Pauline), ix.
Pons (Sébastien), ix.
Pont-Saint-Esprit, 212.
Porcher de Richemond, 330, 334.
Port de Bouc, 262.
Port de la Montagne, xi.
Port en Bessin, 277.
Porto-Ferrajo, xxi, xxviii, xxix, xxxvii, xxxviii, 5, 20, 22, 27, 33, 42, 57, 64, 65, 67, 77, 78, 98, 101, 105, 110, 111, 112, 113, 120, 122, 305.
Portolongone, 305.
Poujol, 294.
Poultier, 288, 292.
Pradt, marin cettois, xxxix, 300.
Pregadi, xiv.
Préval, xxiii, xxiv.
Propagande bonapartiste, 327.
Provence, liii, 170, 185, 263.
Prusse, 166.
Pyrénées (armée des), xvi, xviii.
Pyrénées-Orientales, xix, 229, 293.

Q

Quiberon, 313.
Quotidienne (la), 197.

R

Rambouillet, 90.
Raoul, 78, 97.
Rathery, 136.
Ratonneau, 227.
Rebuffat, 28.
Reichstadt (duc de), xliii.
Restauration. Son impopularité, 1, 86.
Réveil du Peuple, xix.
Rey, 231.
Rhin, 310.
Rhône, vii, xxxiii, xl, xliii.
Ribes, 360.
Richelieu, 1, xxxvi, xxxix, xl.
Richepanse, xxiii.
Richon, 102, 127.
Rivière, 193, 213, 221, 222, 223, 229, 231, 251, 259, 262, 325.
Riais, 64.
Rio (comte de), xxxiv.
Rio, xxvii, xxviii, xxix, xxx, 7, 10, 21, 27, 28, 65, 68, 69, 87, 102.
Rivoli (bataille de), 189.
Robespierre (Augustin), xi, xlii.
Robespierre (Maximilien), xvii, 173, 222.
Robert, 192 à 196, 346, 350.
Roccavignon, 157.
Roche, xviii.
Roche, maçon de Cette, 346.
Rodier, xvi.
Rohan-Mignac (comtesse de), 83.
Romagne, 73.
Romains, 80.
Rome (roi de), 24, 90.
Rome, 38, 67, 91, 99.
Rossetti, fermier des salines, 70.
Rossi (Nic.), 78, 79.
Rottignies, 100.
Roule, 96.
Rousseau (M⁻⁻), 322, 331.
Roux, xviii.
Roux-Alphéran, 155.
Rovère, 268, 292.
Rovigo. V. Savary.
Russes, 181.
Russie, xxii, l, 166, 338.
Russie (campagne de), 4.

S

Sabia, xxii, 298.
Salente, 63.
Sallet (Al.), 353.
Salverte, xxxix.

Salvéty, 218, 226, 338, 339, 341.
Salvi, 20.
Sambre-et-Meuse, 191.
Santy, greffier, 359.
Sardaigne, xxxv, xli, 66, 136.
Sardou père, 150.
Sarri, 20, 102, 131, 132.
Savary, 341.
Savatier (B.), xv.
Savoie, xxxiv, xxxvii.
Saxe, 34.
Sbare, 65.
Schérer (général), xxii.
Scitivaux (M. de), xxviii, xxx.
Semur, xlii.
Senès, 335.
Senès (Mme), 322, 324, 331, 340.
Seno ou Senno, 69, 104.
Séranne (L.), 352.
Seren, geôlier, 325, 341, xxxvii.
Serenon ou Sernon, 157, 162, 320.
Serres, 359.
Servière, 288, 297.
Sicié (cap), 263.
Sicile, xliv.
Siméon (comte), 297.
Sisteron, lii, 321, 325, 327, 332.
Sivray (B. de), 20, 21, 220, 332, 337.
Sobiratz, 30.
Soullier (J.-B.), xv.
Soult, xliii, 145, 328.
Soult (le corps de), 156.
Spezzia (la), 8, 128.
Stella (cap), xxxii, 75.
Stévenot (colonel), 327.
Strybosch, 67.
Subervie, xliv.
Suchet, xxiii, xxiv, xxxiv, 231.
Suédois (brick), 262.
Suisse, 273.
Sainte-Aldegonde (M. de), 204.
Saint-Barthélemy (la), 250.
Saint-Claude (évêque de), xliii.
« Saint-Cloud, » 85.
Saint-Domingue, 11.
Saint-Esprit (la polacre), xxxii, 112, 145.
Saint-Denis (faubourg), 354.
Sainte-Hélène, 1, xxxvi, xxxviii, 85, 106, 273.
Saint-Hippolyte du Gard, xix, xx.
Saint-Jean (fort), 333.
Saint-Laurent (colonel), 212.
Saint-Laurent (Vincent), 258, 260.
Saint-Leu (duc de), xliii.
Saint-Louis (église), à Cette, 349.
Sainte-Lucie, 298.

Sainte-Marguerite, 216.
Saint-Martin (faubourg), 67.
Saint-Martin, campagne de Napoléon, 28, 83.
Saint-Michel (comte de), 207, 322, 324, 340.
Saint-Nizier, 99.
Saint-Priest, 335.
Saint-Pierre (montagne), 160.
Sainte Rosalie, 21.
Saint-Saëns, 271.
Saint-Vallier, 135, 187.

T

T., Turc, 71.
Taillade, capitaine, 101, 131, 145, 181.
Talleyrand, 42, 267.
Tavella, 10.
Télémaque, 63.
Temple, de Cette, 345.
Terra nera, 62, 68.
Terreur, xix, xxiii, 229, 230.
Teste, 231.
Teulet, 235.
Théâtre-Français, 35, 58.
Thibaudeau, 155.
Thouzé (P.), 346, 350.
Tisani, 65.
Tonietti, 151.
Tortini, 65.
Toscane, xxi, xxxii, xlv, xlvi, 2, 13, 20, 27, 44, 55, 66, 73, 78, 80, 95, 111, 148, 305.
Toulon, xi, xii, xiii, xxii, xxix, 140, 164, 168, 176, 213, 216, 218; éloge des opinions bonapartistes de Toulon, 210; 220, 221, 225, 230, 247, 252, 263, 265, 267, 285, 297, 323, 324, 333, 335, 336, 337, 339.
Toulouse, 221; société populaire, 291, 327.
Tourelle, 294.
Tournaire (J. L.), xxiii.
Tourron, xxiii.
Toutain, 142.
Traditi, 10, 104.
Traham, xxxvi, xxxvii, 206, 218, 225, 227, 228, 253, 324, 325, 336.
— (Mme), 211, 259.
Tranchet, xli.
Trank. V. Traham.
Traversée de l'île d'Elbe au golfe Jouan, 129.
Trieste, xxxix, 300.
Tuileries, 90, 95, 312, 316.
Tunis, 35.

INDEX ALPHABÉTIQUE.

Turcs, 80.
Turin, xxxix.

U

Udine, 261.
Undaunted (l'), 8.

V

Vado, 128.
Vaisseau napolitain (anecdote du), 37.
Vaissière (M. de), xxxviii.
Valauris, 145, 147, 150.
Valence, 135, 335.
Valensole, 320.
Vallaise (comte de), xxxv.
Vantini (famille elboise), 10, 57, 65, 79, 99, 100, 104, 105.
— (Enrichetta), 81.
Var, xxiii, xxiv, xxxix, 180, 230; déclarations bonapartistes, 247; 320, 336, 337.
Vaucluse, xviii, 217, 230.
Vautier, poète, 145.
Vaux (Charles de), 38.
Vence, amiral, xxvi.
Vendée, 24.
Venise, xlviii, 273.
Verdier, 207.
Verdun (lettre de), 94.
Vézian, 362.
Vézy, xviii.
Viareggio, 128.

Victoire (la), xxiii.
Vidal, 293.
Vienne, xxxix, 94, 327.
— (congrès de), L.
Vignole, xxiii.
Viguier, liii, 189.
Vilette, xxi.
Villefranche, xxiii, xxiv.
Vincennes, 315.
Vincent (J.-B.), 189, 321.
Vincent (Louis), xxxviii, 325, 327, 341.
Vincent, xxviii, xxxvi, 340.
Vincent (colonel), 11, 100.
Vincent, sellier, 38.
Vincens S. Laurent, 212, 220.
La Violette (le père), surnom de Napoléon, 108.
Vitrolles (M. de), 221.
Vistule, 88.
Volsey, 303.
Vouland, xvi.

W

Waldbourg-Tuchsess, liii, lvi, 135.
Walewska (comtesse), 29, 148.
Waterloo, xxxiv, xxxvi, 37, 217, 280, 304.
Wellington, 318, 319.

Z

Zéphyr (le), 132.
Zurich (bataille de), 93, 166.

TABLE DES MATIÈRES

	Pag.
Introduction.	VII
I. Années de jeunesse de Pons. La Révolution et l'Empire.	VIII
II. Pons à l'Ile d'Elbe. Napoléon et les Cent-Jours.	XXIX
III. Pons historien	XLVIII
Mémoire aux Puissances alliées	1
But de l'ouvrage	1
Napoléon à l'Ile d'Elbe	4
L'idée et les préparatifs du retour en France	85
Le retour en France. A bord de l'*Inconstant*	128
Le débarquement. Du golfe Jouan à Digne	145
La mission de Pons auprès de Masséna.	161
Pons au château d'If	206
Délivrance et aventures de Pons	261
Pièces justificatives.	
I. Extraits d'une lettre d'André Pons de l'Hérault à M. Daniel	269
II. Lettre de Pons à G. Peyrusse (1849)	270
III. Lettre du même au même (1850)	271
IV. Lettre du même au même (1850)	274
V. Lettre du même au même (1851)	277
VI. Lettre du même au même (1852)	279
VII. Proclamation de Pons, préfet du Rhône, à la population lyonnaise en prenant possession de la préfecture	281
VIII. Proclamation de Pons aux Lyonnais pour annoncer l'abdication de l'Empereur.	283

IX. Lettres de Pons au préfet du Var et au général Dalesme	285
X. Pétition de Pons au grand-duc de Toscane	286
XI. Délibération du conseil général de la commune de Cette constituant un comité de salut public et y nommant André Pons	288
XII. Extraits du registre des procès-verbaux des séances de la Société populaire de Cette relatifs à l'arrestation et à l'emprisonnement de Pons	289
XIII. Arrêté du général Championnet nommant André Pons capitaine de frégate	296
XIV. Rapport du commissaire de police de Béziers sur Pons	297
XV. Interrogation d'un nommé Pradt par le commissaire de police de Marseille sur le séjour de Pons à Trieste	300
XVI. Lettre de M. de Cormenin à G. Peyrusse et note relative aux revendications de Pons	303
XVII. Rapport sur l'Ile d'Elbe	305
XVIII. Lettre de M. J.-P. Brès à son frère le docteur Brès, médecin à Issoire, sur la situation politique	312
XIX. Lettre de M. Babey à M. Ch.-A. Cornewall, à Londres, sur la situation politique générale	316
XX. Relation de ce qui s'est passé dans le département des Basses-Alpes depuis le débarquement de Bonaparte jusqu'à sa sortie dudit département	319
XXI. Déclaration de J.-B. Vincent sur « l'infâme trahison » du maréchal Masséna	321
XXII. Rapport du substitut Laget de Podio sur la trahison de Masséna	326
XXIII. Documents sur les troubles de Cette (germinal an X)	341
INDEX ALPHABÉTIQUE	361
TABLE DES MATIÈRES	373

OUVRAGES

PUBLIÉS PAR LA SOCIÉTÉ D'HISTOIRE CONTEMPORAINE

En vente à la librairie A. PICARD ET FILS, rue Bonaparte, 82,
au prix de 8 fr. le volume :

Correspondance du marquis et de la marquise de Raigecourt avec le marquis et la marquise de Bombelles pendant l'émigration, 1790-1800, publiée par M. MAXIME DE LA ROCHETERIE, 1 vol.

Captivité et derniers moments de Louis XVI. Récits originaux et Documents officiels, recueillis et publiés par le marquis DE BEAUCOURT, 2 vol.

Lettres de Marie-Antoinette. Recueil des lettres authentiques de la Reine, publié par MM. MAXIME DE LA ROCHETERIE et le marquis DE BEAUCOURT, 2 vol.

Mémoires de Michelot Moulin sur la chouannerie normande, publiés par le vicomte L. RIOULT DE NEUVILLE, 1 vol.

Mémoires de famille de l'abbé Lambert, dernier confesseur du duc de Penthièvre, aumônier de la duchesse douairière d'Orléans, sur la Révolution et l'émigration, 1791-1799, publiés par M. GASTON DE BEAUSÉJOUR, 1 vol.

Journal d'Adrien Duquesnoy, député du tiers état de Bar-le-Duc, sur l'Assemblée constituante, 3 mai 1789-3 avril 1790, publié par M. ROBERT DE CRÈVECŒUR, 2 vol.

L'invasion austro-prussienne (1792-1794). Documents publiés par M. LÉONCE PINGAUD, 1 vol. avec héliogravure et carte.

18 fructidor. Documents pour la plupart inédits, recueillis et publiés par M. VICTOR PIERRE, 1 vol.

La déportation ecclésiastique sous le Directoire. Documents inédits publiés par M. VICTOR PIERRE, 1 vol.

Mémoires du comte Ferrand (1787-1824), publiés par M. le vicomte DE BROC, 1 vol. avec héliogravure.

Collectes à travers l'Europe pour les prêtres français déportés en Suisse, 1794-1797. Relation inédite publiée par M. l'abbé L. JÉRÔME, 1 vol.

Mémoires de l'abbé Baston, chanoine de Rouen, publiés d'après le manuscrit original, par M. l'abbé Julien LOTH et M. Ch. VERGER, 3 volumes avec héliogravure.

Souvenirs du comte de Semallé, page de Louis XVI, publiés par son petit-fils, 1 vol. avec héliogravure.

Louis XVIII et les Cent-Jours à Gand, recueil de documents inédits, publiés par MM. ÉDOUARD ROMBERG et ALBERT MALET, tome Ier.

Mémoires du comte de Moré (1758-1837), publiés par M. GEOFFROY DE GRANDMAISON et le comte DE PONTGIBAUD, 1 vol. avec 5 héliograv.

Le prix de la cotisation annuelle est de 20 fr.
Les nouveaux sociétaires peuvent acquérir les volumes des exercices précédents au prix de faveur de 5 fr. 50 le volume.
Adresser les adhésions à M. le Trésorier de la Société d'histoire contemporaine, rue Saint-Simon, 5, à Paris.

www.ingramcontent.com/pod-product-compliance
Lightning Source LLC
Chambersburg PA
CBHW050917230426

43666CB00010B/2216